ALEXANDER RUPERTI
KOSMISCHE ZYKLEN

Alexander Ruperti

KOSMISCHE ZYKLEN

Planetarische Muster des Wachstums

Hier& Jetzt

Deutsche Erstveröffentlichung
Hamburg 1990

Die Originalausgabe erschien 1978
bei CRCS Publications, Sebastopol,
CA 955473, USA, unter dem Titel
<CYCLES OF BECOMING>

Herausgeber: Wolfgang Bartolain, Hamburg
Übersetzung: Axel Ruland, Aachen
Lektorat: Rolf Schanzenbach, Hamburg
Umschlag: Uli Breyer, Hamburg
Satz: Verlag Hier & Jetzt, Hamburg
Datenkonvertierung: FOTOSATZ J. Duscha, Berlin
Druck: Fuldaer Verlagsanstalt, Fulda

ISBN 3-926925-03-5

*Für meinen Freund und Lehrer Dane Rudhyar,
dessen Weisheit mich auf den Pfad des Lichts führte*

Inhalt

Vorwort

zur deutschen Ausgabe

Das vorliegende Buch führt in die Art und Weise ein, wie die Ideen des großen Denkers Dane Rudhyar Anwendung bei der Interpretation der planetarischen Zyklen finden können. Rudhyars zukunftsweisendes Werk »Astrologie der Persönlichkeit«, das 1936 in englischer Sprache erschien, ist bereits — wie vier weitere seiner insgesamt 30 Werke — ins Deutsche übertragen worden. Es war Dane Rudhyar, der die astrologische Botschaft an die Welt mit einer neuen Dimension erfüllte und diese grundlegend neu formulierte.

Weil es nicht eine einzige Realitätsebene für alle Menschen gibt, ist es notwendig, die Bedeutung des Lebens mit mehr als nur einer Betrachtungsweise zu erschließen. Die ureigenste Aufgabe der Astrologie ist, eine Ordnung aufzuzeigen, wo der Mensch das Chaos zu erleben scheint; um diese Aufgabe zu erfüllen, muß sie die astrologischen Symbole auf verschiedene Weisen interpretieren, um der Tatsache Rechnung zu tragen, daß sich die menschliche Existenz auf verschiedenen Ebenen manifestieren kann. Es gibt nicht *die* Astrologie — nur unterschiedliche Wege, astrologische Symbole zu interpretieren, um sie den differenzierten Bedürfnissen der heutigen Menschen anzupassen.

Wirklichkeit wird nicht länger als absolut betrachtet. Seit Einstein gibt es das Relativitätsprinzip — alles sollte in Relation zu den Bedürfnissen und zum Bewußtsein des Menschen gesehen werden. Was für den einen real und wirklich ist und seine Lebensart bestimmt, braucht keineswegs für den anderen die gleiche Funktion zu haben.

Überträgt man diesen Gedankengang auf die Astrologie, so erkennt man, daß der Astrologe das Geburtshoroskop, die Progressionen und die Transite auf der Realitätsebene interpretieren muß, die dem Leben des zu Beratenden entspricht. *Das Horoskop muß genutzt werden, um dem Individuum ein erfüllteres Leben auf seiner Realitätsebene zu ermöglichen.* Das Geburtsbild symbolisiert ein Potential, das auf unterschiedlichen Ebenen — von der materiellen bis zur spirituellen — verwirklicht werden kann. Weil es letztlich die Person selbst ist, die dem Astrologen die Ebene anzeigt, auf der das Horoskop interpretiert werden sollte, wird die von Rudhyar verkörperte Astrologie «personenzentriert» oder auch «humanistisch» genannt.

Die Humanistische Astrologie geht von vier wichtigen Interpretationsebenen aus: der biologischen, der soziokulturellen, der individuellen und der überpersönlichen. Alle diese Ebenen treten in jedem Leben in Erscheinung; die Interpretation des Horoskops sollte aber auf der Ebene erfolgen, die für das Individuum von der größten Wichtigkeit zu sein scheint.

Es entspricht nicht den wichtigsten heutigen Erfordernissen, Horoskope gemäß «guter» oder «schlechter» Ereignisse oder gemäß natürlicher Bedürfnisse oder in bezug auf gesellschaftliche Anerkennung zu interpretieren. Mehr und mehr Menschen versuchen heutzutage, zu wahren Individuen im Jungschen Sinn zu werden; sie versuchen, ihr wahres Zentrum, das Selbst, zu finden, anstatt Sklaven der Begierden des Egos zu sein, das psychologisch nichts anderes als eine Ansammlung gesellschaftlicher Wertvorstellungen darstellt. Einige schöpferische Menschen haben, nachdem sie zu wahren, im Selbst ruhenden Individuen geworden sind, bereits erkannt, daß ihr Selbst nicht für sich allein existiert — gemeinsam mit dem Selbst der anderen drückt es sich in dem allumfassenden, globalen Selbst aus, das wir «Menschheit» oder «Menschlichkeit» nennen.

Der in diesem Buch vorgestellte, auf Dane Rudhyar zurückgehende Ansatz richtet sich an diejenigen, die zur wahren Individualität und schließlich zur Stufe der Transpersonalität gelangen wollen. «Transpersonal werden» bedeutet nichts anderes, als den Zweck des größeren Ganzen — Menschheit oder Menschlichkeit — sich realisieren zu lassen durch den demütigen und bewußten Teil, den die eigene Person darstellt. Das eigene Schicksal ist nicht losgelöst vom menschlichen Schicksal, sondern dessen Teil — ob nun ein heller oder dunkler oder ein konstruktiver oder destruktiver.

Niemand ist dazu verurteilt, sein Horoskop auf nur einer Ebene zu leben. Jeder ist fähig, den Symbolismus auf der transpersonalen Ebene zu erfahren — auch wenn man sich vielleicht im Augenblick noch auf der physischen oder soziokulturellen Stufe befindet. Um aber dieses Ziel zu erreichen, muß man das einzigartige Individuum werden, daß man potentiell schon ist. Die menschliche, Physis und Psyche umfassende Persönlichkeit ist mehr als das bewußte Ego, das zu oft die Rolle des Selbst einnimmt.

Das vorliegende Buch interpretiert die astrologische Symbolik der Transit-Zyklen, um aufzuzeigen, was notwendig ist, um sich zu individualisieren und transpersonal zu werden. Insofern fügt es der klassischen — und sogar auch «modernen» — Transitdeutung eine neue Dimension zu. Das Buch spricht von «Möglichkeiten» und «Werten» — was die klassische Astrologie niemals tat. Damit Sie kein genaues Abbild der menschlichen Natur und der soziokulturellen Werte bleiben, wurde dieses Werk geschrieben; ich möchte abschließend meiner Hoffnung Ausdruck verleihen, daß es Ihnen — wenn Sie dies wollen — bei der Erfüllung Ihres persönlichen Lebenszwecks helfen möge.

Alex Ruperti — Juli 1988

Einleitung

Während der letzten 50 Jahre, insbesondere seitdem Einstein die These formulierte, daß «alle Dinge in einem Raum-Zeit-Kontinuum zueinander in Beziehung stehen,» hat der Begriff der Zeit eine zunehmende Bedeutung bei der Auffassung des Menschen über seine Realität gewonnen. Für die Naturwissenschaften hatte dies zur Folge, daß den drei Dimensionen des Raumes, mit deren Hilfe man das Universum zu erklären versuchte, eine vierte hinzugefügt wurde. Insofern ist für den Wissenschaftler die Zeit immer noch Bestandteil einer Auffassung der Realität, die sich auf Begriffe des Raumes bzw. deren Erweiterung gründet. Auf den Menschen bezogen sind «Begriffe des Raumes» solche, die seinen Standort im Universum als Mitglied der Menschheit, als Angehöriger einer Rasse und Vertreter eines physiologischen Typs bestimmen. Ein im Sinne «räumlicher» Begriffe interpretierter Mensch besitzt keine individuellen Eigenschaften; er ist nichts als ein Mitglied einer gewissen Gemeinschaft oder Gruppe und wird nach Charaktermerkmalen, die innerhalb seiner Gemeinschaft oder Gruppe vorherrschen, beurteilt.

Auch die traditionelle Astrologie hat den Menschen mittels solch räumlicher Werte erklärt. Ein Mensch, an irgendeinem Datum geboren, wurde nicht als Individuum betrachtet. Man sah in ihm vielmehr den Ausdruck der menschlichen Qualitäten, die die Tierkreiszeichen repräsentierten, in denen an seinem Geburtstag Sonne, Mond und die Planeten zu finden waren. Eine raumorientierte Astrologie entsteht durch eine Ausweitung der Vielfalt der Beziehungen, die zwischen unserer Kenntnis des menschlichen Wesens und den astrologischen Symbolen hergestellt werden können.

Die Festlegung statistischer Wahrscheinlichkeiten auf vielen Gebieten ist ebenfalls ein Ausdruck analoger räumlicher Begriffe, wobei das Verhalten einzelner Teile mit Hilfe des sie enthaltenden Ganzen vorausgesagt wird. Diese statistische Methode wird beispielsweise bei Meinungsumfragen wie bei der Berechnung von Versicherungsprämien und Lebensrenten eingesetzt. So wird immer dann verfahren, wenn das Individuum lediglich anhand des Gesamtverhaltens der Gruppe, der es physisch, sozial, wirtschaftlich etc. angehört, beurteilt wird. Bertrand Russell sagt dazu in *«The Analysis of Matter»:*

> *«Statistiken sind im Idealfall zutreffende Gesetze über große Gruppen. Von anderen Gesetzen unterscheiden sie sich dadurch, daß sie Gesetze über Gruppen und nicht über Individuen sind.»*

Das Element der Zeit wird von Wissenschaftlern, Philosophen und Psychologen unterschiedlich verstanden. Für den Wissenschaftler hat die Zeit keine kreative Bedeutung; sie ist mathematisch und linear — Vergangenheit, Gegenwart und Zukunft. Ein Philosoph wie Bergson zum Beispiel verstand die Zeit als «von Dauer» und zeigte, daß unsere Erfahrung der Zeit subjektiv geprägt ist — entsprechend der Natur einer Erfahrung kann eine Minute zur Stunde werden, eine Stunde aber auch wie eine Minute erscheinen. Der Psychologe C. G. Jung wiederum schrieb unter Bezugnahme auf sein «Synchronizitätsprinzip» jedem zeitlichen Moment eine eigene Qualität zu. Wenn wir die Zeitbegriffe von Bergson und Jung auf das menschliche Leben anwenden, müssen wir dem Augenblick der Geburt eines Menschen eine große Aussagekraft hinsichtlich der individuellen Eigenschaften zuschreiben. Die ererbten Anlagen und die Umwelt werden die Begriffe des «Raumes» prägen, mit deren Hilfe der Mensch seine individuelle «Zeit» gewinnt. Aus astrologischer Sicht wird somit das Geburtshoroskop zur Raum-Zeit-Struktur, die uns verrät, wie und in welchem Rhythmus das dem Geburtsmoment innewohnende Potential zur räumlichen Realität werden kann.

Einen weiteren Unterschied zwischen dem Zeitverständnis der Wissenschaftler und dem Zeitverständnis, das fortschrittliche Denker wieder zu beleben versuchen, kann man bei den unterschiedlichen Erklärungsversuchen der Evolution beobachten. Für den Wissenschaftler vollzieht sich — von der Amöbe bis zum Menschen — die Evolution gradlinig, während vor dem naturwissenschaftlichen Zeitalter die Vorstellung von Zyklen und zyklischen Prozessen vorherrschte. Es war die Kirche, die im 5. Jahrhundert v. Chr. auf dem Konzil von Konstantinopel aus theologischen Gründen das Konzept eines zyklischen Fortschreitens der Zeit als ketzerisch verwarf. Da diese Verurteilung unverändert fortbesteht, ist es nicht verwunderlich, daß heutzutage die akademische Elite Schwierigkeiten hat, die hinter diesem Konzept stehende Bedeutung zu verstehen. Eine Ausnahme bilden hier die Biologen, die anerkennen müssen, daß viele Phänomene im Leben der Tiere, z.B. der Vögel und Meerestiere, sowie der Pflanzen immer wieder zyklisch in Erscheinung treten. Physiologische Untersuchungen offenbaren zyklische Muster bei der Funktionsweise der Organe und der Körpersysteme. Die Erforschung des Verhaltens und der Entwicklung der Menschen enthüllt, daß bestimmte physiologische und psychische Lebenskrisen allgemein im gleichen Alter auftreten. Selbst unser Wirtschaftswachstum wird durch das zyklische Auf und Ab des Aktienmarktes beherrscht.

Während die okkulten Traditionen und das, was man heute den «humanistischen Ansatz» in der Astrologie zu nennen pflegt, die Zyklen als eine strukturierte Abfolge gewisser Entwicklungsstufen verschiedener Lebensprozesse definieren, betrachten die meisten Menschen einen Zyklus lediglich als eine sich wiederholende, ewig gleiche Rückkehr zu dem gleichen Ausgangspunkt. Wenn ein Zyklus auf einen geschlossenen Kreis sich wiederholender Ereignisse reduziert wird, kann er nicht die kreative, evolutionäre Bedeutung haben, die er besitzt, wenn man ihn als den Ausdruck eines Entwicklungsprozesses versteht. Und dennoch sind tatsächlich beide Interpretationen der Zyklen korrekt. Die zeitliche *Struktur* eines Zyklus, das heißt seine Dauer, wiederholt sich beständig. Der Tageszyklus wiederholt sich alle 24 Stunden, der Zyklus der Mondphasen, auf dem die Monate basieren, beginnt bei jedem Neumond aufs Neue. Der Jahreszyklus wiederholt sich alle zwölf Monate. Beschränkt man sein Verständnis der Bedeutung der Zyklen auf eine solch wiederkehrende Abfolge von Zeitbegriffen — Tage, Monate oder Jahre —, übersieht man, daß alles, was während eines bestimmten Tages, Monats oder Jahres *geschieht*, sich nicht exakt wiederholt. Unsere Art zu handeln und die Bedeutung, die wir einem besonderen Ereignis während eines bestimmten Zyklus zuschreiben, sind Ausdruck unserer Kreativität und Individualität. Die Art des Zyklus und seine Phase, die mit der Erfahrung zusammentrifft, ermöglichen ein tieferes Verständnis der Bedeutung unseres Handelns und der Erfahrungen, die wir zu dieser Zeit machen.

Alle unsere Aktivitäten vollziehen sich innerhalb der Struktur von Tages-, Monats- und Jahreszyklen. Wir vergessen dabei allerdings, daß diese Zyklen auf astronomischen Fakten basieren, die von Astrologen seit ewigen Zeiten benutzt werden. Das Anerkennung der astrologischen Anwendung astronomischer Zyklen zur Interpretation irdischer bzw. menschlicher Ereignisse stößt auf Schwierigkeiten, weil die Astrologie neben den Tages-, Monats- und Jahreszyklen auch planetarische Zyklen benutzt. Den Wissenschaftlern scheint es unmöglich, eine Beziehung zwischen den Planeten und bestimmten Ereignissen im Leben der Menschen herzustellen, weil für sie die planetarische «Ursache» und die menschliche «Ereignis-Wirkung» nicht zur gleichen Ordnung von Phänomenen gehören. Das Universum, das sie studieren, berücksichtigt den Menschen nicht. Die Wissenschaftler sind nicht bemüht, ihren Meßergebnissen eine *menschliche Bedeutung* zu geben. Sie wollen «objektiv» sein und lösen sich damit vom Objekt ihrer Studien. Sie gelangen zu dem Glauben, daß das, was sie im Universum finden, außerhalb von ihnen ist und einen Ausdruck absolut gültiger und wahrer Gesetze darstellt, der jenseits des menschlichen Faktors liegt. Sie haben vergessen, daß sie Menschen sind und daß deshalb wissenschaftliche Erkenntnisse auch *menschliche* Erkenntnisse sind und immer bleiben werden, aus welcher Quelle sie auch stammen mögen. Die Wissenschaftler scheinen nicht zu erkennen, in welchem Ausmaß ihr Bewußtsein ihren Forschungsmethoden Grenzen setzt. Die Antworten, die sie gefunden haben und finden, mögen innerhalb der Begrenzung ihres Standpunktes «wahr» sein; sie sind aber sicherlich keine «wahren» Erklärungen der *gesamten* Realität. Es ist eine Grundlage der wissenschaftlichen Methode, alles, was methodologisch nicht in den Griff zu bekommen ist, systematisch *auszugrenzen*. Wenn also die Wissenschaft nicht in der Lage ist, eine Verbindung zwischen dem Sonnensystem und inneren sowie äußeren Ereignissen im Leben der Menschen festzustellen, so bedeutet dies *nicht*, daß keine Verbindung existiert. Es bedeutet lediglich, daß die Verbindung nicht zu der Ordnung gehört, die von der wissenschaftlichen Methode erkannt werden kann.

Die Astrologen beobachten den Himmel, weil er ihnen eine universelle Ordnung gibt. Sie versuchen nicht wie die Wissenschaftler, sich vom Universum und seinen Rhythmen zu lösen. Sie identifizieren sich vielmehr mit diesen. Die Astrologen der Antike erklärten die Beziehung des Menschen zum Universum mit Hilfe des Gesetzes der Übereinstimmung: «wie oben, so unten». Die Alchimisten bzw. Astrologen des Mittelalters interpretierten die Aussage «Der Mensch ist nach dem Ebenbild Gottes erschaffen» in dem Sinn, daß die strukturellen Muster des bekannten Universums Ausdruck einer allumfassenden, harmonischen Ordnung sind, die sowohl innerhalb der Galaxien und Sonnensysteme als auch in den Menschen und den Atomen existiert. Daher unterliegen für den Astrologen die Himmelskörper unseres Sonnensystems wie auch die menschliche Natur dem *gleichen* Gesetz und Entwicklungsrhythmus. Aus diesem Grund sollten die Menschen, um ein spirituell bedeutungsvolles Leben zu führen, im Einklang mit den Gesetzen zu leben versuchen, die das Universum und die Planeten regieren. Die Planeten und die Menschen sollten in ihrer Äußerung der Kraft mit dem universellen Zweck der Schöpfung übereinstimmen. Weil Menschen und Planeten aus den gleichen Kräften bestehen, sollten wir unser Leben an den rhythmisch-zyklischen Bewegung der Planeten ausrichten, die als Einheit die grundlegenden Funktionen des ganzheitlichen Menschen symbolisieren. Da aber diese grundlegenden Funktionen allen Menschen gemeinsam sind, müssen wir, um zu einem Individuum zu werden, diese allen gemeinsamen menschlichen Funktionen, Qualitäten und Fähigkeiten auf individuelle Art *nutzen*.

Das Horoskop zeigt uns gemäß der astrologischen These die besondere Art und Weise, in der wir diese menschlichen Funktionen benutzen sollten, um auf individuell bedeutungsvolle Art zu wachsen. Vom Augenblick der Geburt an stehen der Rhythmus und der Zeitplan dieser potentiellen individuellen Entwicklung mit dem Rhythmus der planetarischen Zyklen in Übereinstimmung. Das vorliegende Buch unternimmt den Versuch, dem Leser oder der Leserin die Bedeutung dieser Zyklen aufzuzeigen, damit er oder sie auf dem Weg zu persönlicher Reife gemäß der zyklischen Rhythmen ein bewußtes Leben führen kann. Die Zyklen werden keine konkreten Ereignisse mit sich bringen — hier ist kein Determinismus gefragt; sie werden allerdings die *Typen* von Erfahrung offenbaren, die unsere bewußte Aufmerksamkeit erregen sollten, wenn wir in unserem Leben ein Maximum erreichen wollen. Sie werden uns zu einem besseren Verständnis der Bedeutung verschiedenster Ereignisse in bezug auf das Lebensziel verhelfen.

Viele Menschen haben heutzutage das Gefühl für eine Ordnung oder für den Sinn oder den Wert ihres Lebens verloren. In seinem Buch *»Man's Search For Meaning«* hat der Psychologe Viktor Frankl gezeigt, daß sowohl für Kinder als auch für Erwachsene ein Gefühl für Ordnung und Sinn wichtiger ist als etwa Nahrung oder Kleidung. Viele Menschen werden von der Erfahrung und dem Gefühl einer inneren Leere heimgesucht; sie befinden sich in der Situation, die Frankl als das «existentielle Vakuum» bezeichnet. Wenn es unser Ziel ist, die alarmierende Ausbreitung von Neurosen, Frustration und Langeweile einzudämmen, muß etwas geschehen, um dieses Gefühl für einen Sinn wiederherzustellen. Die moderne Wissenschaft kann dies nicht leisten, weil ihre Methoden keine individuellen Unterschiede berücksichtigen. Die Astrologie, sofern sie richtig verstanden und angewendet wird, ist eine Art «Gegenwissenschaft», die dem Anspruch eines objektiven Verständnisses sowohl der Zyklen menschlicher Erfahrung als auch der spezifischen Bedeutung des Lebens einer Person zu einem bestimmten Zeitpunkt gerecht werden kann. So betrachtet ist es möglich, selbst das Tragische als Phase innerhalb des gesamten Wachstumsschemas bzw. als vorübergehende Krise zu verstehen, die zu Selbsttranszendenz und einem bedeutsameren Leben führen kann. Dies ist wahrscheinlich der Grund, weshalb die Astrologie heute trotz akademischer Verachtung und gelegentlicher Verfolgung populärer ist denn je.

Abschließend möchte ich in dieser Einleitung noch feststellen, daß die Bedeutungen, die ich den Phasen der verschiedenen planetarischen Zyklen zugeordnet habe, weder ein Schicksalsmoment noch etwas Vorbestimmtes beinhalten. Dem Leser bzw. der Leserin wird jederzeit die uneingeschränkte Freiheit zugestanden, sie zu akzeptieren oder zu verwerfen, die Entwicklungsmöglichkeiten wahrzunehmen oder zu verwirken. Allerdings muß jeder die ganze Verantwortung für das Resultat dieser Entscheidung übernehmen; die Astrologie kann dies nicht tun. Meine Interpretationen basieren auf dem Standpunkt, daß Männer und Frauen als wichtigstes Anliegen empfinden, in ihrem Leben einen Sinn zu erkennen oder einen Zweck zu erfüllen und Wertvorstellungen zu verwirklichen, anstatt sich mit Glück und Erfolg auf das einzustellen, was unsere moderne, chaotische Umwelt zu bieten hat. Ein Leben ohne Spannungen wäre ein Leben ohne Sinn, ein Verlust des Selbst in Langeweile und Leere. Es ist weitaus wichtiger, seine Energien auf ein lohnendes Ziel zu lenken und seine Bemühungen entsprechend den Phasen der planetarischen Zyklen auszurichten, um zur rechten Zeit — wie schwierig das auch sein mag — zu tun, was das Leben verlangt. Frankl schreibt in seinem Buch *«Man's Search for Meaning»:*

> *Da jede Situation im Leben eine Herausforderung für den Menschen darstellt und ihm ein Problem zur Lösung aufgibt, mag die Frage nach dem Sinn des Lebens in der Tat umgekehrt werden. Letzten Endes sollte der Mensch nicht die Frage nach dem Sinn seines Lebens stellen, sondern er sollte erkennen, daß diese Frage an* ihn *gestellt wird. Kurzum, jeder Mensch wird vom Leben befragt. Die einzige Antwort auf das Leben ist die Verantwortung... Verantwortung ist die grundlegende Substanz menschlicher Existenz. Man sollte sich also nicht auf die Suche nach einem abstrakten Sinn des Lebens begeben. Jeder Mensch hat seine eigene Berufung und Aufgabe. Jeder muß seiner konkreten Bestimmung, die Erfüllung verlangt, nachgehen. In diesem Punkt ist niemand ersetzbar, und kein Leben ist zu wiederholen. Somit ist die Aufgabe eines jeden Menschen ebenso einzigartig wie seine spezifischen Möglichkeiten, sie in die Tat umzusetzen.*

Es dürfte schwerfallen, noch deutlicher den Geist zu beschreiben, mit dem die Leser und Leserinnen aufgefordert werden, sich dem in diesem Buch dargelegten Material zu stellen. Es bleibt mir nur die Hoffnung, daß alles, was ich auf den folgenden Seiten zu sagen habe, jeder Person auf dem Weg zu einem bedeutsameren Einsatz ihres Potentials verhelfen möge und daneben zu einem bedeutsameren Einsatz der Astrologie führen wird.

Kapitel I

Der humanistische Ansatz

Seit ewigen Zeiten hat der Mensch sein Leben an den Zyklen der Planeten ausgerichtet — von Sonnenaufgang zu Sonnenaufgang, von einem Neumond zum nächsten teilte er sein Dasein mit Hilfe des Himmels ein. Es ist diese bewußte Wahrnehmung der Zeit, die den Menschen von allen anderen Lebewesen unterscheidet. Nur dem Menschen ist die Fähigkeit eigen, die Zeit als ein Kontinuum von Vergangenheit, Gegenwart und Zukunft zu sehen, denn nur dem Menschen ist bewußt, daß seine Tage gezählt sind. Die Humanistische Astrologie stellt den ersten astrologischen Ansatz dar, der das Konzept der Zyklen als Grundlage benutzt, um die wichtigsten astrologischen Symbole — Häuser, Zeichen, Planeten und Aspekte — zu verstehen und zu interpretieren. Dies ist mehr als eine «neue Technik» der Interpretation; es handelt sich um einen neuen Ansatz. Seit Jahrtausenden gründet sich die Astrologie auf den Glauben an die Existenz kosmischer Kräfte, planetarischer Strahlen oder Schwingungen, die das Leben auf unserem Planeten direkt beeinflussen und das Individuum zwingen, gewisse Dinge zu tun oder gewisse Ereignisse zu erleben. Selbst heute, trotz des Widerwillens des Individuums, sich als ein Spielball des Universums zu betrachten, besteht dieser Glaube noch bei den meisten Astrologen fort. Mit dem folgenden, augenblicklich sehr beliebten Klischee wird der Versuch unternommen, den natürlichen Determinismus der Astrologie zu verwässern: «Die Sterne zwingen nicht, sie machen nur geneigt.» Jedoch ist der Unterschied zwischen «zwingen» und «geneigt machen» bestenfalls sehr vage. Der Glaube bleibt bestehen. Diese Philosophie mißt der zyklischen Beziehung der Planeten untereinander ebensowenig wie der periodischen Ordnung des Universums eine Bedeutung bei. Gerade diese periodische Ordnung, die jeder zyklischen Wechselbeziehung zwischen den Planeten innewohnt, ermöglicht dem humanistischen Astrologen ihre Anwendung auf das menschliche Leben und verleiht ihr Bedeutung.

Was ist ein Zyklus?

Ein Zyklus ist eine Formstruktur der Zeit. Er ist der Zusammenhang, in dem sich jede Veränderung abspielt. Die gesamte Existenz wird durch die Zeit strukturiert, und jede Aktivität findet in der Zeit statt. Ein Zyklus ist die Lebensdauer einer gegebenen Wesenheit. Obwohl ein Zyklus einen erkennbaren Anfang und ein Ende hat, wäre es ein Irrtum, ihn als einen ewig gleichen Anfangspunkt zu interpretieren, der jedem Ende vorausgeht und folgt. Eine derartige Sicht der Zyklen in der Astrologie wird uns dazu führen, sie als sich wiederholende Abfolge von Ereignissen zu betrachten. Dies ist kein wahres Bild von der Realität: Zwar wiederholt sich das Schema der Entwicklung vom Anfang bis zum Ende eines Zyklus, sein Inhalt aber — die während seiner Dauer sich verändernden Zustände, Ereignisse oder Erfahrungen — werden sich niemals in der gleichen Art und Weise abspielen.

Ein Tag ist ein erkennbarer Zyklus. Er ist eine Zeitstruktur, deren Form durch eine axiale Erdumdrehung — einmal in 24 Stunden — festgelegt ist. Gleichzeitig bildet ein Tag einen Abschnitt des Mondzyklus, der durch die Mondphasen beschrieben und anhand der Sonne/Mond-Beziehung von einem Neumond bis zum nächsten währt. Parallel dazu beschreiben andere Zyklen ihre Kreise um diese beiden. Es ist diese Wechselbeziehung der Zyklen untereinander, die die absolute Einzigartigkeit eines jeden Augenblicks ausmacht. Gleichzeitig verbindet die Wechselbeziehung die Zyklen in einer rhythmischen Ordnung. Das Sonnensystem, das größere Ganze, von dem unsere Erde ein Bestandteil ist, bildet diese Zeitbegriffe ab und wirkt ein auf die Zeitbegriffe des Individuums. Die Astronomie verschafft uns die notwendigen Fakten, die die Astrologie im Hinblick auf die Prozesse des Lebens auf der Erde und insbesondere innerhalb des Individuums interpretiert.

Ein Zyklus, der die «Gesamtheit einer Aktivität» bildet, besteht aus einer Mitte sowie einem Anfang und einem Ende. Er entfaltet sich während bestimmter Entwicklungsphasen. Sobald ein spezieller Augenblick als Bestandteil eines Zyklus identifiziert ist, ist er sowohl mit dessen Anfang als auch Ende unlösbar verbunden. Jeder einzelne Moment innerhalb eines Zyklus wird als ein Teil der «Mitte» angesehen, als die Weiterentwicklung des Impulses, der am Anfang stand; er ist auf die Vollendung oder den Zweck dieses Zyklus ausgerichtet. Somit bezieht sich jeder Augenblick sowohl auf den zyklischen Ursprung als auch auf die zyklische Ernte. Dieser zugleich vor- und rückwärts gerichtete Impuls stellt für jeden speziellen Moment eine Beziehung zu jedem anderen Moment des Zyklus her. Rudhyar bezeichnet dies als das «sich gegenseitige Durchdringen der Zeit».[1] Die Zeit stellt die vierte Dimension dar. Rudhyar hebt die Tatsache hervor, daß die gegenseitige Durchdringung des Ursprungs und aller anderen Momente des Zyklus weit über das gewöhnliche Konzept von Ursache und Wirkung hinausgeht, das auf einer strikten Abfolge getrennter zeitlicher Momente basiert. Innerhalb der Zeit ist jeder Moment ein Teil, ein Aspekt oder eine Phase einer allumfassenden Realität — des Ganzen; er bekommt seine fundamentale Bedeutung nur im Bezug zu diesem Ganzen. Daher hat jede augenscheinlich isolierte Einheit innerhalb eines Zyklus mit jeder anderen Einheit zu tun und ist ein Teil von ihr. Dies liegt daran, daß in jedem Zyklus die Wirkung auch die Ursache beeinflußt, und daß sich jeder Moment der Gegenwart im Sog der Zukunft und in Abstoßung durch die Vergangenheit befindet. Der gesamte Zyklus ist in jedem einzelnen seiner Momente enthalten.

Die Astrologie als das Studium der Zyklen wird somit zum Studium der Wechselbeziehungen zwischen allen diesen Faktoren — zwischen der Zukunft und der Vergangenheit in jedem Moment der Gegenwart und zwischen dem universellen Makrokosmos und dem individuellen Mikrokosmos. Das Geburtshoroskop ist der Ausgangspunkt des individuellen Lebenszyklus. Es steht zwischen der Vergangenheit der Vorfahren (den karmischen Wurzeln) und dem Potential der individuellen Zukunft (dem dharmischen Lebenszweck). Es ist das Muster oder der Plan dessen, was Jung als den Prozeß der Individuation bezeichnete; es offenbart in symbolischer Sprache, wie jede Person vollständig zu dem werden kann, was sie potentiell ist.

Was ist eine Krise?

Zyklen sind Bemessungsgrundlagen von Veränderungen. Um Ziele zu verwirklichen, müssen Veränderungen stattfinden; Veränderungen bringen notwendigerweise Krisen mit sich. Viele Menschen haben mit dem Wort «Krise» Schwierigkeiten — sie verwechseln es mit dem Wort «Katastrophe». Sie beschäftigen sich mit der Astrologie in dem Glauben, daß die vorzeitige Kenntnis «schlechter Aspekte» oder von «drohendem Unheil» ihnen die Möglichkeit verschafft, Krisen zu vermeiden. Eine Krise ist jedoch kein schreckliches Unglück. Der Begriff stammt von dem griechischen Wort *Krino* (sich entscheiden) ab und bedeutet lediglich eine «Zeit der Entscheidungen». Eine Krise ist ein Wendepunkt — sie ist das, was der Veränderung vorausgeht. Wollte man eine Krise vermeiden, so müßte man jeder Veränderung aus dem Wege gehen, was ein offensichtlich unmögliches Unterfangen darstellt.

Obwohl alle Materie — sowohl die lebende als auch die unbelebte — sich in fortwährender Veränderung befindet, ist nur dem Menschen die Fähigkeit eigen, bewußte Entscheidungen zu treffen. Um sich entwickeln zu können, muß sich der Mensch vom nur dem Überleben oder den gesellschaftlichen Zwängen dienenden instinktiven Verhalten befreien und dieses durch eine bewußte Wahl ersetzen. Die Grenze zur bewußten Wahl ist das «Ego», das darstellt, was ein Individuum gemäß gesellschaftlicher Vorstellungen sein sollte. Im Gegensatz dazu steht das Selbst, das die durch Erfahrung gewonnene Selbsterkenntnis verkörpert. Indem man sich an seine gesellschaftliche Rolle anpaßt, übernimmt man auf Gewohnheit beruhende Verhaltensmuster. Wenn dann eine Zeit der Entscheidung (Krise) naht, sind es diese Muster, die entscheiden, während man sich an Richtlinien halten sollte, die der eigenen persönlichen Wahrheit entspringen.

Unglücklicherweise ist die Versuchung, Entscheidungen zu vermeiden in der Hoffnung, daß die Zwänge verschwinden und die Dinge in einem angenehmen «Normalzustand» verbleiben, immer gegenwärtig. Dem Augenschein nach funktioniert diese Technik auch manchmal, woraufhin der Status Quo erhalten bleibt. Allerdings ist Vermeidung — wie geringfügig die Entscheidung oder die Krise auch sein mag — in jedem Fall eine spirituelle Niederlage. Die Weigerung, sich zu entscheiden, oder das Warten auf besondere Umstände oder andere Menschen, die einem die Entscheidung abnehmen, befreit ein Individuum nicht von seiner Verantwortung. Jedesmal, wenn eine Entscheidung vermieden wird, verfestigen sich die instinktiven, unbewußten Verhaltensmuster. Was in der Kindheit noch eine kleine Spur war, wird später zur Furche und schließlich zum Graben. Dieses fortwährende Unterbleiben von bewußten Entscheidungen kann die Spannung einer Situation so sehr aufladen, daß es schließlich zur Explosion kommt. Dann sieht man sich möglicherweise gezwungen, auf schwierige und schmerzvolle Umstände reagieren zu müssen, zu denen es nicht hätte kommen müssen, wenn man sich den vorangegangenen und unbedeutenderen Krisen mit Objektivität und Mut gestellt hätte. Die schließlich entstandene Katastrophe ist nicht das Ergebnis von Krisen, sondern von nicht getroffenen Entscheidungen. Daher sind für den humanistisch orientierten Astrologen Krisen keine äußeren Ereignisse. Allerdings können sie durch äußere Ereignisse ausgelöst oder in ihrer Entwicklung bestimmt werden. Große wie kleine Krisen stellen im wesentlichen Gelegenheiten des Wachstums dar — die einzigen Gelegenheiten, die wir jemals wirklich haben. Man muß sich ständig bemühen, wach und frei von den unbewußten Gewohnheitsmustern zu sein, die dem spirituellen Wachstum im Weg stehen. Dann wird es gelingen, Krisen für das individuelle Wachstum zu nutzen.

Die Herausforderung der Konfrontationen ist unendlich. Einige dieser Wendepunkte wie z.B. die Pubertät und die Wechseljahre sind biologisch bedingt und werden in ganz bestimmten Alterstufen erfahren, während andere individuell sind und zu jeder Zeit im Laufe des Lebens auftreten können. Das Potential für die letztere Form ist im Horoskop enthalten, und die Interpretation der Auswirkungen und Reaktionen wird vom Alter der betreffenden Person zur Zeit der Krise abhängen (siehe Kapitel 2: «Der Altersfaktor»). Ein Astrologe kann die zeitliche Einordnung und das Potential zukünftiger Krisen von Transiten und Progressionen herleiten. Wenn man eine Veränderung, Übergangsphase oder Wachstumskrise erwartet, kann man sich darauf vorbereiten und ihr bewußt und mit offenen Augen gegenübertreten, wodurch ein höherer Grad an persönlicher Reife und spiritueller Entfaltung erreicht werden kann. Ein derartiges Wissen mag auch dabei helfen, vorschnelle Entscheidungen zu vermeiden. Des weiteren kann vielleicht das Gefühl der Verzweiflung, das sich oft inmitten einer Krise einstellt, durch die Fähigkeit des Astrologen, das Ende des Zyklus vorhersagen zu können, zerstreut werden.

Vorzeitiges Wissen kann allerdings auch negative Auswirkungen haben. Die Vorahnung einer drohenden Krise bringt häufig Angst und Sorgen — die wichtigsten Ursachen allen Übels — mit sich. Vom humanistischen Standpunkt aus sollte die negative Herangehensweise nicht praktiziert werden, weil das Ziel in spiritueller Entwicklung und nicht etwa in materieller Bereicherung oder Bequemlichkeit zu sehen ist. Der humanistische Astrologe sollte darüber hinaus wissen, daß Krisen keine losgelösten Ereignisse sind, sondern Phasen individuellen Wachstums. Er sollte sie unter Bezugnahme auf die kleineren und größeren Zyklen, innerhalb derer sie auftreten, als Phasen interpretieren. Die Phase, die der Krise entspricht, wird ihre Bedeutung und ihren Zweck im Verhältnis zum Wesen, Wirkungsbereich und Zweck des gesamten Zyklus offenbaren. Deshalb ist die humanistische Astrologie in der Lage, jeder Krise einen Sinn für Richtung, Orientierung und Zweckmäßigkeit zuzuordnen. Die Fähigkeit, sich ein geistiges Bild dessen zu machen, was sich in der Zukunft entwickeln könnte und sollte (was gleichbedeutend mit dem Ziel und Zweck eines gesamten Zyklus ist), wird von den meisten astrologischen Lehrbüchern nicht gefördert. In chaotischen Situationen stellt sich die Lage noch unübersichtlicher dar. Man muß diese Fähigkeit lernen, indem man sich den Erfahrungen mit Hilfe der vierten Dimension, der Zeit, stellt; das heißt: Indem man in jedem erlebten Moment den gesamten Zyklus sieht und dem gegenwärtigen Moment auf klare und bewußte Art und Weise begegnet.

Obwohl die Humanistische Astrologie umfangreiche Hilfe beim Verständnis zukünftiger Krisen leisten kann, mag ihre Leistung im Hinblick auf die bereits durchlebten Krisen noch wertvoller sein. Eine solche Rückschau ist die beste Vorbereitung zur konstruktiven und bedeutsamen Auseinandersetzung mit akuten Wachstumskrisen. Dennoch ist wie bei allen anderen Techniken auch ihr Wert von der sie benutzenden Person, von ihrem Mut, ihrer Weisheit und ihrer spirituellen Einsicht abhängig. Niemand ist in der Lage, etwas — handele es sich um ein Horoskop oder um eine andere Person — zu erkennen, was den Horizont seines eigenen Verständnisses übersteigt. Ein Astrologe kann aus einem Geburtsbild nur das herausholen, was er in sein eigenes Leben hineinsteckt.

Progressionen und Transite — Die Wege der Entfaltung

Als ich mich vor etwa 40 Jahren für die Astrologie zu interessieren begann, gab es unter den Astrologen eine bis heute andauernde Kontroverse bezüglich des Wertes von Progressionen (oder Direktionen) und Transiten. Die augenblickliche pseudo-wissenschaftliche Tendenz in der Astrologie hat viele Astrologen dazu gebracht, die Arbeit mit Progressionen und Direktionen aufzugeben und sich ausschließlich auf Transite zu konzentrieren. Andere Astrologen benutzen beide Techniken, mischen sie aber aufgrund der Ansicht, daß sich Progressionen, Direktionen und Transite gleichermaßen auf äußere Ereignisse beziehen. Humanistische Astrologen benutzen sowohl Progressionen oder Direktionen als auch Transite, fassen sie jedoch als verschiedenartige Kategorien auf. Da sich dieses Buch vornehmlich mit Transiten beschäftigt, wird hier keine umfangreiche Erörterung von Progressionen oder Direktionen stattfinden. Es mag der Hinweis genügen, daß sie sich vom humanistischen Standpunkt aus im wesentlichen auf einen internen oder *subjektiven* Wachstumsprozeß des individuellen Potentials beziehen. Hier handelt es sich um die allmählichen Transformationen, die einhergehen mit dem Lebensprozeß, der den im Horoskop angelegten Charakter und das Ziel des Individuums offenbart. Progressionen zeigen, wie sich die gesamte Struktur des Geburtshoroskops den individuellen Anforderungen und Entwicklungsrhythmen entsprechend entfaltet, damit die bei der Geburt abstrakte archetypische Identität zu einer vollständig verwirklichten und integrierten Persönlichkeit werden kann. Druck von außen spielt hier keine Rolle; dies ist Thema der Transite. Progressionen haben mit den Transformationen des Rhythmus des Selbst zu tun, während sich Transite auf die Auswirkungen der Umwelt als Ganzes auf das Selbst beziehen.

Obwohl man nicht die Freiheit besitzt, sein Existenzpotential (das Geburtshoroskop) zu verändern, ist das Individuum frei für die Entscheidung, was es mit diesem Potential anfangen wird. Die Verwirklichung von Möglichkeiten ließe sich leicht erreichen, wenn die Menschen in individuellen Vakuen, abgesondert und unabhängig von anderen, leben würden. Da wir aber alle Teil einer kollektiven Umwelt sind, ist unser individueller Erfolg bei der Realisierung unseres individuellen Potentials von diesem Kollektiv abhängig. Planetare, ethnische, soziale, kulturelle und familiäre Gesichtspunkte üben — insbesondere in jungen Jahren — einen fortwährenden und machtvollen Druck auf uns aus; während sie die Rohmaterialien für das Wachstum des Bewußtseins und für die notwendige Entwicklung des Selbstbewußtseins liefern, haben sie auch die Tendenz, das Geburtspotential zu verschleiern, zu unterdrücken, zu verzerren oder zu verwässern. Dieser Druck von außen spiegelt sich in den Transitzyklen wider, die uns zeigen, wie das Bewußtsein durch die Erfahrung der Vielzahl von Einflüssen und Beziehungen entwickelt werden kann. Der Prozeß der Selbstverwirklichung muß bewußt vonstatten gehen, und nur durch den bewußten Umgang mit den durch die Transitzyklen offenbarten Konfrontationen läßt sich dies erreichen. Jedoch bringen diese Konfrontationen auch alle möglichen Arten von Spannungen, Ängsten, Hemmungen, Ehrgeiz und Sehnsüchten mit sich, die beinahe immer das Geburtspotential verfälschen und die das Individuum zu dem zu machen, was es eigentlich nicht ist. Einige dieser Konfrontationen können durchaus Freude, Glück oder sogar Entzücken hervorrufen, während andere Schmerz, Leid und Depressionen verursachen mögen. Wenn durch Transite planetarische Positionen und Aspekte, die im Geburtsbild enthalten sind, wiederhergestellt werden, haben diese die Tendenz, die grundlegenden Züge des ureigensten Wesens der betroffenen Person zu verstärken. Wenn andererseits das Geburtspotential durch die Transite zu sehr aufgewühlt wird, kann der entstandene Druck leicht zur Zersetzung der Persönlichkeit führen.

Das Geburtspotential — die archetypische Substanz des Selbst — verändert sich während des gesamten Lebens nicht. Es stellt den dauerhaften Ausgangspunkt im Leben eines jeden Individuums dar; es ist die Samenform seiner Existenz und seiner Bestimmung. Alles, was das Individuum umgibt (und was durch die Transitzyklen beschrieben wird), tendiert dazu, die Qualität seiner eigentlichen Existenz zu verändern. Seine Integrität wird tagtäglich herausgefordert. Alle jene Faktoren, auf die sich die Transite beziehen, werden ihn von der Substanz seiner wahren Identität ohne Rücksicht auf seine innere Bereitschaft oder seine Absichten abbringen. Selbst die Liebe die beste, höchste und edelste aller dieser Kräfte — neigt dazu, die wahre Erfahrung des Selbst und seine ureigenste Bestimmung zu verändern.

Zusammenfassend läßt sich sagen, daß Progressionen die innere Entfaltung der Persönlichkeit zum Thema haben, während Transite sich hauptsächlich auf den äußeren Einfluß von Gesellschaft und Kosmos beziehen. *Progressionen und Transite sollten niemals getrennt voneinander betrachtet werden!* Ein Mensch reagiert auf Transite wie auf Progressionen. Eine Person wird als der Keim eines einzigartigen Potentials geboren, und unter normalen Umständen sollte sich dieser Keim zu einer erfüllten Persönlichkeit entwickeln. Jedoch besteht das Universum auch nach dem Moment der Geburt fort. Alles, was sich im Universum, astrologisch gesehen, nach der Geburt in Form von Transiten abspielt, übt seinen Einfluß auf die sich entfaltende Persönlichkeit aus und zwingt sie zur Reaktion. Dies ist der Weg der Ewigkeit. Der Mensch ist nicht in seinem Schicksal gefangen. In jedem Augenblick, der in eine Abfolge unendlich vieler Momente eingebunden ist, entstehen neue Situationen im Universum, und kein Mensch ist gezwungen, darauf in vorbestimmter Art und Weise zu reagieren. Hierin liegt seine Freiheit, für die er sich aber entscheiden muß.

Der Grad und die Qualität des Widerstandes, den ein Individuum dem Druck und den Kräften seiner Umwelt entgegensetzt, läßt sich nur schwer ermitteln. Zusätzlich zu den soziokulturellen Traditionen, ethnischer oder nationaler Zugehörigkeit und den subtilen oder augenfälligen Geboten der öffentlichen Meinung, wie sie — insbesondere durch die Werbung — in den Massenmedien kundgetan werden, wird der Mensch auch mit solarer und kosmischer Strahlung, mit atmosphärischem Druck, der Schwerkraft und einer Unzahl von Schadstoffen, die er einatmet und aufnimmt, konfrontiert. Alle diese Einflüsse wirken auf das Individuum ein — mit unerbittlicher Macht greifen sie seine Haut, seine Sinne, seinen Geist und sein elektromagnetisches Feld (oder Aura) an. Solange sich ein Individuum diesen Belastungen widersetzen kann, wird es als relativ eigenständiger Organismus leben. Wenn aber diese Kräfte die Widerstandskraft eines Menschen erschöpfen und er nicht mehr in der Lage ist, sich von dem ihn umgebenden kosmischen und gesellschaftlichen Ozean abzugrenzen, läßt er schließlich los. Dann ergießt sich der Ozean in sein inneres Vakuum, und er wird darin ertrinken; er wird verrückt oder stirbt. Wie groß der Mut einer Person sein wird, läßt sich nicht anhand des Geburtshoroskops ermessen; niemand kann die Tiefe seiner eigenen Widerstandskraft und viel weniger die einer anderen Person vollständig erfassen. Abgesehen von der Qualität der persönlichen Widerstandskraft kann es vorkommen, daß sich der Druck verringert, weil andere Menschen dem Individuum helfen, seine Last zu tragen. Es geschieht häufig, daß eine Person durch die Liebe eines anderen Menschen vor einem möglichen Unfall oder sogar dem Tod bewahrt wird. Solche Hilfe ist jedoch nur eine Notlösung; sie kann dazu führen, daß die Person, der die Hilfe zuteil wurde, schließlich ihre Fähigkeit verliert, sich selbst zu helfen. Letzten Endes muß jedes Individuum lernen, auf eigenen Beinen zu stehen.

Wegen der Vielzahl von Ungewißheiten ist eine auf kritische Transite beschränkte Vorhersage innerer oder äußerer Ereignisse unmöglich. Wenn ein Mensch dem allgegenwärtigen Druck der Gesellschaft und des Universums erliegt, wird er während einer Zeit der innerlichen Schwäche (Progressionen) oder fehlender äußerer Unterstützung (Transite) angegriffen. Die Beziehung zwischen Progressionen und Transiten darf nicht vergessen werden. Eine Person muß sich nicht wegen eines gerade stattfindenden Transits einem herrschendem kollektiven Trend unterwerfen — es sei denn, dieser Trend entspricht einem durch die Progressionen angezeigten Bedürfnis oder ermöglicht dessen Verwirklichung. Ein Individuum kann sein Leben jederzeit bewußt verändern als Folge einer gesellschaftlich motivierten Entscheidung. Daher stehen die individuellen und die kollektiv-gesellschaftlichen Faktoren in einer ständigen Wechselbeziehung zueinander, was den Astrologen veranlassen sollte, sowohl Progressionen als auch Transite zu benutzen.

Weshalb bevorzugen einige Astrologen Transite und andere Progressionen? Rudhyar hat dafür einmal eine psychologische Erklärung gegeben. Er stellte fest, daß es bei den Menschen im allgemeinen wie auch bei den Astrologen zwei grundsätzliche Typen gibt: Extrovertierte und Introvertierte. Der Extrovertierte richtet sein Augenmerk auf die äußere Welt und auf seine zwischenmenschlichen Beziehungen, während der Introvertierte sich auf die subjektive Welt des Selbst konzentriert und dem, was sich innerhalb seines eigenen individuellen Seins abspielt, das größte Gewicht zukommen läßt. So gesehen ist der extrovertierte Astrologe derjenige, der sich auf den Gebrauch von Transiten beschränkt, während der introvertierte Astrologe den Gebrauch von Progressionen hervorhebt. Dieser Unterschied der Verfahrensweise ist hauptsächlich ein Unterschied der psychischen und organischen Struktur — folglich läßt er sich nicht durch bloße intellektuelle Erörterung in einen allgemeinen Konsens bringen. Diese beiden Typen können sich, laut Jung, niemals vollständig gegenseitig verstehen. Dessen ungeachtet muß der humanistische Astrologe in der Lage sein, diese Standpunkte als die zwei Hälften einer umfassenden Wahrheit zu erkennen. Und er muß lernen, sowohl Transite wie auch Progressionen zu benutzen.

Zusätzlich zu dieser naturgegebenen individuellen psychischen Ausrichtung besteht in der gesamten westlichen Zivilisation ein Hang zur Extraversion. Auf jedem Individuum der sogenannten «modernen» Gesellschaft lastet das Gewicht der kollektiven Wertvorstellungen und des kollektiven Schicksals. Ganz besonders gilt dies für die Menschen, die in Großstädten leben, wo eine fast vollständige Abhängigkeit des einzelnen von der Gemeinschaft besteht. Eine technologische Gesellschaft wird von und für extrovertierte Menschen geplant — für Menschen, die von Natur aus das größte Gewicht auf ihre Beziehung zur Außenwelt legen. Es ist daher auch nicht verwunderlich, daß die meisten Astrologen großen Wert auf Transite und die Vorhersage von Ereignissen legen, da von ihnen erwartet wird, daß sie sich vornehmlich mit der konkreten Welt und dem äußeren Erfolg oder Mißerfolg des Individuums bzw. mit allem, was sich der Wertschätzung der extrovertierten Mentalität erfreut, auseinandersetzen sollen.

Ein weiterer Grund für die Bevorzugung der Transite durch die zeitgenössischen Astrologen ist der Wunsch nach Anerkennung durch die wissenschaftliche Gemeinschaft. In dieser Hinsicht sind Transite — die tagtäglichen Planetenpositionen — astronomische Fakten, die wissenschaftlich akzeptabler als die rein symbolische Natur von Progressionen und Direktionen erscheinen. Da ereignisorientierte Astrologen oft Verfechter irgendeines «wissenschaftlichen» Gedankensystems sind, überrascht diese Bevorzugung der Transite nicht. Allerdings wird es eine nahezu unüberwindbare Schwierigkeit bleiben, eine wissenschaftlich akzeptable Erklärung dafür zu liefern, warum das Geburtshoroskop ein sensibles Instrument verkörpert, das ein ganzes Leben lang planetarische Einflüsse aufzunehmen imstande ist.

Der ganzheitliche Astrologe studiert den Himmel nicht in der Hoffnung, unerwünschten Situationen aus dem Wege zu gehen. Er kann Transite nur in dem Maße unberücksichtigt lassen, wie er die Außenwelt, die sie repräsentieren, ignoriert. Das Studium der Persönlichkeitsentfaltung ist ein sorgfältiges Abwägen zwischen Progressionen und Transiten — zwischen dem Äußeren und dem Inneren. Ein humanistischer Astrologe muß Transite grundsätzlich anders als sein ereignisorientierter Kollege verstehen und benutzen. Er muß die Tatsache akzeptieren, daß wir alle dem ständigen Druck der uns umgebenden Umwelt ausgesetzt sind, und er muß die These vertreten, daß wir als Individuen in der Lage sind, uns diesem Druck zu widersetzen, wenn wir über genügend innere Stärke verfügen.

Das Studium der Transite

Von der Erde aus betrachtet, verändert sich das Bild des Sonnensystems ständig. Der Begriff «Transite» bezieht sich auf diese Veränderungen, die astronomische Ausgangsdaten zum Inhalt haben, die dann die Astrologie zu interpretieren sucht. «Transit» bedeutet laut Definition «hindurchgehen, -führen, etwas passieren». Die Sonne, der Mond und die Planeten bewegen sich alle durch den Tierkreis und passieren bestimmte Bezugspunkte. In der Praxis betrachten Astrologen die Transite hauptsächlich in ihrer Beziehung zu den Positionen von Sonne, Mond, den Planeten und den Häusern des Geburtshoroskops, obwohl sie sich im engen Sinne nur auf den Übergang eines Planeten über eine Radixposition beziehen sollten — also auf die Konjunktion.

Der traditionelle Astrologe betrachtet das Horoskop als feste Struktur, die während des gesamten Lebens unverändert bleibt. Er benutzt Transite, um die ständigen Veränderungen des Lebens zu erklären, auf das sich das Horoskop bezieht. Er tut dies, indem er den Aspekt zwischen einem transitierenden Planeten und der Radixposition eines Planeten berechnet und davon ausgeht, daß der Transit die Wirkungsweise des Radixplaneten verändert. Man nimmt an, daß das Wesen dieser Veränderungen vom Charakter des transitierenden Planeten bestimmt wird. Einige Beispiele: Wenn der transitierende Merkur in einem Aspekt zu einem Radixplaneten steht, dürfte eine geistige Stimulierung erfolgen, die das Urteilsvermögen der betroffenen Person erhöht. Ein Transit der Venus dürfte die Gefühlswelt betonen, während der transitierende Mars einen aspektierten Planeten vermutlich durch Energie aktiviert (durch Wut oder Aggression, wenn Mars als Übeltäter betrachtet wird). Ein Transit des Jupiters dürfte Expansion und Gelegenheiten zum Wachstum und Glück bringen, und ein transitierender Saturn sollte hemmen oder zusammenziehen (in der Betrachtung als Übeltäter Pech oder Verlust bringen). Ein Uranus-Transit wird zu Inspiration, Transformation oder radikaler Veränderung führen, während ein Neptun-Transit Erfahrungen in einen poetischen Nebel hüllen und Unklarheit aufkommen läßt. Ein Transit des Pluto verursacht gemäß landläufiger Meinung den Bruch mit alten Traditionen. An dieser Stelle mag der Astrologe sich fragen: Warum sollte ein transitierender Planet überhaupt irgendeinen Effekt «erzeugen»? Die traditionelle Erklärung «planetarer Einflüsse» basiert auf der Annahme, daß es in jedem Individuum «empfindliche Stellen» oder «Zentren» gibt, auf die sich die Planetenpositionen zur Geburtszeit beziehen; diese sensiblen Stellen würden durch die Transite auf irgendeine Art und Weise aktiviert. Diese Annahme bildet den Kern der ereignisorientierten Astrologie. Hier herrscht die Tendenz vor, den Transit-Aspekt isoliert von allen anderen Aspekten zu betrachten, was ein logisches Vorgehen sein mag, wenn man besondere Ereignisse sucht. Allerdings haftet den Ereignissen, die auf diese Art betrachtet werden, beinahe unweigerlich ein Hauch von Vorbestimmung an, und die Ergebnisse eines solchen Ansatzes können für den Astrologen wie für den Klienten beängstigend sein.

Wenn ein Astrologe feststellt, daß eine Finsternis mit einer solaren Wiederkehr zusammenfällt oder daß eine Konjunktion traditionell unheilvoller Planeten einen Quadrataspekt zu seiner Radixsonne bildet, ist es schwer für ihn, Äußerungen von unbewußter oder sogar bewußter Angst zu vermeiden. Fast jeder Astrologe hat vor einer humanistischen Orientierung die Grundlagen der Astrologie mit Hilfe der üblichen Lehrbücher und durch Lehrer gelernt, die das Konzept des «planetarischen Einflusses» hervorhoben. Dieses

Konzept, das von Generationen von Astrologen akzeptiert wurde, besteht auf der unbewußten Ebene fort. Obwohl man sich vielleicht intellektuell von der Humanistischen Astrologie angezogen fühlt, wird man auf den tieferen Gefühlsebenen immer noch der Vorstellung von «Einflüssen» verhaftet sein. Wenn dann machtvolle Transite stattfinden, werden sie oft, weil sie objektive und konkrete Himmelsereignisse darstellen, als schicksalhafte und unvermeidbare Phänomene empfunden — wie sehr man sich diesem Gefühl auf der bewußten Ebene auch widersetzen mag.

Was immer man auch unternehmen mag, um eine drohende Gefahr zu vermeiden — es ist unmöglich, sich dem Transit zu entziehen. Der Transit wird stattfinden, und wenn man wirklich an die Astrologie «glaubt», dann wird irgendein Ereignis, das in Beziehung zu der überlieferten Bedeutung einer Finsternis oder zu den unheilvollen Planeten steht, zwangsläufig eintreten. Andernfalls wäre die astrologische These, die von einer Entsprechung zwischen Planeten und Menschen ausgeht, falsch. Die Astrologie muß sich zwischen zwei Wegen entscheiden. Je mehr die Astrologen die unpersönlichen, wissenschaftlichen Konzepte für astrologische Entsprechungen betonen, um so größer ist die potentielle psychologische Gefahr der astrologischen Beratung.

Aber kann die Lehre von den «planetarischen Einflüssen» wirklich als wissenschaftlich bezeichnet werden, da sie doch bei der Interpretation von Transiten die astronomischen Fakten unberücksichtigt läßt? Ein Transit bezieht sich auf ein astronomisches Ereignis, das buchstäblich im Himmel stattfindet. Diese Ereignisse haben nichts mit uns persönlich zu tun; sie würden auch stattfinden, wenn es auf der Erde kein Leben gäbe. Der in den Ephemeriden aufgeführte Aufenthalt von Planeten in einem bestimmten Zeichen kann sich daher nur auf eine allgemeine Tendenz beziehen. Die Dauer einer solchen Tendenz ist entsprechend der Zeitspanne, die ein bestimmter Planet in einem Zeichen verweilt, verschieden. Und weil sich alle Planeten ständig mit unterschiedlichen Geschwindigkeiten bewegen und Aspekte zueinander bilden, erzeugen sie ein komplexes, sich ständig veränderndes Schema, das *als Ganzes* interpretiert werden muß. Aus diesem Grund wird die bei Anfängern, in astrologischen Lehrbüchern und bei professionellen Astrologen zu beobachtende Tendenz, jeden Aspekt eines Transitplaneten zu jedem Radixplaneten oder -aspekt loszulösen und isoliert zu untersuchen, niemals ein lebendiges Bild der Realität ergeben.

Das sich ständig verändernde Himmelsmodell ist eine Tatsache. Eine Tatsache ist es auch, daß ein Individuum ein Teil der Welt ist, die es umgibt und daß die individuelle Bestimmung eines Menschen durch — zu jeder Zeit existierende — allgemeine Strömungen beeinflußt wird. Deshalb muß sich ein Individuum auch mit kollektiven Faktoren auseinandersetzen — mit der Art, in der die Menschen im allgemeinen denken, fühlen oder handeln. Wenn umlaufende Planeten Aspekte zu dem Geburts- oder Solarhoroskop bilden, gerät man in Konfrontation mit einem allgemeinen Trend; mit oder ohne eigenen Willen wird das Individuum dem Druck des Kollektivs ausgesetzt. Was sich daraus als Folge ergibt, hängt nicht direkt mit der Lebensbestimmung dieser Person zusammen — es ist nicht die Verkörperung einer Phase ihrer individuellen Entwicklung, obwohl es ihr individuelles Leben verändern kann. Diese letztere Möglichkeit wird mit größerer Wahrscheinlichkeit eintreten, wenn Progressionen und Transite in die gleiche Richtung weisen.

Transite machen uns auf die Tatsache aufmerksam, daß Individuen nicht in einem Vakuum leben. Man kann sich nicht vom Universum loslösen. Man muß sowohl auf Veränderungen in der sozialen, kulturellen und politischen Welt wie auch auf Veränderungen in der Biosphäre reagieren. Die Aufgabe des humanistischen Astrologen ist es, auf individualisierte Art und Weise auf das Universum — auf Transite — zu reagieren und seinen Klienten zu zeigen, wie auch sie dies tun können. Kein Mensch ist aufgrund eines akuten Transits verurteilt, sich widerstandslos einem vorherrschenden kollektiven Trend zu unterwerfen. Die Folgen werden von seiner subjektiven Verfassung und seiner Fähigkeit, äußerem Druck zu widerstehen, abhängen.

Aus diesem Grund betont die Humanistische Astrologie das Prinzip, daß niemand einen vermeintlich «schlechten» Aspekt als Ausdruck einer außerhalb des Menschen befindlichen Macht betrachten muß. Möglicherweise steht eine astrologische Situation mit einem Ereignis, das eine äußere Ursache hat, in Beziehung oder findet zeitgleich statt — z.B. mit einem Verkehrsunfall, einer Flugzeugentführung oder einer Straßenschlacht oder vielleicht mit dem Verlust des Arbeitsplatzes. Die astrologische Konfiguration kann — muß aber nicht — mit dem Ereignis in Zusammenhang stehen. Für den humanistischen Astrologen bezieht sich die astrologische Konfiguration auf das, was innerhalb des Individuums stattfindet. Um welches äußere Ereignis es sich auch handeln mag — was zählt, ist die innere Reaktion. Eine exakte Vorhersage ist unwichtig; es geht vielmehr um die Ausbildung einer innerlichen positiven, mutigen und bewußten Einstellung angesichts einer Erfahrung, die zur psychischen und spirituellen Entwicklung notwendig ist. Was auch immer die äußere Krise sein mag, sie muß als eine notwendige Wachstumsphase begriffen werden. Man ist häufig nicht in der Lage, eine äußere Situation zu verändern — daher geht es darum, wie man sich ihr stellt und welche Bedeutung man der Erfahrung beimißt. Die einzige wirkliche Freiheit besteht in der Fähigkeit des Individuums, den Sinn seiner Krisen entweder in Wachstum und Erfüllung oder aber in tiefer Frustration und Zersetzung zu sehen. Wir selbst und nicht etwa die Planeten tragen die Verantwortung für die Ergebnisse aller Konfrontationen im Leben. Daher ist es die Aufgabe des Astrologen, sich nicht als eine Art Orakel zu präsentieren, sondern anderen Menschen beim besseren Verständnis ihres Geburtspotentials und bei ihrer Entwicklung zu reifen Persönlichkeiten mit spiritueller Ausstrahlung behilflich zu sein.

Aus psychologischer Sicht ist es wichtig, keine einzelnen Transite hervorzuheben, insbesondere wenn es sich um einen der sogenannten «schlechten» handelt. Im humanistischen Ansatz erforscht man eher Tendenzen als Ereignisse — eher zyklische Phasen als klar definierte Aspekte. Die Humanistische Astrologie spricht die ganze Bedeutung des Lebens an, anstatt davon losgelöste Themen zu erörtern. Astrologie auf diese Weise zu praktizieren, macht einen nicht zum aufsehenerregenden Wahrsager. Diese astrologische Praxis ist jedoch wesentlich, wenn man anderen — und sich selbst — eine solide und sinnvolle psychologische Unterstützung geben will.

Transite und die Geburtskonstellation

Das Geburtshoroskop ist die Beschreibung der Transite, wie sie von einem bestimmten Punkt der Erde aus betrachtet zum Zeitpunkt der Geburt stattgefunden haben. Die Beziehung des Augenblicks der Geburt zu den ständigen Planetenbewegungen ist vergleichbar mit der Beziehung, die die Abfolge aller Momente in der Gegenwart zu der Zeit als Ganzem, zu Vergangenheit und Zukunft, hat. Da die planetarische Konstellation zur Geburtszeit offenlegt, wer und was die betreffende Person potentiell ist, stellt jede Abänderung dieser Konstellation eine Verzerrung der grundsätzlichen Natur dieses Menschen dar. In »*The Practice of Astrology*« (Kapitel 10, S. 103 — 113) erklärt Dane Rudhyar diesen Aspekt der Konfrontation mit Transiten. Er beobachtete, daß mit der Bewegung der Planeten am Himmel nach der Geburt die «Verzerrung» mehr und mehr zunimmt, mit Ausnahme der Zeiten, zu denen sich Aspekte des Geburtshoroskop im Himmel wiederholen oder ein Planet auf seine Radixposition zurückkehrt.

Um diesen Punkt zu verdeutlichen, betrachten wir ein Beispielhoroskop mit einer Mars/Jupiter-Konjunktion. Hier wird das Wesen und der Zweck der Mars/Jupiter-Beziehung im Radix als Konjunktion definiert. Jedoch verändert sich die Beziehung der beiden Planeten zu einem Sextil, dann zu einem Quadrat, Trigon etc.. Die sich am Himmel widerspiegelnde Entwicklung des Lebens stimmt also nicht mehr mit der anfänglichen Beziehung überein. Das Leben und die Außenwelt, wie sie durch die Transite beschrieben werden, haben die Tendenz, die grundsätzliche Konstellation des Selbst aus dem Gleichgewicht zu bringen. Wenn aber andererseits Mars und Jupiter zu ihrer Radixstellung zurückkehren — Mars alle zwei, Jupiter alle zwölf Jahre —, wird die angeborene Mars/Jupiter-Eigenschaft eine Verstärkung erfahren, da die Geburtskonfiguration eine neuerliche Betonung erfährt. Das gleiche gilt, wenn sich eine Mars/Jupiter-Konjunktion im Transit ereignet. Diese Verstärkung einer Geburtskonfiguration durch einen Transit wird sich nicht notwendigerweise durch ein Ereignis äußern. Sie wird dem Individuum allerdings auf psychischer Ebene das Gefühl geben, seine Individualität leben zu können — was dem Gefühl entspricht, daß die Außenwelt mit den inneren Erfahrungen des Selbst übereinstimmt.

Ein Beispiel hierfür ist eine Person, die mit Mars im Widder geboren wird. Diese Stellung offenbart eine das ganze Leben währende charakteristische Tendenz zu ungestümem, bahnbrechendem Verhalten. Sie weist auf eine Person hin, die sich wahrscheinlich durch einen starken Tatendrang, eine auf Konkurrenz ausgerichtete Natur, Ungeduld bei Hindernissen, ein hochexplosives Temperament und vielleicht auch durch höhere Geschwindigkeiten beim Autofahren auszeichnet. Einige dieser natürlichen Eigenschaften werden von der Gesellschaft nicht verziehen: «Es ist nicht schön, die Beherrschung zu verlieren!»; «Dränge nicht!»; «Es ist verboten, zu schnell zu fahren!» Mit diesen kritischen Äußerungen muß sich diese Person abfinden, obwohl sie ihrem ureigensten Wesen fremd sind. Alle zwei Jahre durchläuft der Mars den Widder. Diese etwa anderthalb Monate der Betonung des Widders beziehen sich auf einen allgemeinen Trend in den menschlichen Reaktionen auf der ganzen Welt. Das bedeutet natürlich nicht, daß ein jeder während dieser Zeit hektisch umherirrt, kämpft, drängelt oder wütend ist. Es wird aber eine allgemeine Tendenz zu leichterer Unbeherrschtheit und höheren Geschwindigkeiten geben, und die Person mit Mars im Widder wird sich problemlos in das allgemeine Verhaltensschema einfügen.

Allgemeine (generische) Zyklen

Neben der Betrachtung von Aspekten, die transitierende Planeten zu den Planeten sowie den Winkeln des Geburtshoroskops bilden, kann der Astrologe sein Augenmerk auch auf einen einzelnen Planeten und dessen individuellen Zyklus richten, indem er den Transit-Planeten in seiner Beziehung zur eigenen Radixposition untersucht. Jede «Rückkehr» eines umlaufenden Planeten zur Radixposition symbolisiert einen der Natur des Planeten entsprechenden Anfang. Nachdem man die Lektion des vorangegangenen Zyklus gelernt hat, stellt die Wiederkehr eine neue Sprosse auf der Leiter der

Entwicklung zu einer neuen und höheren Ebene dar. Wenn die Lektion des vorangegangenen Zyklus nicht gelernt wurde oder die notwendige Entwicklung nicht stattgefunden hat, ist der neue Zyklus eine unsinnige Wiederholung des vorherigen.

Diese Art von Zyklen bezeichnen wir als «allgemeine» oder auch «generische» Zyklen, weil sie sich auf die gesamte Gattung *Homo* — also auf alle Menschen — beziehen. Die Krisen, die sie beschreiben, sind allen Menschen gemeinsam, wenn sie ein bestimmtes Alter erreichen. Der Anfangspunkt eines solchen allgemeingültigen Zyklus ist die Radixposition des Pla-

EIN GENERISCHER (ALLGEMEINER) TRANSITZYKLUS

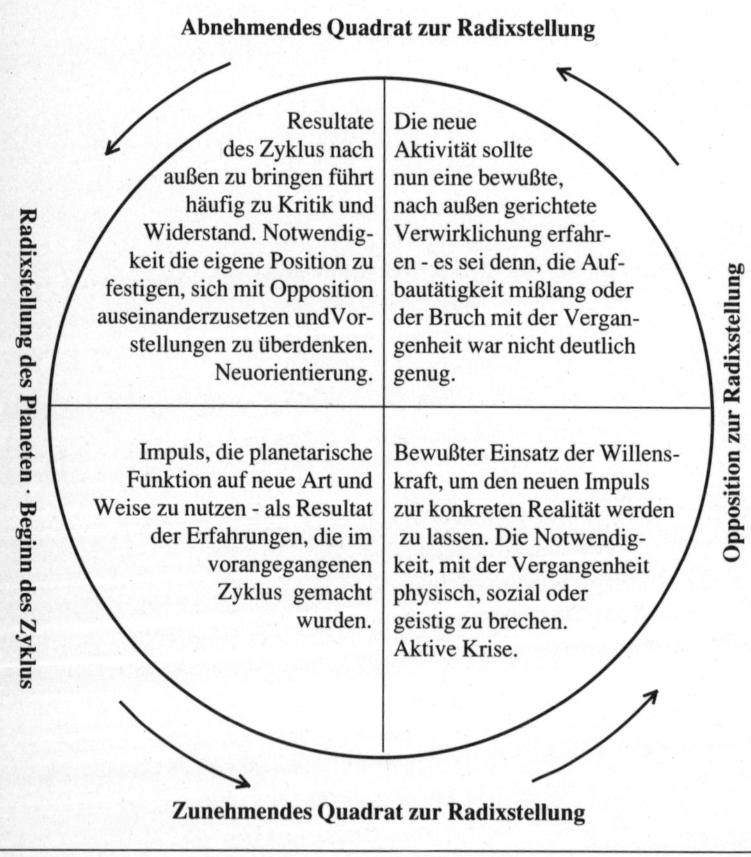

neten; im Verlaufe eines 84jährigen Lebens wird jeder Planet mit Ausnahme von Neptun und Pluto wenigstens einen vollständigen Umlauf um das Geburtshoroskops beschreiben und einmal auf seine Radixposition zurückkehren.

Die allgemeinen (generischen) Zyklen beinhalten keine äußeren Ereignisse, sondern die Phasen eines inneren Prozesses des Wachstums, der Entwicklung und des Zerfalls, der in direktem Zusammenhang mit der dem Planeten zugeschriebenen Natur steht. Obwohl die von diesen Zyklen eingeleiteten Krisen im allgemeinen schmerzvoll sind — entweder auf physischer Ebene wie z. B. beim Wachsen der ersten Zähne oder im emotionalen Bereich wie in der Pubertät —, handelt es sich bei ihnen nicht nur um natürliche, sondern auch um notwendige Entwicklungsphasen. Es sind dies die Krisen, über die am häufigsten geklagt wird und die sich am wenigsten unter Kontrolle bringen lassen. Selbst mit außergewöhnlichen Mitteln können sie nicht verhindert werden — es sei denn, durch den Tod.

Transite und die Häuser

Untersucht man einen Transit in seiner Beziehung zum grundsätzlichen Lebenszweck eines Individuums — bzw. wie eine Person mit diesem Planeten auf individualisierte Art und Weise umgehen sollte —, ist es wichtig, diesen Planeten in seiner Beziehung zum Geburtsbild zu betrachten. Da alle Menschen, die am gleichen Tag geboren sind, nahezu das gleiche Horoskop haben, und zur gleichen Zeit Geborene sich durch identische Horoskope auszeichnen, sind es das Kreuz zwischen Horizont und Meridian und die Häuser, die die einzigartige und individuelle Eigenheit eines Geburtsbildes ausmachen. Die Winkel des Kreuzes bzw. der Häuser sind nicht nur von dem Geburtstag und der Geburtszeit abhängig, sondern auch von der geographischen Position. Aus diesem Grund betrachtet der humanistische Astrologe die Häuser als den wichtigsten Einzelfaktor in bezug auf das Individuum. Im Zusammenhang mit den zwei Achsen des Geburtshoroskops ist eine wahrhaft individuelle Herangehensweise an Transite erforderlich.

Von allen Häusern ist das 1. das individuellste. Daher beginnt der individuelle Zyklus eines Planeten, wenn er den Aszendenten zum erstenmal überquert. Was auch immer geschehen mag, bevor ein Planet den Aszendenten zum ersten Mal erreicht — es wird sich auf eine Art «pränatale» oder vorbereitende Phase im Sinne der Funktion dieses Planeten beziehen. Erst wenn der Planet den Aszendenten erreicht, werden die mit ihm verbundenen Energien sich allmählich auf individualisierte Art und Weise in der Lebensbestimmung bemerkbar machen. Der Zeitpunkt dieses zyklischen Anfangs variiert entsprechend der Hausposition im Horoskop und der Geschwindigkeit des jeweiligen Planeten. In den meisten Fällen ist es der Mond, der als erster über den Aszendenten läuft. Dieser Transit findet irgendwann während der ersten 28 Lebenstage statt und ist Ausdruck des ersten Auftretens der Persönlichkeit, als das Bewußtsein des Ichs. Die Sonne und die Planeten bis zum Saturn (das heißt alle am Himmel sichtbaren Planeten) werden irgendwann während der ersten 28 Lebensjahre über den Aszendenten laufen. Uranus benötigt hierfür bis zu 84 Jahre und Neptun und Pluto bewegen sich so langsam, daß sie den Aszendenten vieler Menschen zu deren Lebzeiten überhaupt nicht erreichen. Bei Uranus, Neptun und Pluto beginnt daher die individualisierte Reaktion auf die durch sie verkörperten Herausforderungen, wenn sie auf ihrer Reise durch den Tierkreis den ersten Winkel zum Radixhoroskop bilden.

Transite und die Quadranten

Die horizontale Achse (Aszendent/Deszendent) und die vertikale Achse (MC/IC) unterteilen das Horoskop in vier Quadranten. Dane Rudhyar hat in der August-Ausgabe des »American Astrology Magazine« diese vier Sektoren des Geburtshoroskops als Entsprechungen zu den vier Jahreszeiten beschrieben. Der Aszendent (AC) entspricht der Wintersonnenwende; der Nadir (IC) der Tagundnachtgleichen des Frühlings; der Deszendent (DC) der Sommersonnenwende und der Medium Coeli (MC) der Tagundnachtgleichen des Herbstes. Ein vom Aszendenten zum Deszendenten laufender Planet bewegt sich durch die sechs Häuser, die den Norden des Horoskops darstellen. Diese Bewegung kommt der nordwärts gerichteten Bewegung der Sonne (in Deklination) von der Winter- zur Sommersonnenwende gleich. Der transitierende Planet läuft dann zum Medium Coeli — dem südlichsten Punkt des Horoskops — und kehrt schließlich wieder zum Aszendenten zurück. Aus diesem Grund bezeichnen humanistische Astrologen die vier Quadranten des Geburtshoroskops als Winter-, Frühlings-, Sommer- und Herbstviertel. Rudhyar gab den Transiten durch jedes dieser Viertel eine allgemeine Bedeutung, die entsprechend der Natur des umlaufenden Planeten modifiziert wird. Diese Bedeutung wird in den folgenden Kapiteln über die einzelnen planetarischen Transitzyklen ausführlich erörtert werden.

Das Winterviertel: Der Zeitraum, in dem ein Planet die ersten drei Häuser des Geburtshoroskops durchläuft, ist eine Zeit stärkster Subjektivität. So wie die Samen im Winter keine Aktivität zeigen, scheint der neue Impuls, der aus dem vorangegangenen Erfahrungszyklus geboren wurde, zu ruhen. Alles, was während des gerade abgeschlossenen Zyklus erreicht und erlebt wurde — insbesondere die äußeren, sozialen Erfahrungen, die für die zweite Hälfte des Zyklus kennzeichnend sind —, muß nun angepaßt werden. Wachstum findet innerlich und subjektiv statt, und dem oberflächlichen Blick mag es verborgen bleiben. Unter der Oberfläche allerdings entstehen auf dem Fundament des alten Zyklus neue Kräfte, neue Fähigkeiten und ein neuer Zyklus des Schicksals. Die Wirkungsweise des Planeten sollte jetzt bewußter denn je im Sinne der eigenen persönlichen Entwicklung genutzt werden: zur Erhellung und Klärung des Gefühls der eigenen Identität. Hierin liegt die Hauptaufgabe eines Transits durch den ersten Quadranten. Der Schlüsselbegriff dieser Zeitspanne lautet: *Entfaltung des eigentlichen Seins*.

DIE BEDEUTUNG DER VIER QUADRANTEN

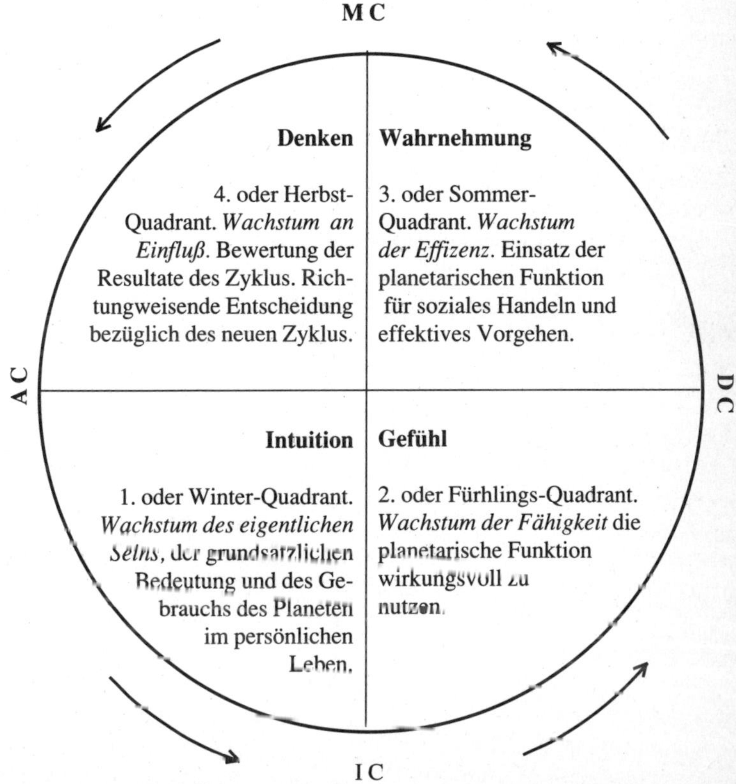

Das Frühlingsviertel: Wenn ein Planet den Nadir eines Horoskops überquert hat und sich durch das 4., 5. und 6. Haus bewegt, werden die inneren Wirkungsweisen seiner Funktion den neuen und akuten Bedürfnissen der Persönlichkeit und ihres Lebenszwecks angepaßt. Sie treten nun zum ersten Mal nach außen. Was zuvor subjektiv war, wird nun objektiv — so, wie der Samen im Winter keimt und im Frühling sprießt und zu wachsen beginnt. Neue Formen des Umgangs mit der Funktion des betreffenden Planeten werden entdeckt, erlernt und praktiziert. Es handelt sich dabei um die Hilfsmittel, die dem Individuum später die vollständige Verwirklichung dieser Funktion ermöglichen werden. Zusätzlich zu dieser Verwirklichung auf innerlicher, individuell physiologischer und psychischer Ebene wird der neue Ausdruck dieser Funktion auch die soziale Ebene beeinflussen. Die planetare Wirkungsweise sollte nun im Sinne einer sich ständig ausweitenden Außenwirkung eingesetzt werden. Der Schlüsselbegriff dieser Zeitspanne lautet: *Entfaltung des Potentials*.

Das Sommerviertel: Wenn ein Planet durch das 7., 8. und 9. Haus des Horoskops läuft, erfahren die im vorangegangenen Viertel des Transitzyklus entwickelten neuen Fähigkeiten eine deutliche Ausprägung durch soziales Verhalten. Die betroffene Person verfügt nun über die Hilfsmittel, die sie mit ständig wachsendem Geschick und höherer Effektivität einsetzen muß. Während eine Person diese Hilfsmittel in ihrer Beziehung zur objektiven Welt einsetzt, wird sie mit zunehmender Klarheit erkennen, welche Rolle dieser Planet innerhalb ihrer eigenen Persönlichkeit spielt. Sie wird in der Lage sein, diese planetarische Funktion bewußt zur Förderung ihrer äußeren Bestimmung zu nutzen. Das soziale Verhalten sollte jetzt weiter ausgebildet und individualisiert werden. Der Höhepunkt dieses Wachstumsprozesses ist erreicht, wenn der umlaufende Planet zur Himmelsmitte gelangt. Der Schlüsselbegriff dieser Zeitspanne lautet: *Entfaltung der Fähigkeiten.*

Das Herbstviertel: Dies ist die Zeit der Ernte. Nachdem der MC des Geburtshoroskops erreicht worden ist und sich der umlaufende Planet durch die Häuser 10, 11 und 12 bewegt, wird die äußere, soziale Funktion dieses Planeten öffentlich bewertet. Diese Beurteilung bringt entweder gesellschaftliche Anerkennung oder aber Sanktionen mit sich. Was auch immer während der vorangegangenen Phasen des Zyklus durch persönliche (vielleicht auch ungenügende) Bemühungen gesät wurde, wird nun geerntet. Die Bemühungen werden entsprechend den aktuellen Wertvorstellungen der Gesellschaft beurteilt und belohnt. In diesem Quadranten wird man nicht nur mit dem Ergebnis vergangener Handlungen konfrontiert; man ist auch gezwungen, dieses Ergebnis zu akzeptieren, um dadurch die wesentliche Bedeutung von Erfolg und Mißerfolg zu verstehen. Ganz gleich, ob die Ernte positiv oder negativ ausfällt — sie wird die Richtung des neuen Zyklus bestimmen, dessen Samenkorn hier geformt wird. Ist der Aszendent erreicht, erfährt man eine Art «Jüngstes Gericht». Der Samen des neuen Zyklus ist gesät, und die Richtung und Inhalt sind festgelegt. Bewußt oder unbewußt erlebt, ob von der Vergangenheit befreit oder an sie gekettet — der neue Zyklus beginnt. Der Schlüsselbegriff für diese abschließende Zeitspanne lautet: *Entfaltung von Einfluß.*

Zusätzlich zur Dimension der Entwicklung bezieht sich jeder Quadrant auch auf eine grundlegende psychologische Funktion. Die humanistische Entsprechung, die Rudhyar in *«Die Astrologie der Persönlichkeit»* festgestellt hat, bringt den Aszendenten mit der Intuition in Verbindung, den Nadir mit den Gefühlen, den Deszendenten mit der Wahrnehmung und den MC mit dem Denken. Somit gibt es bei jeder Betonung einer Achse oder eines Quadranten durch einen Transit eine entsprechende Betonung der damit in Verbindung stehenden psychologischen Funktion. Dies gilt für alle Planeten einschließlich Sonne und Mond.

Diese Art der Interpretation der Quadranten erlaubt es, den allgemeinen oder generischen Transitzyklen eine persönliche Bedeutung zu geben, weil sie sich auf das individuelle Geburtshoroskop stützt. Hinzu kommt, daß eine der vier grundlegenden psychologischen Funktionen während gewisser Phasen im Leben besonders in den Vordergrund treten kann. Dies ist der Fall, wenn eine Vielzahl von planetarischen Einflüssen auf den entsprechenden Quadranten wirken. Die Entwicklung dieser psychologischen Funktion sollte während solcher Phasen in vollem Bewußtsein stattfinden.

Der Lebenszyklus — der ganzheitliche Ansatz

Jede ernsthafte Untersuchung der Transitzyklen verlangt vom Astrologen die Ausarbeitung der entsprechenden Zyklen für das gesamte Leben einer Person — das heißt für ein Leben von bis zu 84 Jahren. Auf diese Art und Weise lassen sich die herausragenden Ereignisse des Lebens sowie die zwischen ihnen liegenden Zeiträume ermitteln. Man darf nie vergessen, daß das Potential eines jeden aktuellen Transitzyklus durch das, was während des vorangegangenen Zyklus geschah oder verwirklicht wurde, bedingt wird. Der vergangene Zyklus — die bereits gewonnene Lebenserfahrung — muß analysiert werden, bevor ein Verständnis der gegenwärtigen Situation möglich ist. Das ganze Leben bildet den Hintergrund, vor dem jeder einzelne Augenblick untersucht werden muß.

Da Pluto und Neptun während eines Menschenlebens keinen vollständigen Zyklus beschreiben können, sind zunächst die Quadranten des Horoskops zu markieren, die durch die Transitbewegungen dieser beiden Planeten besonders betont werden. Dies gilt ebenfalls für die wichtigsten Aspekte, die sie während des gesamten Lebens zum Geburtshoroskop bilden. Der Quadrant, durch den der transitierende Pluto läuft, weist auf den Bereich hin, in dem das Universum oder die Gesellschaft ihre tiefgreifendsten Anforderungen an das Individuum stellt. Diese Stellung läßt auch Rückschlüsse darüber zu, in welchem Lebensbereich das Individuum seinen bedeutsamsten Beitrag zu den Erfordernissen der Zeit leisten kann. Der Quadrant des Geburtshoroskops, der durch den laufenden Neptun besonders betont wird, weist auf die Bereiche hin, in denen die Verhaltensmuster des bewußten Egos durch den Druck kollektiver Ereignisse und Wertvorstellungen hinterfragt oder auf subtile Art und Weise aufgelöst werden.

Da der Uranus nicht in jedem Menschenleben einen vollständigen Umlauf beschreiben kann, ist von einem wirklich individualisierten Gebrauch der Uranus-Funktion ab dem Alter zu sprechen, zu dem der Planet zum ersten Mal eine Achse des Geburtshoroskops erreicht. Wenn beispielsweise Uranus bei der Geburt im 4. Haus stand, wird der individuelle Zyklus erst beginnen, wenn er im Transit den Deszendenten überquert. In diesem Fall wird die Bedeutung des Sommerquadranten von besonderer Wichtigkeit als Quelle uranischer Inspiration für das Individuum sein.

Die Zyklen von Saturn und Jupiter erhalten ihre wirklich individuelle Bedeutung erst, nachdem die beiden Planeten den Aszendenten zum ersten Mal erreicht haben. Die Jahre von der Geburt bis zu diesem Moment bilden eine Phase, in der diese Planeten als Erbfaktoren, als familiäre oder gesellschaftliche Einflüsse auf das heranwachsende Individuum einwirken. Allerdings muß das Alter einer Person, in dem diese Planeten den Aszendenten zum ersten Male erreichen, als ein wichtiger Faktor berücksichtigt werden; für gewöhnlich kann man weder beim Saturn noch beim Jupiter von einem «individuellen Gebrauch» sprechen, wenn der Kontakt mit dem Aszendenten in der frühen Kindheit stattfindet. Aufgrund dieser Tatsache ist das Studium der generischen Zyklen (der nicht individuellen Zyklen) von Saturn und Jupiter äußerst bedeutsam. (Dieser Punkt wird in Kapitel 6: »Der Saturnzyklus«, ausführlich besprochen.) Während dieser 30-Jahres- beziehungsweise 12-Jahres-Zyklen sind die kritischen Entwicklungsphasen durch die Transit-Quadrate, die Transit-Opposition und durch die Rückkehr zur Radixposition gekennzeichnet.

Jupiter und Saturn sollten immer in Beziehung zueinander betrachtet werden. Es empfiehlt sich, die Positionen im Geburtshoroskop zu markieren, an denen Konjunktionen, Quadrate und Oppositionen zwischen dem laufenden Saturn und dem laufenden Jupiter stattfinden. Konjunktionen sind besonders wichtige Schlüssel für das grundsätzliche Verhältnis einer Person ihrer sozialen und nationalen Bestimmung gegenüber. Sie treten in Intervallen von 20 Jahren auf, so daß sie bei einer normalen Lebensdauer mindestens drei Mal erlebt werden. Insbesondere bei gesellschaftlich orientierten Menschen sollten die durch Transite gebildeten Quadrate und Oppositionen beobachtet werden, wobei hier besonderes Augenmerk den betroffenen Häusern des Horoskops zu widmen ist. Darüber hinaus gilt es festzustellen, wo die Konjunktionen und Oppositionen zwischen den laufenden Planeten Jupiter/Uranus, Jupiter/Neptun, Saturn/Uranus und Saturn/Neptun in Bezug auf das Geburtshoroskop stattfinden. Ebenso verfährt man mit den Hauspositionen der kritischen Phasen während des Uranus/Neptun-Zyklus. Schließlich sollte der Astrologe noch die Zyklen der Finsternisse und der Mondknoten sowie die häufigen rückläufigen Zyklen der schnelleren Planeten Merkur, Venus und Mars untersuchen. Alle diese Faktoren sind Bestandteile der durch die Transite beschriebenen zyklischen Entfaltung des Seins.

Das Fundament zur Interpretation aller Transitzyklen ist der Altersfaktor. Das Alter, in dem ein Individuum mit den kritischen Phasen der Transitzyklen konfrontiert wird, liefert einen wesentlichen Anhaltspunkt für die Art und Weise, wie diese Krisen interpretiert werden sollten. Indem der Astrologe die kritischen Phasen aller Transitzyklen entsprechend der im folgenden beschriebenen 7-Jahres-Perioden und entsprechend dem Alter, in dem sie stattfinden, aufzeichnet, wird sich ihm ein äußerst aufschlußreiches Mosaikbild des gesamten Lebens bieten. Die Beziehungen, die durch eine solche Erforschung aufgezeigt werden, haben eine unermeßliche Bedeutung für das Verständnis eines aktuellen Problems oder einer Krise; sollte der Astrologe zu nachlässig oder zu ereignisorientiert sein, um seinen Blick weiter als ein oder zwei Jahre über den Zeitpunkt der Beratung in die Zukunft bzw. die Vergangenheit zu richten, werden ihm diese vollständig fehlen. Vor allem aber verfügt das Individuum im humanistischen Ansatz über die Freiheit, sein Schicksal selbst in die Hand zu nehmen. Die Astrologie muß eine Anzahl von Möglichkeiten vorlegen, um dem Menschen die Wahl zu lassen, anstatt ihm Ereignisse oder Erfahrungen vorherzusagen, gegen die er machtlos ist. Die Astrologie kann Möglichkeiten — nicht Gewißheiten — aufzeigen, und niemand, der ein Horoskop interpretiert, sollte jemals etwas «versprechen». Die Humanistische Astrologie wird zu einer Übung in innerer Entscheidungsfindung: Aus dem, was man potentiell werden *könnte*, das auszusuchen, was man sein *will*.

Kapitel II

Der Altersfaktor

Im humanistischen Ansatz sind Ereignisse nur im Zusammenhang mit der Bedeutung relevant, die ihnen das Individuum beimißt. Dieser Bedeutungszusammenhang ist verbunden mit und abhängig von dem Alter des Individuums zur Zeit des Ereignisses, denn das Alter stellt eine Art «Behälter» dar, in dem die Lebenserfahrungen aufbewahrt werden. Ein identisches Ereignis in verschiedenen Alterstufen erfahren, kann eine vollkommen andere Bedeutung haben. So mag das Erlebnis, zufällig in einem Badezimmer eingesperrt zu sein, auf ein zweijähriges Kind zutiefst traumatisch wirken, während ein Erwachsener darauf in den meisten Fällen mit Humor oder Verärgerung reagieren würde.

Obwohl die meisten Astrologen — zumindest theoretisch - wissen, daß bei der Betrachtung von Progressionen und Transiten das Alter eines Klienten zu berücksichtigen ist, ignorieren sie dieses oft bei der Interpretation eines Horoskops. Sie lesen das Geburtsbild auf die Art und Weise, wie es ihnen beigebracht wurde — das heißt, nach der «Kochbuch-Methode». Sie wissen einfach nicht, wie sie den Altersfaktor berücksichtigen sollen, der von den meisten astrologischen Schriften ignoriert wird. Möglicherweise halten die Autoren ihn für zu offensichtlich, um ihn zu erwähnen, oder aber — wahrscheinlicher noch —, ergibt sich seine Vernachlässigung aus redaktionellen Gründen. Beispielsweise müßte ein Standardbuch von 300 Seiten mindestens zehnmal umfangreicher sein, wenn die Bedeutung eines jeden Aspekts für unterschiedliche Altersstufen beschrieben würde. Ein zweites, wahrscheinlich fundamentaleres Problem liegt im Umfang der Erfahrung des Astrologen. Seine Klienten sind gewöhnlich gleichaltrig und stammen fast alle aus einer Altersgruppe. Wie kann man da von dem Astrologen erwarten, daß sein Wissen um die Zyklen des Lebens größer ist als seine eigene Lebenserfahrung? Wenn ein Student der Astrologie sich weder an Bücher noch an seine eigene Erfahrung in der astrologischen Praxis halten kann, um sich über den Altersfaktor zu informieren, wohin kann er sich dann wenden? Die moderne Tiefenpsychologie bietet uns hier eine Quelle: Das Werk von C. G. Jung.[2]

Der Lebenszyklus

Eine ganzheitliche Sicht des Lebens bildet die Grundlage für jede Erörterung und Interpretation des Altersfaktors. Zuerst muß erkannt werden, daß das Leben selbst ein Zyklus ist und die verschiedenen Zeitspannen im Leben Phasen innerhalb dieses Zyklus sind. Den Mondphasen vergleichbar hat der Lebenszyklus eine zunehmende und eine abnehmende Hälfte. Daher unterliegen viele Menschen einem Irrtum, wenn sie glauben, daß die Bedeutung des Lebens mit der Phase der Jugend und Expansion zu Ende geht. Die abnehmende Lebenshälfte ist ebenso wichtig wie die zunehmende. Allerdings verändert sich die Bedeutung. Die Astrologen müssen diesen Unterschied zwischen den Problemen in der Jugend und denjenigen im Alter berücksichtigen; sie müssen erkennen, daß sie einer unterschiedlichen Lösung bedürfen. Die Jugend — entsprechend der zunehmenden Welle des Lebens — ist grundsätzlich extrovertiert; sie stellt eine Zeit des Wachstums und der Expansion auf allen Entwicklungsebenen — der physischen, geistigen, emotionalen und sozialen — dar. Die Probleme während dieser Zeit sind extrovertierter Natur — Bildung, Ehe (und Scheidung), Kinder, Geld, sozialer Status, Karriere und Sex. Die Herausforderung besteht darin, die Hindernisse auszuräumen, die einer Expansion auf allen diesen Ebenen im Wege stehen. Dies erfordert extrovertierte Lösungen, was gleichbedeutend mit Taten im Bereich der physischen bzw. materiellen Welt ist.

Nach einer symbolischen Vollmondphase nimmt die abnehmende Welle des Lebens ihren Anfang. Die Probleme der zweiten Lebenshälfte sind von introvertierter Natur und erfordern eine Neubewertung aller während der ersten Hälfte geachteten Werte. Es wird notwendig, die Bedeutung von Idealen zu würdigen, die denen der Jugend entgegengesetzt sind. Jetzt besteht die Herausforderung darin, zu immer größerer Objektivität gegenüber allem zu gelangen, was in der ersten Lebenshälfte wichtig erschien. Wertvorstellungen werden weniger absolut. Alles Menschliche ist relativ, weil alles - psychologisch betrachtet — auf der inneren Polarität von Wertvorstellungen beruht. Dieser Grundsatz ist eines der Fundamente des astrologischen Symbolismus sowie der Jungschen Tiefenpsychologie. Er sollte gleichermaßen die Grundlage der astrologischen Interpretation sein. Viele der psychischen Probleme, die sich während der zweiten Lebenshälfte einstellen, lassen sich darauf zurückführen, daß in der ersten Hälfte Dinge nicht zu Ende geführt oder gar nicht erst begonnen wurden. Der Versuch, die Jugend zu verlängern, wird immer dann unternommen, wenn man sie nicht wirklich erlebt hat. Es sollte sowohl klar sein, daß die abnehmende Hälfte des Lebenszyklus nicht die Zeit für extrovertierte Belange ist, wie auch, daß die zunehmende

DIE WICHTIGSTEN ASTROLOGISCHEN ENTSPRECHUNGEN DES ALTERSFAKTORS

7 Jahre:	Zunehmendes Saturn-Quadrat zu seiner Radixposition.
12 Jahre:	Erste Jupiter-Rückkehr zur Radixposition.
14 Jahre:	Saturn-Opposition zur Radixstellung.
19(-) Jahre:	Beginn eines neuen Mondknotenzyklus.
21 Jahre:	Abnehmendes Saturn-Quadrat zur Radixposition.
24 Jahre:	Zweite Jupiter-Rückkehr.
27(+) Jahre:	Rückkehr des progressiven Mondes zur Radixstellung.
28 Jahre:	Uranus im Trigon zur Radixstellung; Umkehrung der Mondknotenachse.
29(+) Jahre:	Saturn-Rückkehr zur Radixstellung.
30 Jahre:	Der Sonne/Mond-Aspekt aus dem Radix wiederholt sich in der Progression. Jupiter-Opposition zur Radixstellung.
36 Jahre:	Zweites zunehmendes Saturn-Quadrat. Dritte Jupiter-Rückkehr.
38(-) Jahre:	Beginn eines neuen Mondknotenzyklus.
42 Jahre:	Jupiter, Uranus in Opposition zu den Radixpositionen; Neptun in zunehmendem Quadrat zu seiner Radixstellung.
44 Jahre:	Zweite Saturn-Opposition zur Radixposition.
47 Jahre:	Umkehrung der Mondknotenachse.
48 Jahre:	Vierte Jupiter-Rückkehr.
51 Jahre:	Zweites abnehmendes Saturn-Quadrat.
55 Jahre:	Zweite Rückkehr des progressiven Mondes zur Radixstellung.
56 Jahre:	Uranus im abnehmendem Trigon zur Radixposition; Beginn des vierten Mondknotenzyklus.
59-60 Jahre:	Zweite Saturn-, fünfte Jupiter-Rückkehr; Pluto in zunehmendem Quadrat zur Radixstellung; der Sonne/Mond-Aspekt aus dem Radix wiederholt sich zum zweiten Mal in der Progression.
63 Jahre:	Abnehmendes Uranus-Quadrat.
65 Jahre:	Umkehrung der Mondknotenachse.
66 Jahre:	Drittes zunehmendes Saturn-Quadrat zu seiner Radixposition.
72 Jahre:	Sechste Jupiter-Rückkehr.
75 Jahre:	Beginn des fünften Mondknotenzyklus; dritte Opposition des Saturn zur Radixstellung.
80 Jahre:	Drittes abnehmendes Saturn-Quadrat.
82-83 Jahre:	Dritte Rückkehr des progressiven Mondes.
84 Jahre:	Uranus-Rückkehr zur Radixposition; siebte Jupiter-Rückkehr; Umkehrung der Mondknotenachse.

Hälfte sich nicht für introvertierte Angelegenheiten eignet. *«Alles hat seine Stunde. Für jedes Geschehen unter dem Himmel gibt es eine bestimmte Zeit...» (Kohelet 3,1).*

Die allgemeine (generische) Struktur des Lebens

Es gibt zwei unterschiedliche Ansätze für den Altersfaktor. Der erste, den Astrologen vertrautere, besteht darin, die planetarischen Zyklen einzeln zu betrachten und ihre Phasen in Beziehung zur speziellen planetarischen Energie zu interpretieren. Obwohl durch eine derartige Studie viele Erkenntnisse gewonnen werden können, darf man nicht vergessen, daß sich zu jeder Zeit alle Planeten bewegen. Ganzheitliche Astrologie bezieht sich nicht nur auf eine bestimmte Sicht des Individuums und seines Geburtsbildes, sondern auch auf eine ganzheitliche Betrachtung des Sonnensystems. Die Konzentration auf den Zyklus eines einzelnen Planeten führt zu einer verzerrten Perspektive.

Der zweite Ansatz ist, die allgemeine (generische) Struktur des menschlichen Lebens zu studieren, indem man die altersgemäßen Phasen der individuellen Entwicklung beschreibt, ohne dabei astrologische Faktoren zu berücksichtigen. Diese Studie sollte eigentlich dem ersten Ansatz vorausgehen, weil sie eine allgemeingültige Grundlage einer individualisierten Interpretation von Progressionen und Transiten schafft. Ohne diese Informationen können solche Interpretationen für eine individuelle Aussage nicht wirklich hilfreich sein. Dieser Ansatz rückt nicht nur die gegenwärtigen Probleme eines Klienten in den richtigen Blickwinkel, sondern steuert auch eine zusätzliche Dimension der Bedeutung vergangener Ereignisse und Erfahrungen bei, die zur aktuellen Krise geführt haben können.

Die größte Bedeutung dieser allgemeinen (generischen) Struktur ist, daß sie für die Psyche und den Körper gleichermaßen existiert. Sie wirkt bei jedem auf einer unbewußten Ebene, für wie einzigartig sich das Individuum auch halten mag. Diese gemeinsame psychische Struktur ist das, was Jung das «kollektive Unbewußte» genannt hat. Rudhyar beschreibt sie als *«die generische Seele eines jeden Menschen; das Mensch-Sein, das die gemeinsame Grundlage darstellt, von der die erhabensten Flüge der Hingabe und kreativer Vorstellungskraft, die subtilsten Schwingungen von Mystizismus und Kunst ausgehen.»*[3] Die generische Struktur des menschlichen Schicksals kann erkannt werden, und zusammen mit dem Verständnis der individuellen, durch Progressionen und Transite zutage tretenden Wachstumszyklen ist es möglich, zu einem Wissen über das Selbst von seltener Bedeutungstiefe zu gelangen. Das Verfahren ist einfach; allerdings erfordert das wirkliche

Verstehen dessen, was es hervorbringt, wie bei allen grundlegend einfachen Dingen eine sorgfältige Betrachtung und einen tiefen Sinn für psychologische Einschätzungen.

Der 7-Jahres-Zyklus

Rudhyar stellte die These auf, daß die vollständige Entwicklung des Menschen als individuelle Persönlichkeit, theoretisch und archetypisch betrachtet, einen Zeitraum von 84 Jahren erfordert, was einem Uranuszyklus entspricht. Dieser Zyklus läßt sich auf viele Arten unterteilen. Mit den sieben 12-Jahres- und den zwölf 7-Jahres-Phasen werde ich mich ausführlich in Kapitel 5 dieses Buches, *»Der Jupiterzyklus«*, und in Kapitel 8: *»Der Uranuszyklus«*, beschäftigen. Darüber hinaus läßt sich der 84-Jahres-Zyklus in drei Phasen von jeweils 28 Jahren einteilen. Diese Phasen entsprechen in etwa den Zyklen des Saturns; diese werden ausführlich in Kapitel 6: *»Der Saturnzyklus«*, besprochen. Jede einzelne dieser 28-Jahres-Phasen entspricht einer wesentlichen Ebene der Persönlichkeitsentwicklung — dem Ererbten, dem Individuellen und dem Spirituellen. Da allerdings die meisten Menschen über die erste Ebene — der des Ererbten — kaum hinauskommen und selten ein wirklich «individuelles» Leben führen, zog Rudhyar es vor, sich auf die Analyse der traditionelleren 70-Jahres-Zyklen zu konzentrieren, die zehn 7-Jahres-Zyklen enthalten. Die Trennungslinie liegt hier beim 35. Lebensjahr. Bis zu diesem Alter nimmt der Strom der Lebenskraft zu; danach schwillt er ab. Der Rückgang der Lebenskraft ist aus den Bereichen des Sports und der Luftfahrt hinlänglich bekannt; den esoterischen Lehren zufolge beginnt nach Vollendung des 36. Lebensjahres eine allmähliche Zurückbildung aller Nerven und Vitalzentren im Körper sowie der mit ihnen in Wechselbeziehung stehenden psychischen Strukturen. Etwa zu dieser Zeit sollte das wahrhaft individuelle Selbst eines Menschen in Erscheinung treten. Es handelt sich um einen Altersabschnitt, der bei vielen Menschen mit wichtigen Schritten oder Entscheidungen — in innerlicher oder äußerlicher oder auch beiderlei Hinsicht — zusammenfällt und das Bewußtsein des Individuums in eine völlig neue Richtung lenkt.

Vor dem Erreichen des 35. Lebensjahres ist der Mensch bemüht, sein Leben auf der Grundlage seines Erbes, seiner Erziehung und Bildung und seiner gesellschaftlichen Umgebung aufzubauen. Während dieser Phase ergeben sich Probleme mit jugendbedingten Illusionen, der Bewältigung elterlicher Vorbilder und mit Hindernissen in Beruf oder Ehe — kurzum, Probleme mit all jenen Dingen, die Bestandteil der Expansion des Lebens sind. Die Jugend findet die Lösung solcher Probleme in erster Linie in nach

DER 70 JAHRE WÄHRENDE LEBENSZYKLUS

Die zunehmende Hälfte des Zyklus

Phase 5 **(28 bis 35 Jahre):**
Freisetzung des kreativen Talents der Persönlichkeit. Möglichkeit einer «zweiten Geburt» als Samen für die Zukunft. In negativer Hinsicht: die fortschreitende Kristallisation der persönlichen Einstellung in bezug auf ererbte und soziale Muster.

Phase 4 **(21 bis 28 Jahre):**
Wahl von Kollegen und Freunden und der eigenen Art der Teilhabe an der Gesellschaft. Festigung der Grundeinstellung gegenüber der persönlichen und soziokulturellen Vergangenheit. Auflehnung gegen die Familie und/oder die Gesellschaft.

Phase 3 **(14 bis 21 Jahre):**
Entwicklung der emotionalen und geistigen Fähigkeiten. Emotionale Orientierung an Kollegen, Freunden, Gefährten und möglicherweise an der Kultur, Religion und den gesellschaftlichen Institutionen.

Phase 2 **(7 bis 14 Jahre):**
Aufbau des bewußten Egos; Entwicklung des Ich-Gefühls. Erprobung der persönlichen Macht durch aktiven Selbstausdruck.

Phase 1 **(0 bis 7 Jahre):**
Entwicklung des Körpers, seiner Organe und ihrer psychischen Implikationen. Grundlegende Einstellung auf äußeren Druck, insbesondere innerhalb der Familie.

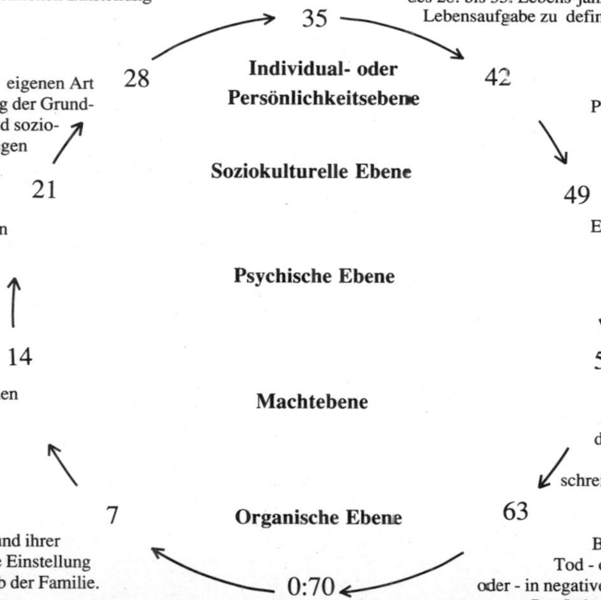

Die abnehmende Hälfte des Zyklus

Phase 6 **(35 bis 42 Jahre):**
Höhepunkt der physischen und persönlichen Fähigkeiten. Weitere Kristallisation von Einstellungen, dem Bewußtsein und der Aktivitäten, die während des 28. bis 35. Lebens-jahres entwickelt wurden. Die Notwendigkeit, die Lebensaufgabe zu definieren. Mögliche Läuterung der Persönlichkeit.

Phase 7 **(42 bis 49 Jahre):**
Auf Gewohnheiten basierender Lebensverlauf. Passive Anpassung an das Bestehende - oder die Notwendigkeit, aktiv die Einstellung zu vertrauten Personen zu überdenken. Der Versuch, einen neuen Anfang zu machen.

Phase 8 **(49 bis 56 Jahre):**
Erziehung anderer; Übernahme größerer gesellschaftlicher Verantwortung. In negativer Hinsicht - geistige Starre aufgrund der Unfähigkeit, die einmal eingenommene Lebenseinstellung und das Verhalten zu ändern.

Phase 9 **(56 bis 63 Jahre):**
Möglichkeit einer «dritten Geburt» im Uranuszyklus. Ausdruck der dieser . Geburt/ innewohnenden spirituellen Qualität durch die Persönlichkeit. Neue spirituelle Aktivitäten oder - in negativer Hinsicht - eine fortschreitende Erstarrung des Geistes und der Gefühle.

Phase 10 **(63 bis 70 Jahre):**
Bewußte Vorbereitung auf das Leben nach dem Tod - oder Senilität. Die Verkörperung von Weisheit oder - in negativer Hinsicht - Langeweile, Leere, Sinnlosigkeit. Das Leben wird zu einer Art Saat-Vollendung gebracht.

außen gerichteten Aktivitäten. Die Probleme entstehen häufig durch übertriebene Erwartungen, unterschätzte Schwierigkeiten und aufgrund von unangemessenem Optimismus oder Pessimismus. Sie lassen sich als Widersprüche zwischen subjektiven Annahmen und äußeren Tatsachen klassifizieren.

Eine andere Problemgruppe entsteht durch innere seelische Schwierigkeiten, die auch dann vorhanden sein können, wenn die gesellschaftlichen oder beruflichen Aktivitäten keine Probleme bereiten. In vielen Fällen wird, wie Freud dargestellt hat, die Störung des seelischen Gleichgewichts durch den sexuellen Instinkt hervorgerufen, während in anderen Fällen ein Minderwertigkeitsgefühl aufgrund starker Sensibilität vorherrscht. Laut Jung bleiben jungen Menschen, die um ihre Existenz kämpfen mußten, innere Probleme weitgehend erspart, während diejenigen, die — aus welchem Grund auch immer — keine Schwierigkeiten bei der Anpassung an die Außenwelt hatten, mit sexuellen Problemen oder Konflikten konfrontiert werden, die aus einem Gefühl der Minderwertigkeit entstehen. Das Hauptmerkmal der Probleme, die in der ersten Lebenshälfte auftauchen, ist das Festhalten an der Bewußtseinsebene der Kindheit und der Widerstand gegenüber den schicksalhaften Kräften, die innerhalb und außerhalb des Individuums existieren und es mit der Welt in Verbindung bringen. C. G. Jung schrieb zu diesem Sachverhalt folgendes:

> *Etwas möchte Kind bleiben, ganz unbewußt oder doch wenigstens nur seines Ich bewußt sein, alles Fremde ablehnen oder es dann wenigstens seinem eigenen Willen unterjochen, nichts tun oder dann doch wenigstens seine eigene Lust oder Macht durchsetzen.*[4]

Innerhalb jeder der beiden Hälften des 70-Jahres-Zyklus gibt es fünf 7-Jahres-Phasen. Diese Phasen beschreiben den Fluß der Lebenskraft, und sie begründen fünf Integrationsebenen, die Rudhyar die physiologische, die willentliche, die psychologische, die soziale und die spirituell-persönliche nannte. Die hier beschriebenen Ebenen entsprechen den verschiedenen «Körpern» der esoterischen Lehre: dem physischen, dem ätherischen, dem emotional-mentalen, dem buddhischen und dem spirituellen. Diesem Konzept zufolge ist es die Aufgabe des Individuums, mit den Integrationskräften zu arbeiten, die nacheinander auf den einzelnen Ebenen wirken. Zur Ausbildung einer kreativen und vollständigen Persönlichkeit muß man sich dem Universum angleichen und soviel wie möglich von ihm in sich aufnehmen. Das gilt nicht nur für physische Nahrung, sondern auch für das Wissen und die Weisheit vergangener Generationen und die gesellschaftliche Substanz der persönlichen Beziehungen — von der Sexualität bis hin zur Politik. Wird diese Integration wirkungsvoll erreicht, so wird der spirituelle Geist der integrierten Persönlichkeit ungefähr zum Zeitpunkt des 35. Geburtstags erwachen. Wenn der spirituelle Geist — auf einer tiefen, unbewußten Ebene, unbemerkt durch das Bewußtsein — erfahren wird, werden die Auswirkungen während der zweiten Hälfte des Lebens in Erscheinung treten. Die wahre Integration der Persönlichkeit äußert sich durch ein zunehmend kreatives und leuchtendes Leben, das Einsicht, klare Kraft und Bedeutung ausstrahlt, und durch die Fähigkeit, andere zu größerer Integration und einem reineren Leben zu führen.

Während der zweiten Lebenshälfte werden die Schritte wieder von Ebene zu Ebene vollzogen, so daß jetzt gewissermaßen das von der jugendlichen Person während der 35 Jahre der ansteigenden Lebenswelle errichtete «Aktionsschema» eine Modifizierung durch Reaktion erfährt. Es gibt zum Beispiel eine direkte Beziehung zwischen den Phasen vom 14. bis zum 21. und vom 49. bis zum 56. Lebensjahr. Beide Phasen entsprechen der psychologischen, emotional-mentalen Entwicklungsebene. Diese Beziehung läßt sich als karmisch bezeichnen, weil das Verhalten des jugendlichen Menschen tendenziell die Art und Weise bestimmt, in der sich das Bewußtsein und die sozialen und persönlichen Reaktionen des an der Schwelle zum Alter stehenden Erwachsenen entwickeln. Die Fehlschläge und Erfolge, die Ängste und aus idealistischen Motiven resultierenden Konfrontationen, die man in der Jugend erlebt hat, können bei dem Erwachsenen in seinem sechsten Lebensjahrzehnt eine Ernte von entsprechendem Wert hervorbringen. Dementsprechend sind die Tragödien des fünften Lebensjahrzehnts zu einem gewissen Grad Auswirkungen der Probleme, denen man als 20- bis 30jähriger gegenüberstand. Daraus zieht Rudhyar im *»American Astrology Magazine, Jan. 1942«* den folgenden Schluß:

> *...nachdem die Mitte des Lebens überschritten ist, begegnet der Mensch fortwährend der eigenen Vergangenheit. Seine Handlungen, die aus dieser Begegnung resultieren, bestimmen ihrerseits entweder sein zukünftiges Leben (wenn er die Wiedergeburt als Tatsache akzeptiert) oder seinen Zustand nach dem Tode (wenn er an die persönliche Unsterblichkeit in einem transzendentalen Reich glaubt). Oder sie tragen zur Formung der Kultur und des sozialen Verhaltens zukünftiger Generationen bei (wenn man nur an die ethnisch-kulturelle Unsterblichkeit glaubt).*

Die Beratung Erwachsener muß von einer anderen Zielsetzung ausgehen als die Beratung junger Leute. Bei Erwachsenen wird es sich nicht mehr darum handeln, die der Expansion und dem Aufstieg im Wege stehenden Hindernisse auszuräumen. Stattdessen muß alles betont werden, was mit der abnehmenden Lebenswelle in Beziehung steht und die Entwicklung eines erweiterten Bewußtseins fördert. Der Übergang vom Vormittag des Lebens zu dessen Nachmittag bringt eine Neubewertung früherer Ideale mit sich. Laut C.G.Jung muß man lernen, das Gegenteil seiner früheren Ideale zu würdigen, sowie den Irrtum, der diesen früheren Überzeugungen zugrunde liegt, zu begreifen. Und man muß sich darüber klarwerden, wieviel Feindschaft, ja sogar Haß, in dem zu finden war, was man bis dahin als Liebe ansah. Man sollte nun nicht alles, was gut und wahr zu sein schien, verwerfen und in völligem Gegensatz zu seinen früheren Ansichten leben; Jung betont lediglich die Wichtigkeit der Lektion der Relativität. Man sollte seine früheren Werte bewahren, während man den Wert ihrer Gegenteile erkennt und die relative Gültigkeit aller Meinungen akzeptiert. Dies ist mit der Entwicklung des Bewußtseins — dem Schlüsselbegriff der zweiten Lebenshälfte — gemeint. Eine solche Entwicklung ist nicht einfach, wie C. G. Jung bemerkt:

> *Der Natur scheint es nämlich nicht im geringsten an einem höheren Bewußtseinszustand zu liegen, im Gegenteil; auch weiß die Sozietät solche seelischen Kunststücke nicht zu schätzen, prämiert sie doch immer in erster Linie die Leistung und nicht die Persönlichkeit; letzteres pflegt meistens posthum zu sein. Diese Tatsachen erzwingen eine bestimmte Lösung, nämlich die Einschränkung auf das Erreichbare, die Differenzierung bestimmter Fähigkeiten, welche das eigentliche Wesen des sozial leistungsfähigen Individuums ist.*[4]

Die zunehmende Hälfte des Lebenszyklus

0 bis 7 Jahre: **Die organische Ebene —**
Entwicklung des Körpers, seiner Organe und ihrer psychischen Implikationen. Grundlegende Einstellung auf äußerliche Zwänge, insbesondere innerhalb der Familie.[5]

Während dieser Phase werden der Körper und die wesentlichen psychischen Strukturen der zukünftigen Persönlichkeit aufgebaut. Dies geschieht durch das genetische sowie das kulturelle Erbe wie auch durch die Umweltverhältnisse, in der die Familie lebt, sowie durch die allgemeinen gesellschaftlichen Verhältnisse, wie sie am Ort und zum Zeitpunkt der Geburt vorherrschen. Diese Faktoren führen entweder zu einem harmonischen Wachstum oder zu frustrierenden Spannungen. Alles, was auf dieser organischen Entwicklungsebene geschieht, hinterläßt seine Spuren. Diese Bedingungen beeinflussen nicht nur das biologische Wachstum des Kindes, sondern auch seine wichtigsten Instinkte und deren wesentliche psychische Implikationen. In dieser Phase des größten Wachstums und Lernens wird das Kind nicht nur 70 - 74 % seines physischen Wachstumspotentials verwirklichen; gleichzeitig eignet es sich auch all jene Fähigkeiten an, die es für das Leben als unabhängiges Wesen benötigt. Es lernt, allein zu essen und sich anzuziehen, gehen, sprechen, lesen, schreiben und leichte Rechenaufgaben zu lösen. Es lernt weiterhin auch die Gefahren seiner Umwelt kennen sowie die zum Überleben notwendigen Dinge einschließlich negativem oder anti-sozialem Verhalten, wie zum Beispiel lügen, betrügen oder stehlen. Grundsätzliche Wertvorstellungen und Überzeugungen werden während dieser Zeit von dem Kind aufgenommen. Alle diese Dinge geben dem Kind seine besondere, charakteristische Lebenseinstellung, und verschiedene Psychologen vertreten die Meinung, daß es einem Erwachsenen niemals wirklich gelingen kann, das hinter sich zu lassen oder zu transformieren, was vor dem siebten Lebensjahr in seinen Körper und seinen Geist eingedrungen ist.

Von gleicher Bedeutung für die spätere Entwicklung des Kindes können verschiedene Mangelerscheinungen sein. So wie ein Kalziummangel während dieser Zeit den richtigen Knochenwuchs behindern kann, so behindert das Fehlen von Liebe die Entwicklung der Fähigkeit, selbst zu lieben. Dem Erwachsenen, der sein Leben lang eine Mutterfigur sucht, ist wahrscheinlich während dieser Phase die Erfahrung des Umsorgtseins versagt geblieben. Daher werden jene Aspekte — insbesondere die Konjunktionen —, die während der ersten sieben Lebensjahre durch Progressionen stattfinden, die grundsätzliche Konditionierung dieses Kindes anzeigen.

7 bis 14 Jahre: **Die Machtebene —**
Aufbau des bewußten Egos; Entwicklung des Ich-Gefühls. Erprobung der persönlichen Macht durch aktiven Selbstausdruck.

Die erste Periode geht während des siebten Jahres, jedoch vor dem siebten Geburtstag, zu Ende. Dieser Wechsel der Ebene oder Phase vollzieht sich häufig in der Zeit, in der die ersten bleibenden Zähne wachsen, was laut Rudhyar das wesentliche Symptom einer grundlegenden organischen und spirituellen Krise ist. Wenn die bleibenden Zähne die Milchzähne ersetzen, muß das Kind seine Erfahrungen auf der Grundlage seiner eigenen Ego-Charakteristiken «kauen», anstatt sich nach dem Beispiel der Mutter zu richten. Das zunehmende Quadrat des Saturns zu seiner Geburtsposition ist die astrologische Entsprechung für diesen Wendepunkt. Es offenbart entweder eine Beschleunigung oder eine Verzögerung des Wachstumsprozesses.

Das psychische Äquivalent für die neuen Zähne ist die Entwicklung des Egos als eigenständige Struktur. Kurz vor oder nach Beginn des achten Lebensjahres tritt der Uranus in die zweite Phase seines Zyklus[6] — die Phase der Konkretisierung oder der Verkörperung. Das Prinzip der Individualität, das «Ich», beginnt mit größerer Macht innerhalb des Organismus zu funktionieren, und das Kind spricht in zunehmendem Maße von sich selbst in der ersten Person. Bevor das Kind «Ich» zu sagen beginnt, ist es immer noch in erster Linie ein Ausdruck elterlichen Einflusses und kein eigenständiger psychischer Organismus. Diese Tatsache gilt unabhängig davon, ob das Kind sich gegen die Leitbilder auflehnt, die seine Eltern und Familie ihm aufzudrängen versuchen oder ob es sie akzeptiert. Auf jeden Fall tritt während dieser Phase die Persönlichkeit des Kindes zutage, die eine zunehmend eindeutige und individuelle Reaktion auf das Leben zeigt. Das Kind wird versuchen, seine inneren Gefühle nach außen zu bringen, wobei es willentlich Haltungen annimmt und Situationen erzeugt, um die Reaktionen des eigenen Körpers und Geistes auf die Probe zu stellen und um die Reaktionen der Familie und die anderer Kinder herauszufinden. Um sich dieses «Ich-Gefühl» und die persönliche Macht anzueignen, muß das Kind wirkungsvolle Gesten zeigen, einen persönlichen Standpunkt einnehmen und die Reaktionen beobachten, die daraufhin erfolgen. Es muß sich gegenüber den Grenzen behaupten, die ihm von Eltern, Lehrern, Autoritätspersonen und Gleichaltrigen auferlegt werden.

Das wichtigste Thema während dieser zweiten 7-Jahres-Phase ist die kreative Selbstbehauptung bzw. die Entwicklung des eigenen Willens. Für einen harmonischen Selbstausdruck muß das Kind die Erfahrungen, die das Leben bereithält, vollständig umsetzen können. Was auch immer während dieser zweiten Phase geschieht — es wird in hohem Maße die Fähigkeit des Kindes beeinflussen, sich selbst zu erkennen und diesen Erkenntnissen Ausdruck zu verleihen. Der eigene Wille kann durch Aktivitäten ausgedrückt werden, die sich gegen einen potentiellen oder tatsächlichen Widersacher richten; er kann sich aber auch schöpferisch äußern, indem aus rohem Material etwas geschaffen wird, was der eigenen Vorstellung entspricht. Dieser Wille läßt sich bei den Wettkämpfen der Kinder beobachten, die Gelegenheiten zum Ausprobieren von Führung, Tapferkeit und Macht bieten, wofür «Bandenkriege» ein krasses Beispiel sein können. Die gleiche Willenskraft kann aber auch spielerisch und spontan durch künstlerische Fähigkeiten ausgedrückt werden, insbesondere in der Mitte dieser 7-Jahres-Phase, im Alter von 10½ Jahren. Kreativität kennt keinen Widersacher, sondern nur Materialien, die benutzt und nach dem eigenen Willen gestaltet und verändert werden. Eine mögliche Gefahr ist hier, daß aufgrund gesellschaftlicher und kultureller Konventionen und aufgrund der Tabus der Erwachsenenwelt die kreativen Bemühungen des Kindes in diesem Alter im Keim erstickt werden. Für das Gedeihen der individuellen Kreativität ist ein bis ins Detail perfektioniertes Spielzeug keine Hilfe. Dem Kind geht dabei die Aufregung der Selbstentdeckung verloren, die es erlebt, wenn das Ergebnis seiner eigenen Bemühungen, verschiedene Materialien zu formen und zu verändern, sichtbar wird. Vielleicht wird das Kind dann später Mechaniker oder Techniker, anstatt sich schöpferischen Dingen zuzuwenden, die seinen Anlagen entsprechen würden. Aus diesem Schoß kann dann anstelle eines Individuums ein exemplarisches Muster der kollektiven Mentalität geboren werden.

14 bis 21 Jahre: Die psychische Ebene —
Entwicklung der emotionalen und geistigen Fähigkeiten. Emotionale Orientierung zu Kollegen, Freunden, Genossen sowie gegenüber der Kultur, Religion und den Institutionen der Gesellschaft.

Diese 7-Jahres-Phase beginnt mit der Krise der Pubertät. Laut Jung entspricht das Hervorbrechen der Sexualität der Geburt aus dem psychischen Schoß der elterlichen und familiären Umgebung. Nun sollte eine bewußte Abgrenzung gegenüber den Eltern stattfinden. Vater und Mutter sollten als Erwachsene betrachtet werden (obwohl dieser Begriff im engen Sinne oft nicht zutreffend ist), die auch das Recht haben, Fehler zu machen. Sie sollten nun nicht mehr als unfehlbar wie in der frühen Kindheit gelten. Am Anfang dieser Phase steht der Saturn in Opposition zu seiner Radixposition, und das Sextil des Uranus zu dessen Radixstellung markiert den Beginn der dritten Phase seines Zyklus. Die Opposition ist in der Humanistischen Astrologie immer ein Symbol für das objektive Bewußtsein, das durch den Einfluß zwischenmenschlicher Beziehungen erzeugt wird. Das Objekt des Bewußtseins im Saturnzyklus ist das Verantwortungsgefühl gegenüber den engen persönlichen Beziehungen; dieses Beziehungsproblem ist die zentrale Herausforderung während der Zeit des Heranwachsens. Vor der Vollendung des 14. Lebensjahres wird der junge Mensch sich im allgemeinen kreativ ausdrücken und seinen Willen durchsetzen, ohne dabei unbedingt an die Ergebnisse oder Auswirkungen zu denken, die seine Handlungen für andere Menschen haben. Sein wesentlichstes Verlangen ist nichts als er selbst zu sein — durch Experimentieren die Möglichkeiten zu entdecken, die latent in ihm vorhanden sind. In dieser dritten Phase des Lebenszyklus hat er dann die Gelegenheit, durch Saturn vollständiger zu dem zu werden, was er ist. Gleichzeitig verändert er sich durch eine neue Art von alltäglichen Erfahrungen, die er mit dem Uranus macht.

Beim Einsetzen der Pubertät erfährt der jugendliche Mensch dann das drängende Bedürfnis, tiefe und wichtige Beziehungen einzugehen. Angeregt durch biologische, die Drüsen betreffende Veränderungen wird die jugendliche Liebe geboren und zum wichtigsten Antrieb der dritten Phase des Lebenszyklus. Auf der biologisch-sexuellen und gelegentlich auch auf anderen Ebenen wird der heranwachsende Mensch einem Lebensrhythmus unterworfen, der über das rein Persönliche hinausgeht. Auf die eine oder andere Art und Weise verspürt er nun den Drang, am Rhythmus des größeren Ganzen — dem Rhythmus der Menschheit —, von dem er ein Ausdruck ist, teilzunehmen. Scheinbar schicksalhafte — innere und äußere — Kräfte ziehen den Jugendlichen in die Welt und verstricken ihn mit ihr. Dinge, die seinen früheren Erfahrungen fremd waren, werden nun von vitalem Interesse. Der Horizont erweitert sich, und der vormals enge Bezugsrahmen wird jetzt durch die Spannung erschüttert, die aus Polaritäten resultiert. Im Idealfall führt dies zu einem breiteren und höheren Bewußtsein. Erstmals muß der junge Mensch mit Hilfe von Kontrasten (dem Oppositionsaspekt) lernen, wer und was er ist. Die Liebe wird zur großen Offenbarung. Da das Wesen des Oppositionsaspektes in der Konfrontation liegt, wird der Mensch, den man liebt, zum Spiegelbild des Selbst und seiner Bedürfnisse. Zunächst stellt der/die Geliebte ein Idealwesen dar, das sich auf die Illusionen der Kindheit gründet und das überwiegend durch die Massenmedien geformt wird. Wenn das Idealbild auf einen tatsächlich existierenden Menschen projiziert wird, so wird man durch die Erfahrung des Unterschieds gezwungen, diese Illusionen zu modifizieren. Die Person, die man liebt, kann schließlich zur Verkörperung der höchsten Bestrebungen des Selbst werden, wenn die Projektion durch eine wahrhaft bewußte Beziehung ersetzt wird. Bevor das werdende Individuum allerdings sein volles Potential wirklich erkennen kann, muß es sich zunächst ein geistiges Bild davon machen. Dieses Bild ist die Liebe.

Die Bedeutung der Schuljahre in dieser Phase geht weit über das bloße Aufnehmen von Fakten hinaus. Während dieser Zeit lernt man soziale Verantwortung. Es sind dies auch die Jahre der höheren und — wichtiger noch — der freiwilligen Bildung. Vor diesem Alter unterlag das Kind noch der Schulpflicht, und die Eltern waren für seinen Schulbesuch verantwortlich. Nach dem 14. Lebensjahr besitzt der Schüler die Freiheit, die Schule zu verlassen; wenn er bleibt, ist dies seine eigene Entscheidung. Wenn der junge Mensch somit die Verantwortung für seine eigene Ausbildung akzeptiert, handelt *er* und vollzieht einen ersten Schritt zur Übernahme der vollständigen Verantwortung eines Erwachsenen. Am Ende dieser Phase kann er einen individuellen Standpunkt in gesellschaftlicher, politischer und beruflicher Hinsicht entwickelt haben.

21 bis 28 Jahre: **Die soziokulturelle Ebene —** *Auswahl von Kollegen und Freunden und der persönlichen Art der gesellschaftlichen Teilhabe. Festigung der grundsätzlichen Einstellung gegenüber den Früchten der persönlichen und soziokulturellen Vergangenheit. Auflehnung gegenüber der Familie und/oder der Gesellschaft.*

Die Astrologie verbindet diese 7-Jahres-Phase mit dem ersten abnehmenden Saturn-Quadrat und mit dem zunehmenden Uranus-Quadrat, das die vierte Phase des Uranuszyklus eröffnet. Letzterer Aspekt fällt mit dem Bestreben zusammen, den Durchbruch (zunehmendes Quadrat) in die berufliche, kommerzielle und kulturelle Welt zu schaffen und sich in das Leben seiner Gemeinschaft so gut wie möglich einzuordnen. Andererseits weist der Saturn-Aspekt auf die Notwendigkeit hin, sich von der Vergangenheit (abnehmendes Quadrat) und den Einstellungen zu befreien, die das für die Schulzeit typische, sorgenfreie Leben hervorgebracht hatte. Viele hochgeschätzte Ideale und Zielvorstellungen müssen in einem neuen Licht gesehen und den Realitäten der alltäglichen Existenz eines Erwachsenen angepaßt werden. Dies kann für viele Menschen schwierig und anstrengend sein. Die Jugend neigt dazu, ihren jugendlichen, emotionalen Einstellungen verhaftet zu bleiben; sie würde sich am liebsten weiterhin so verhalten, als sei das Leben eine Spielwiese für den unbegrenzten Selbstausdruck persönlicher Bedürfnisse. In dieser vierten Phase des Lebenszyklus werden die letzten verbliebenen Überreste der Jugend abgestreift.

Die Erfahrungen dieser Altersstufe enthüllen sehr deutlich den Unterschied zwischen einem zunehmenden und einem abnehmenden Quadrat. Die Krise, die ein zunehmendes Quadrat beschreibt, ist extrovertierter Natur und existiert auf der Ebene der Aktivität. Sie wird oft von Hochstimmung und Abenteuerlust oder Erregung begleitet; das Individuum richtet seine Aktivitäten nach außen, um sich den Schwierigkeiten zu stellen, die das Leben bereithält, und um das eigene Schicksal auf tätige und konkrete Art zu erfüllen. Es ist das zunehmende Uranus-Quadrat, das den jungen Menschen in dieser Art und Weise beeinflußt und seine Aufmerksamkeit in die Zukunft lenkt — hin zu den Zielen, deren Verwirklichung er sich zur Aufgabe macht. Vor ihm liegen neue und interessante Möglichkeiten. Das abnehmende Saturn-Quadrat lenkt gleichzeitig seine Aufmerksamkeit nach innen zu einer Bewertung der Vergangenheit. Es verweist auf die Dinge, die zurückgelassen oder zumindest modifiziert oder überdacht werden müssen. Es fordert zum Bruch mit tiefverwurzelten Gewohnheiten und Idealen auf, was sich oft als eine sehr schwierige Aufgabe herausstellt. Die Krise, die dieses abnehmende Quadrat beschreibt, ist introvertierter Natur und verlangt einen Reifungsprozeß der Persönlichkeit. Allerdings können solche persönlichen Bedürfnisse nur unter Berücksichtigung der gesellschaftlichen Notwendigkeiten erfüllt werden. Daher ist die wichtigste Lektion dieses abnehmenden Saturn-Quadrats die Erkenntnis der Notwendigkeit, sich in den unterschiedlichen Beziehungen — zwischenmenschlichen oder gesellschaftlichen — seiner Verantwortung bewußt zu sein. Der Erfolg des uranischen Bestrebens, als Individuum einen neuen Weg zu bahnen, wird davon abhängen, wie erfolgreich unter dem Saturn-Quadrat der Bruch mit alten Verbindungen und Einstellungen vollzogen wurde. Der Erfolg eines Menschen in zwischenmenschlichen und gesellschaftlichen Beziehungen hängt davon ab, wie sehr er an dem eigenen psychischen Reifungsprozeß interessiert ist.

Die Astrologie vertritt den Standpunkt, daß der persönliche Erfolg in späteren Lebensjahren fast ausschließlich davon abhängt, wie das Individuum diese beiden Quadrate im Alter von 21 bis 28 Jahren bewältigt. Der Astrologe sollte darüber hinaus auch den Progressionen und anderen herausragenden Transiten seine Aufmerksamkeit widmen. Sie werden die besonderen Gelegenheiten oder Konfrontationen anzeigen, die dem jungen Erwachsenen den Ausbruch aus dem psychischen Schoß ermöglichen, der aus dem elterlichen Einfluß während der Kindheit und den emotionalen und intellektuellen Einstellungen eines bestimmten soziokulturellen und ökonomischen Umfeldes gewachsen ist. Diese Haltungen und Einflüsse bilden die Grenzen für eine wirkliche Erfahrung des Selbst. Solange diese Einstellungen, Haltungen und Neigungen mit dem «Ich» verwechselt werden, ist man nicht in der Lage, seine wahre Individualität zur Geltung zu bringen.

Alles, was einem vor dem 28. Lebensjahr widerfährt, dreht sich in erster Linie um die persönlichen Beziehungen zur Familie — oder zu dem, was die Familie ersetzt haben mag. Ein Mensch muß wachsen und sich selbst — seine eigene Wahrheit und seinen Lebenszweck — entdecken, während er innerhalb des Umfeldes seiner Familie lebt. Zur gleichen Zeit muß das Individuum bestrebt sein, aus der Familie herauszuwachsen und sich psychisch von ihren bestimmenden Einflüssen zu lösen, um zu wahrhafter Individualität zu gelangen. Wenn man sich aus dem Zustand der Abhängigkeit von Eltern und familiären Mustern — wenn nicht physisch, so doch zumindest spirituell — löst, nehmen die Probleme des Menschen eine andere Form an.

Nach Vollendung des 21. Lebensjahres sind die Menschen im allgemeinen bestrebt, eine eigene Familie aufzubauen. Sie erlernen einen Beruf, heiraten und haben Kinder. Die meisten Menschen erleben dies vor Vollendung des 28. Lebensjahres. Zumindest aber wissen sie bis zu diesem Zeitpunkt, wie sie ihr Leben gestalten möchten. Was von da an bis zum nächsten wichtigen Wendepunkt im Leben (etwa zwischen dem Alter von 56 bis 60 Jahren) geschicht, wird sich aus den Entscheidungen und Einstellungen ergeben, die vor dem 28. Lebensjahr getroffen und übernommen wurden. Daher ist folgendes von äußerster Wichtigkeit: Alles, was man vor dem 28. Lebensjahr unternimmt, stellt in psychologischer Hinsicht die verschiedenen Wege dar, um sich aus der Familienstruktur und dem Druck der gesellschaftlichen Umgebung zu befreien. Die Alternative hierzu besteht in passiver Unterordnung — in stillschweigendem Akzeptieren und Befolgen überlieferter Familien- und Gesellschaftsstrukturen.

28 bis 35 Jahre: Individuelle oder Persönlichkeitsebene —
Freisetzung des kreativen Talents der Persönlichkeit. Möglichkeit einer «zweiten Geburt» als Samen für die Zukunft. In negativer Hinsicht: fortschreitende Verfestigung der persönlichen Einstellung in bezug auf ererbte und soziale Muster.

In einem dreigeteilten Uranuszyklus markiert das 28. Jahr mit dem Trigon zur Radixstellung den Anfang der zweiten Periode, was die fünfte Phase des Zyklus eröffnet. Der progressive Mond kehrt in diesem Jahr ebenfalls zur Geburtsposition zurück, und die Position der Mondknoten kehrt sich um — der Transit des aufsteigenden Mondknotens überquert den absteigenden Mondknotens des Geburtshoroskops, und der Transit des absteigenden Mondknoten läuft über den aufsteigenden Radix-Mondknoten. Alle 30 Jahre wiederholen Sonne und Mond im progressiven Mondzyklus ihren Radixaspekt, und der laufende Saturn kehrt zu seiner Radixposition zurück und beginnt einen neuen Zyklus. Des weiteren stehen im Alter von 30 Jahren der umlaufende Jupiter und der umlaufende Saturn in einem Aspekt zueinander, der dem des Radix entgegengesetzt und somit ergänzend ist. Standen sie z.B. bei der Geburt in Konjunktion zueinander, so bilden sie nach 30 Jahren eine Opposition. Aus alledem ist astrologisch der Schluß zu ziehen, daß der Zeitraum zwischen dem 27. und dem 30. Lebensjahr einer der wichtigsten im Leben *aller* Menschen ist. Ein zweiter solcher Wendepunkt — auf den später eingegangen wird — tritt zwischen dem 56. und dem 60. Jahr auf. Rudhyar sieht in diesen Altersstufen die Möglichkeit einer zweiten und dritten Geburt. In dieser Phase wird das Individuum aus dem Kollektiv heraus geboren, während bei der dann noch ausstehenden dritten Geburt das spirituelle Selbst aus der Persönlichkeit hervorgeht.

Jedes Menschenkind ist die Summe der kollektiven Vergangenheit und bleibt bis zum 28. Lebensjahr in erster Linie das Ergebnis des familiären und kulturellen Erbes. Der Zweck dieser ersten 28 Jahre — des ersten vollständigen Saturnzyklus — ist es, so viel wie möglich von dieser Vergangenheit in sich aufzunehmen. Dann — und erst dann — kann ein wirklich kreatives Individuum entstehen. Nur aus einer individualisierten Synthese der kollektiven Einflüsse sowie der Früchte der Vergangenheit kann eine vollständige Persönlichkeit hervorgehen. Vor dem 28. Jahr wird man immer noch von kollektiven Einflüssen beherrscht. Bedauerlicherweise bleiben viele Leute auch danach noch lange Zeit passiv ihrer ererbten Vergangenheit verbunden — sie sind dann unterschiedslose Exemplare einer nationalen oder lokalen Kultur und einer kollektiven Mentalität. Im Alter von 28 Jahren wird jedoch die Türe aufgestoßen, und man bekommt die Gelegenheit, die eigene Individualität geltend zu machen, sein eigenes und einzigartiges Schicksal auszudrücken und seinen eigenen, ganz persönlichen Beitrag zur Welt zu leisten.

Das Uranus-Trigon — Symbol dieser Gelegenheit für eine kreative Vision — kann dem Menschen erkennen helfen, weshalb er hier ist, wie schwach das visionäre Gefühl für ein Ideal, ein Ziel oder eine Aufgabe auch sein mag. In der humanistischen Sichtweise ist ein jeder von uns potentiell ein vollständig neues Element, das der Menschheit hinzugefügt werden kann — eine potentielle Antwort auf ein neues menschliches Bedürfnis. Dieses Bedürfnis wird etwa im Alter von 28 Jahren, der Zeit einer möglichen «zweiten Geburt» auf der Ebene psychologischer und geistiger Errungenschaften erkannt. Das 28. Jahr ist der potentielle Anfang eines kreativen individuellen Lebens. Zum wichtigsten Thema zwischen dem 28. und dem 42. Lebensjahr wird die eindeutige Formung des Selbst als eine integrierte Persönlichkeit, die auf neue und individuelle Art und Weise in ihrer Gemeinschaft arbeitet, und die in der Lage ist, etwas Wertvolles innerhalb dieser Gemeinschaft hervorzubringen. Die Rückkehr des Saturns zu seiner Radixposition markiert die Gelegenheit, dem Leben eine Bedeutung zu geben, die sich auf eine wirklich individuelle Einstellung gründet und auf die Fähigkeit, sich selbst als bewußter und kreativer, sich seiner Verantwortung bewußter Teil des größeren Ganzen zu sehen. Die Umkehrung des Aspekts von Jupiter und Saturn ermöglicht einen objektiveren Blick auf die zur Zeit der Geburt vorherrschenden gesellschaftlichen, kulturellen und religiösen Ansätze.

Alles, was sich vom Zeitpunkt der Geburt an in einem spirituell erfolgreichen Leben ereignet, führt theoretisch im Alter von 28 Jahren zur Verwirklichung des individuellen Beitrags zum Leben. Von dieser Zeit an kann das Leben eine individuelle, persönliche Bedeutung haben. Voraussetzung dafür ist aber, mehr oder weniger klar zu erkennen, welches Ideal, welchen

Zweck oder welches menschliche Bedürfnis man erfüllen kann — und dann die Aufmerksamkeit bewußt auf dieses Ziel zu konzentrieren. Man muß einen persönlichen und unabhängigen Standpunkt in bezug auf die Probleme vertreten, denen zu stellen man sich entschieden hat. Was auch immer der Mensch vor seinem 28. Lebensjahr erreicht hat: Es ist das Aufblühen seiner — seelischen und genetischen — Vergangenheit. Es ist keinesfalls der Ausdruck seiner persönlichen Identität. Ein Mensch kommt mit bestimmten Gaben auf die Welt; wichtig ist allein, was er als Individuum daraus macht. Er muß diese Gaben so einsetzen, daß sie einem neuen, bewußt gewählten Ziel dienen — andernfalls werden sie ihn benutzen. Mit anderen Worten: Es muß immer geprüft werden, wie das Erbe der Vergangenheit auf allen Ebenen als Hilfsmittel benutzt werden kann, um die wahre spirituelle Identität auszubilden. Aus diesem Grund ist es im Alter von 28 Jahren wichtig, nicht nur ein Ausdruck der Vergangenheit zu sein, sondern seine Beziehung zur Vergangenheit umzuwandeln und dann zu entscheiden, wie sie als Hilfsmittel zu benutzen ist, um etwas neues beizutragen, was es vor der eigenen Geburt noch nicht gab.

Die abnehmende Hälfte des Lebenszyklus

35 bis 42 Jahre: **Individuelle oder Persönlichkeitsebene —** *Höhepunkt der physischen und persönlichen Fähigkeiten. Weitere Verfestigung der persönlichen Einstellung, des Bewußtseins und der Aktivitäten, die während des 28. bis 35. Lebensjahres entwickelt wurden. Die Notwendigkeit, klar zu definieren, welche Aufgaben im Leben zu erfüllen sind, was zur Läuterung der Persönlichkeit führen kann.*

Diese 7-Jahres-Periode markiert den Anfang der abnehmenden Hälfte des Lebenszyklus. Vor dieser Zeit nahmen die Lebensenergien beständig zu und expandierten; nun beginnt die Welle abzuebben. Von nun an wird jede erreichte Ebene das introvertierte Gegenstück des extrovertierten Ausdrucks der anschwellenden Welle sein, und die gegenteiligen Werte und Ideale kommen ins Spiel. Das extrovertierte Gegenstück zum Alterszeitraum zwischen 35 und 42 Jahren ist die ihr unmittelbar vorangehende Altersphase von 28 bis 35 Jahren. Diese beiden Stufen sind Persönlichkeitsebenen und bilden ein gemeinsames Plateau (siehe Diagramm: »Der 70 Jahre währende Lebenszyklus«). Im Zeitraum zwischen dem 28. und 35. Lebensjahr geht es um äußerliche Manifestationen kreativer Energien und deren Auslösung, während es sich in der Altersphase zwischen dem 35. und dem 42. Lebensjahr um die persönlichen Einstellungen und Überzeugungen handelt, aus denen die Kreativität erwächst. Die letztere Phase führt zu einer Konkretisierung des in der vorangegangenen Ausgelösten.

Die wichtigste Anforderung, die das Leben an die «Plateauphase» zwischen dem 28. und dem 42. Jahr stellt, besteht laut Rudhyar[7] darin, das eigene Selbst zu sein und seinen individuellen Platz in der Welt einzunehmen. Dies bedeutet, selbstbestimmt und selbstverantwortlich sich seines individuellen Schicksals bewußt zu sein. Bevor man sich jedoch seiner Lebensbestimmung stellt, ist es erforderlich, sich von den letzten Spuren äußerer Einflüsse zu befreien und sich bewußt für die eigene, grundsätzliche Reaktion auf das Leben zu entscheiden. Die beste Gelegenheit für ein solches Selbst-Bewußtsein kommt im 35. Lebensjahr, das nicht nur den Mittelpunkt der «Plateauphase» markiert, sondern auch den Mittelpunkt des Lebenszyklus überhaupt darstellt. Symbolisch gesehen entspricht das 35. Lebensjahr einer «Vollmondphase»; es ist der Bewußtseinspunkt des Lebenszyklus. Hier wird das Äußere mit dem Inneren konfrontiert, und die aus einer Synthese dieser beiden Faktoren erwachsene Erkenntnis kann eine Vision des wahren «Ich»-Gefühls mit sich bringen. An diesem Punkt hat der Mensch die Möglichkeit zu «sehen», weshalb er das tut, was er tut. Er kann dann über Handlung oder Unterlassung entscheiden. Entscheidungen erfordern allerdings das Akzeptieren von Verantwortung. Solange ein Mensch von irgendeiner «Mutterfigur» psychisch abhängig bleibt (ob es sich dabei nun um eine einzelne Person wie einen Elternteil, Ehepartner oder spirituellen Meister oder eine Gruppe, Institution oder eine Ideologie handelt), solange wird jemand oder etwas anderes die Handlungen dieses Menschen bestimmen und ihm seine Verantwortung abnehmen.

Schuld- und Minderwertigkeitsgefühle liefern eine bequeme Ausrede, um an dieser Art von emotionaler Unreife festzuhalten. Diese Gefühle werden durch die Erinnerung an vergangene Mißerfolge und durch die Projektion dieses Scheiterns in die Zukunft genährt. Die Weigerung, für seine Mißerfolge die Verantwortung zu übernehmen, macht den Menschen zum ewigen Opfer und liefert ihn für alle Zeiten der Gnade dessen aus, was er sich als seine «Mutterfigur» wählte und was es übernahm, sein Leben für ihn zu führen. Sollte ein Mensch auch nach der Phase vom 28. bis zum 35. Lebensjahr einen psychischen Sündenbock benötigen, dann kann ihm das, was er mit 35 Jahren erkennt, zumindest zeitweise den emotionalen Boden entziehen. Vielleicht erkennt man dann, daß das Leben nicht funktioniert und daß einem die alten Sündenböcke nicht mehr von Nutzen sind, woraufhin man sich neue sucht. Es mag den Anschein haben, daß der Mensch verpaßte Gelegenheiten noch einmal aufgreift; tatsächlich aber hält er Ausschau nach einer neuen «Mutterfigur», die die Verantwortung für sein Leben übernehmen soll — ein neuer Schoß, in den er hineinkriechen kann. Weil er nicht erkennt, daß er seine Überzeugungen verändern muß, begibt er sich auf die Suche nach neuen Ideologie, einem neuen Lehrer oder einem neuen Ehepartner. Leider wird ihm nichts und niemand von diesen Dingen oder Personen eine solide Grundlage für sein individuelles Sein zur Verfügung stellen, von der aus er den Krisen der folgenden 7-Jahres-Phase (dem Alter von 42 bis 49 Jahren) begegnen könnte. Fehlen diese Grundlagen, können die Erfahrungen der kritischen Jahre chaotisch, wenn nicht gar tragisch, verlaufen. Diese Phase beginnt ungefähr mit dem aufsteigenden Saturn-Quadrat und dauert etwa bis zur Zeit des aufsteigenden Neptun-Quadrats.

42 bis 49 Jahre: Soziokulturelle Ebene —
Auf Gewohnheiten basierender Lebensverlauf. Passive Anpassung an das Bestehende — oder die Notwendigkeit, aktiv die Einstellung zu vertrauten Personen zu überdenken. Der Versuch, einen neuen Anfang zu machen.

Dieser Abschnitt des Lebenszyklus entspricht der 7-Jahres-Phase des Alters vom 21. bis zum 28. Lebensjahr, die ebenfalls eine gesellschaftsbezogene Ebene ist. Aus astrologischer Sicht sind beide Phasen durch Saturn- und Uranus-Transite gekennzeichnet. In der Phase vom 21. bis zum 28. Lebensjahr waren es Quadrate, die die extrovertierte Natur jener Zeit symbolisierten. Der sich entwickelnde Erwachsene trat in die Welt hinaus, heiratete vielleicht, etablierte sich gesellschaftlich und schuf sich zwischenmenschliche Beziehungen. Die Saturn- und Uranus-Aspekte der Phase vom 42. bis zum 49. Lebensjahr sind Oppositionen, die mehr auf das Bewußtsein als auf aktives Handeln hinweisen. Die Uranus-Opposition tritt zu Beginn dieser 7-Jahres-Periode auf. Kurz danach, ungefähr im Alter von 45 Jahren, steht der Saturn zum zweiten Mal in Opposition zu seiner Radixposition. Daher besteht die wichtigste Herausforderung dieser 7-Jahres-Phase in der Notwendigkeit, die *wahre* Bedeutung und den *wahren* Wert der eigenen zwischenmenschlichen und sozialen Beziehungen zu finden.

Eine neue Einstellung gegenüber den persönlichen Beziehungen kann es erforderlich machen, seit Jahren benutzte Verhaltensmuster durchbrechen zu müssen. Familiäre, berufliche oder gesellschaftliche Konventionen müssen nun nicht mehr die Wahl der Freunde bestimmen. Häufig reicht eine äußere Motivation nicht mehr, um Beziehungen aufrechtzuerhalten; ein persönlicher Wert muß für sie gefunden werden. Eine nur «wegen der Kinder» fortbestehende Ehe wird sich auflösen, wenn die Kinder erwachsen sind und das Elternhaus verlassen — es sei denn, man findet für diese Ehe eine *wirkliche* Grundlage. Ebenso werden Beziehungen, die man ursprünglich aus Karrieregründen oder um einer gesellschaftlichen Position willen eingegangen war, bedeutungslos, wenn man auf der sozialen oder beruflichen Leiter bereits so weit wie möglich aufgestiegen ist.

Die Probleme, die während dieser 7-Jahres-Periode auftreten, basieren auf einem Gefühl der Einsamkeit, das zunehmend schwerer zu ertragen ist. Um dieses Gefühl der Vereinsamung zu verdrängen, versucht man vielleicht, sich in eine Traumwelt zu flüchten (z.B. in Fernsehserien oder romantische Romane o.ä.), sich in seiner Arbeit oder gesellschaftlichen Aktivitäten zu verlieren, sich in heroische Abenteuer zu stürzen oder gar von zu Hause fortzulaufen, um das Leben neu zu beginnen. *Ein Unterton von Angst begleitet diese Periode* — ein allgemeines Gefühl der «letzten Chance». Möglicherweise klammert man sich an die Liebe, als sei sie ein Karussell, das zum letzten Mal seine Runde dreht. Die emotionale Aufregung, die das «sich verlieben» begleitet, führt zu einer neuen Art von Pubertätskrise. Während sich ein Heranwachsender in die Liebe als solche verliebt, suchen die Menschen in ihrem fünften Lebensjahrzehnt die Liebe, um mit ihr ein Gefühl des Scheiterns zu verdrängen oder auszulöschen. Dieser Drang, einen neuen Anfang zu machen bzw. Liebe zu finden, bevor es zu spät ist, kann zu tiefem emotionalem Aufruhr mit tragischem Ausgang führen.

Obwohl die Welle des Lebens bereits in der vorherigen 7-Jahres-Phase abzuebben begann, dringt die Tatsache, daß man sich in der zweiten Lebenshälfte befindet, erst im Alter zwischen 42 und 49 Jahren in das Bewußtsein. Der Mensch erlebt, wie die Generation seiner Eltern allmählich dahinstirbt und die eigene Generation älter wird; eines Tages kommt ihm die plötzliche Erkenntnis, daß man nun zur älteren Generation gehört. Wenn eine Person für kurze Zeit ihr Alter vergißt, sind es ihre erwachsenen Kinder und die Massenmedien, die es ihr ständig vor Augen führen. Die natürliche und unmittelbare Reaktion hierauf besteht dann darin, sein Alter zu leugnen. Viele versuchen, die Jugend zu verlängern, indem sie die Kleidung, die Verhaltensweisen oder die Sprache der Jugendlichen imitieren; einige lehnen sogar den Kontakt zu Älteren ab — als ob das Altern eine ansteckende Krankheit sei.

Im fünften Lebensjahrzehnt erkennt der Mensch, daß sein Körper zusehends an Energie und Ausdauer verliert und sein Funktionieren nicht selbstverständlich ist. Dies bewirkt Furcht und führt zu einer ausgeprägten Beschäftigung mit dem Körper — mit seinem Aussehen, seinen Reaktionen und seiner Beschaffenheit. Da nach der Überzeugung vieler Menschen der Körper sehr stark mit der Fähigkeit zu lieben und geliebt zu werden, verbunden ist, findet diese ausgeprägte «Nabelschau» häufig auf der Beziehungsebene statt. Die nachlassende sexuelle Potenz eines Mannes mag dazu führen, daß er glaubt, seine Männlichkeit unter Beweis stellen zu müssen und eine Beziehung zu einer jüngeren Frau sucht. Für eine Frau hingegen gestaltet sich dieses Problem völlig anders. Ihr sexuelles Verlangen kann im fünften Lebensjahrzehnt sogar stärker sein als in den vorangegangenen Jahren; da sie aber ihre Sexualität aufgrund des ihr entgegengebrachten Begehrens definiert hat, bedeuten Falten, erschlaffende Haut und andere äußere Anzeichen des Alters für sie einen gewissermaßen traumatischen Effekt. Die Wahrnehmung des fortschreitenden körperlichen Verfalls verweist den Menschen auf die Notwendigkeit, seine persönliche Einstellung anderen und sich selbst gegenüber grundlegend zu verändern. So sehr man es auch versuchen mag — extrovertierte Lösungen funktionieren nun nicht mehr. Irgendwann während dieser Phase muß man erkennen, daß es nicht mehr möglich ist, stärker, reicher oder besser zu werden. Man ist so weit gekommen, wie es für einen persönlich möglich war. Die äußeren Bedingungen verschlechtern sich, und es kommt nun die Zeit, sich auf die inneren Bedingungen zu konzentrieren. Dies ist jedoch nicht etwa der «Fluch» des Alterns, sondern sein «Lohn»; während die physische Vitalität abnimmt, findet eine ergänzende Entwicklung der inneren Kräfte statt. Der Körper läßt — wie es bei allen natürlichen Organismen geschieht — nach, während sich die Energien der Persönlichkeit im Geist und in der Seele konzentrieren. Die geistige Aufnahmefähigkeit muß nicht nachlassen, im Gegenteil: sie kann wachsen, wenn das Individuum zu psychischer Reife gelangt.

Nur wenn Angst und emotionales Elend eine Person an der Veränderung ihrer Haltung hindern und zu sinnlosem Aufbegehren gegen den natürlichen Alterungsprozeß führen, ermüdet der Geist. Tatsächlich ist es das, was ermüdet: das Ego gibt auf, wenn es mit der Notwendigkeit einer grundlegenden Veränderung der Lebenseinstellung konfrontiert wird, oder wenn von ihm ein ungewohnter Schritt in eine neue Richtung erwartet wird. Nicht der Körper, sondern die überkommenen und fixierten Gedankenstrukturen hängen dem Menschen am Hals wie ein Mühlstein und ziehen ihn nach unten. Wenn ein Mensch im fünften Lebensjahrzehnt eine integrierte Persönlichkeit geworden ist und sich von den unbewußten Forderungen seiner Überzeugungen befreit hat, kann diese 7-Jahres-Phase eine wirkliche spirituelle Erleuchtung oder eine tiefgreifende und positive Veränderung der Lebensrichtung signalisieren.

49 bis 56 Jahre: **Psychische Ebene —**
Erziehung anderer; Übernahme größerer gesellschaftlicher Verantwortung. In negativer Hinsicht: geistige Starre aufgrund der Unfähigkeit, die einmal eingenommene Lebenseinstellung und das Verhalten zu ändern.

Diese 7-Jahres-Periode entspricht der extrovertierten psychischen Ebene vom 14. bis zum 21. Lebensjahr. Der heranwachsende Jugendliche, der seinen kindlichen Egoismus in das Erwachsenenleben mitzunehmen versucht, muß für seine Egozentrik mit gesellschaftlichem Mißerfolg bezahlen. Genauso muß derjenige, der in seinem Lebensnachmittag «Geld-zu-machen» versucht oder nach gesellschaftlicher Anerkennung oder Herrschaft strebt, mit seelischem Schaden rechnen. C. G. Jung führt dazu aus:

> *Der alternde Mensch sollte wissen, daß sein Leben nicht ansteigt und sich erweitert, sondern daß ein unerbittlicher innerer Prozeß die Verengung des Lebens erzwingt. Für den jugendlichen Menschen ist es beinahe Sünde oder wenigstens eine Gefahr, zuviel mit sich selbst beschäftigt zu sein, für den alternden Menschen ist es eine Pflicht und eine Notwendigkeit, seinem Selbst ernsthafte Beachtung zu schenken...*
>
> *Der Mensch würde gewiß keine 70 oder 80 Jahre alt, wenn diese Langlebigkeit dem Sinn seiner Spezies nicht entspräche... (»Die Dynamik des Unbewußten«, Seite 438)*

Die Lektion dieser Phase des Lebenszyklus besteht darin, die Bedeutung des bisherigen Lebens zu bewerten. Die astrologische Entsprechung hierfür ist das zweite abnehmende Saturn-Quadrat etwa im Alter von 52 Jahren. Wieder einmal wird der Mensch althergebrachte Vorstellungen und tiefverwurzelte Gewohnheitsmuster und Verhaltensweisen zu überwinden haben. Auf der extrovertierten psyichschen Ebene war das Individuum aufgefordert, mit familiären Strukturen zu brechen, um sich von den traditionellen Konzepten zu befreien, die ihm im allgemeinen in der Schule auferlegt worden waren; im Alter von 52 Jahren besteht die Forderung darin, vergangene Mißerfolge zu vergegenwärtigen und die Erinnerung an psychische oder physische Krisen hinter sich zu lassen, die möglicherweise im fünften Lebensjahrzehnt stattgefunden haben. Man muß in psychischer Hinsicht reinen Tisch machen, um sich für den dritten Saturnzyklus vorzubereiten, der etwa im Alter von 59 Jahren beginnt.

Hier rückt nun wieder — jedoch auf mehr introvertierte Art und Weise und mehr in psychischer als in physischer Hinsicht — die Verbindung an oder die Identifikation mit den Eltern oder familiären Verhaltensweisen in den

Vordergrund. Während der extrovertierten Phase des Alters zwischen dem 14. und dem 21. Lebensjahr versuchen viele junge Menschen, die Fesseln der psychischen Abhängigkeit von den Eltern zu sprengen, indem sie das Elternhaus verlassen. Aber Auflehnung ist nicht mit Freiheit gleichzusetzen. Die extrovertierte Lösung war nicht die Antwort auf ein grundsätzlich subjektives Problem, und daher taucht es nun auf der entsprechenden introvertierten Ebene wieder auf. In dieser Phase ist der Mensch nicht mehr finanziell auf seine Eltern angewiesen — vielleicht sind im Gegenteil die Eltern jetzt von ihm abhängig —; sollte er nun mit ihnen zusammenwohnen, dann wohl eher in seinem Haus statt in ihrem. Man wird jetzt wieder mit den Haltungen und Wertvorstellungen konfrontiert, die man in der Jugend abgelegt hatte, weil sie von den Eltern kamen. Nun hat man die Gelegenheit, sich bewußt mit diesen Wertbegriffen auseinanderzusetzen, die Eltern vorurteilslos in einem neuen Licht zu sehen und eine individuelle Beziehung mit ihnen einzugehen. Wenn die Eltern sterben oder in ein Heim kommen, bevor man eine wirklich persönliche Beziehung mit ihnen erlebt hat, so bleibt möglicherweise für den Rest des Lebens ein Gefühl der Unvollständigkeit. Das daraus resultierende Schuldgefühl kann eine unüberwindbare Barriere für eine wahrhafte Erfahrung des Selbst bilden, und man geht in die dritte Phase des Lebens und zur potentiellen Neugeburt im Alter von 60 Jahren mit einem bleibenden Makel.

Im 50. Lebensjahr tritt Uranus in die achte, die regenerative, Phase seines Zyklus. Sie kann tiefgehende okkulte Erfahrungen mit sich bringen. Die geistig-psychische Krise des fünften Lebensjahrzehnts wird nun zur biologischen. Während dieser Phase wird man die konkreten Ergebnisse dessen sehen, was in der Mitte des fünften Jahrzehnts geschah. Gelingt es dem Menschen jetzt nicht, psychische oder physische Hindernisse auszuräumen, die bisher der Integration der Persönlichkeit im Wege standen, besteht nun die Gefahr der Kristallisation. Übernommene soziale und psychische Verhaltensweisen und Überzeugungen erstarren allmählich, und es fehlt dem Menschen der innere Wille zum Wandel. Er wird «zu alt, um noch etwas zu verändern». Wer diese 7-Jahres-Phase auf positive Art und Weise, mit spirituellem Mut und Vertrauen der eigenen Bestimmung gegenüber, alle Krisen oder Tragödien des Leben durchsteht, sollte danach streben, die Ernte seiner Erfahrungen auszusäen. Mit anderen Worten. Der Mensch wird nun bereit sein, eine größere soziale Verantwortung zu übernehmen und andere auf der Grundlage seines Wissens und seiner Erfahrungen zu lehren. Er wird diese Bereitschaft aufbringen, wenn er in der vorangegangenen 7-Jahres-Phase bewußt und überlegt begonnen hat, seine Beziehung zur Gesellschaft zu verändern. Nach etwa 30 produktiven Jahren, während derer für gewöhnlich alles und jedes an den Resultaten dieser Produktivität gemessen wurde, ist man nun bereit, seinen Beziehungen eine neue Qualität — die der Weisheit — zu geben. In jungen Jahren nutzte der Mensch das umfangreiche Erbe der Vergangenheit, das sich ihm in Form von Wissen, Fertigkeiten und Hilfen darbot. Nun ist er bereit, der Gesellschaft und insbesondere der Jugend die Früchte seiner langen Erfahrung beim Umgang mit diesem Erbe zurückzugeben.

56 bis 63 Jahre: **Machtebene —**
Möglichkeit einer dritten Geburt im Uranuszyklus. Demonstration der Fähigkeit, die der Geburt innewohnende spirituelle Qualität des Seins durch die Persönlichkeit in den Brennpunkt zu rücken. Neue spirituelle Aktivitäten oder, in negativer Hinsicht, eine fortschreitende Erstarrung des Geistes und der emotionalen Reaktionen.

Die Phase zwischen dem 56. und dem 60. Lebensjahr ist ebenso bedeutsam wie die zwischen dem 27. und dem 30. Lebensjahr. Das 56. Jahr fällt mit der dritten Geburt im Uranuszyklus zusammen und markiert den Beginn der neunten Phase. Es ist dies die zweite Gelegenheit im Leben, die Qualität der Beziehungen zu anderen Menschen zu verändern und neu zu gestalten. Durch die Fähigkeit, sich selbst neu wahrzunehmen, bietet sich auch die Möglichkeit, andere neu zu sehen und sich auf andere Formen der Teilnahme an der Gesellschaft einzulassen. In positiver Hinsicht kann während dieser Zeit bewußt oder unbewußt die Entscheidung getroffen werden, seinen Lebensabend der kreativen Erfüllung und Ernte zu widmen. Im negativen Sinn steht diese Phase für ein Sich-gehen-Lassen und dafür, daß man sich mit einer starren und begrenzten Form der physischen und mentalen Existenz abfindet, was einem Rückzug gleichkommt.

Neben der «dritten Geburt» im Uranuszyklus findet in dieser Phase auch die Rückkehr von Jupiter und Saturn zu den Radixpositionen statt. Es beginnt ein vierter Mondknotenzyklus, der auf eine mögliche Neu-Integration von Bestimmung und Persönlichkeit hindeutet. Schließlich wiederholt sich, etwa im Alter von 59 Jahren, der Sonne/Mond-Aspekt des Geburtshoroskops in der Progression, und der Saturn beginnt seinen dritten Zyklus.

All diese astrologischen Anzeichen lassen einen neuen Trend erkennen, der sich im Alter von 56 Jahren zu entwickeln beginnt, seinen Höhepunkt im Alter von 59 bzw. 60 Jahren mit dem Beginn eines neuen Saturnzyklus erreicht und zu Beginn des siebten Lebensjahrzehnts klar in Erscheinung tritt. Ein Hauptthema der verbleibenden Lebensjahre wird hier erkennbar, das sich zumindest bis zum 70. oder 72. Lebensjahr erstreckt, in denen aus heutiger Sicht das Alter beginnt. Das «Alter» kann natürlich auch mit 60 Jahren einsetzen. Das wird der Fall sein, wenn die betreffende Person gegenüber den im fünften Lebensjahrzehnt ausgelösten Veränderungen der Lebensrichtung keine positive Haltung einnimmt. Auf jeden Fall läßt sich sagen: Je unkonventioneller und abweichender von der gesellschaftlichen Norm eine Person ihr Leben gestaltet, desto wahrscheinlicher ist es, daß die Phase vom 56. bis zum 72. Lebensjahr positiv verlaufen wird. Seit der Zeit des antiken Griechenlands wurde das Alter von 60 Jahren als das der Philosophie im Sinne der Suche nach wesentlicher Bedeutung und fundamentalen Werten betrachtet. Hierauf sollte während des Nachmittags und Abends des Lebens das Hauptinteresse gerichtet sein. Darüber hinaus sollte im Leben des kreativen Individuums der Versuch unternommen werden, die individuelle Zielsetzung mit den wahren Bedürfnissen der Gemeinschaft in Einklang zu bringen. Dann wird es möglich, sich in allen Beziehungen weiser, gelassener und effektiver zu verhalten. Das kreative Individuum wird diese späten Lebensjahre dazu benutzen, seiner Gemeinschaft die spirituellen und soziokulturellen Früchte seiner Erfahrung und Überlegungen zu vermitteln. Hierfür werden ihm möglicherweise Ehrungen und Ruhm zuteil, vielleicht sogar ein gewisser Grad an sozialer Sicherheit. Wenn allerdings die Gesellschaft den Wert dieser Ernte nicht zu schätzen weiß, können diese späten Jahre auch einsame Jahre werden.

Dane Rudhyar hat festgestellt, daß es einer kreativen Person im allgemeinen nicht gelingt, ihre Zeit vor ihrem 60. Lebensjahr mitzuprägen. Die Arbeit einer kreativen Person nach Vollendung des 28. Lebensjahres (dem Beginn wirklicher, individueller Kreativität) prägt sich dem Bewußtsein (oder sogar dem Unbewußten) der Generation ein, *die zur Zeit der Entstehung dieses Werks geboren wurde.* Diese Prägung ist das Fundament der gesellschaftlichen und kulturellen Unsterblichkeit des wahrhaft kreativen Geistes. Wenn die Generation, die zur Entstehungszeit der Schöpfungen eines solchen Geistes geboren wurde, im Alter von 28 Jahren zur Reife gelangt, wird sie in der Lage sein, den Wert dieses Werkes zu verstehen und zu würdigen. Der Schöpfer wird dann ungefähr 60 Jahre alt sein. Daher sollte man während dieses Lebensabschnittes die Wichtigkeit erkennen, einen dauerhaften und in manchen Fällen unsterblichen Beitrag zum Leben seiner Gemeinschaft zu leisten, wie groß dieser letzlich auch sein mag. Neben der eigenen spirituellen Zukunft sollte man auch die der Menschheit im Blick haben.

Während dieser Zeit kann eine neue spirituelle Ausrichtung stattfinden. Im wesentlichen erfordert diese eine kritische Betrachtung all dessen, was man in sich aufgenommen hat, und die Entscheidung darüber, was man davon behalten und an zukünftige Generationen weitergeben und was man ablegen möchte. Das Individuum muß den besten Weg finden, um bei der Erfüllung grundlegender kollektiver Bedürfnisse seiner Zeit mitzuwirken. Man sollte so früh wie möglich Unwichtiges ablegen und anschließend die Resultate seiner Erfahrungen stärken und — wenn nötig — sie für die zukünftigen Generationen festhalten. Dies sollte während der neunten Lebensphase geschehen, weil sich das Alter von 60 Jahren am besten dazu eignet. Die Zeit, die für diese Aufgabe aufgewendet wird, ist unbedeutend; wichtig ist allein die Qualität des Erreichten.

63 bis 70 Jahre: Körper- oder organische Ebene —
Bewußte Vorbereitung auf das Leben nach dem Tod — oder Senilität. Die Verkörperung von Weisheit — oder in negativer Hinsicht — Langeweile, Leere, Sinnlosigkeit. Das Leben wird zu einer Art «Veredelung der Saat».

Das Alter von 63 Jahren ist von herausragender Bedeutung. Der Uranus erreicht das abnehmende Quadrat zu seiner Radixposition, und der Saturn nähert sich dem zunehmenden Quadrat seines dritten Zyklus.[8] Das zunehmende Saturn-Quadrat im Alter von 66 bzw. 67 Jahren kann einen neuen, großen Aufbruch in spirituelle Sphären bedeuten. Wenn die Person hingegen keinen positiven Gesellschaftsbeitrag leisten kann oder ihr Bewußtsein verschließt, wird sich der Prozeß der körperlichen Vergreisung und die Verminderung der Vitalität beschleunigen. Diese zweite Möglichkeit wird insbesondere dann eintreten, wenn das abnehmende Uranus-Quadrat im Alter von 63 Jahren die Ablösung des kreativen Selbst vom Körper und von der täglichen Routine bedeutete. Diese Ablösung kann durch ein Gefühl der Hoffnungslosigkeit über die Art und Weise entstanden sein, wie die Gesellschaft und die Macht der Tradition jede kreative Bemühung des Selbst immer wieder vereitelten. Möglicherweise ist sie auch das Ergebnis von mangelnden Konsequenzen aus den Krisen des fünften Lebensjahrzehnts und deren Resultaten im sechsten Lebensjahrzehnt

Wie immer spielt die innere Spiritualität auch hier die positive Rolle. Wenn das alltägliche persönliche Leben dem spirituellen Geist nichts wertvolles mehr zu geben hat, zieht sich dieser allmählich oder auch plötzlich zurück. Dem Körper und dem Geist bleibt dann nur der Zerfall oder als Aufschub die Kristallisation. Trifft dies zu, wird man alt durch mangelndes Lebensinteresse und das Gefühl, beim Einbringen einer wertvollen Ernte persönlicher Erfahrungen gescheitert zu sein. Es ist dies ein uranischer Tod: das Loslassen einer unerträglichen Situation. Sie wird begleitet von einem neptunischen Gefühl der Niederlage. Der saturnische Tod ist das langsame

Ergebnis einer fortschreitenden Kristallisation der körperlichen und psychischen Strukturen, die zunehmend erstarren und immer weniger spirituellen Inhalt besitzen. Das ist ein Tod in Automatismus, Sinnlosigkeit oder Senilität. Der Grund, warum der Zeitpunkt des Todes so oft im Geburtsbild nicht zu erkennen ist, liegt darin, daß der Zeitpunkt des körperlichen Zerfalls *in spiritueller Hinsicht* nicht der entscheidende Augenblick ist. Viele Menschen sind innerlich bereits «tot», wenn sie organisch noch leben; andere «leben» tatsächlich noch, obwohl ihr Körper nicht mehr funktioniert. Dies ist laut Rudhyar die Schwelle zum Mysterium dessen, was die wahre Identität des Menschen ausmacht.

Jenseits des 70 Jahre währenden Lebenszyklus

Das Verantwortungsgefühl der eigenen wie auch der spirituellen Zukunft der Menschheit gegenüber, das dem Leben ab dem 60. Jahr möglicherweise eine neue Richtung verliehen hat, kann im Alter von 73 oder 74 Jahren, wenn der Saturn zum dritten Mal in Opposition zu seiner Geburtsposition steht, zu einer «dritten Pubertät» führen. Wenn dem Ende des Lebens der Versuch gewidmet wird, das Erreichte zum Samen für die Zukunft zu machen, kommt es nun — je nachdem, worauf man seine Aufmerksamkeit konzentriert — zu einem neuen Rhythmus in den Kontakten zwischen dem Individuum und der Gesellschaft wie auch zwischen dem bewußten Ego und dem inneren spirituellen Geist. Wenn der Körper die Anstrengung verkraftet, die mit dieser neuen Art von Beziehungen ab dem 70. Lebensjahr einhergeht, so werden deren Früchte im Alter von 77 Jahren zu einer weiteren Veränderung des Magnetismus führen. Dieses Alter entspricht den multiplizierten Zahlen 7 und 11; die Zahl 11 stellt die Sonne und die Zirkulation der solaren Energie innerhalb des Sonnensystems dar. Im Alter von 84 Jahren kommt es schließlich zu einer «vierten Geburt». Rudhyar zufolge schreitet dann das Individuum in ein neues Reich seiner Bestimmung, die die Auflösung der Persönlichkeit oder (relative) Unsterblichkeit bringt.

Die Bedeutung der einzelnen Jahre des Zyklus

Jedes einzelne Jahr innerhalb einer jeden 7-Jahres-Phase[9] hat eine eigene Bedeutung und ist ein Ausdruck der Phase, in die es fällt. Der Anfangspunkt eines jeden Jahres ist der Geburtstag der betreffenden Person; es erstreckt sich bis zum darauffolgenden Geburtstag. Wichtige Transite oder Progression dürfen nicht nur im Kontext der gesamten Phase, in der sie sich ereignen, betrachtet werden — auch die Bedeutung des speziellen Jahres ist zu berücksichten.

Das erste Jahr. Das Entwicklungsmuster, das für jede 7-Jahres-Phase kennzeichnend ist, beginnt mit einem neuen Impuls, der auf den Ereignissen des letzten Jahres der vorangehenden 7-Jahres-Phase beruht. Dieser Impuls ist im allgemeinen nicht sofort eindeutig erkennbar, obwohl ein bestimmtes Geschehen den Blick auf ihn freimachen kann. Dieses Jahr ist sehr oft auf eigentümliche Art und Weise schwer faßbar und ungewiß in seinem Charakter, oder es steckt voller emotionaler Verwirrung. Die Entwicklung vollzieht sich in erster Linie innerlich und unterhalb der persönlichen Bewußtseinsebene. Das Leben scheint keine klare Richtung zu haben. Dennoch kann es zu starker Impulsivität, Experimentierfreude und emotionaler Intensität kommen, die vielleicht von Gefühlen der Freiheit und des Neubeginns begleitet werden.

Das zweite Jahr. In diesem Jahr können der neue Impuls und die neue Bestimmung dem Leben eine andere Richtung verleihen und die emotionale Grundlage einer Person verändern. Andererseits können die Ereignisse dieses Jahres einen starken Widerstand in Form von Ängsten, Erinnerungen oder gesellschaftlicher Mißachtung dem neuen Trend gegenüber offenbaren. Der neue Trend steht möglicherweise im Widerspruch zu dem in der vorangegangenen 7-Jahres-Phase Entwickelten und muß sich gegenüber den alten Vorstellungen Schritt für Schritt durchsetzen. Möglicherweise treten psychische Konflikte und finanzielle oder soziale Probleme auf. Es müssen vielleicht wichtige Entscheidungen getroffen werden.

Das dritte Jahr. Der neue Trend nimmt nun eine konkretere Form an. Gewöhnlich hat man eine Vorstellung davon, was das Leben jetzt bietet. Ein Jahr voller Taten, das auch von Gefühlen der Einsamkeit begleitet werden kann. Die neuen Ideale scheinen nicht realisierbar und die persönlichen Fähigkeiten völlig unangemessen zu sein. Häufig fehlt es an Technik und angemessenen Mitteln. Gleichzeitig gibt es die innere Gewißheit, daß man fortschreiten muß, selbst wenn der Grund dazu nur aus Emotionen oder einem irrationalen Motiv entspringt.

Das vierte Jahr. Der neue Trend sollte nun Bestandteil konkreter Handlungen werden. Es erschließen sich neue Möglichkeiten, und man sieht sich neuen Themen — sozialer wie persönlicher Natur — gegenüber. Dieses Jahr muß geprägt sein von Kampf und Konflikten, oft auch von harter Arbeit und daneben von spiritueller Befruchtung. Andernfalls wird es alte Muster wieder aufleben lassen. Im allgemeinen trifft man — bewußt oder unbewußt —

DER 7-JAHRES-ZYKLUS

Das erste Jahr beginnt mit der Geburt, dann jeweils mit	7, 14, 21, 28, 35, 42, 49, 56, 63, 70, 77, 84 Jahren.
Das zweite Jahr beginnt im Alter von	1, 8, 15, 22, 29, 36, 43, 50, 57, 64, 71, 78, 85 Jahren.
Das dritte Jahr beginnt im Alter von	2, 9, 16, 23, 30, 37, 44, 51, 58, 65, 72, 79, 85 Jahren.
Das vierte Jahr beginnt im Alter von	3, 10, 17, 24, 31, 38, 45, 52, 58, 66, 73, 80, 87 Jahren.
Das fünfte Jahr beginnt im Alter von	4, 11, 18, 25, 32, 39, 46, 53, 59, 67, 74, 81, 88 Jahren.
Das sechste Jahr beginnt im Alter von	5, 12, 19, 26, 33, 40, 47, 54, 60, 68, 75, 82, 89 Jahren.
Das siebte Jahr beginnt im Alter von	6, 13, 20, 27, 34, 41, 48, 55, 61, 69, 76, 83, 90 Jahren.

In der ersten Hälfte des Zyklus (0 bis 3½ Jahre) zeigt sich ein Trend zur «Ver-Wicklung». Aktivitäten werden unternommen, um den im ersten Jahr zutage getretenen neuen Impuls ganz aufzunehmen und angemessene Mittel zu seiner Verwirklichung zu finden.

Die zweite Hälfte des Zyklus (3½ bis 7 Jahre) ist durch einen Trend zur «Ent-wicklung» unter Betonung des Wachstums des Bewußtseins gekennzeichnet. Es sollte der Versuch unternommen werden, individuelle Wertbegriffe und Ziele anhand von Gedanken oder Gruppenaktivitäten auszudrücken.

SPIRITUELLE EBENE

Das 1. Jahr

Der neue Impuls wird wahrgenommen. Man spürt den Aufbruch zu einem neuen Seinszustand. Experimentierfreude.

Das 7. Jahr

Die Phase der Saat. Der Höhepunkt des Zyklus, der sich entweder durch Erfüllung oder Niederlage äußert. Innerliche Vorbereitung auf den folgenden Zyklus, oder das Gefühl der Unzulänglichkeit angesichts familiären und geselschaftlichen Drucks.

MENTALE EBENE

Das 2. Jahr

Widerstand durch die Vergangenheit in Form von Erinnerungen, Komplexen, Ängsten, gesellschaftlicher Unbeweglichkeit. Aber der neue Impuls erregt die Tiefen des Wesens.

Das 6. Jahr

Das Thema des Zyklus trägt nun Früchte. Die Vergangenheit wird zugunsten der Zukunft geopfert, der man sich nun widmet. Beurteilung des persönlichen Erfolges oder Mißerfolges.

PHYSISCHE EBENE

Das 3. Jahr

Das Bemühen, den Impuls als eindeutige Form zu erschaffen. Die tiefe Empfindung, seinen Weg notfalls auch in Einsamkeit und Verzweiflung und ohne angemessene Hilfsmittel gehen zu müssen.

Das 5. Jahr

Blütephase des Zyklus innerhalb der Grenzen dessen, was während des dritten Jahres erkannt wurde bzw. zutage trat. In positiver Hinsicht kreative Aktivität und Bewußtseinserweiterung; negative Auswirkungen: Die Zerstörung von Hoffnungen — «Materie» besiegt den «spirituellen Geist».

Das 4. Jahr

Kritischer Wendepunkt bei 3½ Jahren. Der Sog der Vergangenheit wird überwunden, oder es erfolgt eine fruchtlose Rückkehr zur Vergangenheit. Mittel zur Konkretisierung des neuen Impulses sind vorhanden; möglicherweise beginnt ein Trend, der zu späterem Scheitern oder Auflösung führt. Die Zeit für konkrete persönliche oder gesellschaftliche Entscheidungen.

eine persönliche oder gesellschaftliche Entscheidung. Dabei mag der Eindruck entstehen, daß sie der betreffenden Person durch äußere Umstände scheinbar aufgezwungen wird. Dies kann sich genau in der Mitte des 7-Jahres-Phase ereignen (nach 3½ Jahren, dem zyklischen Wendepunkt) — meist aber zieht es sich über den gesamten Verlauf dieses vierten Jahres hin.

Das fünfte Jahr. Dies ist oft das Jahr des stärksten Selbstausdrucks, in dem sich das Grundthema der gesamten 7-Jahres-Phase mit größtmöglicher persönlicher Intensität entfalten kann — ein Jahr der Blüte und bewußter Entwicklung innerhalb der Grenzen dessen, was während des dritten Jahres erkannt wurde oder zutage trat. Jetzt kommt man für gewöhnlich in Kontakt mit den höchsten Bereichen seines Wesens. Vielleicht findet man einen «Lehrer», einen Ratgeber oder Helfer — vielleicht fungiert man aber auch selbst als Führer. In negativer Hinsicht bringt dieses Jahr die Zerstörung von Hoffnungen und den Sieg der «Materie» oder der «menschlichen Natur» über den spirituellen Geist.

Das sechste Jahr. Dies kann ein Jahr der Erfüllung und des Höhepunktes sein — es ist allerdings mit der Notwendigkeit irgendeines Opfers wie z.B. dem Aufgeben geschätzter Ideale oder persönlicher Kontakte verbunden. Man muß sein Mitgefühl und sein Verständnis verfeinern, um den tiefen, oft tragischen Erfahrungen der Unzufriedenheit und dem rastlosen Gefühl der Enttäuschung zu begegnen, die sogar in einer Zeit des offensichtlichen Erfolges und Glücks auftreten können. Man sollte nun versuchen, persönlichen Erfolg und Mißerfolg zu beurteilen und im Idealfall bereit sein, seine Bemühungen einem neuen, zukünftigen Zustand zu widmen.

Das siebte Jahr. Das Jahr der Saat. Die gesamte Phase wird nun abgeschlossen, und man empfindet — gelegentlich mit quälender Intensität — das Bedürfnis nach neuen Wertbegriffen und nach einer neuen Phase der Entwicklung seiner Bestimmung oder seines Charakters. Dieses Jahr kann eine Phase der Vollendung und Erleuchtung, ein Höhepunkt der Bewußtseinsentwicklung, sein. In vielen Fällen dominieren jedoch die negativen Faktoren: Man sieht erwartungs- und hoffnungsvoll einer neuen Lebensphase entgegen, statt die alte freudig zu vollenden. Und gerade durch die Erfüllung der alten wird die neue Phase erzeugt. Wo Frustration an die Stelle der Vollendung tritt oder das Gefühl der Unzulänglichkeit angesichts familiären oder gesellschaftlichen Drucks vorherrscht, «schreien» das Bedürfnis für und die Hoffnung auf das Neue «zum Himmel», um eine weitere Gelegenheit zu einem Neubeginn zu erhalten. In beiden Fällen enthält das siebte Jahr in Samenform die Substanz des folgenden 7-Jahres-Zyklus, das Versprechen eines Neubeginns, auf den man sich mit Zuversicht vorbereiten sollte.

Anwendung des Altersfaktors

Es handelt sich hier um ein sehr allgemeines Schema, das der Astrologe entsprechend dem Alter, den Lebensumständen und den sozialen und persönlichen Problemen des Individuums anwenden muß. Wenn der Astrologe diese allgemeinen (generischen) zyklischen Muster als Hintergrund für seine Interpretation der individuellen Progressionen und Transite heranzieht, werden seine Ausführungen eine tiefere und persönlichere Bedeutung erhalten. Der Altersfaktor verhilft nicht zu Rückschlüssen über Erfolg oder Mißerfolg (wobei es sich ohnehin um Werturteile handelt) einer Unternehmung oder die Umstände eines Ereignisses; er wird vielmehr darauf verweisen, was das Ereignis innerhalb der gesamten Lebensentwicklung der Person bewirkt bzw. bedeutet. Die Betrachtung der astrologischen Konfigurationen — im Geburtshoroskop, progressiv und im Transit — helfen herauszufinden, ob die positive oder die negative Bedeutung des Jahres und der 7-Jahres-Phase stärker in die Überlegungen einfließen müssen.

Nehmen wir die Ehe als Beispiel. Rudhyar betont, daß man bei dem Versuch, die Bedeutung einer Ehe oder einer anderen ihr psychologisch entsprechenden Partnerschaft zu erschließen, nicht nur an das äußere Glück oder einen sichtbaren Erfolg denken darf. Manche äußerlich erfolgreiche Ehe bringt zumindest für einen der beiden Partner den spirituellen Tod mit sich. Das, worum es geht, ist der Zweck, den diese Ehe innerhalb der Lebensbestimmung des Individuums erfüllt. In dieser Hinsicht kann der Altersfaktor soviel wie jeder andere astrologische Faktor zur Erkenntnis über die tiefere Bedeutung der Verbindung beitragen. Die 7-Jahres-Periode vom 21. bis zum 28. Lebensjahr ist die Zeit, in der jeder Mensch für gewöhnlich die soziale Phase seiner Bestimmung und seines Charakters entwickelt. Da die Ehe grundsätzlich ein sozialer Vorgang ist, werden die meisten Leute, die heiraten oder Entscheidungen treffen, die zu einer späteren Heirat führen, dies zwischen dem 21. und dem 28. Lebensjahr tun. Als nächstes sollte der Astrologe feststellen, in welchem Jahr der 7-Jahres-Phase die Ehe eingegangen oder die Entscheidung zur Heirat getroffen wurde. Geschah dies im zweiten Jahr des Zyklus, könnte man davon ausgehen, daß die Partnerschaft wohl in irgendeiner Form unter Verwirrung leidet, und daß die sozialen Themen, um die es geht, Konflikte bringen werden. Die Partnerschaft wird einen großen Beitrag dazu leisten, das Grundthema der 7-Jahres-Phase zu konkretisieren; es muß aber mit Widerstand und psychischer Verwirrung gerechnet werden.

Wenn die Ehe oder irgendeine ihr gleichkommende Verbindung vor oder nach der «sozialen Ebene» — zwischen dem 21. und dem 28. Lebensjahr —

eingegangen wird, ist allein diese Tatsache schon von besonderer Bedeutung. In einer Ehe, die vor dem 21. Lebensjahr eingegangen wird, würden eher die psychischen als die sozialen Faktoren hervortreten, und sich wahrscheinlich auf einen rein emotionalen oder instinktiv-sexuellen Impuls gründen, der nicht von Dauer sein muß. In diesem Alter wird der Mensch wohl eher auf der Suche nach emotionaler Sicherheit oder einer Elternfigur als nach einem wirklichen Partner sein. Das gleiche kann auch für eine Ehe gelten, die während der introvertierten psychischen Ebene vom 49. bis zum 56. Lebensjahr eingegangen wird. Allerdings wird der Mensch in diesem Alter entweder nach einer Elternfigur suchen oder nach einer Person, für die er selbst eine Elternfigur sein kann. In beiden Fällen ist jedoch die Hauptmotivation in emotionaler Sicherheit zu sehen.

Eine nach dem 28. Lebensjahr eingegangene Ehe hat mit großer Wahrscheinlichkeit eine sehr «persönliche» Bedeutung. In diesem Fall kann sich eine gereifte Persönlichkeit mit einer anderen verbinden, um gegenseitige persönliche, spirituelle Bedürfnisse zu befriedigen — Bedürfnisse, die *individuell* geformt und nicht das Ergebnis kollektiver Übereinkünfte sind. Im Alter von 35 bis 42 Jahren — der introvertierten Persönlichkeitsebene — wird als motivierende Kraft der Verbindung auch eine Bewußtseinserweiterung durch zwischenmenschliche Beziehungen vorhanden sein. Eine Ehe, die während der introvertierten sozialen Phase des Alters vom 42. bis 49. Lebensjahr geschlossen wird, gründet sich möglicherweise auf das Bedürfnis nach sozialer Sicherheit. Vielleicht wird ein Begleiter oder eine Gastgeberin und kein Seelen-Partner gesucht. Es handelt sich unter Umständen auch um eine psychische Reaktion auf die Frustrationen des Arbeitslebens oder auf persönliche Verluste, die man während der ersten Lebenshälfte erlitten hat (was während dieser Phase das zentrale Thema ist).

Was hier über die Ehe oder andere enge Zweierbeziehungen gesagt wurde, trifft auch auf die Entscheidung über das Lebenswerk zu. Für gewöhnlich wird eine solche Entscheidung in der Altersphase vom 14. bis zum 21. Lebensjahr — auf der extrovertierten psychischen Ebene — getroffen. Während dieser Zeit wird der Mensch am stärksten von Gleichaltrigen und Gleichgesinnten beeinflußt, so daß die Entscheidung über den zukünftigen Beruf hier wahrscheinlich auf dem Wunsch nach emotionaler Sicherheit beruht, die Anerkennung durch Gleichaltrige bzw. Gleichgesinnte bringt. So kann die Entscheidung der Person zwar zu einem guten Einkommen verhelfen und soziales Prestige bewirken, doch ist sie oft kein Ausdruck persönlicher Kreativität.

Wird die Wahl des beruflichen Werdegangs zu einem anderen Zeitpunkt getroffen, so hätte sie eine völlig andere Bedeutung. Nehmen wir als Beispiel vier Personen, die sich entschieden, Arzt bzw. Ärztin zu werden. Keiner der vier faßte diesen Entschluß während der üblichen Altersphase vom 14. bis zum 21. Lebensjahr. Der erste traf die Entscheidung im Alter von fünf Jahren. In diesem Fall fand eine Projektion der Wertbegriffe seiner Familie statt, da sein Vater und sein Großvater ebenfalls Ärzte waren. Für ihn war die Medizin Ausdruck einer Familientradition. Er fällte seine Entscheidung aufgrund des Drucks der Tradition und nicht durch eine bewußte Wahl.

Bei der zweiten Person handelte es sich um einen Mann, der seine Entscheidung erst mit 22 Jahren traf. Zu diesem Zeitpunkt arbeitete er als Psychologe mit schizophrenen Kindern und erkannte, daß er als Mediziner mehr für diese Kinder zu tun imstande wäre. Er entschied sich für die Medizin also aus dem Bedürfnis, etwas zum Wohl seiner Gesellschaft beizutragen. Er verschmähte die einträglicheren und angeseheneren Gebiete der Medizin, die diejenigen anziehen, die auf der Suche nach Anerkennung durch ihresgleichen sind. Stattdessen wandte er sich dem Gebiet der genetischen Forschung zu. Diese Spezialisierung spiegelt die soziale Ebene des 21. bis 28. Lebensjahres wider.

Im dritten Beispiel wurde die Entscheidung für den Arztberuf erst mit 28 Jahren getroffen. Einige Jahre zuvor hatte die betreffende Person ihren mathematisch orientierten Beruf aufgrund einer Heirat aufgegeben. Obwohl diese Frau ihrer Familie sehr verbunden war, spürte sie, daß die Rolle als Hausfrau und Mutter ihre Persönlichkeit erstickte. Der Entschluß für einen medizinischen Werdegang war ein Ausdruck ihrer individuellen Kreativität.

Das vierte Beispiel ist ein Mann, der die Entscheidung für den Arztberuf erst mit 39 Jahren faßte. Dieser Mann hatte das Gefühl, zum letzten Mal die Chance zu haben, seinen Lebenstraum erfüllen zu können. Hier ging es um mehr als nur eine berufliche Veränderung: Es gab auch eine Veränderung in der persönlichen Einstellung und im Lebensstil. Zu dieser Zeit bereiteten sich die Kinder des Mannes darauf vor, auf das College zu gehen; er hatte eine sichere Arbeit auf einem anderen Gebiet. Die Aufnahme des Medizinstudiums machte den Verkauf aller seiner materiellen Güter notwendig. Es entstanden für die ganze Familie große finanzielle Entbehrungen. Da allerdings die Entscheidung unter Billigung und mit Unterstützung der Familie getroffen worden war, teilten seine Frau und seine Kinder auch das Gefühl der persönlichen Leistung mit ihm, als er schließlich seinen Titel erhielt.

Auf diese Art und Weise können alle wichtigen Entscheidungen oder Wendepunkte im Leben mittels des Altersfaktors bemessen werden. Der Altersfaktor verhilft uns jenseits des eigentlichen Ereignisses zu einer zusätzlichen Dimension und einer persönlicheren Bedeutung. Neben Ehe und Beruf lassen sich anhand des Alters einer Person alle wichtigen Krankheiten, Ortswechsel, Scheidungen, Verlust der Eltern, kreative oder soziale Leistungen,

Geburten von Kindern und religiöse Überzeugungen untersuchen. Der generische Zyklus liefert einen universellen Rahmen, der sogar ungeachtet der Tatsache gilt, daß jede Person ihren Lebenszyklus individuell modifiziert. Gleichzeitig gilt: Je bedeutender die individuelle Bestimmung in spiritueller Hinsicht ist, desto enger werden die individuellen Zyklen diesem generischen Schema folgen. Dies ist laut Rudhyar «das große Paradox». Wie er feststellte:

> *...Die hochgradig individuierte Persönlichkeit offenbart in ihren Hauptzügen von Charakter, Bewußtsein und Schicksal am vollkommensten die Form des generischen Menschen. Das zutiefst Individuale wird zum zutiefst Universalen, gerade weil es das zutiefst Individuale ist. Dies ist so, weil dieser Mensch eine absolute Offenbarung und Manifestation des Kreativen wird. Er wird ein «solarer Held» — ein Vorbild oder Avatar, dessen Taten und dessen Persönlichkeit universell bedeutsam werden.*
>
> Dane Rudhyar *»Astrologie der Persönlichkeit«*, S. 199,

Kapitel III

Die Sonne/Mond-Zyklen

Seit der Mensch zum ersten Mal zum Himmel emporschaute, hat er sein Leben an den Bewegungen von Sonne und Mond ausgerichtet. Diese beiden «Lichter» stehen — damals wie heute — für die zwei grundsätzlichen Faktoren menschlicher Erfahrung: *Licht und Leben*. Die Tatsache, daß die Scheibe der Sonne und die des Mondes von der Erde aus die gleiche Größe zu haben scheinen, ist von großer Bedeutung; da der Mond etwa vierhundert Mal kleiner ist als die Sonne, beträgt seine Entfernung zur Erde nur den vierhundertsten Teil der Entfernung der Sonne zur Erde. Diese scheinbare Gleichheit, die auch mit dem Phänomen von Sonnen- und Mondfinsternissen in Verbindung steht, wird später in diesem Kapitel ausführlich besprochen. Rudhyar, dem diese Illusion der menschlichen Perspektive erstmals im Jahre 1939 auffiel, interpretierte sie als ein Symbol dafür, daß die von Sonne und Mond repräsentierten Faktoren im Bewußtsein des Menschen den gleichen Raum einnehmen. Anders ausgedrückt: Es existiert ein Gleichgewicht zwischen der höheren solaren und der tieferen lunaren Natur des Menschen. Das lichtausstrahlende Selbst und die lichtreflektierende psychische Natur des Menschen sind in qualitativer wie quantitativer Hinsicht im menschlichen Sein gleichwertig.

Aus humanistischer Sicht stellt die Sonne nicht nur das Zentrum unseres Sonnensystems und die Quelle allen darin enthaltenen Lebens dar, sondern auch den Lebenszweck all dessen, dem sie Leben spendet. Nur von der Sonne geht eigenes Licht aus, welches die Planeten reflektieren; neben dem Licht verdanken die Planeten auch ihre Positionen innerhalb des Sonnensystems unserem Zentralgestirn. Folglich symbolisiert die Sonne die Kraft des Selbst — den Zweck und die Richtung der menschlichen Existenz. Der Mond beherrscht der Überlieferung nach die instinktiven Reaktionen und Verhaltensweisen wie auch die Gefühlswelt einer Person. Da sich diese Gefühle und Reaktionen — wie die Mondphasen — ständig verändern, messen ereignisorientierte Astrologen dem Mond nur eine untergeordnete Bedeutung zu. Die einzige erwähnenswerte Ausnahme hierzu bilden Neu- und Vollmonde und insbesondere die Finsternisse, von denen behauptet wird, daß sie Ereignisse «bewirken» — wenn sie auf irgendeine Art und Weise das Geburtshoroskop berühren. Die ständig wechselnden Mondphasen stellen ein einzigartiges geozentrisches Phänomen dar. Sie können nur von der Erde aus beobachtet werden und beziehen sich aus diesem Grund in besonderem Maße auf den Bereich der menschlichen Empfindungen. Der Mond selbst verändert sich nicht, nur unterliegt seine Beziehung zur Sonne verschiedenen Phasen. Was sich verändert, ist die Art und Weise, wie die solare Lebensenergie zur Erde kommt und allen Formen des Lebens übermittelt wird.

Dieses Kapitel wird sich in erster Linie mit den Zyklen der Mondknoten und denen der Finsternisse beschäftigen. Es handelt sich bei diesen nicht um voneinander unabhängige Zyklen — sie sind Facetten des gleichen solarlunaren Zyklus. Obwohl hier isoliert behandelt, sollten sie gemeinsam betrachtet werden. Zusätzlich sind auch die Transitzyklen von Sonne und Mond beschrieben, denn obwohl diese wegen ihrer schnellen Bewegung im allgemeinen als zu flüchtig angesehen werden, um mit ihrer Hilfe Ereignisse voraussagen zu können, haben sie für den humanistischen Ansatz in der Astrologie eine besondere Bedeutung.

Die Zyklen der Mondknoten

Knoten sind keine planetarischen Körper, sondern Punkte im Weltall, die dadurch entstehen, daß sich zwei Umlaufbahnen schneiden. Sie besitzen keine Masse, und daher gibt es keine logische Methode, ihnen einen mechanistischen «Einfluß» zu unterstellen, der Handlungen auf der Erde bestimmt. In der Hindu-Astrologie werden die Mondknoten seit Jahrhunderten benutzt, und in allen zeitgenössischen einschließlich der uranischen und kosmobiologischen Systeme werden sie als wichtig angesehen. (Mit Ausnahme der «Church of Light», welche die Knoten völlig ignoriert.) Man muß also den Schluß ziehen, daß ein mechanistisches Konzept von «Einflüssen» für weite Bereiche der astrologischen Gedankenwelt nicht gilt — es sei denn, daß Astrologen die Prämissen nicht begriffen haben, auf die die Astrologie begründet war und ist. Im Hinblick auf die herrschende wissenschaftliche Weltanschauung läßt sich die Astrologie am einleuchtendsten als «Wissenschaft der Zyklen» erklären — als die Kunst, abstrakte, zyklische Beziehungen zu interpretieren. Als Wissenschaft der Zyklen benutzt die Astrologie Himmelskörper als Symbol lebendiger Beziehungen, nicht weil diese physische oder metaphysische «Einflüsse» ausüben, sondern weil sie eine umfassende Reihe von Bezugspunkten darstellen. Der Beobachter auf der Erde kann sie benutzen, um für die vielen Zyklen der Veränderung des Lebens

Raum-Zeit-Entsprechungen zu finden. Daher ist die moderne Astrologie — gemäß der Worte von Marc Edmund Jones — eine Wissenschaft der Beziehungen aller Dinge zu allen anderen Dingen innerhalb des Raum-Zeit-Kontinuums.

Da astronomische Daten die Basis für eine wissenschaftliche Astrologie bilden, muß der Astrologe die Knoten astronomisch untersuchen, bevor er sie als astrologische Symbole einsetzen kann. Bei einer Analyse der Mondknoten sind die folgenden zwei Faktoren zu beachten: 1. die Ekliptik — der scheinbare Lauf der Sonne um die Erde, der aber in Wirklichkeit der Umlauf der Erde um die Sonne ist; 2. der Umlauf des Mondes, der als Trabant um die Erde kreist. Die Ebenen der Umlaufbahnen von Erde und Mond schneiden sich in einem Winkel von fünf Grad, acht Minuten und 40 Sekunden. Die durch die zwei Schnittpunkte verlaufende Linie ist die Achse der Mondknoten. Jeden Monat gelangt der Mond zur Position des nördlichen Mondknotens, schneidet die Ebene der Ekliptik und wechselt damit von südlicher zu nördlicher Breite. Wenn der monatliche Lauf des Mondes am südlichen Mondknoten angelangt ist, wechselt er seine auf die Ekliptik bezogene Breite vom nördlichen zum südlichen Bereich. Daher hat der Mond, wenn er in Konjunktion zu einem seiner beiden Knoten steht, keine Breite. In der überlieferten Interpretation der Mondknoten betrachtet man die Ekliptik (den Tierkreis) als den stabilen, bleibenden Faktor; die Ebene des Mondumlaufs wird als rückwärtsgerichtet, an der Ekliptik entlanggleitend, angesehen. Daher ist die Bewegung der Knoten durch den Tierkreis rückläufig. Da die Ekliptik (geozentrisch betrachtet) die Beziehung der Erde zur Sonne und der Mondumlauf die Beziehung der Erde zum Mond offenlegt, symbolisieren die Mondknoten, deren Achse diese Umlaufbahnen verbindet, die Beziehung der Erde zu den beiden «Lichtern» Sonne und Mond.

Im astrologischen Symbolismus ist die nordwärts gerichtete Überquerung der Ekliptik eine Bewegung hin zum positiven und schöpferischen spirituellen Geist; die südwärtige Überquerung stellt eine Bewegung weg vom spirituellen Geist hin zum Bereich des Materiellen dar. Der aufsteigende Mondknoten (im folgenden auch «Nord-» oder «nördlicher Knoten» genannt) steht daher traditionell für das «Positive» und die Spiritualität — er ist ein Ort göttlichen Schutzes und der Vorsehung oder des Erfolges durch den Gebrauch des spirituellen Willens. Hier wird der Mond in dem Sinne interpretiert, daß er sich zur Sonne orientiert, um danach zum Reflektor und Verteiler solarer Kraft, solaren Willens und Zweckes zu werden. Am absteigenden Mondknoten («Süd-» oder «südlicher Knoten») kehrt der Mond symbolisch dem Sog der Sonne den Rücken und gerät infolgedessen unter die Kontrolle der Materie und des persönlichen Wesens des Menschen. Diese sich abwechselnde Orientierung zwischen spirituellem Geist und Materie ist der Schlüssel zur Bedeutung des Mondknotenzyklus. Wenn der Mond sich innerhalb der nördlichen Breiten bewegt — vom aufsteigenden zum absteigenden Mondknoten -, so ist dies eine Zeit für positives Handeln unter der inneren Führung des spirituellen Geistes und eine Zeit zum Aufbau angemessener Strukturen für schöpferische Taten, die den materiellen Bedürfnissen gewidmet sind. Wenn der Mond sich innerhalb der südlichen Breiten — vom ab- zum aufsteigenden Mondknoten — bewegt, so bedeutet dies entweder eine Zeit zur Aneignung bzw. Freisetzung dessen, was während der vorangegangenen Aktivitätsphase vorbereitet wurde, oder aber eine Zeit der Abstoßung dessen, was man aufzunehmen oder konstruktiv zu nutzen nicht imstande war. Diese beiden Trends sind gut und notwendig und müssen in jedem Zyklus vorhanden sein, denn die Polarität ist das universelle Gesetz, dem alles, was auf der Erde seinen Ausdruck findet, untersteht.

Somit bezieht sich die Mondknotenachse auf den zweiseitigen Prozeß von Integration und Auflösung, durch den das solare oder spirituelle Wesen des Menschen und dessen lunares oder materielles Wesen beständig miteinander verbunden und sodann wieder voneinander getrennt wird. Der aufsteigende Mondknoten und die Phase des Zyklus, in der sich der Mond in nördlicher Breite befindet, sind Symbole für jene Zeiten, in denen sich die psychische oder lunare Natur des Menschen der Kraft des schöpferischen Geistes zuwendet und diese ausstrahlt. Der absteigende Mondknoten und die Phase des Zyklus, in der sich der Mond in südlicher Breite befindet, symbolisieren die Zeiten der Aneignung spiritueller und vitaler Kräfte, die während der nördlichen Hälfte des Zyklus hervorgerufen wurden. Dieser Prozeß sollte die Freisetzung dieser Kräfte bringen; in negativer Auswirkung führt er zu ihrer Vergeudung und Auflösung.

Am aufsteigenden Mondknoten ist der Mensch gefordert, sich gemäß der Zeichen- und Hausposition in eine bestimmte Richtung zu orientieren. Der nördliche Knoten deutet auf neue Qualitäten, Fähigkeiten und Talente hin, die bewußte und fortgesetzte Aufmerksamkeit verlangen und die Richtung der persönlichen Zukunft bestimmen. Lenkt man seine Energien in diese Richtung, so wird man seine spirituelle Kraft und die Fähigkeit stärken, ein bedeutsames Leben zu führen. Am absteigenden Mondknoten findet man, Zeichen und Haus entsprechend, Anzeichen für das, was der Person bereits bei der Geburt mitgegeben wurde. Die Äußerung dieser Qualitäten, Fähigkeiten und Talente bereitet keine Schwierigkeiten — sie kann sogar unbewußt erfolgen. Viele traditionelle astrologische Schriften beschreiben den absteigenden Mondknoten als ein Symbol für die Selbstzerstörung des Menschen — als den Weg des geringsten Widerstandes. Um gegen etwas Widerstand leisten zu können, muß man sich dessen, wogegen es Widerstand zu leisten gilt, zunächst einmal bewußt werden. So wie Wasser den Berg hinunterfließt, neigt die Natur dazu, den leichtesten Weg einzuschlagen. Diese Richtung ist jedoch nicht der Weg des persönlichen Wachstums. Solange der Mensch dem Weg des Südknotens folgt, versperrt es sich dem Wachstum. Dieser Weg führt den Menschen dazu, ein träger Sklave der Gewohnheit zu sein und sich auf seine natürlichen Gaben und Fähigkeiten zu beschränken, anstatt neue zu entwickeln.

Es soll hiermit nicht gesagt werden, daß man seine natürlichen Gaben — die ererbten Fähigkeiten (die sich auf positives Bemühen in einem früheren Leben gründen, sofern man an die Wiedergeburt glaubt) — nicht benutzen sollte. Aber ein Individuum sollte diese Gaben und Fähigkeiten anwenden, um die am nördlichen Knoten verlangte neue Entwicklung voranzutreiben. Sehr oft erlauben es die persönlichen Lebensumstände nicht, die durch den absteigenden Mondknoten angezeigten Fähigkeiten ohne weiteres zu benutzen; diese Umstände zwingen den Menschen dann, sich auf die für den nördlichen Knoten charakteristische Entwicklung zu konzentrieren. Astrologen dürfen dem absteigenden Mondknoten keine ausschließlich negative Bedeutung zuschreiben. Das Karma-Element — das durch den südlichen Knoten verkörperte Element der Knechtschaft durch die Vergangenheit — muß nicht durch negative Ereignisse zum Vorschein kommen. Der absteigende Mondknoten eines Geburtshoroskops ist ein Symbol für Gewohnheit — ein Symbol für auf Routine basierendem Verhalten und die einfache Freisetzung von Kraft, die auf der Vergangenheit oder ererbten Fähigkeiten beruht. Dies kann zu Trägheit, automatischem und unspirituellem Verhalten und Selbstbetrug führen, oder es kann auf vollkommene, aus dem Instinkt resultierende Leistung wie auf die Freisetzung von Genialität durch angeborene Gaben oder spontan angeeignete Techniken hindeuten.

Darüber hinaus dürfen Astrologen nie vergessen, daß die Mondknoten eine Achse bilden und daß sich ihre Bedeutungen gegenseitig ergänzen. Die Mondknotenachse verbindet zwei gegenüberliegende Häuser (und Zeichen) und führt zu einer im Brennpunkt stehenden Beziehung zwischen zwei Erfahrungsbereichen, deren Bedeutungen integriert werden müssen. Auf- und absteigender Mondknoten sind entgegengesetzte Aspekte eines Prozesses — der Aufnahme und der Freisetzung spiritueller Kraft in Beziehung zu den Rhythmen, die in der Vergangenheit (dem familiären oder seelischen Erbe) aufgebaut wurden. Es handelt sich um den lunaren Prozeß der Anpassung an das Leben; wie bei jeder Anpassung spielen auch hier persönliche und kollektive Erfahrungen der Vergangenheit eine bedeutende Rolle. Die Mondknoten bewegen sich rückläufig. Eine derartige Bewegung bezieht sich — sowohl bei Transiten wie auch bei Progressionen — auf die Rückkehr zum Ursprung, auf eine kritische Betrachtung des Verhaltens in der Vergangenheit. Aus diesem Grund wird die Mondknotenachse häufig als die Achse des Schicksals oder der Bestimmung bezeichnet, denn, welchen Punkt des Horoskops sie auch berühren mag: Hier kann durch die Vergangenheit — durch das persönliche oder das ethnische Karma — eine starke Konditionierung vorliegen.

Die Radixposition der Mondknotenachse ist während des gesamten Lebens von grundlegender Bedeutung; der rückläufige Zyklus der Knoten hat daneben — insbesondere auf der psychischen Ebene — sehr konkrete Auswirkungen. Die Dauer dieses Zyklus beträgt ungefähr 18 Jahre und 7 Monate. Somit erfährt die auf zwei Bereiche zielende Aktivität der persönlichen Bestimmung ungefähr alle 19 Jahre einen neuen Antrieb. Im Alter von 19, 38, 56 und 75 Jahren hat das Individuum die Gelegenheit, gewissermaßen neugeboren zu werden bzw. seine Bestimmung in einem neuen Licht zu sehen. Während dieser Altersstufen kann — dies ist nicht zwangsläufig — etwas passieren, das mit einer spirituellen Übertragung von Kraft oder in negativer Auswirkung mit einer Auslösung des Karmas vergleichbar ist. Was auch passiert: Es wird der Persönlichkeit zur Reife verhelfen — entweder durch eine Veränderung der Substanz und der Qualität des Bewußtseins oder durch eine zutiefst beunruhigende psychische Krise. Die mit solchen Veränderungen verbundenen äußerlichen Auswirkungen oder Ereignisse treten jedoch vielleicht erst viel später in Erscheinung, da die Phasen des Wachstums und des Zerfalls allmählich vonstatten gehen.

Das der Rückkehr der Mondknoten auf ihre Radixposition jeweils vorangehende Jahr stellt eine Art 12.-Haus-Phase des Mondknotenzyklus dar — eine Zeit, in der man bestrebt sein sollte, die Bedeutung und Aktivitäten des vergangenen Zyklus zu bewerten sowie sich auf den nächsten Zyklus vorzubereiten. So ist beispielsweise das Alter von 18 Jahren eine Zeit, in der der Mensch die Erfahrungen seiner Jugend resümieren sollte, damit er eine objektive Grundlage für den Aufbruch in das Erwachsensein entwickeln kann. In diesem Zusammenhang ist interessant, daß in vielen Ländern das Wahlalter von 21 auf 18 Jahre gesenkt wurde. Am Ende des zweiten Mondknotenzyklus, im Alter von 37 oder 38 Jahren, sollte man bestrebt sein, sich ein Bild zu machen über das Ausmaß des Erfolgs (oder Mißerfolgs) bei den Versuchen, das persönliche Lebensziel bzw. seine Ideale durch konkretes Handeln zu verwirklichen. Diese Beurteilung, die kurz nach Beginn der abnehmenden Hälfte des Lebenszyklus (vgl. Kapitel II: »Der Altersfaktor«) vorgenommen wird, sollte die zweite Lebenshälfte prägen. Wenn der dritte Mondknotenzyklus im Alter von 56 bzw. 57 Jahren zu Ende geht, sollte jeder Mensch beurteilen, ob er sein persönliches Lebensziel erfüllt hat und sich darüber klar werden, wie weit seine schöpferische Arbeit als soziales Individuum von Erfolg gekrönt war und ist. Neben der Rückkehr der Mondknoten begünstigt auch nun das unmittelbar bevorstehende Ende des zweiten Saturnzyklus die Bewertung der schöpferischen Jahre des Lebens. Dem Altersfaktor gemäß handelt es sich um das zweite Jahr der Machtebene — die Zeit, in der die spirituelle Ausrichtung und die persönliche Gefühlswelt Veränderungen unterliegen. Die vierte Rückkehr der Mondknoten findet im Alter von 75 bzw. 76 Jahren statt. Während dieser Zeit sollte man seine spirituelle Verwirklichung wie auch den Erfolg bei den Bemühungen beurteilen, sein Leben bedeutungsvoll abzuschließen, um einen Samen als Keim für zukünftige Generationen zu hinterlassen.

Die Mitte des Mondknotenzyklus liegt im neunten Jahr. Während dieser Zeit kommt es zur Umkehrung der Mondknotenpositionen des Horoskops — der laufende nördliche Mondknoten steht auf dem südlichen Mondknoten des Geburtshoroskops und umgekehrt. Daher verhält sich jedes neunte Jahr komplementär — wie der auf- zum absteigenden Mondknoten — zum folgenden neunten Jahr. Da die Zahl «neun» und mit ihr die 9-Jahres-Phase in der Humanistischen Astrologie auf die allmähliche Aufarbeitung der persönlichen, spirituellen und ererbten Vergangenheit bzw. des Karmas hinweist, bieten die Halbsummen-Phasen der Mondknotenzyklen eine Gelegenheit, vergangene Fehler oder Unterlassungen zu beurteilen. Sie weisen auch auf eine Zeit hin, in der das Individuum Zugang zu tiefverborgenen Elementen seiner Persönlichkeit hat, mit denen er die Saat für die Zukunft legen kann. Äußere Ereignisse oder Veränderungen treten mit größerer Wahrscheinlichkeit in der Mitte der Mondknotenzyklen als bei der Rückkehr zu den Radixpositionen auf.

Diese Phase von etwa neun Jahren läßt sich in drei Abschnitte von jeweils ungefähr drei Jahren unterteilen, die für These, Antithese und Synthese stehen. Die erste Phase bringt eine Qualität der Aktivität bezüglich persönlicher Beziehungen, die zweite Phase beschreibt eine Reaktion auf diese Aktivität, und die dritte Phase ist der Versuch, Vergangenheit und Gegenwart zu verschmelzen. Die laufenden Mondknoten bewegen sich mit einer täglichen Durchschnittsgeschwindigkeit von drei Minuten (rückläufig); nach einer oder zwei 3-Jahres-Phasen kommt es zum Sextil bzw. Trigon-Aspekt der Transit-Mondknoten zu den Radixpositionen. Jedes neunte Jahr — ob es nun zur Mondknoten-Umkehrung oder -Rückkehr führt — ist ein Jahr des Samens und eine Zeit potentieller Erfüllung. Diese 9-Jahres-Phase kann bei der Horoskopanalyse noch individueller eingesetzt werden. Anstatt die Jahre von der Geburt aus zu zählen, sollte man als Ausgang den Zeitpunkt nehmen, zu dem der aufsteigende Mondknoten erstmalig über den Aszendenten

DIE 3-JAHRES- UND 9-JAHRES-UNTERTEILUNGEN DES MONDKNOTENZYKLUS

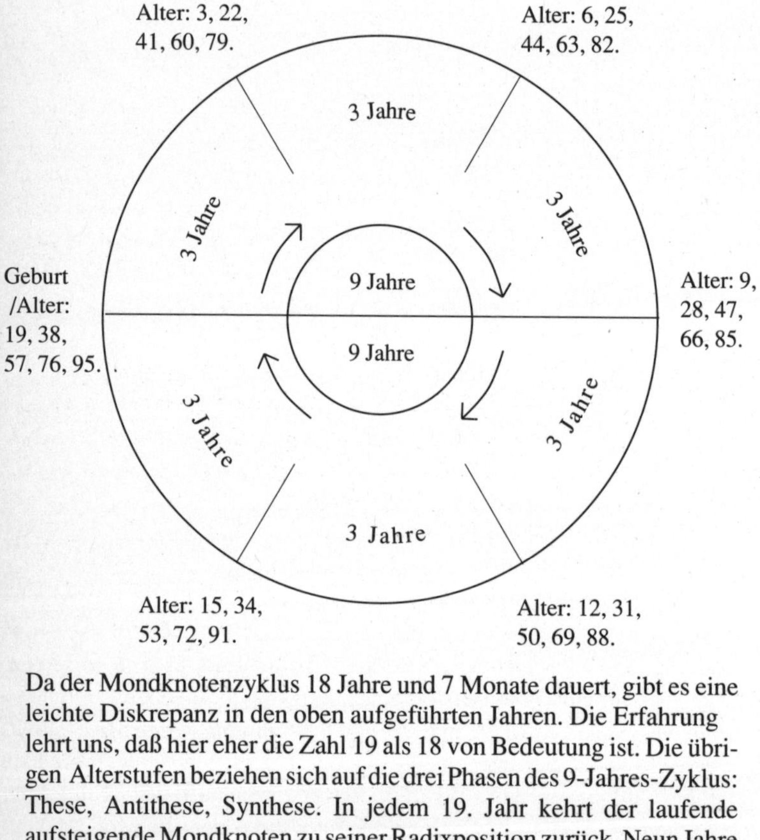

Da der Mondknotenzyklus 18 Jahre und 7 Monate dauert, gibt es eine leichte Diskrepanz in den oben aufgeführten Jahren. Die Erfahrung lehrt uns, daß hier eher die Zahl 19 als 18 von Bedeutung ist. Die übrigen Alterstufen beziehen sich auf die drei Phasen des 9-Jahres-Zyklus: These, Antithese, Synthese. In jedem 19. Jahr kehrt der laufende aufsteigende Mondknoten zu seiner Radixposition zurück. Neun Jahre später kommt es zu einer Umkehrung der Mondknotenpositionen: der laufende Nordknoten erreicht die Position des Radix-Südknotens des Horoskops, und der laufende Südknoten erreicht die Position des Radix-Nordknotens. Jede 9-Jahres-Phase oder jeder halbe Mondknotenzyklus wird in drei Phasen von jeweils drei Jahren unterteilt, die als These (die ersten drei Jahre), Antithese (die mittleren drei Jahre) und Synthese (die letzten drei Jahre) in Beziehung zueinander stehen.

lief bzw. läuft. Dieser Transit wird irgendwann während der ersten 18,6 Lebensjahre auftreten; er sollte in Beziehung zum Altersfaktor gesehen werden.

Die Mondknoten im Transit

Über die Achse der Mondknoten wird die Kraft der persönlichen Bestimmung während des Lebens zweigeteilt. Deshalb ist die Stellung der Mondknoten in den Hemisphären und Quadranten des Geburtshoroskops von sehr großer Bedeutung. Während sich diese Achse weiterbewegt, wird die positive Energie der persönlichkeitsbildenden Kräfte in der Hemisphäre und dem Quadranten, durch die der aufsteigende Mondknoten läuft, freigesetzt. Dort wird Kraft *erzeugt*. Auf der anderen Seite empfangen die Hemisphäre und der Quadrant, durch den der Transit des südlichen Mondknotens verläuft, die negative Energie — Energie, die aus vergangenen Gewohnheiten resultiert und auf der Grundlage früherer Anstrengungen benutzt wird. Aus diesem Grund wird hier Kraft *freigesetzt*.

Weil die Bewegung der Mondknotenachse rückläufig ist, muß der Astrologe die Häuser auf andere Weise als üblich zählen. Dies ist ein wichtiger technischer Punkt. Wenn sich z.B. der Nordknoten in Konjunktion zum Aszendenten und der Südknoten sich in Konjunktion zum Deszendenten befindet, so wird der nördliche Knoten durch die Häuser 12, 11 und 10 aufsteigen und nach neun Jahren über die Häuser 9, 8 und 7 zum Deszendenten gelangen. Deshalb befindet sich der aufsteigende Mondknoten, wenn er im 12. Haus des Geburtshoroskops steht, in seinem 1. Haus und wird sich auf den Beginn einer neuen Phase der Integration der Persönlichkeit beziehen. Steht der aufsteigende Mondknoten im 9. Haus, so befindet er sich in seinem 4. Haus, was auf eine Phase der Beschäftigung mit der eigenen Person hinweist. In diesem Fall rückt die individuelle Bestimmung in den Mittelpunkt, und der Mensch hat die Gelegenheit, sich der ihm zur Verfügung stehenden Kräfte bewußt zu werden. Währenddessen durchläuft der absteigende Mondknoten das 3. Haus des Geburtshoroskops, das dem 10. Mondknotenhaus entspricht. Die Kraft, die in der Persönlichkeit und dem Zuhause (Nordknoten im 4. Mondknotenhaus) entsteht, sollte ihre Freisetzung im öffentlichen und beruflichen Leben der betreffenden Person erfahren; Angelegenheiten, die für das 10. Haus charakteristisch sind, dürften in den Vordergrund treten. Die Erfahrung zeigt, daß manchmal die Hausposition des laufenden aufsteigenden Mondknotens besonders wichtig ist, während in anderen Fällen das Haus des Südknoten Transits besser zu den aktuellen Geschehnissen zu passen scheint. Beschäftigt sich der Astrologe allerdings tiefer mit den akuten psychischen Verwicklungen, wird er wahrscheinlich feststellen, daß beide Mondknoten ihren Beitrag zur aktuellen Situation leisten. Man sollte keine Genauigkeit im Hinblick auf äußere Ereignisse erwarten; was allein wichtig ist, ist das, wofür das jetzt in den Blickpunkt gerückte Haus steht.

Neben der Bedeutung der einzelnen Häuser, durch die die Mondknoten transitieren, gibt es die allgemeine hemisphärische Bedeutung, die sich alle neun Jahre umkehrt. Durchläuft der aufsteigende Mondknoten die obere Hälfte des Horoskops, transitiert er seine eigenen ersten sechs Häuser. Während dieser Periode wird die Persönlichkeit durch innere Zwänge entwickelt und das äußere Leben dem Spiel negativer bzw. passiver Kräfte überlassen. Man verhält sich weiterhin auf gewohnte Art und Weise und wird angetrieben durch den von vergangenen Bemühungen erzeugten Impuls. Wenn der aufsteigende Mondknoten den Deszendenten erreicht und unter den Horizont des Geburtshoroskops tritt, fordern die Lebensumstände von einer Person nach außen gerichtete Aktivitäten, während das innere Leben dem Wesen nach gewohnheitsmäßiger und passiver wird. Die Begriffe »Inneres» und «Äußeres» beziehen sich nicht speziell auf Ereignisse, sondern auf die Entwicklung der Persönlichkeit durch introvertierte oder extrovertierte Aktivität bzw. durch subjektive oder objektive Werte.

Wie bereits erwähnt, muß jede Interpretation des Transitzyklus der Mondknoten deren rückläufige Bewegung berücksichtigen. Wie die rückläufigen Phasen der Planeten muß auch dieser Zyklus so verstanden werden, daß er sich auf etwas bezieht, das gegen den normalen Fluß der Lebensaktivitäten und des instinktiven Verhaltens wirkt. Er wird sich auf all das beziehen, was auf die normalen, spontanen und instinktiven Aktivitäten eines Individuums störend einwirken oder diese einer Überprüfung unterwerfen kann. Der größte Störfaktor ist das egoistische Bewußtsein, das von allen persönlichen Erfahrungen und den sozialen, ethischen und moralischen Normen der Gemeinschaft geprägt ist. Aus diesem Grund weist der Transitzyklus der Mondknoten auf Konfrontationen mit den Ergebnissen der eigenen wie der gesellschaftlichen Vergangenheit hin.

Dieses Konzept läßt sich leicht belegen, wenn man sich vergegenwärtigt, wann der laufende Nordknoten in Konjunktion zu einem Geburtsplaneten steht. Dieser Kontakt bringt oft Konfrontationen mit sich, die aus dem Umgang mit der Wirkungsweise dieses Planeten in der Vergangenheit resultieren; vielleicht erinnert er an Frustrationen oder Verdrängungen oder führt zu dem Wunsch, Erfahrungen zu wiederholen. Diese Konjunktion kann das innere oder das äußere Leben betreffen, indem sie das bewußte Verhalten der Person beeinflußt oder den Zustand ihres Unterbewußtseins beherrscht. Was auch immer bei diesem Kontakt mit dem aufsteigenden Mondknoten entsteht — ungefähr neun Jahre später, wenn der absteigende Mondknoten in Konjunktion zum selben Planeten steht, wird es seine Freisetzung erfahren. Die Ergebnisse dieser Freisetzung werden dann während der folgenden neun Jahre, die zu einem neuen Kontakt mit dem aufsteigenden Mondknoten hinführen, zum Vorschein kommen. Natürlich wird sich nicht jeder Mensch bedeutsamer Erfahrungen bewußt werden, wenn der Nordknoten über einen Geburtsplaneten läuft, da sich diese Kontakte für gewöhnlich nicht auf äußere Ereignisse beziehen. In solchen Fällen findet der Astrologe möglicherweise in dem Haus, das dem Transit des Nordknotens gegenüberliegt, wertvolle Anhaltspunkte für die sich verändernde Einstellung einer Person gegenüber ihrer Vergangenheit und ihrer Zukunft. Von ganz besonderer Bedeutung sind die Zeiten, in denen die Mondknotenachse mit dem Horizont und der Meridian-Achse des Geburtshoroskops zusammentrifft.

Der Transit der Mondknoten durch die Häuser

Die Kontakte zwischen der Mondknotenachse im Transit und den Geburtsplaneten sind von subjektiver Natur und fallen im allgemeinen nicht mit äußeren Ereignissen zusammen. Für den Astrologen ist es weitaus ergiebiger, die Analyse auf die Häuser zu konzentrieren. Die Position des transitierenden aufsteigenden Mondknotens wird den Erfahrungsbereich zeigen, in dem durch eigene Bemühungen und Konzentration Kraft gewonnen werden kann. Es sollte bewußt versucht werden, mit den Lebenserfahrungen, die durch das Haus des laufenden Nordknotens symbolisiert werden, neue Fähigkeiten oder eine neue Facette der Persönlichkeit zu entwickeln. Die Kraft, die man gemäß der Hausposition des aufsteigenden Mondknotens gewinnen kann, wird in dem Erfahrungsbereich freigesetzt, in dem sich der laufende absteigende Mondknoten befindet. Hier sollte man sich nicht durch Aktivitäten verausgaben, sondern den Dingen ihren gewohnheitsmäßigen Lauf lassen, der seinen Ursprung im neun Jahre zuvor erfolgten Transit des Nordknotens hat. Da es sich hier, wie bereits erwähnt, um eine Achse handelt, leisten beide Mondknoten ihren Beitrag zur Gesamtbedeutung des Transits durch die zwei gegenüberliegenden Häuser.

Aufsteigender Mondknoten im 1., absteigender Mondknoten im 7. Mondknotenhaus (Radixhäuser 12 und 6). Wenn der laufende Nordknoten den Aszendenten überquert und in das 12. Haus tritt, beginnt ein neuer Mondknotenzyklus von 18 Jahren und 7 Monaten Dauer. Das Alter, in dem sich dieser Transit ereignet, sollte immer im Zusammenhang mit dem Altersfaktor (vgl. Kapitel II) gesehen werden, denn dieser Faktor wird für den gesamten Zyklus tonangebend sein. Diese Phase kann — unabhängig vom Alter — einen neuen Aufbruch zum persönlichen Lebensziel bringen. Dies hängt natürlich vom Erfolg oder Mißerfolg des vorangegangenen 18-Jahres-Zyklus ab, und in manchen Fällen kann die Begegnung mit der wirklichen persönlichen Bestimmung eine spirituelle Krise auslösen. Die äußerlichen Folgen einer solchen Krise werden erst viel später, wenn der absteigende Mondknoten den Aszendenten überquert, in Erscheinung treten. Während dieser Phase wird Entwicklung durch persönliche Anstrengung bei Belangen des 1. Hauses erkennbar sein, während sich das Prinzip des geringsten Widerstandes im 7. Haus äußert. Bei Themen, die das letztere Haus betreffen, wird man dazu neigen, sich entsprechend verfestigter Gewohnheiten zu verhalten. Deshalb sollte man bestrebt sein, seine Persönlichkeit zu entwickeln, als Individuum voranzuschreiten und sich stets die eigene, persönliche Wahrheit vor Augen halten. In negativer Hinsicht kann es passieren, daß man Freunden erlaubt, das eigene Leben zu beherrschen oder sich in einer zügellosen Sehnsucht nach Liebe verzehrt, wodurch man die eigene Identität an einen Partner verliert. Ein solches Verhalten kommt der Weigerung gleich, als Individuum zu wachsen. Die — imaginären oder tatsächlich bestehenden — Zwänge der Vergangenheit resultieren aus engen Verbindungen. Diese auf Gewohnheiten basierenden Strukturen der Erfüllung gesellschaftlicher Verpflichtungen binden den Menschen an die Vergangenheit. Die Zukunft fordert einen individuellen Standpunkt; der Mensch muß das, was ihn von anderen unterscheidet, hervorheben, und sich selbst bewußter werden.

Aufsteigender Mondknoten im 2., absteigender Mondknoten im 8. Mondknotenhaus (Radixhäuser 11 und 5). Diese Polarität rückt die eigenen persönlichen Ressourcen und deren angemessene Verwendung in den Vordergrund. Die Zeit ist nun reif, die eigenen Kräfte auf neue Weise zu nutzen und zu einem tieferen Verständnis des Einflusses persönlicher und kollektiver Gewohnheiten auf die Verwirklichung der individuellen Vision zu gelangen. Der Weg des geringsten Widerstandes kann darin bestehen, sich zu sehr auf die Ressourcen anderer — insbesondere nahestehender Gefährten — zu verlassen. Das, was man selbst anzubieten hat, sollte man nicht von der Billigung anderer oder der Gesellschaft insgesamt abhängig machen. Vielmehr geht es darum, die jetzt notwendigen physischen, psychischen oder intellektuellen Fähigkeiten zu entwickeln. Nur so ist das Individuum in der Lage, sozial bedeutsam und effektiv zu handeln.

Aufsteigender Mondknoten im 3., absteigender Mondknoten im 9. Mondknotenhaus (Radixhäuser 10 und 4). Diese Stellung verlangt eine

Erweiterung der intellektuellen Fähigkeiten für einen angemesseneren und besseren Umgang mit den konkreten Problemen der Umgebung. Während dieser Zeit sollte man bestrebt sein, eine individuelle Sichtweise in die routinemäßige Interpretation der Dinge und Erfahrungen zu bringen und ein stärkeres Selbstvertrauen bei der Anpassung an alltägliche Umstände zu entwickeln. Wer in einer Welt abstrakter Prinzipien oder metaphysischer Ideale verweilt, folgt dem Weg des geringsten Widerstandes. Man darf nicht ungeachtet der allgemeinen gesellschaftlichen Prinzipien seiner eigenen Philosophie frönen. Man muß seine Ideale auf die Erde holen und Träume in praktische Realität umsetzen. Theorie allein ist nicht genug.

Aufsteigender Mondknoten im 4., absteigender Mondknoten im 10. Mondknotenhaus (Radixhäuser 9 und 3). Hier sollte ein Individuum die Grundlagen der persönlichen Kraft stärken; es sollte sich um die Entwicklung des häuslichen Lebens bemühen und die Fundamente seiner Existenz nicht in der äußeren Welt suchen. Kraft entsteht nun im Zuhause und durch die persönliche Gefühlswelt. Diese Kraft wird die schöpferischen Fähigkeiten ausbilden; diese Energien können in der Beziehung zur Öffentlichkeit auf individuelle und spirituelle Art und Weise freigesetzt werden. Tiefverwurzelte Gewohnheiten können den Menschen dazu verleiten, die Entwicklung seiner Fundamente bzw. seines Zuhauses zu vernachlässigen und sein inneres Wesen ausschließlich den der Routine unterliegenden beruflichen Aktivitäten zu widmen. Nun ist es an der Zeit, die Persönlichkeit und die schöpferischen Möglichkeiten zu entwickeln sowie den persönlichen Bedürfnissen und subjektiven Gefühlswerten entsprechend zu handeln. Tut man dies jetzt nicht, so wird das berufliche Leben später darunter leiden, denn ohne diese neuen Fähigkeiten wird man den sich verändernden Ansprüchen der Öffentlichkeit nicht genügen können.

Aufsteigender Mondknoten im 5., absteigender Mondknoten im 11. Mondknotenhaus (Radixhäuser 8 und 2). Der jetzt zu beschreitende Weg zur Integration des Selbst erfordert Anstrengungen im Hinblick auf einen schöpferischen Selbstausdruck. Man muß die neuen Fähigkeiten, die während des Transits durch das 4. Mondknotenhaus entwickelt wurden, erproben, auch wenn man sich dabei in den Mittelpunkt zu stellen hat und bei seinen persönlichen Leistungen vielleicht übertreiben muß. Der Weg des geringsten Widerstandes liegt in der Abhängigkeit von der Zustimmung einer Gruppe. Unterwirft man sich den gesellschaftlichen Idealen einer Gruppe, so wird man seine eigene schöpferische Initiative verlieren. Sich für eine bestimmte Sache einzusetzen, ist die einfachste Flucht vor der persönlichen Kreativität. Seit langem bestehende Freundschaften und gesellschaftliche

Aktivitäten mögen die nun geforderte Entwicklung des Selbstausdrucks behindern. Vielleicht hängt man jetzt auch großartigen, heroischen Träumen nach — ein solcher Idealismus wird die schöpferischen Bemühungen zum Scheitern verurteilen. Zu dieser Zeit sollte man sich eher auf sein eigenes Urteilsvermögen als auf die Zustimmung von Freunden verlassen. Schließt man sich einer Gruppe oder Organisation an, sollte man diese anführen. Auf diese Weise wird die persönliche Kreativität einen Kanal finden, durch den sie sich ausdrücken kann. Emotionale, aus Fehlern der Vergangenheit resultierende Frustrationen werden hier das größte Hindernis bilden, das aber überwunden werden muß.

Aufsteigender Mondknoten im 6., absteigender Mondknoten im 12. Mondknotenhaus (Radixhäuser 7 und 1). Mit diesem Transit wird die erste Hälfte der neuen individuellen bzw. extrovertierten Entwicklung abgeschlossen. In dieser Zeit wird Fortschritt durch neue Lebenstechniken erreicht. Ob diese nun ihren Ausdruck in der persönlichen Hingabe an ein Ideal, eine Sache oder ein Individuum oder in dem Gefühl für persönliche Verantwortung finden — wichtig ist es nun, von Nutzen zu sein. Während dieser Zeit wird der bequemste Weg darin bestehen, sich — physisch, emotional oder spirituell — aus der äußeren Welt zurückzuziehen. In einigen Fällen werden die noch nicht abgeschlossenen Angelegenheiten der zu Ende gehenden 9-Jahres-Phase gesellschaftlicher Aktivität den Menschen zwingen, sein Verhalten zu überdenken und neue Möglichkeiten zu finden, die individuelle Kreativität den Bedürfnissen der Gesellschaft anzupassen. Dies muß allerdings mit dem Endziel des Dienstes an der Menschheit und nicht mit dem Ziel des Nutzens für das Ego geschehen. Eine Krise der Umwandlung kann gesundheitliche Probleme mit sich bringen, insbesondere dann wenn diese Zeit zur grüblerischen Nabelschau anstatt zur Teilnahme und Dienstbereitschaft verwendet wird.

Aufsteigender Mondknoten im 7., absteigender Mondknoten im 1. Mondknotenhaus (Radixhäuser 6 und 12). Dieser Mondknoten-Transit markiert den Anfang einer 9-Jahres-Phase extrovertierter Aktivität, wie sie stets von Transiten durch das 7. Haus angezeigt wird. Jetzt muß man mit dem Aufbau von Beziehungen beginnen. Die persönliche Kraft zur Zusammenarbeit wird auf die Probe gestellt. Ein Individuum wird während dieser Zeit durch seine zwischenmenschlichen Beziehungen mehr über sich erfahren als durch meditative Innenschau. Die negative Tendenz wird darin bestehen, sich selbst und seine Sehnsüchte auf andere Menschen zu projizieren, voller Stolz zu sein und sich zu sehr mit seinen persönlichen Leistungen und Qualitäten zu beschäftigen. Man muß in die Welt hinaustreten und den Menschen offen und frei begegnen, anstatt sich in egozentrischen Überlegungen zu verlieren. Der Weg des geringsten Widerstandes ist der eigene Spiegel.

Aufsteigender Mondknoten im 8., absteigender Mondknoten im 2. Mondknotenhaus (Radixhäuser 5 und 11). Diese Polarität betont die Notwendigkeit, Ressourcen in zwischenmenschlichen Beziehungen aufzubauen und die Wertbegriffe in den Vordergrund zu stellen, die mit anderen auf positive Art und Weise zu teilen sind. Während dieser Zeit sollte man bestrebt sein, mit Hilfe gemeinsamer Anstrengungen die Herrschaft über die persönlichen Resourcen wie über die tagtägliche Routine zu gewinnen. Dies kann sich im geschäftlichen Bereich, in Gruppenaktivitäten oder okkulten Beschäftigungen oder in Zweierbeziehungen abspielen. Die Entwicklung persönlicher wie materieller Werte wird durch gruppenorientierte Bemühungen oder durch die Erfahrungen enger Beziehungen erreicht. Folgt man dem Weg des geringsten Widerstands, wird man womöglich seine persönlichen Ressourcen vergeuden oder dem Partner die eigenen Wertbegriffe aufzudrängen versuchen. Es besteht die Möglichkeit der Erneuerung des Selbst; zu dieser muß es jedoch durch Partnerschaft bzw. durch Einfühlungsvermögen für die Bedürfnisse anderer kommen, und nicht durch eine ego-orientierte Konzentration auf jene Dinge, die von rein persönlichem Wert sind.

Aufsteigender Mondknoten im 9., absteigender Mondknoten im 3. Mondknotenhaus (Radixhäuser 4 und 10). Diese Opposition fordert dazu auf, die unbedeutenden Dinge des täglichen Lebens durch geistige Expansion hinter sich zu lassen. Die Aufnahme fremder Ideen — ob sie von langen Reisen oder Kontakten zu Fremden oder aus philosophischer oder religiöser Beschäftigung stammen — kann dem Menschen helfen, aus dem Trott der täglichen Routine des Verhaltens und Denkens auszubrechen; seine Alltagsrealität kann eine neue Bedeutung erhalten. Während dieses Transits sollte man neue Möglichkeiten suchen, um das Nahe und Ferne, das Bekannte und Unbekannte zu integrieren. Der Weg des geringsten Widerstandes während dieser Zeit besteht in der Zersplitterung der eigenen Aktivitäten, anstatt Ziele und Ideale in eine Richtung zu lenken. Man muß nun erkennen, daß ein religiöses oder wissenschaftliches Dogma kein gültiger Ersatz für das sich aus vollkommenen und freien Beziehungen ergebende menschliche Verständnis darstellt.

Aufsteigender Mondknoten im 10., absteigender Mondknoten im 4. Mondknotenhaus (Radixhäuser 3 und 9). Hier kommt es zu einem Gegensatz zwischen Beruf und Heim — zwischen den öffentlichen und den privaten Aspekten des Lebens. In diesem Fall ist der öffentliche Bereich der geeignete Kanal zur Integration des Selbst und das Gebiet, auf das man sich konzentrieren sollte. Vielleicht möchte man — insbesondere im Zuhause — seine Zeit vornehmlich privaten Überlegungen widmen und sich von gesellschaftlichen und beruflichen Verpflichtungen zurückziehen. Dies würde aber zur Selbstzerstörung und der Zersetzung des Ansehens, das man in der Öffentlichkeit genießt, führen. Ein Mensch sollte sich nicht durch seine Emotionen beherrschen lassen. Anstatt sich zurückzuziehen, muß er den Versuch unternehmen, seine Energien nach außen zu lenken und seine gesellschaftliche oder berufliche Leistungsfähigkeit entwickeln, damit er innerhalb seiner Gemeinschaft eine wichtige Rolle übernehmen kann. Innerhalb des gesamten Mondknotenzyklus ist dieser Abschnitt von besonderer Wichtigkeit: Hier zeigen sich die konkreten Ergebnisse all dessen, was man seit der Konjunktion des aufsteigenden Mondknotens mit dem Aszendenten 14 bis 15 Jahren zuvor und seit dessen Transit durch das 4. und das 7. Mondknotenhaus zu tun versucht hat. Diese Ergebnisse können sowohl positiv als auch negativ ausfallen.

Aufsteigender Mondknoten im 11., absteigender Mondknoten im 5. Mondknotenhaus (Radixhäuser 2 und 8). Die beim Ausdruck des Selbst freiwerdende Kraft entsteht hier im Haus der Ideale, der humanitären Gesinnung und der sozial-mystischen Kreativität. Die Herausforderung besteht darin, auf irgendeine Art zum Vertreter einer spirituellen, sozialen oder kulturellen Vision zu werden und darauf hinzuarbeiten, existierende soziale Bedingungen zu verändern. Die Position des absteigenden Mondknotens weist darauf hin, daß der Weg des geringsten Widerstandes darin liegt, den persönlichen Wünschen nachzugeben, die eigene Persönlichkeit in den Mittelpunkt zu stellen und aus rein egozentrischen Motiven heraus zu handeln. Das Individuum muß seine schöpferischen Fähigkeiten mit den gesellschaftlichen Notwendigkeiten in Übereinstimmung bringen, um ein überpersönliches Leben zu führen. Um dies zu erreichen, muß man sich vielleicht in verstärktem Ausmaß um Freunde bemühen, mit denen zusammen man wahrhaft individualisierte Ideale verwirklichen kann.

Aufsteigender Mondknoten im 12., absteigender Mondknoten im 6. Mondknotenhaus (Radixhäuser 1 und 7). In der Abschlußphase des Mondknotenzyklus ist das Thema die Erfüllung kollektiver und gesellschaftlicher Verantwortung. Der individuelle Wille muß zurückgenommen werden. In einigen Fällen können das Karma der Vergangenheit, unerledigte Angelegenheiten oder gesellschaftliche Ergebnisse der vorangegangenen neun Jahre zu einer Krise auf persönlicher oder sozialer Ebene führen. Durch Meditation und Innenschau sollte man die Bedeutung und den wahren

Wert all dessen, was man seit Beginn des Mondknotenzyklus getan, gefühlt und gedacht hat, herausfiltern. Die Bedeutung und der Wert dieses Zyklus dürfen nicht nur im Hinblick auf das persönliche Selbst gesucht werden, sondern auch im Sinne dessen, was man für andere und die Welt zu leisten versucht hat. Auf der Grundlage dieses Wertes (selbst wenn er einen negativen Charakter hat), muß man sich im klaren Bewußtsein der eigenen Aktivität auf den folgenden Zyklus einstellen. Der Weg des geringsten Widerstandes wird während dieser Phase durch den absteigenden Mondknoten im 6. Mondknotenhaus angezeigt: Wenn der Mensch sein Verhältnis zu alten Idealen oder gegenüber Schwächeren nicht überdenkt, ist er nicht in der Lage, seine Bestimmung zu erfüllen. Er erweist sich in diesem Fall als unfähig, soziale Verantwortung oder Aufgaben zu übernehmen, die über seinen individuellen Willen und seine persönlichen Erfahrungen hinausgehen.

Die Zyklen der Finsternisse

Eine Finsternis ist die totale oder nur zum Teil erfolgende Abdeckung eines Himmelskörpers durch einen anderen. Obwohl sie bei jedem Planeten auftreten kann, bezieht sich der Begriff im allgemeinen auf die beiden «Lichter» Sonne und Mond. Die Scheiben von Sonne und Mond haben, von der Erde aus betrachtet, nahezu die gleiche Größe. Wenn die Scheibe des Mondes die der Sonne verdeckt, findet eine totale Sonnenfinsternis statt, und der die Sonnenscheibe umgebende Hof (die Korona) wird sichtbar. Bei einer Mondfinsternis befindet sich die Erde zwischen Sonne und Mond und wirft ihren Schatten auf den Erdtrabanten. Finsternisse sind keine isolierten Ereignisse, sondern besondere Augenblicke innerhalb der Mondknotenzyklen. Sie ereignen sich, wenn es in der Nähe vom nördlichen oder südlichen Mondknoten zum Voll- oder Neumond kommt. Wie ich bereits an anderer Stelle erläutert habe, sind die Mondknoten jene Punkte im Weltall, an denen sich die Ebenen der Bahnen von Sonne und Mond schneiden. Sie repräsentieren eine Synthese der solaren und lunaren Faktoren innerhalb des menschlichen Bewußtseins; deshalb symbolisiert eine Finsternis die Verdunkelung eines dieser beiden Faktoren. Es ist ein symbolischer Krieg zwischen dem «Sonnenengel» und den «lunaren Herren», die die Vergangenheit der Menschheit beherrschen. Weil sie für die Wahrnehmung der Menschen von gleicher Größe sind, stehen sich die Kontrahenten gleichwertig gegenüber.

Sonnenfinsternisse finden statt, wenn ein Neumond auf einen Mondknoten oder in dessen Nähe (bis zu einer Abweichung von 18 Tierkreisgraden zu beiden Seiten) fällt. Jeder Mondknoten befindet sich im Mittelpunkt eines

Bereichs von 36 Tierkreisgraden, in dem jedes Jahr Sonnenfinsternisse stattfinden können. Da die Sonne annähernd 37 Tage braucht, um diesen Bereich zu durchlaufen, und der Zeitraum von Neumond zu Neumond nur 29½ Tage beträgt, muß in jedem Jahr sowohl am aufsteigenden wie am absteigenden Mondknoten eine Sonnenfinsternis stattfinden. Während eines Jahres können sich maximal fünf Sonnenfinsternisse ereignen, was ungefähr alle drei Jahrhunderte — letztmalig 1935 — geschieht. Allerdings sind Finsternisse nur selten total; meistens handelt es sich um partielle, oft auch um ringförmige Finsternisse, bei denen der Rand der Sonnenscheibe wie ein Lichtkranz um den verdunkelten Kern leuchtet.

Da der Schatten des Mondes auf der Erde nur etwa 150 km breit ist, sind totale Sonnenfinsternisse nur innerhalb eines kleinen Bereichs sichtbar. Eine Finsternis ist nur in den Gegenden «total», welche innerhalb eines 150 Kilometer breiten Streifens liegen; andernorts ist sie partiell. Die Mondknoten bewegen sich mit einer Geschwindigkeit von drei Minuten pro Tag; die Dauer eines vollständigen Mondknotenzyklus beträgt 18,6 Jahre. Die Bewegung der Mondknoten ist rückläufig. Aus diesem Grund erreicht die Sonne von Jahr zu Jahr den nördlichen bzw. südlichen Mondknoten zu einem früheren Zeitpunkt. Zwischen zwei aufeinanderfolgenden Konjunktionen von Sonne und aufsteigendem Mondknoten liegen etwa 346⅔ Tage. Diesen Zeitraum bezeichnet man als «Finsternisjahr», welches im Durchschnitt ungefähr drei Wochen kürzer ist als ein vollständiges Sonnenjahr. Sonnenfinsternisse am absteigenden Mondknoten gab es im Mai 1975, April 1976, April 1977, April 1978 — von Jahr zu Jahr treten sie etwa 12 Tage früher auf. In den gleichen Jahren gab es auch Sonnenfinsternisse am aufsteigenden Mondknoten im November, Oktober und September. An dieser Stelle ist vielleicht noch auf etwas hinzuweisen, was als «metonischer» Zyklus (nach dem griechischen Astronom Meton, der diese Entdeckung angeblich im 5. Jahrhundert vor Christus machte) bekannt ist. Dieser Zyklus beschreibt das Wiederauftreten einer Finsternis am annähernd gleichen Tierkreisgrad und Tag, wobei unerheblich ist, ob diese Finsternis sichtbar ist oder nicht. Seine Dauer beträgt 19 Jahre und umfaßt 235 Mondzyklen.

Es gibt tatsächlich Neumonde, die alle 19 Jahre am selben Tag und auf dem selben Grad des Tierkreises stattfinden. Jedoch fallen sie nur selten mit Finsternissen zusammen. Dies liegt daran, daß der Mondknotenzyklus kürzer als 19 Jahre ist. Im Hinblick auf eine personenzentrierte Astrologie ist der Mondknotenzyklus von 18,6 Jahren äußerst hilfreich, um die Bereiche des Tierkreises zu bestimmen, in die jedes Jahr Finsternisse fallen können. Hat zum Beispiel eine Person einen oder mehrere Planeten im Bereich von fünf Grad Wassermann, und fällt während ihres ersten Lebensjahres gegen

Ende Januar eine Finsternis auf diesen Grad oder in diesen Bereich, so wird alle 18,6 Jahre eine Finsternis in der Gegend um fünf Grad Wassermann stattfinden. Hinzu kommt, daß entweder sechs Monate vor oder nach dieser Januar-Finsternis eine weitere Finsternis in Opposition zu dem Wassermann-Bereich stattfinden wird. Diese Oppositions-Finsternis wird sich ebenfalls alle 18,6 Jahre wiederholen.

Dies macht deutlich, daß etwa alle neun Jahre nach dem ersten Finsterniskontakt eine «Finsternisphase» auftritt, die immer den gleichen Planeten betrifft. Es ist wichtig festzustellen, wieviele Finsternisse während einer Phase von zwei Jahren innerhalb eines wichtigen Bereiches des Geburtshoroskops auftreten. Zu bestimmten Zeiten können dies bis zu sieben Finsternisse sein, wie z.B. 1935, als die Sonne fünf- und der Mond zweimal verdunkelt war; zu anderen Zeiten mögen nur zwei Sonnen- und keine Mondfinsternisse stattfinden. Eine Finsternis kann sich auf der Position eines Radixplaneten ereignen; von besonderem Interesse sind aber die wiederkehrenden Finsternisphasen. Daher ist der Transitzyklus der Mondknoten (in deren Nähe sich die Finsternisse zwangsläufig ereignen) von weitaus größerer Bedeutung als die einzelne Finsternis im Geburtshoroskop. Totale Finsternisse und ihre geographische «Bahn der Dunkelheit» sind in bezug auf physische Phänomenen wie dem Wetter oder Erdbeben und auf sogenannte weltliche Ereignisse von zentraler Wichtigkeit. Ihre Bedeutung für das Individuum wurde und wird jedoch häufig übertrieben dargestellt.

Die Bedeutung des Transits der Mondknoten habe ich bereits erläutert. Die in der Nähe der Mondknoten auftretenden Finsternisse betonen die Häuser der Mondknoten-Transite. Eine derartige Betonung kann spektakulär sein; für gewöhnlich weist sie darauf hin, daß eine Person auf irgendeine Art und Weise in Ereignisse verstrickt ist, die ihre geographische Region oder ihre Gemeinschaft betreffen. In vielen Fällen ist das Individuum von solchen Vorgängen überhaupt nicht betroffen — insbesondere dann nicht, wenn es sich nicht als Teil des größeren Ganzen begreift. Wenn sich eine Finsternis auf bestimmte Geschehnisse im Leben einer Person zu beziehen scheint, wurde eine diesbezügliche Tendenz oft schon sechs Monate vor dem eigentlichen Kontakt mit dem Geburtshoroskop verspürt. Dies bedeutet, daß der Effekt entstand, als die umlaufende Sonne in Konjunktion zu dem gegenüberliegenden Mondknoten stand oder als der transitierende Mondknoten noch vor dem Finsterniskontakt mit dem betreffenden Planeten in Konjunktion stand.

Im Gegensatz zu totalen Sonnenfinsternissen, die nur innerhalb eines 150 Kilometer breiten Streifens auf der Erde sichtbar sind, können Mondfinsternisse von der gesamten dem Mond zugewandten Erdhälfte aus betrachtet werden. Eine Mondfinsternis findet statt, wenn ein Vollmond (bei dem die Erde zwischen Sonne und Mond steht) in den Bereich einer der beiden Mondknoten (bis zu einer Abweichung von etwa 12½ Grad zu beiden Seiten) fällt. Da die Sonne — und folglich auch der Erdschatten — im Höchstfall jeweils 26 Tage benötigt, um einen dieser Bereiche zu durchlaufen, gibt es in jedem Jahr zwei Phasen von 26 Tagen, in denen eine Mondfinsternis stattfinden kann, was aber nicht zwangsläufig der Fall sein muß. Wenn sich die Sonne in der Nähe des aufsteigenden bzw. des absteigenden Mondknotens befindet, kann es zu einer Sonnen- oder einer Mondfinsternis oder auch zu beidem kommen. Eine Nordknoten-Finsternis tritt ein, wenn sich die Sonne in der Nähe des aufsteigenden Mondknotens befindet; steht sie beim absteigenden Mondknoten, kommt es zu einer Südknoten-Finsternis. Da Nord- und Südknoten unterschiedliche, wenn auch sich gegenseitig ergänzende, Bedeutungen haben, müssen Finsternisse beim auf- bzw. absteigenden Mondknoten unterschiedlich interpretiert werden.

Kommt es zu einer Sonnenfinsternis im Bereich des nördlichen Mondknotens, so wird ihre Bedeutung der nordwärts gerichteten Bewegung des Mondes gleichen, während sie die Bedeutung der südwärtigen Bewegung annimmt, wenn sie sich in der Nähe des Südknotens ereignet. Wenn sich die Planeten bzw. der Mond in der Nähe des aufsteigenden Mondknotens befinden, haben sie eine stark ausgeprägte projektive Kraft und extrovertierten Gehalt; am absteigenden Mondknoten hingegen haben sie eine empfängliche und introvertierte Bedeutung. Aus diesem Grund stellt der Mond während einer Sonnenfinsternis am aufsteigenden Mondknoten einen positiven Faktor dar, während die Sonne gewissermaßen «passiv» ist. Andererseits ist der Mond während einer Sonnenfinsternis am absteigenden Mondknoten empfänglich, und die Sonnenkraft bildet hier den positiven Pol. An dieser Stelle sollten wir uns an die Illusion der scheinbar gleichen Größe von Sonne und Mond erinnern; bei Finsternissen hat es der Astrologe mit der Beziehung zwischen zwei gleichwertigen Faktoren zu tun, die ihre Polarität austauschen. Die Finsternisse setzen, wie Rudhyar in seinem Buch *»Person-Centered Astrology«*[10] ausführt, den Mond auf äußerst bedeutsame Art und Weise in Bezug zur Erde und zur Sonne. Weil der Mond die Vergangenheit und die Sonne die Gegenwart repräsentiert, wird die Vergangenheit bei einer Sonnenfinsternis die Gegenwart verdunkeln, während die Gegenwart bei einer Mondfinsternis die Vergangenheit überschattet. Bei einer Finsternis am aufsteigenden Mondknoten nimmt etwas seinen Anfang, was bei der darauffolgenden Finsternis am Südknoten zur Vollendung gelangt. Wenn das Auftreten von Finsternissen im 18,6-Jahres-Zyklus gesehen wird, betrachtet der Astrologe immer Finsternisse gleicher Polarität. Einer Finsternis am aufsteigenden Mondknoten folgt 18,6 Jahre später eine weitere. Das gleiche gilt für Finsternisse am absteigenden Mondknoten. Hat sich eine Nordknoten-Finsternis ereignet, kommt es nach etwa neun Jahren am gleichen Ort zu einer Südknoten-Finsternis. Diese Tatsache erzeugt einen individuellen Finsterniszyklus, der für die betroffenen Positionen des Horoskops von äußerster Wichtigkeit ist.

Die Sonnenfinsternis am aufsteigenden Mondknoten

Da der Mond in diesem Fall in Konjunktion mit dem aufsteigenden Mondknoten steht, stellt er das positive Moment bei dieser Finsternis dar. Neue lunare Fähigkeiten oder Kräfte sind in die Persönlichkeit zu integrieren, und es wird eine neue Form der Anpassung an die Dinge verlangt. Bei den totalen Finsternissen — am Nord- wie am Südknoten — wird die Bedeckung der Sonne durch die Mondscheibe zum beherrschenden Faktor. Der Mond absorbiert die für gewöhnlich die Erde erreichende Sonnenkraft; er reflektiert von dieser nichts oder — in Abhängigkeit vom Ausmaß der Verfinsterung — nur wenig. Lunare Faktoren werden daher das Bewußtsein beherrschen und egoistische Bestrebungen, Eigennutz, Opportunismus, Selbstsucht und die aus der Vergangenheit geborenen emotionalen Bedürfnisse hervorheben. Die Neigung zu routinemäßigem, automatischem Verhalten ist stark, denn zu dieser Zeit ist die solar-spirituelle Sicht verfinstert.

Folgt auf eine Sonnenfinsternis am aufsteigenden Mondknoten eine Mondfinsternis, so steht der Mond in Konjunktion zu seinem südlichen Knoten, und die Sonne wird den positiven Faktor bilden. Die lunare Betonung weicht zurück, und aufgrund des Wiederauflebens des solaren Willens und Zwecks kann ein gegenläufiger Effekt einsetzen. Die Macht der Vergangenheit, die starke Egozentrik und die karmischen Kräfte, die sich während der Sonnenfinsternis am aufsteigenden Mondknoten Bahn brachen, können nun erfolgreich neutralisiert oder überwunden werden. Während einer Mondfinsternis, bei der die Erde zwischen Sonne und Mond steht, ist der Mond symbolisch vom Sonnenlicht abgeschnitten. Es entsteht eine zeitweilige Verdunkelung der psychischen Natur des Menschen, seiner Gefühle und seiner persönlichen psychischen Fähigkeit, sich auf die Dinge einzustellen. Karmische Kräfte oder mißgeleitete emotionale Energien können das Bewußtsein überwältigen, während man sich mit seinem «Hüter der Schwelle» — dem Resultat seiner psychischen Komplexe — konfrontiert sieht.

Sofern die Mondfinsternis nicht wichtige Positionen im Horoskop wie z.B. die Horizont- oder die Meridianachse oder eine bedeutsame Opposition berührt, mag ihr Auftreten kaum auffallen. Kommt es allerdings zu einer Berührung, kann durch die Mondfinsternis ein zersetzender Einfluß erfolgen. Der routinemäßige Gebrauch der planetarischen Funktion oder die gewohnte Art und Weise, sich den Erfahrungen des Hauses zu stellen, dessen Hausspitze der verdunkelte Mond berührt, kann einen Zusammenbruch erleben. Die Folgen werden im Einzelfall unterschiedlich sein und von der psychischen Stärke des Individuums abhängen. Im besten Fall befreit diese Konfrontation von Schwächen der Vergangenheit und führt zur positiven Erfüllung des Karmas und Überwindung des «Hüters der Schwelle». Diese Erfahrung mag jedoch beängstigende Züge annehmen.

Die Sonnenfinsternis am absteigenden Mondknoten

Da der Mond hier in Konjunktion zu seinem Südknoten steht, stellt er das passive Moment in dieser Finsternis dar. Der Mond verhält sich der Sonne gegenüber empfänglich und wird angeregt, das in der Vergangenheit Aufgebaute und Übernommene insbesondere im Bereich der persönlichen Gefühlswelt freizusetzen. Eine Intensivierung des solaren Willens und Zwecks wühlt das Ego und die Gefühle auf und treibt das Individuum dazu, «seinen» mächtigen Lichtern entsprechend zu handeln. Wenn es die «eigenen Lichter» — das Gefühl für die individuelle Bestimmung — erlauben, kann die betreffende Person zu einer festen Größe hinsichtlich eines herrschenden gesellschaftlichen Trends oder eines spektakulären geographischen Ereignisses in der Umgebung werden. Dies gilt insbesondere dann, wenn die Person in einem Gebiet lebt, das durch die Finsternis berührt wird.

Folgt der Sonnenfinsternis am absteigenden Mondknoten eine Mondfinsternis, befindet sich der Mond in Konjunktion mit dem Nordknoten und verkörpert das positive Moment. Hier kann eine gegenläufige Entwicklung zu dem erfolgen, was während der Sonnenfinsternis begonnen hat. Insbesondere emotionale Elemente der Vergangenheit sowie alltägliche Automatismen können die Handlungen eines Individuums beeinflussen und möglicherweise sogar zu einer negativen Reaktion auf das während der Sonnenfinsternis Begonnene führen. Die häufig offensichtlich negative und zerstörerische Auswirkung einer Sonnenfinsternis entsteht durch die auf sie folgende Mondfinsternis. Letztere ist eine Herausforderung für die von der Südknoten-Sonnenfinsternis symbolisierte spektakuläre Gelegenheit, einen neuen und positiven Standpunkt zu beziehen. Deshalb ist es wichtig festzustellen, ob auf eine Sonnenfinsternis eine Mondfinsternis folgt oder nicht. Bei vielen Finsternis-Phasen geht die Mondfinsternis der Sonnenfinsternis voraus. Diese Möglichkeit muß der Astrologe bei seiner Interpretation berücksichtigen.

Folgt auf die Sonnenfinsternis eine Mondfinsternis, so liegt ein vollständiger Mondzyklus vor, der deutlich als Einheit hervortritt. Welche außergewöhnliche Aktivität während der Neumondfinsternis auch immer beginnt — sie wird während der folgenden Vollmondfinsternis ihre schicksalhafte und spektakuläre Erfüllung oder Zurückweisung erfahren. Der gesamte Lunarmonat wird eine Phase konzentrierter Lebensaktivität darstellen. Jedoch wird die Art dieser Aktivität davon abhängig sein, ob die auslösende Sonnenfinsternis am aufsteigenden oder absteigenden Mondknoten stattgefunden hat. Wenn andererseits eine Mondfinsternis einer Sonnenfinsternis vorangeht, wird der Mond die Konditionierung der persönlichen oder situativen Lebensumstände der Vergangenheit aufbrechen. Dem Individuum bleibt dann die Freiheit, neue Elemente in sein Leben aufzunehmen und bei der darauffolgenden Sonnenfinsternis einen Neuanfang zu machen. In diesem Fall — insbesondere wenn es sich um eine Sonnenfinsternis am absteigenden Mondknoten handelt — werden die Ergebnisse des Vollmondes weniger spektakulär ausfallen. Es wird aber nichts stattfinden, was den machtvollen neuen Trend, der während der Neumondfinsternis begonnen hat, aufhalten könnte. Aber auch hier wird wieder viel von den durch den Mondknoten-Transit betroffenen Horoskophäusern abhängen.

Wenn auf eine Mondfinsternis am aufsteigenden Mondknoten eine Sonnenfinsternis am absteigenden Mondknoten folgt, kann man während des zweiwöchigen Zeitraums, der beide Finsternisse voneinander trennt, mit einem Wiederaufleben unterdrückter psychischer Energien konfrontiert werden. Die Ergebnisse früherer Anpassungen an bestimmte Umstände können plötzlich als zu automatisch oder hinderlich für ein kontinuierliches persönliches Wachstum erscheinen. Das Wissen um diese persönlichen Grenzen wird ein Individuum vielleicht dazu bringen, bei der folgenden Sonnenfinsternis am absteigenden Mondknoten einen dramatischen Schritt zu tun. Ob von den durch die Mondfinsternis angezeigten Konfrontationen Stärke ausgeht oder ob sie in einem rein emotionalen Sturm enden wird, hängt einzig und allein von der Art und Weise ab, wie sich das Individuum den Herausforderungen stellt.

Folgt eine Sonnenfinsternis am aufsteigenden Mondknoten einer Mondfinsternis am absteigenden Mondknoten, wird das Individuum mit dem Dilemma konfrontiert, daß sich spiritueller Wille und Zweck sowie die persönliche Vision dem egoistischen Bewußtsein und den automatischen Verhaltensstrukturen widersetzen. Theoretisch dominiert die Sonne — deshalb sollte es auch möglich sein, die eigene Vergangenheit und die persönliche Konditionierung nüchtern zu betrachten. Das Individuum kann dann bei der folgenden Sonnenfinsternis Schritte unternehmen, um sich von den Zwängen seiner lunaren Natur zu befreien. Eine neue Anpassung an die Dinge wird verlangt, die grundsätzliche Veränderungen der persönlichen Verhaltensmuster erfordert. Bei einer Sonnenfinsternis am aufsteigenden Mondknoten dominiert der Mond, was die Befreiung von der Macht des Egos erschwert. Wahrscheinlich wird das Ego die Initiative übernehmen und Entscheidungen treffen, um eine aus seiner Sicht bessere und machtvollere Basis zu entwickeln. Lunare Faktoren werden das Bewußtsein beherrschen, weshalb in diesem Fall die Befreiung aus ihrem Sog schwieriger sein wird als bei einer Mondfinsternis am aufsteigenden Mondknoten, auf die eine Südknoten-Sonnenfinsternis folgt.

In all diesen Fällen hängt die Bedeutung der Finsternisse selbstverständlich davon ab, ob diese in Verbindung zum Geburtshoroskop stehen oder nicht. Wenn wichtige Planeten oder Planetenoppositionen oder die Achsen des Horoskops berührt werden, erfahren diese eine Überreizung, woraufhin die Person vielleicht aus der Bahn geworfen wird. Finsternisse stellen Herausforderungen dar, tief verwurzelte Verhaltens-, Gefühls- und Gedankenmuster zu verändern; als individuelle Reaktion auf diese Herausforderungen kommt es oft zum emotionalen Umbruch. Die betroffene Person sollte ihre Reaktionen analysieren und herausfinden, welche Veränderungen von ihr verlangt werden. Um eine spirituelle Wiedergeburt einzuleiten, muß sie ihren Willen in den Dienst des Selbst stellen.

Der humanistische Ansatz bei Finsternissen

Vom humanistischen Standpunkt aus ist es psychologisch nicht ratsam, die Finsternisse traditionsgemäß als isolierte und furchteinflößende Ereignisse zu betrachten. Astrologen und ihre Klienten können leicht von der überlieferten, im kollektiven Unbewußtsein noch immer lebendigen abergläubischen Angst vor diesen Erscheinungen ergriffen werden. Finsternisse sind keine losgelösten Ereignisse; sie stellen wichtige Phasen des Mondknotenzyklus dar. Die Bedeutung aller astrologischen Faktoren einschließlich der Finsternisse resultiert aus den verschiedenen Zyklen, von denen sie einen charakteristischen Bestandteil darstellen. Der humanistische Astrologe muß sich von Anfang an darüber im klaren sein, daß der entsprechende Zyklus die Quelle der wesentlichen Bedeutung ist und nicht der einzelne Punkt, Planet bzw. dessen Position oder Aspekt als isolierte Tatsachen. Aus diesem Grund ist es psychologisch sinnvoll, das Wort «Finsternis» bei Beratungen gar nicht erst zu benutzen. Wenn eine bevorstehende Finsternis auf einen wichtigen Punkt im Horoskop einer Person fällt, sollte der Astrologe nicht etwa sagen: «Genau auf ihren Geburtstag fällt eine Finsternis.» Sondern: «Sie werden nun, was den 19 Jahre dauernden Mondknotenzyklus betrifft, eine bedeutsame Phase erleben.» Ein humanistischer Astrologe versucht nicht, Ereignisse vorherzusagen; er versucht einer Person dabei zu helfen, sich selbst besser zu verstehen, indem er anhand der astrologischen Zyklen die rhythmische Entwicklung eines umfassenden Lebensziels und Bedeutung des Lebens aufzeigt.

Finsternisse beschreiben intensive Konfrontationen mit den Dingen der menschlichen Natur, die dem spirituellen Reifungsprozeß im Weg stehen, indem sie das Individuum in seinem — oft bequemen und glücklichen — Trott festhalten. Finsternisse stellen Gelegenheiten dar, die Vergangenheit und die Gegenwart gleichermaßen zu benutzen, um eine kreativere Zukunft aufzubauen. Da Finsternisse das Individuum herausfordern, alle Beschränkungen abzulegen und etwas Neues zu beginnen, können dies Zeiten voller Anspannung sein. Ob sie zerstörerische Ergebnisse bringen oder nicht, wird von der inneren Stärke des Menschen und von seiner Fähigkeit abhängen, Integrität und Offenheit gegenüber den notwendigen Veränderungen des Persönlichkeitsausdrucks zu bewahren. Es ist schwieriger, mit Mond- als mit Sonnenfinsternissen konstruktiv umzugehen; aber auch hier handelt es sich um Herausforderungen, eine neue Anpassung an das Leben bzw. eine neue Qualität der Beziehung zur Umwelt zu entwickeln. Finsternisse, die keine wesentlichen Punkte des Geburtshoroskops berühren, werden aber wahrscheinlich keine ausgeprägten Konfrontationen mit sich bringen, obwohl sie im Hinblick auf Weltereignisse oder Naturphänome spektakulär sein können.

Solare und lunare Zyklen

Der 19 Jahre dauernde metonische Zyklus, der durch das wiederholte Auftreten von Neumonden am annähernd gleichen Grad des Tierkreises entsteht, hängt eng mit dem 18,6 Jahre währenden Mondknotenzyklus zusammen. Es ist lohnenswert, für jeden Monat die Neumond-Kontakte mit dem Geburtshoroskop festzuhalten, weil jeder dieser Kontakte sich 19 Jahre später wiederholt. Diese Neumonde werden die sich bietenden Gelegenheiten aufzeigen, um einen Neubeginn bei dem im Geburtshoroskop berührten Bereich zu machen. Zusätzlich muß jeder Neubeginn in Beziehung zu dem vorangegangenen Kontakt betrachtet werden, da er durch das bestimmt wird, was man zu jener Zeit getan hat. Innerhalb des allgemeinen Neumondzyklus stellen Finsternisse besonders wichtige Kontaktmomente dar

Der solare Zyklus

Der jährliche Lauf der Sonne läßt sich anhand des Geburtshoroskops oder des Solarhoroskops verfolgen. Das Solarhoroskop stellt eine erprobte Technik dar, die für das betreffende Jahr sinnvolle Daten liefert. Die Interpretation muß allerdings im Zusammenhang mit der Bedeutung der Sonne im Geburtshoroskop erfolgen. Theoretisch kann man Horoskope für die zyklische Rückkehr eines jeden Planeten zu seiner Geburtsposition erstellen — die Sonnenrückkehr ist jedoch ganz offensichtlich die wichtigste. Solar-Horoskope (Solare) zeigen auf, in welchem Maß die äußeren Umweltbedingungen das Individuum bei den alljährlichen Versuchen, den solaren Lebenszweck zu verfolgen, unterstützen oder behindern werden.

Weiterhin ist es von Wert, den Weg der Sonne durch die vier Quadranten zu verfolgen. Jedes Jahr, wenn die laufende Sonne eine Achse des Horoskops überquert, treten die mit dieser Achse und dem Quadranten zusammenhängenden psychischen Funktion besonders hervor (siehe Diagramm »Die Bedeutung der vier Quadranten« in Kapitel I). Der Aszendent (AC) und der erste Quadrant verweisen auf die Betonung der Intuition und aller Versuche, ein tieferes Selbst-Bewußtsein zu erlangen. Überquert die Sonne den Nadir (IC) und durchläuft den zweiten Quadranten, werden die Gefühle und alle Versuche hervorgehoben, die tieferen Aspekte des Wesens zum Ausdruck zu bringen. Wenn die Sonne den Deszendenten (DC) überquert und durch den dritten Quadranten aufsteigt, wird sie durch tiefere Kontakte zu Menschen und der äußeren Welt der Objekte sowohl die Empfindungsfähigkeit als auch die persönliche Wahrnehmung, was beispielsweise die Ästhetik betrifft, entwickeln. Erreicht die Sonne die Himmelsmitte (MC) und durchläuft den vierten Quadranten, werden die Kapazität des Denkens und die Versuche, sich bedeutungsvoller im gesellschaftlichen Gefüge zu etablieren, in den Vordergrund treten.

Der lunare Zyklus

Ein Astrologe kann den Umlauf des Mondes in der gleichen Weise behandeln wie den jährlichen Sonnenlauf durch die Quadranten des Geburtshoroskops. Allerdings sind die Anzeichen im allgemeinen zu schwach, um bemerkt zu werden — es sei denn, daß andere, wichtigere Transite den gleichen Trend hervorheben. Von größerer Bedeutung kann es sein, die Tage eines jeden Monats zu vermerken, an denen der Mond durch das Zeichen läuft, in dem er sich bei der Geburt befand.

Der Mond ist bereits definiert worden als die wiederholte und nahezu automatische Art und Weise, mit der die Menschen auf die Herausforderungen und Auswirkungen der Umwelt in ihrem Alltagsleben reagieren. Der Mond zeigt den zweckmäßigsten Weg, Kompromisse einzugehen, um sich Konfrontationen zunutze zu machen sowie das Glück und das Wohlergehen des Körpers und der Gefühle zu erhalten. Gewisse Verhaltensweisen werden so automatisiert, daß sie in Wirklichkeit zwanghaft sind. Da eine Person spürt, daß sie von einer bestimmten Wesensart ist, oder weil sie in ihrem Leben z.B. dem Vorbild der Mutter nacheifert (oder dieses zurückzuweisen versucht), identifiziert sich das Selbst in vielen Fällen mit den Instinkten und dem Drang der Gefühle. Ein Mensch wird oft seinen Instinkten, Gefühlen oder augenblicklichen Stimmungen nachgeben und sich häufig ganz automatisch gegen alles auflehnen, was diesen Gewohnheitsstrukturen entgegensteht. Daher beherrschen meist sich wiederholende, aus der Vergangenheit stammende Handlungen und Gefühlseinstellungen das persönliche Verhalten, ohne daß dies dem Menschen bewußt ist. Dieses Verhalten kann ein Hindernis darstellen, sich der gegenwärtigen Situation auf neue und schöpferische Art zu stellen.

Jeden Monat kehrt der Mond zu seiner Radixstellung zurück und hebt die angeborenen Eigenschaften hervor. Daher bieten die Tage, an denen der Mond sein Geburtszeichen durchläuft, demjenigen eine Gelegenheit, der sich von seinen zwanghaften Verhaltensmustern lösen will. Anstatt Monat für Monat auf Alltagssituationen mehr oder weniger gleich zu reagieren (wodurch der Körper und die Emotionen beständig an Flexibilität verlieren), kann man sich der Tatsache bewußt werden, daß das «Ich» nicht mit den persönlichen gewohnheitsmäßigen Reaktionsmustern identisch ist. Hat man diesen Bewußtseinsgrad erreicht und sich für Änderungen entschieden, kann die Betonung der Gewohnheitsmuster des Radix-Mondes durch den laufenden Mond dazu benutzt werden, die Zwänge zu erkennen und abzulegen, die einen dazu veranlassen, auf bestimmte Art und Weise mit Alltagssituationen umzugehen. Dies bedeutet nicht, daß eine Person ständig im Kampf gegen ihre lunare Natur stehen muß. Ob es uns gefällt oder nicht, der lunare Aspekt ist ein Teil des gesamten Individuums. Handelt man jedoch nur aus seiner lunaren Natur heraus, so wird man sich seines solaren Willens und Zwecks und der solaren Bestimmung nicht bewußt werden. Der Mond ist (oder sollte es zumindest sein) ein Instrument der solaren Bestimmung, in den meisten Fällen weist er auf Elemente aus der Vergangenheit hin, die überwunden und umgewandelt werden müssen, bevor eine Person wirklich ihrer solaren Verheißung gemäß leben kann.

Der Mond in kardialen Zeichen

Die individuellen Strukturen der Gewohnheit können auf drei Ebenen beherrscht werden: der der Aktivität, der des Gefühls und der des Denkens. Diese haben ihre astrologischen Entsprechungen in den kardinalen, fixen und veränderlichen Zeichen. Wenn sich der Radixmond in einem Kardinalzeichen befindet, neigt man dazu, zu sehr gemäß der gewohnten täglichen Routine auf die Herausforderungen des Lebens zu reagieren. Kardinale Zeichen sind bestrebt, ihre Energien hinsichtlich der Umstände unmittelbar freizusetzen. Sie ergreifen die Initiative und reagieren auf konkrete Situationen und Probleme, ohne viel Rücksicht auf andere zu nehmen.

Mond im Widder. Ein Mensch mit dieser Mondstellung im Horoskop wird aus einem Gefühl der Unsicherheit heraus agieren. Die Reaktion auf äußere Herausforderungen ist eine persönliche und entspricht im allgemeinen den Emotionen oder Launen des jeweiligen Moments. Die Reaktionen verändern sich ständig; andere Menschen mögen den Widder-Mond für unzuverlässig halten. Hier ist es wichtig, der Erste zu sein, und die persönliche Individualität zu betonen. Ruhe ist für diese Menschen ein Fluch. Um sich ihr Bedürfnis nach Lebendigkeit zu erhalten, suchen sie Herausforderungen und ständige Aufregung.

Mond im Krebs. Diese Person wird den Bereich ihrer Aktivitäten auf eine bestimmte Sphäre begrenzen. Innerhalb dieser feststehenden Grenzen wird ein vollständiger und reichhaltiger Ausdruck ihrer Emotionen stattfinden. Situationen und Menschen werden der persönlichen Erfahrung entsprechend auf ureigenste Art und Weise beurteilt. Deshalb hat der Krebs-Mond Probleme mit der Bewältigung von Situationen, die die Begrenzung dieser Erfahrung übersteigen. Kindheitserlebnisse, insbesondere die Beziehung zur Mutter, können die ein ganzes Leben währenden Gewohnheitsmuster hervorbringen. Ein ausgeprägtes Erinnerungsvermögen bezüglich emotionaler Verletzungen kann zu grüblerischem Verhalten und Launenhaftigkeit führen. Des weiteren kann der Mond im Krebs bei seinen Aktionen und Reaktionen sehr gönnerhaft und parteiisch sein.

Mond in der Waage. Ein starker Drang nach gesellschaftlicher Anerkennung führt zu extremer Sensibilität gegenüber den Meinungen, die andere Leute über die eigene Person haben. Die kulturellen Werte und Ideale sowie die Normen der Höflichkeitsformen, anhand derer der Waage-Mond andere beurteilt, sind seiner festen Überzeugung nach die gleichen Kriterien, die die Gesellschaft auch bei ihm anlegt. Der Waage-Mond spürt, daß er von den Menschen, mit denen er zusammenkommt, beurteilt wird; bei der Wahl von Freunden und Gefährten wird er sehr standesbewußt, ja sogar opportunistisch verfahren. Vor allen Dingen wünscht sich die Person mit einem Mond in der Waage, daß alles «nett» sein möge. Sie verabscheut Grobheit und hat

Schwierigkeiten, sich der rauhen Wirklichkeit des Lebens zu stellen. Aus diesem Grund wird sie versuchen, sich mit schönen Dingen — und Menschen — zu umgeben, in die sie vielleicht ihre Ideale hineinprojiziert.

Mond im Steinbock. Eine Person mit dieser Mondposition wird ständig bestrebt sein, sich in den Augen der Gesellschaft zu rechtfertigen; sie wird sich bemühen zu zeigen, daß sie sowohl gesellschaftliche Anerkennung wie auch persönliche Zuneigung verdient. Die Wurzel dieser Unsicherheit liegt in dem Gefühl, in der Kindheit nicht geliebt bzw. unerwünscht gewesen zu sein. Als Reaktion auf dieses Gefühl wird eine Position gesucht, die konkrete gesellschaftliche Macht beinhaltet, und vielleicht wird das Prestige dieser Position oder die Treue derjenigen, die zu diesem Menschen aufschauen, für persönliche Zwecke benutzt. Diese Person verfügt über einen ausgeprägten Sinn für ihre Bestimmung und wird vielleicht alles oder jeden opfern, um dieses Ziel zu erreichen, denn der Zweck scheint ihr die Mittel zu heiligen. Eine Person mit einem Mond im Steinbock arbeitet hart und zeichnet sich im Angesicht von Krisen durch umsichtiges Handeln aus. Vor allen Dingen will diese Person das Gefühl haben, gebraucht zu werden; sie wird alles in ihrer Macht stehende tun, um andere die Notwendigkeiten ihrer Handlungen spüren zu lassen.

Der Mond in fixen Zeichen

Wenn der Radixmond in einem fixen Zeichen steht, werden für gewöhnlich die Gewohnheitsstrukturen auf emotionaler Ebene errichtet. Es herrscht das Bedürfnis vor, Empfindungen der Vergangenheit ständig zu wiederholen — immer wieder die Erfahrungen zu durchleben, die tiefes Glück, emotionale Befriedigung oder auch Schmerz und Leid mit sich brachten. Diese Menschen suchen Rechtfertigung vor sich selbst und werden von den Folgen der Ereignisse, die ihre Umgebung und sie selbst berühren, innerlich angesprochen. Ihr größtes Interesse liegt in einem wirkungsvollen Einsatz von Macht, und sie werden ihre Energien in eine bestimmte Richtung, auf ein klar umrissenes Ziel, lenken. Menschen mit einem fixen Mond können beherrscht sein von moralischen Schwarz-Weiß-Urteilen: richtig — falsch; gut — schlecht; wahr — unwahr. Diese Personen haben Schwierigkeiten, die neben den Extremen existierenden Zwischenwerte wahrzunehmen. Eine geistige Starre ihrer lunaren Natur veranlaßt sie zu dem Versuch, ihre Umwelt mitsamt den betroffenen Menschen den eigenen Bedürfnissen anzupassen, anstatt sich selbst auf die Erfordernisse der Umgebung einzustellen.

Mond im Stier. Eine Person mit dieser Mondstellung wird Übereinstimmung und Beständigkeit suchen. Sie ist pragmatisch orientiert; ihre Gefühle sind darauf ausgerichtet, sowohl Dinge als auch Menschen nicht nach abstrakten Konzepten, sondern nach realistischen und greifbaren Werten zu beurteilen. Für diese Person sind — insbesondere plötzliche — Veränderungen ausgesprochen schwierig. Aus diesem Grund vertraut sie in starkem Maß auf kulturelle Überlieferungen und traditionelle Gebräuche. Der Mensch mit einem Stier-Mond ist eher sinnlich als wollüstig veranlagt; er kann tiefe emotionale Befriedigung aus der ihn umgebenden physischen Welt schöpfen und sich völlig in sein eigenes Wohlbefinden versenken. Er ist liebevoll und wird seine Gefühle nicht unterdrücken. Daher kann diese Art von Verhalten in einer Gesellschaft, die von Männern keine Küsse und Umarmungen, sondern einen festen Händedruck erwartet, fälschlicherweise als verweichlicht angesehen werden.

Mond im Löwen. Diese Person wird oft eine starke Anziehungskraft ausstrahlen, die von anderen vielleicht als Arroganz oder Eigendünkel ausgelegt wird. Vor allen anderen Dingen geht es ihr um ihren Ruf, und sie wird alles Notwendige unternehmen, um bewundert zu werden. Der Löwe-Mond ist charmant und besitzt Überzeugungskraft. Er liebt es, andere zu unterhalten und kann zu zwanghafter Großzügigkeit neigen. Seine Eitelkeit ist leicht verletzbar, und er kann Kritik nicht leicht ertragen. Auch toleriert er niemanden, der ihm ein Hindernis in den Weg stellt. Die Person mit dem Mond im Löwen mag flexibler als Menschen mit einer anderen fixen Mondstellung wirken, aber der Schein trügt. Diese Person ist gefühlsmäßig selbstbestimmt und besitzt ein ausgeprägtes Verantwortungsgefühl sich selbst und denjenigen gegenüber, die ihr Bewunderung schenken. Sie liebt es, «1. Klasse» zu fahren, und verzichtet eher, anstatt sich einzuschränken.

Mond im Skorpion. Ein Mensch mit dem Radix-Mond in diesem Zeichen kontrolliert weitgehend seine Emotionen. Obwohl er intensive emotionale Erfahrungen insbesondere in zwischenmenschlichen Kontakten sucht und in der Beziehung zu einer geliebten Person sehr eifersüchtig und besitzergreifend sein kann, wird er nur selten die Tiefe seiner Gefühle zeigen. Dies gilt vor allem dann, wenn er auf irgendeine Art und Weise verletzt wurde oder das Gefühl hat, von jemandem betrogen worden zu sein. Dieser Mensch ist stolz auf die den anderen verborgenen Abgründe seiner Gefühlswelt. Er ist eher wollüstig als sinnlich und kann von der Sexualität beherrscht werden, indem er mit Hilfe des Partners Vervollkommnung oder die Selbstaufgabe im Liebesakt sucht. Der Mensch mit einem Skorpion-Mond wird sich nicht nur aller ihm widerfahrenen Ungerechtigkeiten erinnern, sondern möglicherweise auch Jahre mit der Planung seiner Rache verbringen. Oft gibt er seinen emotionalen Ängsten nach, insbesondere wenn es um den Verlust eines geliebten Menschen geht. Die Macht der inneren Zwänge, die zu seinen Handlungen führen, ist wie die Tiefe und die Intensität seiner Gefühle anderen Menschen unverständlich.

Mond im Wassermann. Bei dieser Mondstellung sind die persönlichen Gefühle in starkem Maße von einem hochentwickelten gesellschaftlichen Bewußtsein gefärbt. Es existiert eine emotionale Abhängigkeit von den Werten und Idealen einer Gruppe oder Organisation. Dies ist jedoch häufig eher eine Tarnung für die zugrundeliegende Angst vor einer direkten gefühlsmäßigen Verstrickung als das Bedürfnis, zu einem größeren und umfassenderen Ganzen zu gehören. Wenn ein Wassermann-Mond zwanghaft Anschluß sucht, dann deshalb, um Sicherheit in der Masse zu finden, denn eigentlich bevorzugt er es, allein zu arbeiten. Emotionen werden eher intellektuell bewertet als auf der Gefühlsebene erlebt. Der Mensch mit dieser Mondstellung zieht es vor, das Leben zu beobachten, anstatt daran teilzunehmen. Deshalb ist seine grundsätzliche Herangehensweise eine unpersönliche. Weil ein solcher Mensch seine Individualität sehr hochschätzt, wird er sich mit größerer Wahrscheinlichkeit einer avantgardistischen oder einer Randgruppe als einer traditionellen, orthodoxen Gruppe anschließen. Auflehnung um der Auflehnung willen ist für ihn eine Tugend, und gelegentlich kommt es vor, daß er etwas Skurriles von sich gibt, nur um zu sehen, welchen Effekt dies auf andere Menschen hat.

Der Mond in veränderlichen Zeichen

Wenn sich der Geburtsmond in einem veränderlichen Zeichen befindet, werden die Gewohnheitsmuster des Individuums in erster Linie auf geistigen Ebenen errichtet. Diese Menschen neigen dazu, ihre Erfahrungen einer Theorie oder einem Glauben anzupassen und sich dann in dem übernommenen Stil auszudrücken. Menschen mit einem veränderlichen Mondzeichen lieben Wortspiele. Sie erfinden ein Konzept nach dem anderen zur Erklärung der Realität und fragen sich, warum dieses und jenes geschah. Sie erarbeiten sich komplizierte Formeln und Pläne, um angenehme Erfahrungen zu wiederholen und schmerzhafte Erfahrungen zu vermeiden. Sie beschäftigen sich oft mehr mit ihren persönlichen Konzepten als mit der Realität; ihr Handeln und ihre Reaktionen auf das Leben werden mehr als bei den kardinalen und den fixen Zeichen durch den Glauben beherrscht.

Mond in den Zwillingen. Die persönlichen Formen der Anpassung an das Leben werden von dem Bedürfnis bestimmt, vielen unterschiedlichen Interessensgebieten nachzugehen und für dieses Wissen von anderen bewundert zu werden. Die Gefahr liegt hier in Oberflächlichkeit und dem Mangel an Beständigkeit im Denken. Aus dem Gefühl resultierende Urteile werden oft fälschlicherweise als logisch und rational empfunden. Alles ist interessant, aber das Interesse — ob an Dingen oder Menschen — ist nur selten von Dauer. Eine solche Person ist ein guter Propagandist; sie wird sich aber nur selten für die Ideen, die sie mit augenblicklicher Begeisterung vertritt, tiefgehend einsetzen. Vor allen anderen Dingen ist für Menschen mit einem Mond in den Zwillingen geistige Anregung wichtig. Sie können so davon besessen sein, Worte, Ideen und Symbole zu manipulieren, daß ihnen die damit in Zusammenhang stehende Realität entgleitet. Sie scheuen Festlegungen und betrachten Stabilität als Fluch; auf Kosten ihrer Sicherheit suchen sie Vielfalt. Für sie besteht zwischen dem Alltagstrott und dem Grab nur ein gradueller Unterschied.

Mond in der Jungfrau. Eine Person mit dieser Mondstellung wird strengen Verhaltensmustern folgen, die sie aus logischen und moralischen Gründen bei ihrer persönlichen Anpassung an das Leben geschaffen hat. Diese Person ist häufig unbeweglich und prüde in ihrem Denken und Verhalten und wird Details, Ordnung und Geschicklichkeit schätzen. Der Jungfrau-Mond hat für gewöhnlich eine angeborene Angst vor seinen Emotionen und ist ihnen gegenüber mißtrauisch. Es kann ihm schwerfallen, Gefühlen freien Ausdruck zu verleihen — er mag es vorziehen, sich mit Hilfe intellektueller Systeme oder psychologischer Theorien dem Leben anzupassen. Der Jungfrau-Mond besitzt ein außerordentlich entwickeltes Pflichtgefühl und ist hochgradig gewissenhaft. Vor allem strebt er nach Ordnung in seinem Leben und bemüht sich, Dinge nach einem festgelegten Plan zu verrichten. In Extremfällen kann dies zu altjüngferlichem und besserwisserischem Verhalten führen. Diese Person kann das «Sich-Sorgen» zu einer Kunstform erheben.

Mond im Schützen. Die persönliche Form der Anpassung an das Leben wird durch einen starken physischen und geistigen Freiheitsdrang bestimmt. Diese Person benötigt das Gefühl offener Räume und wird flüchten, wenn sie sich eingeengt fühlt. Sie ist im allgemeinen anderen Menschen gegenüber freundlich, aber nicht immer in der Lage, auf deren besondere Eigenarten und Bedürfnisse zu reagieren. Sie liebt es nicht, sich bei langfristigen Plänen mit Einzelheiten abzugeben. Ein Schütze-Mond kann gut reden; da es ihm Spaß macht, andere Menschen intellektuell anzuregen und seine geistige Wirkungen auf diese zu spüren, gibt er auch einen guten Lehrer ab. Vor allem muß ein Mensch mit dieser Mondstellung fühlen, daß das Leben einen Sinn hat. Er braucht einen Glauben, der aber nicht unbedingt organisiert oder traditionell sein muß. Er neigt zum spielerischen Umgang mit dem

Glück — wenn er nicht um seinen materiellen Besitz spielt, so doch um seine Gesundheit, seine Karriere oder die gesellschaftliche Position. Weil er nicht lügen kann, ist er oft leichtgläubig.

Mond in den Fischen. Ein Individuum mit dieser Mondstellung im Horoskop wird sein Leben oft an einer persönlichen Hoffnung auf eine bessere Zukunft bzw. an bestimmten idealen oder übersinnlichen Zuständen ausrichten. Ein Fische-Mond ist den kollektiven Stimmungen gegenüber sehr empfindsam und empfänglich. Er kann auf vielen Ebenen äußerst sensibel sein. Seine Reaktionen auf diese Stimmungen reichen von rein psychischen bis zu körperlichen Auswirkungen wie z.B. Allergien. Der Fische-Mond ist immer zu Opfern anderen gegenüber bereit; im Hinblick auf sich selbst empfindet er oft Unzufriedenheit, der er mitunter lauten Ausdruck verleiht, wobei er zum seufzenden, sorgenvollen Märtyrer werden kann. Da er den Drang verspürt, sich für andere einzusetzen und die Fähigkeit besitzt, die Stimmungen und Gefühle anderer zu reflektieren, könnte die Schauspielkunst hierfür ein Ventil darstellen. Im wesentlichen kann sich ein Mensch mit dem Mond in den Fischen nur wenig mit der konkreten Realität anfreunden, und es besteht die Gefahr einer Wirklichkeitsflucht beispielsweise durch Alkohol. Die Flucht in eine Traumwelt kann die effektive Handlungsfähigkeit bezüglich der Realität ebenso beeinträchtigen wie die Neigung, sich in die Probleme anderer einzufühlen, anstatt sich auf Mitgefühl zu beschränken.

Dies sind einige der Charakteristiken, die während des 28 Tage dauernden Mondumlaufs hervortreten können, wenn der Erdtrabant das Mondzeichen der Geburt durchläuft. Durch die Betonung sind diese Merkmale dem Bewußtsein zugänglich, was für eine Veränderung von wesentlicher Bedeutung ist.

Kapitel IV

Die persönlichen Planeten Merkur, Venus und Mars

Die Transitzyklen dieser drei Planeten werden im allgemeinen von den Astrologen ignoriert, weil man glaubt, daß sich ihre Aspekte wegen der Schnelligkeit ihrer Bewegung nur auf das oberflächliche Alltagsleben beziehen. Obwohl diese Haltung aus der Sicht des ereignisorientierten astrologischen Ansatzes einleuchtet, betrachtet der personen-zentrierte Astrologe diese Zyklen als besonders bedeutungsvoll für das innere Lebens des Menschen. Wie bei allen anderen Planeten wird auch bei diesen drei die wesentliche Bedeutung von astronomischen Daten abgeleitet. Dies gilt insbesondere für ihre Beziehung zur Erde, welche in der Humanistischen Astrologie den Menschen repräsentiert. Von größter Wichtigkeit sind die rückläufigen Phasen dieser Planeten. Das Phänomen der Rückläufigkeit ist in Wirklichkeit eine optische Täuschung. Die Planeten bewegen sich nicht wirklich rückwärts; dies scheint nur von der Erde aus der Fall zu sein. Im humanistischen Ansatz stehen die Zyklen von Merkur, Venus und Mars deshalb sowohl zur Erde als auch zur Sonne in Beziehung. Wenn ein Mensch von der Erde (dem humanistischen Standpunkt) aus zum Zentrum des Sonnensystems (der lebensspendenden Sonne) schaut, sieht er die zwei Planeten Venus und Merkur. Diese werden die «inneren» Planeten genannt; sie stehen mit der inneren Gefühls- und Gedankenwelt des Menschen in Verbindung. Schaut der Mensch zu den entfernteren Regionen des Sonnensystems, fällt sein Blick zunächst auf den Mars. Dieser Planet bezieht sich auf die Kraft der Initiative — auf die Art und Weise, neue Dinge anzufangen und Energien nach außen zu bringen.

Der involutionäre und evolutionäre Gezeitenstrom

In seinem Buch »The Practice of Astrology«[11] spricht Dane Rudhyar von einem Gezeitenstrom bei der Zirkulation der Energien innerhalb des Sonnensystems. Demnach haben alle Planeten eine zweifache Bedeutung: die erste ist das Ausströmen der solaren Energie von der Sonne hin zum Planeten Saturn (dies entspricht dem involutionären Strom); die zweite (der evolutionäre

Strom) stellt ein sich fortentwickelndes Wachstum des Bewußtseins dar, das von Saturn zur Sonne zurückläuft. Die von der Sonne symbolisierte Energie ist das ursprüngliche, undifferenzierte, in das Universum hinausströmende solare Potential. Dieses Potential wird von jedem Planeten modifiziert. Merkur differenziert als erster, Venus als zweite die solare Lebenskraft. Daher bestimmen diese beiden inneren Planeten das Wesen jeder konkreten Manifestation — das elektromagnetische Feld. Merkur steht für die Elektrizität, Venus für den Magnetismus.

Wissenschaftler haben herausgefunden, daß der Merkur jene Art von Elektrizität verkörpert, die den dynamischen Kern aller organischen Lebensformen darstellt. Diese bildet das Potential aller lebenden Organismen, das den zellularen Austausch möglich macht. Diese durch das Nervensystem strömende Energie schafft die Voraussetzung für die muskulären Aktivitäten, übermittelt Sinneswahrnehmungen an das Gehirn und begründet physiologisch die Denkprozesse. Merkur symbolisiert sowohl den Rhythmus des oszillierenden Wechselstroms wie auch den besonderen Charakter des elektrischen Potentials, das dem Organismus aus dem unerschöpflichen Vorrat der unpersönlichen solaren Lebenskraft erwächst. Im Geburtsbild steht der Merkur nicht nur für das Nervensystem an sich, sondern — wesentlicher noch — für die Qualität des organischen, elektrischen Potentials, welches das Nervensystem anregt. Die Zyklen des Merkurs bemessen die Veränderungen der Polarität bei der Verteilung dieses elektrischen Potentials; seine Stellung im Verhältnis zur Sonne bei der Geburt wird die Art der elektrischen Polarisation bestimmen, und zwar sowohl innerhalb des Nervensystems wie auch im ätherischen Körper, der das energiemäßige Gegenstück des physischen Organismus ist. Ich werde darauf im einzelnen noch später in diesem Kapitel eingehen, wenn ich über den Sonne/Merkur-Zyklus spreche.

Der Planet Venus, der als zweiter die solare Lebenskraft differenziert, nimmt dann dieses elektrische Potential an und gibt ihm eine archetypische Form in Gestalt des elektromagnetischen Feldes. So, wie ein Magnet Eisenspäne in einem bestimmten, an sich nicht sichtbaren, als Form aber bereits existierendem Muster anordnet, läßt sich der Venus-Magnetismus als die Kraft beschreiben, Form zu verleihen. Die involutionäre Venus ist daher das Symbol aller Samenstrukturen — das, was der Materie ihre einzigartige Struktur und den inneren Zusammenhalt verleiht. Somit bezieht sich die Venus auf das, was häufig das «Höhere Selbst» genannt wird — auf den latenten spirituellen Archetypus, zu dem hin sich die lebendige und wachsende menschliche Persönlichkeit entwickeln kann, wenn sie ihrem solaren Impuls — dem Grund und Zweck ihrer Existenz entsprechend — gemäß lebt. Es handelt sich hier nicht um die spirituelle Substanz an sich, sondern vielmehr um das jeder Materie eigene Potential, zu sein, was ihr innewohnt.

Die nächste Stufe in dem involutionären Gezeitenstrom ist der Mars, der die Kraft der Initiative symbolisiert. Bevor der wesentliche solare Zweck der menschlichen Bestimmung durch Mars in eine wirkungsvolle Tat umgesetzt werden kann, muß er durch die elektrische und nervliche Funktion polarisiert werden (Merkur), um dann durch das Magnetfeld der Venus eine spezielle Form zu erhalten. Der Mars repräsentiert den Impuls, seinem persönlichen Charakter und dessen besonderen Bedürfnissen entsprechend zu handeln. Hierdurch unterscheidet sich die marsische von der solaren Energie. Die Sonne im Geburtshoroskop deutet die Entwicklungslinie des spirituellen Potentials eines Menschen an. Durch das elektromagnetische Feld von Merkur und Venus erhält dieses Potential einen individuellen Charakter und eine eigene Qualität. Es wird zur organischen Kraft für den individuellen Gebrauch. Der Mars setzt diese Kraft gemäß der besonderen Aufgabe und dem Charakter des Menschen in äußere Handlung und Initiative um. Das heißt, die Taten des Mars werden durch die Qualität und Quantität des elektrischen Potentials des Merkurs bestimmt (das für die muskulare Aktivität des Mars notwendig ist) und andererseits durch den Charakter, die Bedürfnisse und die Wertbegriffe einer Person bedingt. Diese begründen die Einzigartigkeit ihrer Existenz — ihre von der Venus beschriebene archetypische Form.

Der Venus/Mars-Zyklus

Astronomisch gesehen bilden die der Erde benachbarten Planeten Venus und Mars ein sich ergänzendes Paar. Weil diese Planeten dem unseren am nächsten sind, symbolisieren sie die innersten Faktoren der menschlichen Persönlichkeit — die unmittelbarsten und spontansten Äußerungen und Reaktionen der menschlichen Natur. Es existiert eine tiefe wechselseitige Beziehung zwischen diesen beiden Planeten. Durch sie findet das Individuum seine Selbst-Motivation, wodurch wiederum seine persönlichen Maßstäbe bestimmt werden. Das mit der Abgrenzung zu anderen einhergehende «Ich»-Gefühl und das instinktive Wissen, was für dieses «Ich» gut, wertvoll und erfüllend ist, stehen in Verbindung mit der Funktion der Venus. Der Mars repräsentiert das Bedürfnis und die Fähigkeit, dieses Gefühl unverfälscht und spontan zu äußern. Wenn die Venus beschließt, daß etwas oder jemand von Wert sein kann, geht der Mars hin, um dieser Sache oder Person gegenüberzutreten bzw. sie zu erobern. Findet die Venus etwas gefährlich oder verabscheuungswürdig, so wird der Mars entweder dagegen ankämpfen oder davor weglaufen.

Deshalb beziehen sich Venus und Mars auf alle natürlichen und spontanen menschlichen Reaktionen ohne die Berücksichtigung äußerer gesellschaftlicher Bedingungen (diese werden durch Jupiter und Saturn — die gesellschaftlichen Planeten — symbolisiert). Sie sind in der Persönlichkeit verwurzelt: Die Venus beschreibt den speziellen Charakter des Menschen und seine Bedürfnisse; der Mars beherrscht den Impuls, diesem speziellen Charakter und seinen Bedürfnissen gemäß zu handeln. Diese können durch den Instinkt, das Erbe oder die Umwelt bestimmt werden (im Falle von Personen, die im psychologischen Sinne noch nicht individualisiert sind und daher aufgrund kollektiver Normvorstellungen handeln), oder sie können wirklich individuell und spirituell ausgerichtet sein. Die Ergebnisse dieser Mars-Äußerung werden zu Freude oder Leid, Befriedigung oder Enttäuschung, größerem Vertrauen und Glauben oder Mutlosigkeit und Angst führen; auf diesen Erfahrungen wird die Venus persönliche Wertbegriffe errichten. Das Gefühl für das, was gut und was schlecht ist, wird auf der Ebene der Erfahrung von Venus und Mars erzeugt; Handlungen resultieren auf der Grundlage dieser wesentlichen Gefühlsbeurteilungen. Die Venus begründet allerdings nicht nur den individuellen Charakter und die Bedürfnisse einer Person, sondern sie entscheidet auch, ob eine bestimmte Lebenserfahrung tatsächlich den organischen und psychischen Bedürfnissen entspricht oder nicht. Daher werden die durch Venus beeinflußten Gefühlsurteile nicht nur auf der Grundlage von Erfahrungen vorgenommen, sondern auch a priori — den Tatsachen vorausgehend und unabhängig von den Erfahrungen selbst.

Während eine Person sich individualisiert und ihre persönliche Realität — das Gefühl des «Ich bin Ich» — begründet, wird sich die Samenstruktur der Venus von der biologischen zur geistig-emotionalen und schließlich zur spirituellen Ebene, dem von dieser Person angestrebten spirituellen Ideal, entwickeln. Jeder von uns handelt zu bestimmten Zeiten auf einer Ebene des Instinktes und zu anderen Zeiten aufgrund der individualisierten und persönlichen Eigenschaften und Bedürfnisse. Nur selten stellen unsere Handlungen die individualisierte Form des spirituellen Geistes dar. Was allerdings auch immer die Funktionsebene sein mag: Die Venus wird den grundsätzlichen Charakter des Seins anzeigen, und die Gefühlsurteile der Venus werden von dem Wert abhängen, den man einer Person, einer Situation oder der inneren organischen Verfassung zuschreibt.

Neben den persönlichen, auf subjektiven Empfindungen beruhenden Venus-Werten sind gesellschaftliche Erwägungen nicht außer acht zu lassen. Die Bedeutung der vorherrschenden gesellschaftlichen, kulturellen, religiösen und moralischen Traditionen der Gemeinschaft kann nicht unberücksichtigt bleiben. Venus-Werte werden fortwährend durch kollektive Übereinkünfte bestimmt. Man beurteilt Menschen und Dinge nicht allein aufgrund seines individuellen Charakters als gut oder schlecht, als verhaßt oder liebenswert, sondern auch aufgrund der kollektiven Norm. Mitmenschen werden vielleicht auch an moralischen oder religiösen Vorstellungen gemessen, die Bestandteil der Philosophie sind, der man sich verschrieben hat. Alle heute in der Welt existierenden, auf moralischen Schwarz-Weiß- bzw. «entweder-oder»-Urteilen beruhenden Konflikte basieren auf gegensätzlichen Venus-Werten. Diese Tatsache muß bei allen Interpretationen in Betracht gezogen werden.

In traditionellen astrologischen Interpretationen bezieht sich die Venus auf das Gefühlsleben im Allgemeinen und auf die Liebe im Besonderen. Im engen psychologischen Sinn trifft dies jedoch nicht zu. Die Venus symbolisiert Gefühle, weil Gefühle auf den Werten beruhen, die eine Person Dingen und Menschen zuschreibt. Wenn ein Mensch «liebt» oder «Emotionen erlebt», bedeutet dies, daß seine inneren Vorstellungen von «gut» oder «schlecht» in Bewegung geraten, wenn er in der Außenwelt das sucht, was er für erstrebenswert hält. «Emotion» bedeutet nichts anderes als «sich nach außen wenden» und ist eher ein marsischer als ein venusischer Ausdruck. Eigentlich sind Emotionen die Projektion von Gefühlen — sie folgen den Gefühlen, wie der Mars der Venus folgt. Die Liebe, auf die sich die Venus bezieht, muß in einem weitaus größeren Zusammenhang als dem der persönlichen Gefühle betrachtet werden. Sie ist ein Ausdruck des universellen Gesetzes von Anziehung und Abstoßung und hat als solcher wenig mit den Emotionen zu tun. Venus im Geburtshoroskop zeigt die Qualität der Fähigkeit zu lieben — den Wert, den man der Liebe beimißt und nicht ihren individuellen Ausdruck. Die Venus zeigt die persönliche Art, der Liebe zu begegnen. Die individuelle Einstellung der Liebe gegenüber wird von den Wertvorstellungen abhängen, die Gefühle erregen und den Menschen dazu bringen, einer Person, einer Idee oder einer Situation mit Sympathie oder Abneigung gegenüberzutreten; sie kann auch durch negative Faktoren im Inneren des Selbst bestimmt sein.

Auf der von Venus und Mars symbolisierten Ebene erlebt eine Person nur Gefühle und nimmt «emotionale» Bewertungen vor. Alles, was mit Denkprozessen — Konzepten oder intellektuellen Bewertungen — zusammenhängt, gehört zu Merkur. Venus und Mars beziehen sich auf den Ausdruck der fundamentalen Wesenszüge des Individuums und auf dessen ureigenste Gefühle und Wertbegriffe. Diese fundamentalen Elemente der menschlichen Natur werden oft durch das bewußte Ego verzerrt oder gehemmt. Das bewußte Ego verkörpert keinesfalls den ursprünglichen Charakter eines Menschens. Das Ego zeigt lediglich die Bewußtseinsstruktur, die im Laufe der Zeit aufgebaut wurde und die das Ergebnis der Erfahrungen dieses Urcharakters bei seinen Kontakten mit der Außenwelt darstellt, welche ihrerseits durch das Verhalten, die Gefühle und Gedanken anderer bestimmt werden. Das bewußte Ego ist eine Manifestation von Saturn und Mond; diese beschreiben den Weg der Anpassung des angeborenen Venus-Charakters an das Leben. Die Beziehung von Saturn und Mond zu Venus und Mars im Horoskop zeigt, wieweit der Ausdruck (Mars) des inneren spirituellen Wesens (Venus) durch elterlichen bzw. familiären Druck oder durch die im Umfeld des Individuums vorherrschenden gesellschaftlichen Verhaltens- und Gedankenstrukturen beeinträchtigt wird.

Die Venus/Mars-Phase im Horoskop

Das zyklische Konzept, dem sich der humanistische Ansatz der Astrologie verschrieben hat, betrachtet die Konjunktion von Mars und Venus als den Anfangspunkt ihrer zyklischen Beziehung. Diese Zyklen beziehen sich auf die Entwicklung und den Ausdruck der innersten und persönlichsten Aspekte des Charakters eines Individuums, auf seine spontansten Reaktionen auf das Leben (wenn Saturn und Mond dies zulassen) und auf die Konfrontationen, Herausforderungen und Gelegenheiten, die sich im Leben bieten. Wir werden alle während einer bestimmten Phase des Venus/Mars-Zyklus geboren. Unsere innersten Gefühle und Emotionen erhalten hier ihre besondere Färbung. Selbst wenn diese beiden Planeten bei der Geburt keinen Aspekt miteinander bilden, wird es eine Phasen-Beziehung zwischen ihnen geben. Diese Phasen-Beziehung — ob zunehmend oder abnehmend; ob auf ein zunehmendes Sextil, Quadrat, Trigon oder eine Opposition oder von der Opposition aus auf ein abnehmendes Trigon, Quadrat, Sextil oder eine Konjunktion zulaufend — wird immer genauen Aufschluß darüber liefern, wie Venus und Mars innerhalb der Persönlichkeit wirken. Der Ausgangspunkt der durch das Geburtshoroskop angezeigten Gefühle und Emotionen — ob karmischen Ursprungs oder ererbt — ist in der letzten Venus/Mars-Konjunktion vor der Geburt zu sehen. Hat die Konjunktion vor der Empfängnis stattgefunden — was immer dann der Fall ist, wenn Mars und Venus bei der Geburt in ihrer abnehmenden Phase sind —, sollte man seine Aufmerksamkeit auf die letzte Opposition vor der Geburt richten.

Die Bedeutung der Venus/Mars-Aspekte der zunehmenden Phase des Zyklus (zwischen Konjunktion und Opposition) unterscheidet sich deutlich von denen der abnehmenden Hälfte. Während der zunehmenden Phase dient Venus dem Mars. Die Betonung wird auf dem Wunsch liegen, sich auszudrücken und sich den Erfahrungen auf der Grundlage instinktiver und subjektiver Wertbegriffe zu stellen. Hier wird sich der Wert einer Aktivität erst nach der Handlung zeigen. Aus diesem Grund bezieht sich ein zunehmendes Venus/Mars-Quadrat — unabhängig von Zeichen- und Hausposition — oft darauf, daß die Erfahrungen der persönlichen und intimen Sphäre nicht den Erwartungen entsprechen, die man bei Beginn dieses Zyklus hegte. Die Aspekte der abnehmenden Phase des Zyklus resultieren aus der Opposition zwischen Venus und Mars. Diese Opposition steht in positiver Auswirkung für emotionale Objektivität; in negativer Hinsicht verkörpert sie emotionalen Stillstand, Unentschlossenheit oder den Konflikt zwischen dem Wunsch und dem Willen zu handeln. Sie kann die Unfähigkeit offenbaren, genügend Energie für das Ersehnte zu mobilisieren. Beim abnehmenden Quadrat kann es durch den Konflikt zwischen Wünschen und bestehenden Wertbegriffen zu einer Bewußtseinskrise kommen. Es handelt sich um einen Aspekt der emotionalen Verstrickung — um Erfahrungen, die die bequeme Trägheit des persönlichen Glücks oder der Selbstgefälligkeit aufbrechen. Hier muß man die Wertvorstellungen, auf die man sein Verhalten aufgebaut hat, kritisch hinterfragen und seine bewußten Motive in der emotionalen Sphäre des Lebens überdenken.

«Venus-Lucifer» und «Venus-Hesperos»

Von der Erde aus betrachtet ist die Venus nie mehr als 48 Tierkreisgrade von der Sonne entfernt; daher ist sie auch niemals hoch am Himmel sichtbar. Die Venus geht entweder vor der Sonne auf und zeigt sich am frühen Morgenhimmel am östlichen Horizont, oder sie geht nach der Sonne auf und ist dann am westlichen Abendhimmel zu sehen. In beiden Fällen ist ihre Herrlichkeit nur von kurzer Dauer, denn der Morgenstern verblaßt bei Anbruch des Tages, und der Abendstern folgt der Sonne in kurzem Abstand unter den Horizont unseres Bewußtseins. Dem Morgenstern gab Rudhyar den Namen «Venus-Luzifer», dem eine auf die Zukunft gerichtete emotionale Einstellung entspricht.[12] Dieser Begriff steht für eine jugendlich-emotionale, impulsive und überempfindliche Haltung, die voller Erwartungen ist und die Erfüllung der Wünsche oft nicht abwarten kann. Manchmal kann es zu Schwierigkeiten beim Ausdruck von Gefühlen kommen; vielleicht verbirgt die Person ihre wahren Gefühle und erscheint äußerlich kalt. In ihren besten Manifestationen ist «Venus-Luzifer» jedoch emotional kommunikativ, schöpferisch und voller Begeisterung für neue Dinge; zusätzlich kann sie auch über einen prophetischen Geist verfügen.

Geht die Venus nach der Sonne auf, so erscheint sie uns als Abendstern. Rudhyar hat diese astronomische Erscheinung «Venus-Hesperos» genannt und sie auf ein emotional «kultivierteres», von Ethik und Moral geprägtes Leben bezogen. Hier fühlt man nach der Handlung. Emotionen werden häufig durch Erfahrungen der Vergangenheit wie auch durch gesellschaftlich diktierte Normen für bestimmte Situationen festgelegt. Persönliche Erfahrungen werden anhand anerkannter moralischer oder ästhetischer Normen beurteilt, emotionale Angelegenheiten «objektiviert». Die Unterordnung der persönlichen Gefühlswelt unter gesellschaftliche Normen kann dem Ausdruck des persönlichen Charakters und der individuellen Bedürfnisse im Weg stehen. Wenn die Erfahrungen der Vergangenheit enttäuschend waren, kann die Tendenz, erst nach der Handlung Gefühle zu entwickeln, das emotionale Leben durch Angst hemmen. Somit liefert «Venus-Hesperos» oft Anzeichen für eine schwache oder blockierte Mars-Funktion, denn Mars ist die Funktion des Ausdrucks von Venus-Werten bzw. Gefühlen.

Die rückläufige Venus

Bei der Betrachtung der Venus-Qualität, die ein Individuum durch Mars nach außen zu bringen versuchen wird, ist es wichtig festzustellen, ob der Planet bei der Geburt direkt- oder rückläufig war. Bei einer rückläufigen Venus, die sich nicht im regulären Fluß der solar-lunaren Lebenskraft befindet, weichen die Wert- und Gefühlsurteile von dem ab, was gemeinhin als «normal» angesehen wird. Dies versetzt eine Person potentiell in die Lage, zu größerer Objektivität gegenüber den überlieferten Werten und Urteilen der Gemeinschaft zu kommen. In ihrem emotionalen Leben handelt sie vielleicht anerkannten moralischen oder ethischen Prinzipien zuwider. Im allgemeinen fordert die rückläufige Venus die Überwindung der menschlichen Natur innewohnenden zwanghaften Wünsche und Instinkte, die die meisten Menschen beherrschen. Sie verlangt auch die Lösung von der Macht der Gewohnheit, der das Individuum durch die in der Gesellschaft vorherrschenden kulturellen, moralischen und religiösen Normen ausgesetzt ist.

Die bei der Geburt rückläufige Venus wird ein lebenslanges Problem darstellen. Aufgrund persönlich-emotionaler Konflikte entwickelt die betroffene Person möglicherweise eine grüblerische und selbstversunkene, vielleicht auch mystische Lebenseinstellung. Vielleicht bestehen auch sexuelle Probleme. Entweder verhindern die Umstände — aus welchem Grund auch immer — ein normales sexuelles Leben, oder die Person verzichtet willentlich zugunsten der Erfüllung eines höheren spirituellen Zieles auf Sexualität. Der Astrologe sollte dem Klienten mit einer rückläufigen Venus zu der Erkenntnis verhelfen, daß das, was für ihn emotionale oder sexuelle Frustration bedeutet, für den eigentlichen Lebenszweck einen positiven spirituellen

Wert besitzen kann. In diesen Fällen scheint der spirituelle Geist in eine Richtung zu laufen, die den natürlichen Instinkten entgegengesetzt ist. Die betroffene Person muß lernen, mit dem inneren spirituellen Geist zu arbeiten, und akzeptieren, daß die sogenannte «normale» Erfüllung der Instinkte nicht ihre Sache ist. Sie muß diese Instinkte überwinden und versuchen, auf höheren Ebenen schöpferisch tätig zu werden. Wenn die Venus rückläufig ist, ist das Selbst der Person (nicht unbedingt ihr Ego) von den Zwängen der Lebensinstinkte (die das Überleben der Art bedeuten) potentiell frei. Deshalb hat sie auch gegenüber «normalen» Menschen eine größere Chance, das Leben gemäß ihrer eigenen Wahrheit zu gestalten. Sie kann ihre persönlichen Fähigkeiten entwickeln und ihr Wertempfinden von jenen kulturellen, gesellschaftlichen und religiösen Überlegungen befreien, von denen nicht individualisierte Menschen beherrscht werden. Mit großer Wahrscheinlichkeit wird ein Mensch, der auf solch spirituell freie Art zu leben versucht, Schwierigkeiten mit den «gewöhnlichen» Lebenskontakten haben. Die rückläufige Venus kann auf Probleme bei der normalen gesellschaftlichen, äußeren Effektivität hinweisen. Allerdings kann es in diesem Fall nicht Lebenszweck sein, der sozialen Norm zu entsprechen. Vielmehr ist hier das Ziel eine innere Veränderung, durch die das Individuum eine wirksame Kraft bei der Neuorientierung der bestehenden Werte werden kann.

Der rückläufige Mars

Wie alle anderen Planeten jenseits der Erdumlaufbahn ist der Mars rückläufig, wenn er in Opposition zur Sonne steht. Während dieser Zeit ist er der Erde am nächsten; er ist dann — wie der Mond bei Vollmond von der Sonne bestrahlt — gut am Himmel zu sehen. Die Oppositionsphase des Sonne/Mars-Zyklus ist ein Symbol für aktive Objektivität. Der rückläufige Mars ist kein schwacher Mars. Im Gegenteil: Weil der Planet eine Schleife beschreibt, der Erde immer näher kommt und sein rötliches Licht während der Annäherung zur Opposition mit der Sonne immer intensiver wird, drängt sich seine Gegenwart dem menschlichen Bewußtsein mit zunehmender Stärke auf. Ist der Mars rückläufig, hat der humanistische Astrologe die Aufgabe, so vollständig und klar wie möglich die Bedeutung der individuellen Mars-Funktion und die beste Möglichkeit ihrer Nutzung zu erkennen. Die für gewöhnlich nach außen gerichtete Mars-Energie wird bei der Rückläufigkeit nach innen und auf subtile Art in eine neue Richtung gelenkt. Sie kann auch aufgestaut oder auf irgendeine Art und Weise eingeengt werden. Da der Mars den Impuls zum Handeln — die Umsetzung der Venus-Werte — darstellt, steht die rückläufige Phase für die umgeleitete oder eingeengte

Fähigkeit, die Venus-Werte zum Ausdruck zu bringen. Niemand kann sagen, ob der rückläufige Mars erneuernd oder selbstzerstörerisch wirken wird. Beide Möglichkeiten sind immer vorhanden. Ein Astrologe sollte jedoch eine Person mit einem rückläufigen Mars im Geburtshoroskop dazu anhalten, die emotionalen Energien nach innen zu lenken und unter Kontrolle zu halten. Diese Energien müssen auf eine Art eingesetzt werden, die sich von dem unterscheidet, was als normal betrachtet wird.

Das Hauptanliegen eines mit einem rückläufigen Mars geborenen Menschen besteht darin, gemäß einem moralischen, religiösen, spirituellen oder sonstigem Ideal zu leben. Oberflächlich betrachtet mag es sich bei Menschen mit einem rückläufigen Mars um eine diffuse Gruppe handeln: sowohl Heilige als auch Haudegen, Märtyrer und Musiker, Propheten und Prinzen sind in ihr vertreten. Hierzu gehören jene, die wegen ihres Glaubens ein Martyrium erleiden mußten wie z.B. Martin Luther King und solche, denen fast nur Ruhm und Anerkennung zuteil wurde wie z.B. Lord Byron und Mozart. Propheten wie z.B. Nostradamus, Pioniere wie z.B. Annie Besant und Sigmund Freud hatten ebenso einen rückläufigen Mars in ihrem Horoskop wie Beethoven, Alan Leo, Louisa Mae Alcott und Annie Oakley. Was die Vertreter dieser Gruppe miteinander verbindet, ist ihr Widerstand gegenüber dem normalen Ausdruck ihrer — sexuellen oder sonstigen — Instinkte, der entweder aufgrund erzwungener Umstände wie z.B. bei O. Henry und Toulouse-Lautrec oder aus freien Stücken wie z.B. bei Thomas Mann bestand. Obwohl diese Gruppe auch Mörder und Revolutionäre wie z.B. Pancho Villa und Leo Trotzki umfaßt, findet man doch nur relativ wenige Vertreter von Berufen, die in hohem Maße auf Konkurrenz ausgerichtet sind wie z.B. Politiker, Sportler oder Schachspieler.

Wenn der Astrologe einen rückläufigen Mars in einem Geburtshoroskop vorfindet, muß er feststellen, ob sich der Planet in der ersten Hälfte seiner rückläufigen Phase befindet und die Opposition zur Sonne noch nicht erreicht hat oder ob die Opposition bereits überschritten ist. Wenn die Opposition noch nicht erreicht wurde, kann das durch Mars verkörperte Problem zu der Zeit deutlicher werden, in der der Mars bei der Sekundärprogression die Opposition erreicht. An diesem Punkt kann das Problem und seine mögliche Lösung bewußt erfahren werden. Hat die Opposition jedoch bereits vor der Geburt stattgefunden, wird das Mars-Problem ein karmischer Faktor innerhalb des Unbewußten sein oder sich auf die ererbten oder gesellschaftlichen Grenzen der Bestimmung des Individuums beziehen.

Der Venus/Mars-Zyklus im Transit

Wie bei allen zyklischen Umläufen wird die Bedeutung des Venus/Mars-Zyklus von astronomischen Daten hergeleitet. Der wichtigste Punkt ist hier die Betonung der Zahl fünf. Eine Konjunktion von Venus und Mars findet etwa alle zwei Jahre statt. Im Zyklus der Venus/Mars-Konjunktionen ist die Venus bei nahezu jeder fünften Konjunktion rückläufig. Natürlich gibt es innerhalb des Zyklus Phasen mit einer rückläufigen Venus — allerdings nicht in Verbindung mit einer Konjunktion mit dem Mars. Die Zahl fünf, die auch im Sonne/Venus-Zyklus zu finden ist, ist von großer Bedeutung. Das Symbol der Venus — der fünfzackige Stern (Pentagramm) — ist auch das Symbol für den schöpferischen Menschen. Der Venus/Mars-Zyklus steht in enger Beziehung zum schöpferischen Potential eines jeden Individuums. Nicht nur, daß die Konjunktionen von Mars mit der rückläufigen Venus etwa alle 77 Monate stattfinden — sie ereignen sich auch alle 32 Jahre im gleichen Tierkreiszeichen (mit einer rückwärtigen Verschiebung von ungefähr 7 Grad und 20 Minuten). Bei jeder fünften Konjunktion der beiden Planeten ist Venus rückläufig; diese Konjunktionen ereignen sich in Zeiträumen von 32 Jahren fünf Mal in dem gleichen Zeichen. Darüber hinaus ergeben die Zahlen 32 (Jahre) sowie 77 (Monate) numerologisch (Quersumme) die Zahl fünf. Damit treten die Konjunktionen von Mars und rückläufiger Venus in jeder Hinsicht in einem Fünfer-Rhythmus auf, was den Schluß nahelegt, daß sie sich in besonderem Maße auf die Funktion der Venus beziehen. Die jeweils fünfte Konjunktion — die einzige mit rückläufiger Venus — tritt in der Mitte einer etwa neunmonatigen Periode von drei Venus/Mars-Konjunktionen auf. Rudhyar betrachtet sie als grundsätzliche Wendepunkte in der Venus/Mars-Beziehung, und da sie in die Mitte einer neunmonatigen Phase fallen, wird dieser gesamte Zeitraum von besonderer Bedeutung für alles sein, was mit dem emotionalen Leben des Menschen zusammenhängt.

Während einer Konjunktion mit der rückläufigen Venus besteht die Gelegenheit, die persönliche Venus-Qualität zu verändern und eine tiefere spirituelle Bedeutung des individuellen Handelns zu erreichen. Eine Person sollte zu dieser Zeit versuchen, sich freier und wirkungsvoller in die Richtung zu bewegen, die ihr zur Entwicklung ihres wahren Charakters und ihrer wahren Bedürfnisse wertvoll und erstrebenswert scheint. Es wäre lohnenswert, die Zeiten in der Vergangenheit, zu denen Mars in Konjunktion zur rückläufigen Venus stand, zu überprüfen und festzustellen, inwiefern sie mit den Versuchen einer persönlichen Metamorphose zusammenfielen — mit dem Versuch, eine tiefere und wahrhaftigere Beziehung zwischen dem wahren Selbst und den festgelegten Verhaltensstrukturen des bewußten Egos zu erreichen. Man kann diese Perioden nutzen, um seiner innersten, persönlichen Natur gegenüber objektiver zu werden und zu erkennen, inwieweit und auf welche Art und Weise das eigene Verhalten von äußeren und fremden Elementen bestimmt wird.

MARS IN KONJUNKTION MIT DER RÜCKLÄUFIGEN VENUS

1914:	22. November	8° Schütze
1921:	7. April	10° Stier
1927:	30. August	23° Jungfrau
1934:	25. Januar	22° Wassermann
1940:	7. Juni	14° Krebs
1946:	7. November	1° Schütze
1953:	22. März	1° Stier
1959:	14. August	16° Jungfrau
1966:	9. Januar	14° Wassermann
1972:	21. April	17° Zwillinge
1978:	22. Oktober	23° Skorpion
1983:	19. September	24° Löwe[13]
1991:	1. August	7° Jungfrau
1996:	29. Juni	12° Zwillinge

Wie stets im humanistischen Ansatz müssen auch diese Informationen auf das Geburtshoroskop bezogen werden, um eine individuelle Bedeutung ableiten zu können. Die persönliche Bedeutung dieser Konjunktionen wird durch das Haus gefärbt, in dem sie auftreten.

Im 1. Haus wird die Venus/Mars-Konjunktion wahrscheinlich eine persönliche Verwicklung in eine allgemeine Veränderung bedeuten, was die Orientierung innerhalb der Gesellschaft oder Gemeinschaft beeinflussen kann. Man wird sich mit tiefer emotionaler Begeisterung in Aktivitäten stürzen, die eine Veränderung der Gefühlsbewertungen zum Ziel haben — möglicherweise den vorherrschenden gesellschaftlichen und kulturellen Tendenzen zum Trotz. Da in den Emotionen starke Erregung mitschwingt, müssen Voreiligkeit und zornige Impulse vermieden und Ausgeglichenheit gesucht werden. Eine Person kann vieles erreichen, wenn sie zu dieser Zeit die rechte Einstellung bewahrt — insbesondere wenn sie niedere Impulse in künstlerische oder schöpferische Aktivität umformt.

Im 2. Haus mag eine Person die Werte zu überprüfen haben, für die sie ihre Energien und Ressourcen aufwendet. Man sollte sich fragen, ob es sich wirklich lohnt, so viel Zeit und Mühe auf das zu verwenden, was die Aufmerksamkeit anderer anzieht. Es kann zu dieser Zeit vonnöten sein, sich entweder von den Einflüssen seiner kulturellen und ererbten Vergangenheit zu befreien, falls diese die persönlichen Wertbegriffe bestimmen, oder den Gefühlswerten eine neue und persönlichere Bedeutung zu geben. Es besteht die Gefahr, seine persönlichen Ressourcen und Energien zu erschöpfen. Hier ist Vorsicht angebracht, da es sonst zu Problemen mit der Selbstkontrolle kommen könnte. Auch die Reinheit der Motivation mag hinterfragt werden, was letztlich zum Verlust von materiellem Besitz oder persönlichen Werten führen kann. In anderen Fällen mögen Gefahren entstehen, wenn man auf der Grundlage irrationaler Impulse handelt.

Im 3. Haus kann diese Konjunktion auf das Bedürfnis hinweisen, die Art des persönlichen Gefühlsausdrucks neu auszurichten. Dies kann zu Störungen des alltäglichen Kontakts mit der unmittelbaren Umwelt, ganz besonders innerhalb der Familie, führen. Vielleicht möchte man seine Gefühle in Worte fassen oder sie zu Papier bringen. Hier sollte man bedenken, daß aufrührerische Gefühle Auswirkungen haben, und daß im Eifer des Zorns gesagte oder geschriebene Dinge später gegen die eigene Person gerichtet werden können. Emotionale Unruhe kann auch zu Unfällen führen. Man sollte nicht versuchen, seine neuen Werte anderen mit Macht aufzudrängen. Obwohl der Geist sich von Bildern der Vergangenheit und von traditionellen Verstrickungen lösen und seine Ansichten leidenschaftlich ausdrücken will, zielt die Konjunktion des Mars mit der rückläufigen Venus im wesentlichen darauf, den Alltagserfahrungen eine schönere, harmonischere und ausdrucksvollere Bedeutung zu geben.

Im 4. Haus wird diese Konjunktion einen Trend zur Veränderung der persönlichen Beurteilung von Empfindungen signalisieren, wobei Werte eher empfunden als analysiert werden. Die Notwendigkeit, überlieferte Gedanken auf persönlich bedeutsame Art zu bewahren, wird erlebt und nicht als Konzept erdacht; man wird versuchen, diese Gedanken neu zu interpretieren und somit ihre lebenswichtige Bedeutung auf einer emotionalen Ebene freisetzen. Der Mensch kann mit Leidenschaft und Hingabe auf der Suche sein — zumeist sucht er innere Stabilität. Drastische Veränderungen können sich in der persönlichen Beziehung zur Familie und zum Heim abspielen. Das Individuum sollte während dieser Zeit nicht zu selbstsüchtig sein und sich nicht zu sehr auf die eigenen Probleme konzentrieren. Es handelt sich während dieser Phase um eine länger währende Herausforderung, jederzeit aus der tiefsten Harmonie seiner eigenen Natur zu handeln.

Im 5. Haus kann der Wunsch, neue Gefühle und neue persönliche oder kulturelle Werte auszudrücken, sehr ausgeprägt sein. Während dieser Phase neigen die Emotionen zu Selbstsucht und Arroganz. Oft nimmt man eine aggressive Haltung an, die auf lange Sicht allerdings zu schwierigen Situationen führen kann. Man sollte hier auf das Wohlergehen seiner Kinder oder derjenigen achten, die man erzieht. Das Bedürfnis nach neuen Erfahrungen mit der Liebe, dem Glück und der Schönheit mögen einen Menschen antreiben, seine romantischen Träume nach außen zu projizieren oder sich sinnliche Begierden zu erfüllen. Deshalb besteht die Herausforderung darin, mit Vertrauen und Charakterstärke zu handeln, während man die persönliche Ausdrucksfähigkeit der eigenen, wesentlichen Wertvorstellungen und Symbole an den etablierten gesellschaftlichen Verhaltensweisen und Meinungen erprobt. Die Reaktionen derer, die man liebt, und die Reaktionen der Gesellschaft insgesamt sind ein Spiegel, in dem man sich so sieht, wie man wirklich ist — ganz gleich, ob man auf intensives Glück oder große Frustration trifft.

Im 6. Haus kann diese Konjunktion starken emotionalen Aufruhr sowie psychische wie physiologische Störungen hervorrufen. Man ist nun gefordert, persönliche Schwäche und Selbstsucht durch Arbeit und Dienstleistung zu überwinden. Dies kann eine Veränderung der grundsätzlichen Wertvorstellungen in den Arbeitgeber-Arbeitnehmer- oder «Lehrer-Schüler»-Beziehungen notwendig machen. In manchen Fällen kann die Vermischung von Liebe und Arbeit eine Krise heraufbeschwören. Ein Gefühl für den höheren spirituellen Wert, für eine größere, überpersönliche Wirklichkeit kann den Impuls liefern, trotz Schmerz oder Leid für neue und bessere Lebensbedingungen zu arbeiten.

Im 7. Haus wird die Konjunktion auf emotionale Veränderungen hinweisen, die einen wichtigen Einfluß auf die engen Beziehungen und insbesondere auf die Ehe haben. Es werden neue Werte und Bedeutungen — oder auch eine neue Beziehung — gesucht. Die Qualität und die Ebene der Erfahrungen in engen Beziehungen befriedigt vielleicht nicht mehr, und man spürt die Notwendigkeit, sie hinter sich zu lassen. Es ist jetzt an der Zeit, seinen Beziehungen größeren Wert einzuräumen; vielleicht muß man auch für diejenigen, mit denen man in engem persönlichen Kontakt steht, zum Symbol eines neuen Wertgefühls werden. Es ist notwendig, Besitzstreben und Selbstsucht in der Liebe unter Kontrolle zu halten

Im 8. Haus wird der emotionale Standpunkt bezüglich geschäftlicher Unternehmungen oder den Früchten zwischenmenschlicher Beziehungen eine grundsätzliche Veränderung erfahren. Neue Wertbegriffe werden der Person von außen aufgezwungen. Ist dies nicht der Fall, so wird die Person versuchen, selbst neue Werte in die Beziehungen oder Gruppen einzuführen, an denen sie beteiligt ist. Man muß seine Emotionen kontrollieren, um bei Partnerschaftsfragen und geschäftlichen Angelegenheiten Wut und gewaltsame Herangehensweisen zu vermeiden. Allerdings sollte man durchaus die Initiative ergreifen, um andere dazu zu bewegen, neue Ziele innerhalb von Ehe, Geschäftsleben oder Gruppenaktivitäten zu akzeptieren.

Im 9. Haus wird die Venus/Mars-Konjunktion das Individuum herausfordern, in neuer Form philosophische, religiöse oder rechtliche Anstrengungen zu unternehmen und dabei gleichzeitig ein grundsätzliches Gefühl für die persönliche Perspektive zu bewahren. Neue Entwicklungen, die die Person auf der Gefühlsebene berühren, können zu einer wichtigen Reise führen oder mit Kontakten zu Fremden oder auch Ausländern in Verbindung stehen. Während dieser Zeit sollte man danach streben, seine schöpferische Vorstellungskraft zu entwickeln und sie gemäß dem neuen Standpunkt, dem man scin Vertrauen geschenkt hat, zu erweitern. Durch ein tieferes Verständnis gesellschaftlicher und spiritueller Werte sollte die Person versuchen, ihr persönliches und spirituelles Leben zu erhellen, um somit einen für sie bedeutungsvolleren Platz innerhalb des übergeordneten Aktivitätsrahmens zu finden. Es kann der Wunsch bestehen, die Vorstellungskraft anderer anzuregen oder Mitmenschen den neugewonnenen emotionalen Standpunkt aufzudrängen.

Im 10. Haus wird eine ungeheuere Menge an emotionaler Energie für den beruflichen Einsatz frei — sofern die Bereitschaft besteht, neue Wertbegriffe oder Veränderungen anzunehmen, die die gewohnte Art der Teilnahme am «Werk der Welt» betreffen. Man sollte hier allerdings Vorsicht walten lassen, denn wenn die Eigeninitiative zu ichbezogen ist, kann es zu emotionalen Verwicklungen kommen, die sich auf die öffentliche Position der Person auswirken. Möglicherweise bringt eine Frau mit gesellschaftlichem oder beruflichem Einfluß das Individuum dazu, sein öffentliches Image zu verändern; die neuen Wertvorstellungen können aber auch zu einer Veränderung beruflicher Ziele führen.

Im 11. Haus kann diese Konjunktion das Individuum anregen, an Reformen der gesellschaftlichen Ideale und Ziele mitzuwirken. In manchen Fällen kann es zu emotionaler Unruhe kommen, die von Freunden oder Ratgebern verursacht wird oder in Beziehung zu sozialen Organisationen steht. In anderen Fällen fühlt man sich vielleicht aufgefordert, physische Leidenschaft oder romantische Liebe durch eine schöpferische oder spirituelle Freundschaft zu ersetzen. Zur Gewohnheit gewordene Lebensideale werden hinterfragt und ein selbstsüchtiges Schwelgen in den Früchten der öffentlichen oder beruflichen Tätigkeit durch soziale Arbeit oder humanitäre Aktivität ersetzt. Dies kann zu aktiver Teilnahme hinsichtlich kultureller und spiritueller Ziele führen, die nun an Attraktivität gewonnen haben.

Im 12. Haus wird die Person vielleicht feststellen, daß durch die Hinterfragung gesellschaftlicher Traditionen und Bräuche seltsame emotionale Spannungen entstehen können, derer man sich zwar nicht vollständig bewußt ist, die aber möglicherweise zu Beeinträchtigungen auf einer unbewußten Ebene führen. Es mag der — schwer unter Kontrolle zu haltende — Drang nach neuen gesellschaftlichen Werten bestehen. Hier besteht die Gefahr, zum passiven Instrument der herrschenden sozialen Strömungen oder der Macht der eigenen, übermächtig scheinenden unbewußten Instinkte zu werden. Die Fähigkeit, Gefühlswerte umzuwandeln und im Innersten einen Neuanfang zu machen, wird von der Bedeutung abhängig sein, die eine Person der eigenen Vergangenheit und den Leistungen ihrer Gesellschaft zuschreibt.

Der Sonne/Venus-Zyklus

Von der Erde aus betrachtet (aus geozentrischer Sicht) ist die Venus niemals weiter als 48 Tierkreisgrade von der Sonne entfernt. Aus diesem Grund gilt die allgemeine zyklische Beziehung der Phasen, wie sie zwischen der Sonne und dem Mond und den äußeren Planeten besteht, für diesen Zyklus nicht. Die Venus bewegt sich nicht von der Konjunktion zur Opposition und wieder zur Konjunktion, sondern von der Konjunktion zum Halbquadrat (genaugenommen bis 48 Grad vor die Sonne), dann wieder zur Konjunktion und danach zum Halbquadrat (bis 48 Grad hinter die Sonne), wo sie erneut ihre Richtung ändert und wieder vorwärts zur Konjunktion läuft. Heliozentrisch (von der Sonne aus betrachtet) entspricht dies einem vollständigen Umlauf — einem kompletten Sonne/Venus-Zyklus. Die Sonne/Venus-Konjunktion bei direktläufiger Venus nennt man die «obere» Konjunktion. Zu dieser Zeit befindet sich die Venus mehr oder weniger in ihrer größtmöglichen Entfernung zur Erde, und wie, von der Erde aus gesehen, beim Vollmond Sonne und Mond in einer Linie stehen, sieht man die Venus zu dieser Zeit genau hinter der Sonne. Dies ist die «Vollmond-Phase» des Sonne/Venus-Zyklus. Wenn die rückläufige Venus in Konjunktion zur Sonne steht, nennen wir dies die «untere» Konjunktion. Während dieser Zeit befindet sich die Venus in ihrer größten Erdnähe und erstrahlt in ihrem hellsten Glanz. Weil wir bei der unteren Konjunktion die Venus zwischen Sonne und Erde sehen (so wie den Mond bei Neumond), ist dies die «Neumond-Phase» des Sonne/Venus-Zyklus.

In acht Jahren steht die Venus zehnmal in Konjunktion zur Sonne; fünfmal kommt es dabei zu direktläufigen (oberen) und fünfmal zu rückläufigen (unteren) Konjunktionen. Es sind dies also fünf vollständige Sonne/Venus-Zyklen. Diese Zyklen beziehen sich auf die Entwicklung des persönlichen Gefühls für Wertbegriffe, die auf den emotionalen Urteilen der Venus beruhen. Hier kommt es jedoch nicht — wie in der Beziehung zum Mars — zur Verbindung mit der Aktion; die Verbindung gilt hier dem spirituellen Potential der Sonne. Die Entwicklung persönlicher Sympathien und Abneigungen ist in diesem Zyklus, unabhängig von gesellschaftlichen Überlegungen (Jupiter, Saturn) oder dem nach außen gerichteten Impuls (Mars), mit der Erfahrung des Selbst verbunden. Obwohl die Venus-Werte an sich auf persönlichen Erfahrungen und nicht auf den gesellschaftlichen, religiösen oder kulturellen Zwängen der Umwelt beruhen, können kollektive Normen einen weitaus größeren Einfluß auf das eigene Verhalten und die vermeintlich persönlichen Reaktionen haben, als dem Individuum bewußt ist. Selbst die Auflehnung der Jugend gegen Zwänge wird durch die Normen Gleichaltriger — dem Mikrokosmos, in dem man sich bewegt — bestimmt. Aus dem Bemühen, sich nicht anzupassen, resultiert daher zwangsläufig und unausweichlich wie aus blinder Anpassung Zwang und Festlegung. Eine derartige Haltung ist eine Form der Knechtschaft — insbesondere, wenn sie unterhalb der Bewußtseinsebene wirkt —; sie stellt das größte Hindernis bei der tatsächlichen Entwicklung jener fundamentalen Werte dar, auf die eine wahrhaft individualisierte Person ihre Gefühlsurteile gründet.

Zu den Zeiten einer rückläufigen Venus wird dem Menschen die besondere Gelegenheit geboten, alle Wertvorstellungen, auf denen seine persönliche Identität beruht, objektiver zu sehen. Wenn sich die Venus in einer dem normalen Fluß solarer Energie entgegengesetzten Richtung bewegt, kann man sich von den machtvollen Strömungen biologischer und gesellschaftlicher Triebe freimachen, die das eigene Leben beherrschen. Zu solchen Zeiten hat das individuelle Bewußtsein eine größere Chance, die zwanghaften und instinktiven Bedürfnisse wie auch den Druck kultureller, religiöser und moralischer Normen der Gesellschaft zu erkennen und sich von diesen zu lösen. Nun kann man seine Antriebskräfte klarer erkennen und den Preis für die eigenen Bedürfnisse und alle übernommenen Werte einschätzen. Die untere Konjunktion der Venus mit der Sonne kann vielerlei neue Werte offenbaren: Neue Verhaltensnormen, auf die man seine eigenen, wahrhaft individuellen Gefühlsurteile gründen kann. Ohne sie kann die psychische und spirituelle Entwicklung des Individuums nicht stattfinden. Die Konjunktionen sind entscheidende Momente der rückläufigen Phasen und potentielle Augenblicke der Offenbarung. Eine derartige Erleuchtung oder intuitive Selbst-Entdeckung kann jedoch vollständig unbewußt vonstatten gehen, ohne daß sich das Individuum im klaren ist, daß es für die Veränderung seiner Lebenserfahrung etwas Außergewöhnliches vollbracht hat.

Eine rückläufige Venus garantiert allerdings keine Erleuchtung. Wie alle astrologischen Erscheinungen weist sie auf eine Möglichkeit und nicht auf ein sicheres Ereignis hin. Bevor neue persönliche Wertbegriffe gefunden werden können, muß eine Person den Willen haben, eine neue Norm für ihre Gefühle und Taten zu entwickeln; dies stellt den Prüfstein der persönlichen Wahrheit dar und erfordert bewußte Aufmerksamkeit. Daß eine oft auf unbewußter Ebene stattfindende Veränderung bewußte Aufmerksamkeit beansprucht, ist kein Widerspruch! Bewußte Aufmerksamkeit heißt nicht etwa, sich willentlich um die Veränderung seiner Wertbegriffe zu bemühen und neue Normen einzuführen, sondern vielmehr, seine Aufmerksamkeit auf das, was wirklich ist, zu konzentrieren. Eine Person muß den Willen haben, ihre Werte so zu sehen, wie sie sind, ob diese nun durch individuelle oder durch äußere wie familiäre oder gesellschaftliche Überlegungen bestimmt sind. Die Person muß auch erkennen können, daß einige ihrer Gefühlsurteile durch die Realität ihrer individuellen Erfahrung begründet sind, während andere eine Widerspiegelung der vorherrschenden gesellschaftlichen Normen darstellen. Die Person muß sich bewußt fragen: «Haben diese Normen für mich Gültigkeit?»

Vom humanistischen Standpunkt aus erstreckt sich die Phase der Rückläufigkeit nicht von dem Tag, an dem Venus rückläufig wird, bis zu dem Tag, an dem sie sich wieder direktläufig bewegt, wie man gemäß der traditionellen Astrologie glauben könnte. Vielmehr wird die Rückläufigkeit astronomisch durch die Schleife beschrieben, die die Venus angesichts ihrer relativen Erdentfernung am Himmel zieht. Diese Schleife beginnt, wenn die direktläufige Venus zum ersten Mal jenen Tierkreisgrad erreicht, an dem es später zur Konjunktion mit der Sonne kommen wird. Auf die untere Konjunktion zulaufend, nähert sich die Venus der Erde an, bis sie den Punkt der größten Erdnähe erreicht. Verläßt sie dann die Konjunktion mit der Sonne, entfernt sie sich wieder von der Erde und erreicht — nun wieder direktläufig — erneut den Tierkreisgrad der Konjunktion mit der Sonne. Ein Beispiel: Am 6. April 1977 bildete die rückläufige Venus eine (untere) Konjunktion zur Sonne bei 17 Grad Widder. Am 22. Februar hatte die Venus erstmals den Grad der Konjunktion erreicht und begann, — aus Sicht der Erde ihre

Himmelschleife zu beschreiben. Am 19. und 20. Mai kehrte sie direktläufig auf 17 Grad Widder zurück. Somit kam es zur rückläufigen Venus-Phase am 22. Februar; sie dauerte bis zum 19. bzw. 20. Mai. Diese Daten entsprechen nicht der eigentlichen rückläufigen Phase, die die Venus zwischen dem 16. März und dem 27. April durchlief.

Der neue Zyklus beginnt mit der unteren Konjunktion. Der Zeitraum zwischen dem 22. Februar (dem ersten Erreichen des Konjunktionsgrades) und der unteren Konjunktion vom 6. April ist die 12.-Haus-Phase des alten Zyklus. Während dieser Zeit wird der alte Zyklus vollendet, und man wird mit den positiven wie auch den negativen Ergebnissen des Versuchs konfrontiert, Venus-Werte auf persönlich bedeutsame Art auszudrücken. Sollte das eigene Verhalten während des vorangegangenen Zyklus Probleme erzeugt haben, so können diese während der jetzigen Phase negative Auswirkungen haben. Die untere Konjunktion bietet Gelegenheiten, für Probleme eine Lösung zu finden. Das symbolische Bild des Tierkreisgrades,[14] auf dem die Konjunktion stattfindet, ist ein Schlüssel für die Lösung des Problems und dient zugleich als Samen für den neuen Venuszyklus. Die für den neuen Venuszyklus notwendigen, grundsätzlichen Anpassungen des Bewußtseins können während der Phase zwischen der unteren Konjunktion und dem dritten Venus-Transit über den Grad der Konjunktion (im obigen Fall vom 6. April bis zum 19. bzw. 20. Mai) geschehen. Jedoch muß man bis zur nächsten oberen Konjunktion warten, um die objektiven Ergebnisse des am 6. April in Aktion getretenen neuen Trends zu erkennen, denn die obere Konjunktion repräsentiert die «Vollmond-Phase» des Sonne/Venus-Zyklus. Die symbolische Bedeutung des Grades, auf dem die untere Konjunktion stattfindet, und die durch die Hausposition gelieferten Anzeichen sind die grundlegenden Faktoren für eine individuelle Deutung dieses Zyklus. Jedoch darf die Bedeutung eines möglichen Venus-Kontaktes mit einem Radixplaneten oder einer Horoskopachse während der rückläufigen Phase nicht vernachlässigt werden. Der Radixplanet oder die Achse werden auf irgendeine Weise mit der Notwendigkeit in Verbindung stehen, neue Wertbegriffe angesichts der eigenen psychischen und spirituellen Entwicklung hervorzubringen.

Wenn ein Astrologe versucht, die rückläufige Venus in ihrer Auswirkung auf die Allgemeinheit zu deuten, sollte er alle ihre wichtigen Aspekte und insbesondere die Konjunktionen vermerken. In unserem Beispiel stand die rückläufige Venus vor ihrer Konjunktion mit der Sonne am 29. März 1977 in Konjunktion zu Merkur. Nach der unteren Konjunktion stand sie am 12. April in Opposition zu Pluto und am 18. April im Trigon zu Saturn. Die Konjunktion mit Merkur war ein Teil des alten Zyklus und muß als bestimmender Faktor oder als Vorbedingung der neuen Venus-Tendenz betrachtet werden. Sie verweist auf die Notwendigkeit der Kommunikation und auf eine Betonung der allgemeinen Qualität der Merkur-Kommunikation. Die Opposition (das Bewußtsein) zu Pluto (die Massen) verweist auf ein Regenerationspotential — auf die Neuformulierung von Wertbegriffen und auf die Überwindung überkommener oder veralteter Normen. Kurz darauf folgt das Trigon (harmonische Verschmelzung oder Synthese) zu Saturn (Sicherheit und Verantwortung). Es ist interessant festzustellen, daß während dieser Zeit eine lebhafte Diskussion über die Begrenzung strategischer Waffen geführt wurde. Angesichts eines wachsenden öffentlichen Bewußtseins über die große Zerstörungskraft nuklearer Waffen (Pluto) hatten die Gespräche das Ziel, die nationale Sicherheit mit der Verantwortung für die Menschheit zu verschmelzen.

Die untere Sonne/Venus-Konjunktion im Transit

Bei einer individuellen Interpretation des Sonne/Venus-Zyklus bildet, wie bei allen Erfahrungen, der Kreis der Häuser den grundsätzlichen Bezugsrahmen. Die Hausposition der unteren Sonne/Venus-Konjunktion wird den persönlichen Erfahrungsbereich zeigen, in dem Venus-Probleme bzw. die Notwendigkeit, grundsätzliche Wertbegriffe zu überdenken oder eine «Venus-Erfüllung» stattfinden können.

Im 1. Haus. Hier handelt es sich um sehr starke Anzeichen für eine emotionale Erfüllung im persönlichen Leben — vielleicht um den Höhepunkt einer romantischen Angelegenheit. Andererseits kann die Notwendigkeit bestehen, den Sexualtrieb in wie auch immer geartete künstlerische oder schöpferische Aktivitäten umzusetzen. Der Sinn für Schönheit und Übersinnliches kann während dieser Zeit stark angeregt sein, da man über eine größere kreative Inspiration als gewöhnlich verfügt, die sich durch konkrete schöpferische Aktivität oder aber durch die Wertschätzung der Künste ausdrückt. Die Person strahlt einen feurigen Magnetismus aus, der äußerst anziehend wirkt und gesellschaftlichen Erfolg bedeuten kann. In negativer Auswirkung kann diese schöpferische Energie vergeudet werden, wenn man sich in gesellschaftliche Aktivitäten verstrickt oder sich vergnügungssüchtig in Abenteuer stürzt.

Im 2. Haus. Hier sollte man sich die konstruktiven Bedingungen zunutze machen, die im Hinblick auf Finanzen und allgemeine Ressourcen vorherrschen und deshalb im voraus planen. Es besteht die Möglichkeit, Reichtümer anzuhäufen, die viel Freude bereiten können. Man findet sich vielleicht plötzlich in einem Überfluß erebter oder schöpferischer Gaben wieder, die nur darauf warten, benutzt zu werden. Die wichtigste Frage ist nun: Zu welchem Zweck setzt man diese Gaben und Ressourcen ein? Während dieser Zeit kann es lohnenswert sein, übernommene Wertvorstellungen und Ziele, die mit dem Gebrauch von Besitztümern zusammenhängen, in Frage zu stellen.

Im 3. Haus. Eine emotionale Situation in der eigenen Umgebung erfährt ihre Vollendung, wobei eine Nachbarin oder Verwandte im Mittelpunkt des Interesses stehen kann. Neue intellektuelle Werte können die Gefühle anregen und harmonischere Bedingungen im Alltagsleben ermöglichen. Man sollte das, was man am höchsten schätzt, mit den Menschen seiner Umgebung teilen und neue Bedeutungen in Beziehungen und in zur Routine gewordenen Erfahrungen entdecken. Während des gesamten Zyklus wird es nötig sein, die neu gefundenen Werte anderen zu vermitteln. Emotionale Zügellosigkeit sollte vermieden werden.

Im 4. Haus. Eindeutige und harmonische Ergebnisse im Zusammenhang mit Grundstücksangelegenheiten oder im häuslichen Leben sind möglich. Es verwirklicht sich etwas, das großes Glück und ein Gefühl der Erfüllung bringen könnte. Persönliche Handlungen sollten aus der tiefsten Harmonie des eigenen Wesens entspringen. Lebt eine Person nicht mit sich im Einklang, so kann sie jetzt durch neue Werte und emotionale Erkenntnisse ermutigt werden, ihr persönliches Leben auf der Grundlage einer umfassenderen Bedeutung aufzubauen. Man sollte nicht zögern, seine Energien mit dem Ziel nach innen zu richten, den wichtigsten Gefühlen und emotionalen Bewertungen einen neuen und tieferen Sinn zu geben.

Im 5. Haus. Die emotionalen Verwicklungen dieser Situation sind sehr stark. Hier drängt der Wunsch nach Liebe, Glück und Schönheit, romantische Träume nach außen zu projizieren bzw. die sinnlichen Begierden zu erfüllen. Es besteht die Möglichkeit, daß ein emotionaler Komplex die Dinge verkompliziert und somit ein freies emotionales Handeln unmöglich ist. Das auf einen anderen Menschen projizierte Liebes-Bild wird möglicherweise zurückgewiesen. Es kann sich um eine Prüfung handeln, die die Reinheit der persönlichen Motive betrifft. Auch kann die Sonne/Venus-Konjunktion für die Notwendigkeit stehen, bedeutsamere oder intensivere spirituelle Empfindungen auszudrücken als zuvor. Man muß jetzt lernen, aufrichtiger denn je zu sein.

Im 6. Haus. Bedeutende und harmonische Dinge können sich in der täglichen Arbeit abspielen. Während dieser Zeit fallen organisatorische Tätigkeiten leicht, und man kann seine schöpferische Kraft durch Arbeit freisetzen. Grundsätzliche Werte unterliegen nun einer Veränderung. Was man tut, muß angesichts höherer spiritueller Werte oder einer umfassenderen Sicht der Realität eine neue Bedeutung erhalten. In einigen Fällen lassen sich emotionale Konflikte umformen, indem man sie als Inspiration für schöpferische Aktivität nutzt.

Im 7. Haus. Die Intensität des emotionalen Lebens erreicht hier ihren Höhepunkt, und es kann zu einer gefühlvollen Beziehung kommen. In manchen Fällen gibt es Anzeichen für eine Ehe; oft treten aber auch in den zwischenmenschlichen Beziehungen übertriebene emotionale Leidenschaften zutage. Die Ereignisse machen es möglicherweise notwendig, die Bewertung und Bedeutung enger Beziehungen neu zu formulieren, da instinktive Erfahrungen vielleicht nicht mehr befriedigen. Die Liebe muß eine neue Qualität gewinnen.

Im 8. Haus. Jetzt ist die Zeit, all jene Angelegenheiten zu vollenden, die sich in der Vergangenheit aus Geschäftsverbindungen ergeben haben. Es kann die Notwendigkeit bestehen, Angelegenheiten effektiver oder im Sinne höherer Ansprüche neu zu organisieren oder den Wert dessen, was man anbietet, überzeugender zu gestalten. Für manche Menschen kann es eine Zeit der Selbsterneuerung sein — für eine persönliche Neuorientierung zu bedeutungsvolleren gesellschaftlichen oder religiösen Idealen.

Im 9. Haus. Während dieser Zeit erlebt man vielleicht einen großen emotionalen Auftrieb durch die Erkenntnis der großen Zusammenhänge, in die man sein ganzes Vertrauen setzt. Es ist eine günstige Zeit für eine lange Vergnügungs- oder vielleicht eine Hochzeitsreise. Auf keinen Fall sollte man sich vor der Suche nach erweiterten Horizonten — nach einer Bewußtseinserweiterung durch das Akzeptieren zunächst fremder Gedanken — fürchten. Jetzt ist die Zeit, sich aufs Neue ein Bild der Dinge zu machen und für die Erfahrungen und Früchte persönlicher Beziehungen eine konstruktive Bedeutung zu suchen. Eine solche Bedeutung wird es dem Individuum ermöglichen, sich harmonischer in das gesellschaftliche Gefüge einzuordnen.

Im 10. Haus. Hier handelt es sich um den starken Drang, emotionale Erfüllung durch öffentliche Anerkennung zu erfahren. Positive Bemühungen bringen nun eine reiche Ernte, und möglicherweise werden die schöpferischen Aktivitäten der betreffenden Person öffentlich gewürdigt. Was nun geschieht, könnte zu einer bedeutungsvolleren Beteiligung am Werk der Welt führen, wenn man offen ist für die Veränderung und das Wachstum der Werte, denen man sich verschrieben hat. Der Mensch kann seinen beruflichen Werdegang mittels effektiven Managements vorantreiben — vielleicht mit Hilfe einer Frau mit gesellschaftlichem oder beruflichem Einfluß.

Im 11. Haus. Freundschaften und Gruppenaktivitäten können während dieser Zeit zu ausgeprägter emotionaler Befriedigung führen, allerdings unter der Voraussetzung, daß schöpferische und spirituelle Freundschaften an die Stelle leidenschaftlicher, romantischer Liebe treten. Die Dinge, für die man lange gearbeitet oder nach denen man sich lange gesehnt hat, können nun Wirklichkeit werden, wobei weiblicher Einfluß oder künstlerische oder kulturelle Faktoren eine bedeutende und vielleicht neue Rolle spielen können. Idealvorstellungen bezüglich einer Reform der Gesellschaft können starke Emotionen zur Folge haben. Vielleicht verfügt man nun über die Kraft, Meinungen oder Gefühle der Öffentlichkeit oder einer speziellen Gruppe neu auszudrücken und deren Bemühungen zu konkretisieren.

Im 12. Haus. Günstige Ereignisse stellen den Höhepunkt des Bestrebens dar, größere Klarheit über die verborgenen Seiten des persönlichen Lebens — insbesondere auf der Ebene der grundlegendsten Gefühle — zu erlangen. Ein starkes emotionales Feuer durchdringt das Innenleben, und es ist nun möglich, emotionale Kraft aus der Tiefe des Unterbewußtseins für seine zukünftigen, nach außen gerichteten Bemühungen zu schöpfen. Während dieser Zeit muß man sich auf die kollektiven Werte der Gesellschaft neu einstellen. Manchen Menschen gelingt es, Symbole oder kulturelle Formen zu erschaffen, die die allgemein akzeptierten ablösen. Andere verlieren sich dagegen vielleicht in eine introvertierte Traumwelt.

Der Sonne/Mars-Zyklus

Mars ist der erste Planet außerhalb der Erdumlaufbahn. Sein Zyklus beginnt mit der Konjunktion zur Sonne und findet seinen Höhepunkt in der Opposition. Die Opposition der beiden Himmelskörper fällt in die Mitte der rückläufigen Phase des Mars. Die zum Zeitpunkt der Konjunktion instinktiv und unbewußt freigesetzte Kraft kann bei der Opposition im Sinne des solaren Zwecks, der ihre Verwendung festlegt, objektiv und bewußt verstanden werden. Dies klingt weniger abstrakt, wenn man sich klarmacht, daß die marsische Freisetzung emotionaler Energie oder Libido oft blind und ziellos erfolgt. Die Mars-Energie ist fast immer impulsiv, unreflektiert und egozentrisch, was zur Folge hat, daß sie oft Probleme mit sich bringt, was sich in der traditionellen Astrologie in der Klassifizierung dieses Planeten als «Übeltäter» widerspiegelt. Allerdings ist nicht der Mars die Ursache des Problems — der Ärger entsteht durch den Umgang des einzelnen mit der Mars-Energie. Die bei der Sonne/Mars-Konjunktion begonnene, unreflektierte und egozentrische Aktivität wird in sehr starkem Ausmaß durch frühere Frustrationen, Unzulänglichkeiten oder ein Scheitern des Egos während vergangener Mars-Zyklen bestimmt. Daraus resultieren zwangsläufig Spannungen, die während der zunehmenden Hälfte des Zyklus (zwischen der Konjunktion und der Opposition) anwachsen, und beim zunehmenden Quadrat einen ersten Höhepunkt erreichen. Nach diesem Quadrat setzt der Mars seinen Weg fort; der Druck aller Dinge, die nicht positiv verlaufen sind, nimmt immer weiter zu und verlangsamt die Bewegung des Mars, bis er schließlich scheinbar zum Stillstand kommt.

Hat der Mars seine größte Nähe zur Erde erreicht (bei der Opposition zur Sonne), muß das Marsproblem auf irgendeine Art und Weise gelöst werden. Keine Schwierigkeit war sinnlos, wenn sie während der Opposition richtig gelöst wird. Aus dem intensiven Kontakt mit Mars können Wissen und Weisheit erwachsen. Das Ego mag sich vor der Konfrontation gefürchtet haben, kann aber durch diese weiser und reifer werden. Während der zweiten Hälfte des Zyklus sollte das Gelernte in das Bewußtsein integriert und durch individuelle Aktionen wirksam demonstriert werden. Hat jedoch die Annäherung des Mars an die Erde zerstörerische Angst, plötzlichen Schmerz oder eine leidenschaftliche Reaktion in Form von Gewalttätigkeiten ausgelöst, oder ist es zu dem Versuch gekommen, der anstehenden Konfrontation zu entfliehen, so wird der Rest des Marszyklus noch mehr Verwirrung, Egozentrik, Gewalt und Tragik zu der schweren Last vergangener Unzulänglichkeiten hinzufügen, die das Ego bereits mit sich trägt und die vielleicht dafür verantwortlich sind, daß die vom rückläufigen Mars verkörperte Gelegenheit ausgelassen wurde. Deshalb hängt alles davon ab, was das Ego — der Mensch mit seinem erwachenden Bewußtsein — zu tun imstande ist, wenn die Mars-Kraft es berührt. Diese Kraft fordert ein weises, klares und objektives Verständnis ihres Wesens und ihres richtigen und wirkungsvollen Einsatzes.

Die Vergangenheit läßt sich nicht ungeschehen machen. Und dennoch: Betrachtet man die eigene Tätigkeit (oder Untätigkeit) zur Zeit der letzten Mars-Opposition mit einem neuen Verständnis und im Entschluß, Rechtes zu tun, kann sie zum Grundstein für eine veränderte Lebenseinstellung werden. Vergangenes Mißgeschick oder verpaßte Gelegenheiten können während der Opposition in einem neuen Licht und aus einer neuen Perspektive gesehen werden. Es kann nun deutlich werden, daß eine tiefe psychische Wunde oder ein übermächtiges Gefühl der Schuld eine notwendige Erfahrung für den spirituellen Reifeprozeß war. In diesem Sinn finden sich im nachhinein neue Bedeutungen zurückliegender Erfahrungen. Wenn ein Mensch alle ihm widerfahrende Ereignisse in den größeren Rahmen seines ganzen Lebens zu stellen imstande ist und erkennt, daß es sich bei diesen nur um Etappen bei der Verwirklichung seines Lebenszwecks handelt, wird er in der Lage sein, die Bedeutung seines Lebens neu zu sehen. Aus dieser neuen Perspektive resultiert ein neues Motiv, eine neue Richtung und ein konstruktiver Zweck der Mars-Energie. Dies ist freilich kein leicht zu verwirklichendes Ziel; irgendetwas im Menschen scheint sich einer solchen Transformation zu widersetzen. Das Ego scheint die Erinnerung an die schmerzhaften Erfahrungen nicht auslöschen zu wollen, und vielleicht übermannt einen das Selbstmitleid. Es bedarf großen Mutes, will man die Folgen der Wunden der Vergangenheit oder der unterlassenen Handlungen besiegen und diesen eine konstruktive Bedeutung für das spirituelle Wachstum geben. Zu den Zeiten der Mars/Sonne-Oppositionen fallen die Prozesse der Selbstanalyse und die Selbsttransformation leichter. Wenn man sich der Bedeutung dieser Oppositionen vollständig bewußt ist, werden sich Gelegenheiten finden, Fehler wiedergutzumachen, jemandem Recht zu tun, dem man Unrecht tat, jemandem zu vergeben, der einem selbst Unrecht tat, oder etwas zu tun, das man in den vorhergehenden Monaten oder Jahren zu tun versäumt hat.

Werden die Energien der Phasen der direktläufigen Marsbewegungen zur Befriedigung persönlicher Bedürfnisse verwendet, so scheint für deren Veränderung, Verfeinerung oder Klärung keine Gelegenheit zu bestehen. Zu Zeiten eines rückläufigen Mars ist es unklar, wie Bedürfnisse am besten auszudrücken sind. Gefühle und Bedürfnisse scheinen konfus und widersprüchlich zu sein. Diese Zeit bietet die beste Gelegenheit, die persönliche Verwendung der Mars-Energie zu verändern. Nur wer zweifelt, versagt oder Hindernisse vor sich sieht, kann innehalten und sich in Frage stellen. In den meisten Fällen wünschen sich die Menschen, daß etwas geschieht, damit sie sich verändern können. Wir hoffen, daß andere die Dinge zurechtrücken oder ihr Verhalten uns gegenüber verändern. Stolz und Dünkel stellen sich in den Weg und können verhindern, daß der erste Schritt zur Aussöhnung unternommen wird. Daher kann sich die Situation zum Schlechteren wenden, wozu es nicht hätte kommen müssen, wenn man konstruktiv die Initiative ergriffen hätte. In der Tat werden die von einer rückläufigen Mars-Periode verkörperten Gelegenheiten oft verpaßt; statt zu Selbsttransformation kommt es durch Mars dann zu einer Krise.[15] Wenn die von einem rückläufigen Mars symbolisierte Gelegenheit in eine Phase voller Anspannung fällt, heißt es erkennen, daß man die Mars-Energie mißbraucht, nicht effektiv eingesetzt oder pervertiert hat — wofür man allein die Verantwortung trägt. Mars ist ein persönlicher Planet; seine Handlungen resultieren aus der speziellen Qualität des individuellen Egos. Die durch Mars gebotenen Gelegenheiten, Falsches wieder richtigzustellen sowie die persönliche Einstellung der Gesellschaft gegenüber und das spirituelle Leben zu verändern, existieren, damit von ihnen Gebrauch gemacht wird. Schuld, Reue und Bedauern haben keinen positiven Wert — es hat keinen Sinn zu klagen, wie schwer das Leben doch sei. «Warum ist das ausgerechnet mir passiert?» ist eine sinnlose Frage. Man sollte sich klarmachen, daß die Probleme aus Unreife oder einer starren Haltung resultieren. Vielleicht wurde auch zur gegebenen Zeit eine Gelegenheit ausgelassen, psychisch und spirituell zu wachsen.

Die vier kritischen Punkte — Konjunktion, zunehmendes und abnehmendes Quadrat und Opposition — verlangen während jedes Marszyklus die bewußte Aufmerksamkeit des Individuums. Nicht jeder Mars-Transitzyklus wird für jeden Menschen die gleiche Bedeutung haben. Immer wieder werden jedoch Phasen mit rückläufigen Marsbewegungen die Ergebnisse des Umgangs mit der Mars-Energie ans Licht bringen. In dieser Zeit muß man seine Motive läutern und Aktivitäten neu ausrichten. Wenn der Astrologe den Marszyklus im Horoskop untersuchen will, muß er das Radixhaus oder das Haus des Solarhoroskops (die solare Wiederkehr) berücksichtigen, in das die im Abstand von zwei Jahren auftretende Sonne/Mars-Konjunktion fällt. Ganz besondere Aufmerksamkeit sollte er dem Haus widmen, das der rückläufige Mars zum Zeitpunkt der Opposition mit der Sonne transitiert. Diese Häuser werden die Erfahrungsebenen andeuten, auf denen in aller Regel die Person ihr Verhalten verändern muß, da hier Probleme oder Krisen existieren, die durch vergangene Handlungen entstanden sind. Jeder Radixplanet in diesen Häusern wird in das Mars-Problem oder die Herausforderung durch Mars verwickelt sein.

Die Sonne/Mars-Konjunktion

Im 1. Haus wird der Mars-Faktor der Persönlichkeit große Kraft und Initiative verleihen. Wird diese Energie nicht kontrolliert, kann sie zu Störungen führen. Der Mars setzt im allgemeinen neue Kraft nur für den Selbstausdruck frei; zu deren umsichtigem Einsatz kommt es, wenn die Person über eine bewußte Orientierung verfügt. Man muß mit dieser Kraft vorsichtig umgehen, um nicht von ihr überwältigt zu werden. Durch die Sonne/Mars-Konjunktion in diesem Haus erhält man die Möglichkeit, Energien für schnelles und entschlossenes Handeln zu mobilisieren. Es kann aber auch die Neigung auftreten, einer zu persönlichen Herangehensweise an das Leben und seine Probleme verhaftet zu sein und dabei zu vergessen, daß auch andere Menschen eine Meinung haben, die genauso richtig ist. Während es starken Persönlichkeiten gelingen mag, sich spektakulär in den Vordergrund zu stellen, riskieren die schwächeren Naturen, von der Intensität ihrer Emotionen und Impulse überwältigt zu werden.

Im 2. Haus kann diese Konjunktion zu finanziellen Belastungen führen, wobei man gezwungen sein mag, mehr Geld als ursprünglich beabsichtigt auszugeben. Es wird notwendig sein, seine Ressourcen genau zu kontrollieren und in finanzieller, psychischer oder physischer Hinsicht nicht zu viel von sich wegzugeben. Man sollte nichts auf der Basis irrationaler Impulse tun und nur berechenbare Risiken eingehen.

Im 3. Haus kann die Dynamik der Ereignisse den Menschen dazu bringen, über das eigentliche Ziel hinauszuschießen. Auch besteht die Möglichkeit, daß man die Umgebung wechselt, wobei es allerdings eher zu einer psychischen als zu einer physischen oder geographischen Veränderung kommt. Man sollte seine Stimmungen unter Kontrolle halten und vor Verkehrsunfällen auf der Hut sein. Möglicherweise gerät man mit Verwandten oder Nachbarn in Streit. Der Intellekt ist geschärfter als gewöhnlich, was sich als vorteilhaft erweisen kann, da die Herausforderungen des Alltags nun vielleicht ein Höchstmaß an intellektueller Beweglichkeit sowie die Fähigkeit zu schnellen Entscheidungen und Handlungen erfordern.

Im 4. Haus kann die Konjunktion auf jetzt fällige Entscheidungen hinweisen, die aber nicht erzwungen werden dürfen. Zu Hause sollte man so positiv wie möglich sein, Querelen vermeiden und die Beherrschung bewahren. Eine starke Persönlichkeit kann nun versuchen, durch die Ergründung ihrer psychischen Natur die Konditionierung ihres Egos zu durchdringen, um die Qualitäten ihres eigentlichen Seins freizusetzen.

Im 5. Haus erreicht die Intensität der emotionalen Impulse ihren Höhepunkt, was zu Ärger führen könnte. Vielleicht kommt es auch zu einer leidenschaftlichen Liebesaffäre. Die Konjunktion wird einen schöpferischen Ausdruck auf der einen oder anderen Ebene fördern, wodurch die betreffende Person imstande ist, mit mehr Vertrauen und Kraft als üblich zu handeln. Man sollte jedoch vor den Risiken auf der Hut sein, die die bedingungslose Hingabe an persönliche Bedürfnisse oder Instinkte nach sich zieht.

Im 6. Haus kann große Aufregung am Arbeitsplatz entstehen. Möglicherweise leidet man unter der Ungeduld oder Gereiztheit der Vorgesetzten oder eines Mannes, der in enger Beziehung zur eigenen Position steht. Hat der Mars-Ausdruck zuvor zu Ärger geführt, so ist dies eine ausgezeichnete Zeit, sich durch Disziplin, Arbeit oder den Dienst am Nächsten zu bewähren. Es kann geschehen, daß man nun mit starkem Ehrgeiz oder brennendem Eifer danach strebt, seine Lebensbedingungen zu verbessern. Nahrungsmittel, die einen übermäßigen Gärungsprozeß verursachen, sollten vermieden werden.

Im 7. Haus möchte man möglicherweise eine neue Verbindung bzw. Partnerschaft eingehen. Die Gefühle für den Ehe- oder Geschäftspartner sind sehr stark angeregt. In den Beziehungen kann es zu Spannungen kommen, denen man seine Aufmerksamkeit widmen muß. Es empfiehlt sich, anderen Menschen gegenüber so rücksichtsvoll wie möglich zu sein. Der ungestüme Drang nach äußerlichen Erfahrungen und Beziehungen kann eine Flucht vor dem Selbst sein — es sei denn, dieser Drang ist ein Geschenk des Selbst in Form von Hingabe an einen Menschen oder eine Sache.

Im 8. Haus wird vielleicht ein Element der Gefahr bezüglich übereilter Eingebungen vorhanden sein. Dies kann sich insbesondere im Geschäftsleben oder in Verbindung mit Eigentum auswirken, das geerbt oder aber durch das Zutun eines Ehepartners oder sonstigen Vertrauten erlangt wurde. Partner mögen zu überhöhten Ausgaben und riskanten finanziellen Unternehmungen neigen. Wenn man bei der Durchsetzung von Gruppenzielen die Initiative ergreift, sollten persönlich orientierte Motive keine dominierende Rolle spielen. Der eigene Mut und das eigene Vertrauen können aber als Beispiel dienen und andere zum Handeln anregen.

Im 9. Haus wird es einen starken expansiven Impuls geben, der sich z.B. in dem Bedürfnis ausdrücken kann, weit zu reisen oder eine Art von Prediger sein zu wollen. Mit Mut und Vertrauen bemüht man sich nun um die Erweiterung seines Horizonts. Ob es sich um die Suche nach materiellem Wohlstand und Macht oder aber um die Suche nach spiritueller Wahrheit handelt: Es wird eine persönliche Suche sein. Man sucht für sich selbst und nicht für andere. Es ist klug, während dieser Zeit nicht zu langfristig zu planen.

Im 10. Haus kann die Sonne/Mars-Konjunktion eine Entwicklungskrise im beruflichen Leben oder bei gesellschaftlichen Zielen bedeuten. Bei allen Initiativen, die zu unternehmen man sich verpflichtet fühlt, können Vorsicht und Milde notwendig sein. Möglicherweise sind mancherlei Widerstände und Hindernisse zu überwinden. Dies gilt um so mehr, wenn die eigenen Ziele egozentrischer Natur sind. Es besteht die Tendenz, sich und andere gnadenlos anzutreiben, um das gesteckte Ziel zu erreichen. Eine reife Persönlichkeit, die sich ihrer Rolle innerhalb des größeren Ganzen bewußt ist, wird nun ihre persönliche Energie, ihren Willen und ihr Vertrauen einsetzen, um das äußere Ziel anzustreben, dem sie sich verschrieben hat.

Im 11. Haus gewinnt die Beziehung zu Freunden und sozialen Organisationen an Bedeutung. Jetzt ist die Zeit für ruhige Beurteilungen und unpersönliches Handeln. Es besteht nun die Möglichkeit, reformerisch tätig zu werden, sofern man sich dazu berufen fühlt — was allerdings auch Gefahren mit sich bringen kann. Es ist ratsam, den Teamgeist zu pflegen. Den eigenen gesellschaftlichen und kulturellen Ansichten — auch wenn sie wegweisend sein mögen — wohnt jetzt tendenziell ein agressives Element inne, das zu Konflikten mit Freunden, Partnern und Ratgebern führen kann. Durch das Experimentieren mit neuen Ideen sollten neue Ideale entstehen. Eine Neigung zu harter Kritik kann dazu führen, daß man in intellektuellen Streitigkeiten über gesellschaftliche Probleme seine Beherrschung verliert.

Im 12. Haus wird die Konjunktion das innere Leben sehr aktivieren, was zu unbewußten Fantasien oder Impulsen führen kann, die auf Irrwege hinweisen. Auf materieller Ebene besteht die Möglichkeit, durch verborgene Feinde oder geschäftliche Konkurrenten in Gefahr zu geraten. Soziale Neigungen oder machtvolle Instinkte können das bewußte Verhalten überwältigen. Unter gewissen Umständen ist dies eine günstige Zeit für spirituelle Forschungen und Praktiken. Auf der psychischen Ebene wird man sich auf die eine oder andere Weise mit der Vergangenheit auseinandersetzen müssen, weil sich totgeglaubte «Gespenster» mit beträchtlicher Intensität wieder bemerkbar machen können.

Die Sonne in Opposition zum rückläufigen Mars

Diese Phase bildet den Höhepunkt des Sonne/Mars-Zyklus. Sie ist allerdings immer im Zusammenhang mit der Konjunktion — dem Beginn des Zyklus — zu betrachten. Ganz besonders gilt dies für die Häuser: Wenn auch die Stellung des rückläufigen Mars in den Häusern den Erfahrungsbereich angibt, in dem sich die Krise mit großer Wahrscheinlichkeit kundtut, so wird doch das Haus, in dem die Konjunktion stattfand, den Ursprung dieser Krise offenbaren. Fällt der Transit des rückläufigen Mars zum Beispiel in das 7. Haus, so wird wahrscheinlich ein Konflikt oder eine Konfrontation innerhalb einer Partnerschaft — Ehe oder Beruf — stattfinden. Allerdings wird dadurch nicht die Ursache dieses Konflikts offengelegt. Um sich über diese ein Bild zu machen, muß der Astrologe das Haus betrachten, in dem die Konjunktion stattfand. War dies im 2. Haus, kann die Krise aus einer unklugen Verausgabung der persönlichen Ressourcen entstanden sein. Im 8. Haus kann sie auf voreilige Geldausgaben des Partners, insbesondere aus selbstsüchtigen Motiven, hinweisen. Fand die Konjunktion im 3. Haus statt, kann z.B. die Ursache der Krise damit zu tun haben, was man in einer unbeherrschten Regung geschrieben oder gesagt hat und was mit Nachbarn oder Verwandten in Verbindung stehen mag. Die Opposition ist ein Aspekt, der auf das Potential für ein objektives Bewußtsein hinweist. In den nun folgenden Fällen darf nicht vergessen werden, daß die Mars-Energie betont ist, je doch eine Polarität mit der Sonne vorliegt. Der solare Lebenszweck erlaubt ein größeres Verständnis und vielleicht einen spirituellen Einblick in das Wesen der persönlichen Mars-Energie. Auch die beteiligten Häuser drücken diese Polarität aus. Der Konflikt oder die Krise wird sich im Haus des rückläufigen Mars abspielen und aus diesem Grund wahrscheinlich die größte Aufmerksamkeit auf sich lenken. Es ist allerdings die Polarität dieses Hauses — das Haus, in dem die Sonne steht —, in der das größte Potential zur Bewußtwerdung vorhanden ist.

Sonne im 1., rückläufiger Mars im 7. Haus. Hier entstehen Probleme durch den Gebrauch der Macht, die aus zwischenmenschlichen Beziehungen resultiert. Die Krise wird weniger durch vollbrachte als vielmehr durch unterlassene Handlungen herbeigeführt. Vielleicht projiziert eine Person ihre Mars-Energie in der Erwartung auf den Partner, daß dieser die Initiative ergreift und ihre Schlachten — ob physische oder spirituelle — für sie schlägt. Krisen in der Ehe oder in Geschäftsbeziehungen entstehen häufig aus der Unfähigkeit, den eigenen Anteil der Last zu übernehmen. Weil die ersten wütenden Worte vielleicht vom Partner kommen, erkennt man möglicherweise nicht, daß man die Situation selbst erzeugt hat und auch die Verantwortung dafür trägt. Anstatt sich dem Impuls hinzugeben, emotionale Bedürfnisse auf andere zu projizieren, sollte man sich während dieser Opposition der Stellung der Sonne im 1. Haus und des damit einhergehenden starken Energieflusses bewußt werden. Diese Energie ist nur durch das Individuum selbst zu lenken. Die Verantwortung für die Erfüllung eines solaren Zweckes kann an niemanden weitergegeben werden.

Sonne im 7., rückläufiger Mars im 1. Haus. Während dieser Zeit fühlt man sich voller emotionaler Leidenschaft und Kraft — möglicherweise überschreitet diese das Maß dessen, was man konstruktiv einsetzen kann. Während der gesamten Periode muß man deshalb die Kontrolle über sich selbst bewahren; man darf dem Ehepartner oder anderen engen Vertrauten die eigenen Bedürfnisse nicht mit Macht aufzwingen. Die Neigung, selbstsüchtige Bedürfnisse auszuleben, wird während dieser Zeit besonders stark sein, wodurch Konflikte entstehen können. Der rückläufige Mars im 1. Haus verlangt, daß man lernt, seine persönlichen Wünsche und Impulse zu kontrollieren. Es gilt zwischen positivem Handeln und voreiligem, ungestümem Verhalten zu unterscheiden. Bei dieser Opposition ist es ratsam, auf die Sonnenstellung im 7. Haus zu schauen und sich der Tatsache bewußt zu werden, daß man nicht allein ist — daß sich das eigene Verhalten tatsächlich auf andere Menschen auswirkt. Es gilt, sein Mitgefühl zu verfeinern und für die Bedürfnisse anderer offen zu sein. Dies ist der Weg, die eigene Individualität ohne Schaden für andere auszuleben und die eigene tiefste Wahrheit mutig zu verkünden, ohne bei den Freunden auf taube Ohren zu stoßen.

Sonne im 2., rückläufiger Mars im 8. Haus. An die Kraftreserven und an die inneren wie äußeren Ressourcen einer Person können nun große Anforderungen gestellt werden. Man muß lernen, diese auf verschiedene Weise zu nutzen. Vielleicht wird man von den Ressourcen anderer abhängig und verschwendet diese achtlos, wenn man nicht gelernt hat, sie wie die eigenen zu schätzen. Dies gilt vor allem für persönliche — insbesondere sexuelle — Beziehungen. Vielleicht sorgt man sich so sehr um seine persönliche Befriedigung, daß man die physischen und emotionalen Bedürfnisse des Partners völlig mißachtet. In diesen Fällen wird die körperliche Liebe zur Flucht vor dem Selbst. Die Schuld an dem daraus resultierenden Einsamkeitsgefühl wird im allgemeinen nicht der eigenen Selbstsucht, sondern der Unzulänglichkeit des Partners zugeschrieben. Die Sonnenstellung im 2. Haus weist auf die Notwendigkeit hin, sich nicht nur der persönlichen Ressourcen, sondern auch seiner wahrhaft individuellen Wertvorstellungen bewußt zu werden. Das Individuum muß lernen, daß der wirkliche Reichtum in ihm selbst liegt und nicht in dem, was es von anderen nimmt.

Sonne im 8., rückläufiger Mars im 2. Haus. Während dieser Zeit läßt sich aus einer Fülle an Ressourcen schöpfen, und die Herausforderung besteht in deren optimalem Einsatz. Man muß eine kluge und vernünftige Handhabung dieser Ressourcen erlernen und darf sie nicht vorschnell in der Hitze des Gefechts verschwenden. Es nützt jedoch auch nichts, kleinlich Buch zu führen, da dies die völlige Mißachtung der Wünsche und Bedürfnisse des Partners bzw. deren Unterordnung unter die eigenen Wertvorstellungen bedeuten kann. Das Leben kann jetzt zu einem leidenschaftlichen Streben nach größerem Reichtum führen. Man muß in der Lage sein, einen Schritt zurückzugehen und mit vorurteilsfreiem Blick zu entdecken, wo wirkliche persönliche Sicherheit zu finden ist. Die Sonnenstellung im 8. Haus zeigt, daß die einzigen Dinge, die einem wirklich gehören, jene sind, die man mit anderen geteilt hat. Der wirkliche Reichtum des Individuums liegt in der Ernte aus den Beziehungen, die zum Wohl aller Beteiligten eingebracht wurde.

Sonne im 3., rückläufiger Mars im 9. Haus. Jetzt kann die Leidenschaft eines neuen Glaubens für andere belastende Züge annehmen, wenn das Individuum sich auf eine Seifenkiste stellt und Tiraden auf alle losläßt, die ihm zuhören. Hier gilt es zu erkennen, daß der wahre Wert der eigenen visionären Gedanken und expansiven Träume nur in darauf folgenden Taten liegt. Dieser Wert läßt sich nicht an der Anzahl von Leuten messen, die man erfolgreich zu seinem Standpunkt bekehrt. Das Problem ist nicht zu lösen, indem man in — geographisch oder geistig — entfernte Bereiche entflieht; die unmittelbare Umwelt mit ihren Erfordernissen verlangt Aufmerksamkeit. Während dieser Zeit wohnt langen Reisen oder metaphysischen Bestrebungen die Tendenz inne, nur eine Flucht vor der weltlichen Realität und den wahren Erfordernissen der Gegenwart zu sein. Die Sonnenstellung im 3. Haus weist auf die zu entwickelnde Fähigkeit hin, frei und ohne die Übereinstimmung mit anderen seiner eigenen Wahrheit gemäß zu leben.

Sonne im 9., rückläufiger Mars im 3. Haus. Der Intellekt scheint während dieser Zeit voller Energie zu sein. Vielleicht bringen Umstände, die nahe Verwandte oder Nachbarn betreffen, Ärger mit sich; diese können aber dennoch, solange man nicht die Geduld verliert, dem persönlichen Vorteil dienen. Es besteht das Risiko eines Autounfalls, wenn man sein Temperament durch schnelles Fahren auslebt. Statt mit einer hohen Geschwindigkeit zu fahren, sollte man seinen Ärger hinausschreien. Während dieser Phase können Zwiespälte auftreten, bei denen sich das Nahe und das Ferne, Weisheit und Intellekt, langfristige Pläne und Notwendigkeiten des Alltags gegenüberstehen. Man sollte sich nicht zu sehr von dem Nahen und intellektuell Machbaren faszinieren lassen, sondern sich bemühen, die gegenwärtige Rastlosigkeit und zerstreuten Aktivitäten des Geistes auf ein Ziel oder eine Philosophie zu konzentrieren. Es hat keinen Sinn, wie ein Löwe im Käfig umherzulaufen oder Entscheidungen zu vertagen, die nun getroffen werden müssen. Die Antworten auf die gegenwärtigen Probleme findet man im 9. Haus, in Philosophie und Religion: im Gefühl für die größere Realität und für das Göttliche. Man sollte den Intellekt zur Ruhe kommen lassen und stattdessen danach streben, die innere Stimme wahrzunehmen und Verständnis statt technischem Know-how suchen. Der Wunsch, andere intellektuell zu beherrschen, sollte dem Verständnis der Bedeutung des eigenen Lebenszwecks weichen.

Sonne im 4., rückläufiger Mars im 10. Haus. Diese Periode kann ein starkes Gefühl für persönliche Macht und vielleicht die Aufforderung mit sich bringen, in der Außenwelt aktiv zu werden, wobei die Person selbst die Initiative ergreifen muß. Eine derartige Entwicklung kann zu emotionalen Konflikten im häuslichen Bereich führen. Dies gilt insbesondere dann, wenn man versucht, seinen Verpflichtungen auszuweichen und sich im Schutz der heimischen Sicherheit verkriecht. Übernimmt man jedoch die Verantwortung für die nun im eigenen Wesen tätigen Energien, so läßt sich im beruflichen Bereich und für das persönliche Wachstum eine Menge vollbringen. Es gilt herauszufinden, ob die nach außen gerichteten Aktivitäten auf einem persönlichen Fundament des Seins — wie es die Sonnenposition im 4. Haus ausdrückt — beruhen, oder ob es sich bei ihnen lediglich um einen leeren egozentrischen Ehrgeiz handelt. Während dieser Zeit können das Heim und die Familie eine neue und personalisierte Bedeutung erhalten. Anstatt ererbte Traditionen als eine Fessel der überkommenen Vergangenheit aufzufassen, sollte man sie als die eigenen Wurzeln erkennen — das Fundament, auf dem sich ein Leben von bedeutungsvollem Dienst an der persönlichen Umgebung aufbauen läßt.

Sonne im 10., rückläufiger Mars im 4. Haus. Hier muß die Neigung zu extremen Temperamentsäußerungen im Zaum gehalten werden. Man sollte darauf bedacht sein, dem zunehmenden emotionalen Druck zu widerstehen und diese Energie zur Umwandlung persönlicher Bestrebungen und zur Förderung der beruflichen Lage einsetzen. Viele Ereignisse im häuslichen Leben können die physischen wie auch die spirituellen Grundlagen, auf die man sein Leben errichtet hat, beeinflussen. Ichbezogenheit läßt Probleme entstehen; das Leben verlangt nun, Wachstum nicht nur für sich selbst, sondern für die Gesellschaft bzw. die Welt überhaupt zu erzielen. Das Individuum sollte sich nicht entwickeln, um ein größeres und machtvolleres Ego zu formen, sondern um eine bedeutendere Rolle bei der Erfüllung der gesellschaftlichen Bedürfnisse spielen zu können. Um dies zu vollbringen, muß sich die Persönlichkeit möglicherweise von ihren Bedürfnissen befreien und die wahre Erfahrung des Selbst von den Emotionen lösen.

Sonne im 5., rückläufiger Mars im 11. Haus. Wenn jemand seine Mars-Energie in die Gruppen und Organisationen lenkt, denen er angehört, sind hitzige Diskussionen mit Freunden und Beratern zwangsläufig die Folge. Solange diese Energien nicht zu ungezügelten und kindischen Wutausbrüchen führen, können sie dazu dienen, die Kreativität ins Fließen zu bringen. Großes kann während dieser Zeit geleistet und verwirklicht werden unter der Voraussetzung, daß man ganz und gar Herr seiner schöpferischen Energien ist und diese ohne Verluste einsetzen kann. Gewalttätige Auseinandersetzungen sind sinnlos, und emotionale Unbeherrschtheit und Wut tragen keine Früchte. Jetzt ist eine hervorragende Zeit, sich dies vor Augen zu führen. Weil die Mars-Energie hier auf Gruppen und Freundschaften gerichtet ist, empfindet man möglicherweise die Notwendigkeit, die tiefere Bedeutung dieser Facetten seines Lebens zu erforschen — den persönlichen Wert seiner höchsten Ideale zu hinterfragen. Es besteht hier die Gefahr, sich mit Fanatismus einer Organisation anzuschließen und die eigene Kraft an die Gruppe zu verlieren. Die Stellung der Sonne im 5. Haus in Verbindung mit dieser Opposition zeigt, daß das größte Geschenk, welches man einer «Sache» machen kann, das wahre Selbst ist. Man muß lernen, seine Ideale durch die eigene Kreativität zu verwirklichen und ihre Verwirklichung nicht einer Gruppe zu übertragen. Dies ist die Zeit, in der ein Individuum zum Schöpfer werden kann, in welchem Bereich seine wirkungsvollsten Fähigkeiten auch liegen mögen.

Sonne im 11., rückläufiger Mars im 5. Haus. Hier ist die Lektion, daß die fundamentalsten Konflikte des Lebens für gewöhnlich nicht gelöst, sondern transzendiert werden. Die Neigung, Energien und Ressourcen durch unbedachte Risiken zu verschwenden, muß hier abgelegt werden. Während dieser Zeit ist der eigene Selbstausdruck vielleicht zu egozentrisch, oder man ist versucht, eigene Wünsche auf andere zu projizieren. Zwar verlangt der Mars im 5. Haus Kreativität; er verlangt aber nicht, daß man für seine «Kunst» alles opfert (insbesondere nicht seine Freunde). Die Kreativität muß in ihre wahre Perspektive gerückt werden — sie ist mehr als die bloße Projektion des eigenen Egos auf die Welt. Die Stellung der Sonne im 11. Haus fordert dazu auf, die schöpferischen Energien einer größeren Sache oder einem Zweck zu widmen, der die Ebene der Ego-Bedürfnisse übersteigt. Diese Opposition ist zu integrieren, indem man sich den konkreten Wert veranschaulicht, der aus dem persönlichen Sinn für den überpersönlichen Zweck erwachsen ist. Ungeduld und der Wunsch nach schnellen Ergebnissen werden in dieser Zeit das größte Hindernis auf dem Weg zu schöpferischer Erfüllung sein.

Sonne im 6., rückläufiger Mars im 12. Haus. Zu dieser Zeit kann eine Person mit einem weitaus größeren Energiepotential ausgestattet sein als sie dies je für möglich gehalten hätte. Die Zeit ist äußerst günstig, um viel zu arbeiten und bereits begonnene und noch nicht zum Abschluß gebrachte Projekte zu vollenden. Einige heftige Worte können verborgene Feinde auf den Plan rufen, mit denen man sich auseinanderzusetzen hat. Der größte Feind während dieser Phase sind aber die eigenen unbewußten Ängste, die sich schädlich auf die Gesundheit auswirken können. Im Bereich der Arbeit ist es jetzt wichtig, über die wirkliche Beziehung zwischen den eigenen Handlungen und den Erfordernissen der Gesellschaft nachzudenken. Die Begrenzung der eigenen Aktivitäten durch das Erbe, die Umwelt und die Erinnerung an die Vergangenheit, aus der man als spirituelles Wesen hervorgegangen ist (Karma), bringen Probleme mit sich. Diese sind nur zu lösen, wenn man zu einer Art persönlicher Metamorphose bereit ist. Die Stellung der Sonne im 6. Haus verweist auf die notwendige Lektion, sein Glück im gegenwärtigen Augenblick zu finden, sowie darauf, daß wirkliches Wachstum inmitten der alltäglichen Aktivitäten möglich ist. Während der Zeit, in der man mit den Abgründen seines Wesens konfrontiert wird — den gewalttätigen Instinkten und irrationalen Impulsen, die man nicht nur vor der Welt, sondern auch vor sich selbst verborgen hielt -, muß erkannt werden, daß es sich bei diesen nicht um das wahre Selbst handelt, sondern um die Manifestation geheimer Ängste.

Sonne im 12., rückläufiger Mars im 6. Haus. Jetzt muß man sorgfältig und mit Geduld arbeiten, denn Hast und voreiliges Handeln können zu Arbeitsunfällen führen. Dies gilt ganz besonders, wenn man mit Maschinen oder in ihrer Nähe arbeitet. Emotionale Selbstkontrolle und Freundlichkeit sind bei allen Beziehungen im Arbeitsleben notwendig. Die wesentliche Herausforderung dieser Zeit wird von der Sonnenstellung im 12. Haus symbolisiert, die zu persönlicher Hingabe und zum Dienst an der Menschheit auffordert. Dieses Ziel kann bei einem Drang zu erhöhter Effektivität und Produktivität auf der Strecke bleiben. Es darf nicht vergessen werden, daß Effektivität und Produktivität kein Ziel darstellen — sie beschreiben allenfalls einen Weg. Der Zweck des Lebens ist nicht zu produzieren, sondern zu dienen; Arbeit ist kein Endziel, sondern vielmehr das Mittel eines Individuums zur Teilnahme.

Der Merkurzyklus

Der Planet Merkur ist der Sonne am nächsten. Der Mond umkreist während seines 28-Tages-Zyklus die Erde, und der Merkur bewegt sich, von der Erde aus gesehen, vor- und rückwärts — dreimal im Jahr zur Sonne hin und danach der Erde entgegen. Insofern sind Mond und Merkur verteilende Vermittler der solaren Lebenskraft. Traditionell symbolisieren Mond und Merkur den Geist — wobei Merkur insbesondere mit dem Nervensystem, dem Intellekt und dem verbalen Ausdruck der Gedanken in Verbindung gebracht wird, während sich der Mond auf das Gedächtnis bezieht. Ebenso wie der andere innere Planet, die Venus, befindet sich der Merkur im Tierkreis immer in der Nähe der Sonne. Weil Sonne und Merkur niemals weiter als 28 Grad voneinander entfernt sind, wird man letzteren nie in der Himmelsmitte finden. Merkur geht entweder kurz vor der Sonne auf und entzieht sich der Sicht mit Anbruch der Dämmerung, oder er wird am westlichen Abendhimmel funkeln und der Sonne alsbald unter den Horizont folgen. Daher ist der Merkur entweder ein Morgen- oder ein Abendstern.

«Merkur-Prometheus» und «Merkur-Epimetheus»

Den Merkur als Morgen- oder Abendstern hat Dane Rudhyar nach den griechischen Titanen «Merkur-Prometheus» und «Merkur-Epimetheus» benannt.[16] Diese beiden Halbgötter waren Brüder, und ihre Namen lassen sich mit «Voraussicht» (Prometheus) und «nachträgliche Sicht» (Epimetheus) übersetzen. In den Legenden der griechischen Mythologie stiehlt Prometheus den Göttern das Feuer (das Symbol für die Kraft des Verstandes), welches er an die Menschen weitergibt. Sein Bruder Epimetheus ist in erster Linie als Ehemann der Pandora bekannt. «Merkur-Prometheus» steht für die fortschrittliche, zukunftsgerichtete Mentalität, während «Merkur-Epimetheus» die konservative Mentalität symbolisiert, die ihre Beurteilungen aufgrund des Vergangenen trifft. C. G. Jung sieht in Prometheus den Introvertierten und in Epimetheus den Extrovertierten. Ersterer steht für die Mentalität, die alles mit der Gegenwart in Verbindung stehende opfert, um in Voraussicht auf eine ferne Zukunft schöpferisch tätig zu sein, wohingegen der letztgenannte eine Herangehensweise an das Leben symbolisiert, die auf der Tradition entsprechenden «richtigen» Gedanken basiert — der weltlichen Weisheit, die in der öffentlichen Meinung ihren Ausdruck findet. Prometheus ist nicht im geringsten auf öffentliche Anerkennung aus, während Epimetheus sich immer um Harmonie bezüglich der allgemeinen Erwartungen bemüht. Der Geist des Prometheus setzt sich in erster Linie mit Idealen und Abstraktionen auseinander und kümmert sich wenig um die Einzelheiten des Alltagslebens. Er ist auf die Zukunft ausgerichtet. Der Geist des Epimetheus wiederum symbolisiert die durch ihre sklavenhafte Unterwürfigkeit an die kollektive Norm begrenzte Einstellung, die nichts als den Intellekt gelten läßt.

Es wäre jedoch ein Irrtum zu glauben, daß das von «Merkur-Prometheus» verkörperte Prinzip besser oder erstrebenswerter ist als das von «Merkur-Epimetheus». Es handelt sich um zwei unterschiedliche Mentalitätstypen; jeder von ihnen hat seine starken und seine schwachen Seiten. Eine Person vom Typ des «Merkur-Prometheus» kann einen großen Teil ihres Lebens in der Zukunft verbringen, so daß sie den augenblicklichen Moment gar nicht mehr wahrzunehmen imstande ist. Somit besteht hier die Gefahr, den spontanen Zugang zu den Erfahrungen des Lebens zu verlieren. Bei Epimetheus mit seiner Gabe der alles durchdringenden späten Einsicht kann es zu Schwierigkeiten kommen, weil hier die Neigung besteht, zuerst zu handeln und erst dann nachzudenken. Er hat auch die Anlage, den vergangenen Erfahrungen verhaftet zu sein und darüber nachzusinnen, was er hätte tun sollen anstatt zu überlegen, was als nächstes zu tun wäre.

Der rückläufige Merkur. In den Interpretationen vieler traditioneller astrologischer Texte wird der rückläufige Merkur auf einen schwachen und schwerfälligen Geist bezogen. Dies entspricht keinesfalls der Wahrheit. Der rückläufige Merkur steht für einen Geist, der auf eine der instinktiven Natur und dem normalen Fluß der Lebenskraft entgegengesetzte Art funktioniert.

Daher kann für eine solche Person das größte spirituelle Wachstum aus den Erfahrungen resultieren, die sich durch die kontrastive Spannung aus rationalen und innerlichen Wertbegriffen einerseits und instinktiven Gefühlsurteilen andererseits ergeben. Die Ergebnisse können vielfältig und unterschiedlich sein; wie bei den rückläufigen Phasen von Mars und Venus neigen sie jedoch zur Introversion. Dies bedeutet, daß das Selbst mehr an der Entwicklung des persönlichen Bewußtseins interessiert ist als an anderen Menschen, Ereignissen oder der materiellen Welt im allgemeinen. Das innerliche, geistige Wachstum wird für diese Person mehr bedeuten als äußerlicher Erfolg. Aus diesem Grund kann der rückläufige Merkur für eine Person, die «den Erfolg sucht», einen negativen Einfluß darstellen.

Obwohl die durch das Horoskop angezeigten Begleiterscheinungen dem Merkur eine bestimmte Tendenz verleihen, finden im Innenleben der meisten Menschen verschiedene Polaritätswechsel statt. Diese können anhand der direkt- wie der rückläufigen Sekundärprogressionen des Merkurs bemessen werden. Mark Edmund Jones hat während des Zweiten Weltkrieges im »American Astrology Magazine« einen Artikel mit dem Titel »Mercury Magic« veröffentlicht, in dem er die Bedeutung der Polaritätswechsel des Merkurs im Laufe des Menschenlebens veranschaulichte. Zusammengefaßt sagte er, daß das Jahr, welches in der (direkt- oder rückläufigen) Sekundärprogression einem Polaritätswechsel des Merkurs entspricht, im Leben eines Individuums stets einem ungemein wichtigen Zeitraum darstellt. Jones benutzte diese Information, um das Vertrauen seiner Klienten zu gewinnen, indem er vor einer Beratung in die Ephemeriden schaute und die Jahre heraussuchte, in denen der Merkur seine Richtung änderte. Da meistens eine Entsprechung im Leben des Klienten existierte, hatte dieser nach vielleicht anfänglicher Skepsis das Gefühl, an einen guten Astrologen geraten zu sein und zeigte in der Folge eine größere Aufmerksamkeit für das, was dieser ihm zu sagen hatte. Von diesem Einsatz der progressiven Merkurphasen abgesehen, fallen für gewöhnlich auffällige Veränderungen der bewußten Geisteshaltung und Veränderungen der elektrischen und nervlichen Leistungsfähigkeit des Organismus mit den Polaritätswechseln des Merkurs zusammen. Der wichtigste Unterschied zwischen den Hinweisen, die uns die direkt- und die rückläufigen Sekundärprogressionen liefern, besteht darin, daß in der Humanistischen Astrologie alle rückwärts gerichteten Bewegungen eine Rückkehr zum Ursprung symbolisieren. Rückläufige Progressionen beziehen sich daher auf Faktoren, die einer überlieferten ethnischen oder spirituellen Vergangenheit entstammen und unter dem Druck karmischer Kräfte ins Bewußtsein dringen. Dem, was von einer umgekehrten Progression beschrieben wird, haftet oft etwas Schicksalhaftes oder nicht zu Beeinflussendes an. Dies gilt insbesondere für die Zyklen des Merkurs, der Venus und des Mars und ihre sogenannten «Neu- und Vollmond-Phasen»

Wie bei Venus und Mars beginnt der Transitzyklus des Merkurs während der rückläufigen Phase bei der unteren Konjunktion mit der Sonne. Wenn der Merkur die untere Konjunktion erreicht (und deshalb der Erde während seines Zyklus am nächsten ist, befindet er sich zwischen Sonne und Erde. Symbolisch betrachtet bündelt er die Solarenergie auf ihrem Weg zur Erde. Zu diesem Zeitpunkt wechselt er innerhalb seiner Rückläufigkeit von der «Epimetheus-» zur «Prometheus-Phase». Somit verweist diese Konjunktion auf einen Polaritätswechsel im elektromagnetischen Feld aller lebendigen Organismen und auf die Notwendigkeit, alle merkurischen Angelegenheiten und Funktionen neu zu ordnen. Die untere Konjunktion und die gesamte rückläufige Phase des Merkurs können auf wichtige Veränderungen sowohl in der Welt als auch im Leben eines Individuums hinweisen. Auch neue, für die persönliche Entwicklung notwendige geistige Werte mögen jetzt zutage treten. Die Integration neuer Faktoren kann zunächst einen Reinigungsprozeß notwendig machen, insbesondere während der Phase, in der Merkur auf dem Weg zur unteren Konjunktion mit der Sonne stationär bzw. rückläufig ist. Wie diese neuen Gelegenheiten des Wachstums auch beschaffen sein mögen, der Schlüssel zu dem, was geschieht, liegt im Tierkreiszeichen und -grad der unteren Konjunktion. In diesem Zusammenhang wird der Gebrauch des Symbols für den Tierkreisgrad — insbesondere aus der sabischen Reihe[14] — für den psychologisch und spirituell orientierten Astrologen äußerst erleuchtend sein.

Zu den Phasen eines rückläufigen Merkurs wird eine allgemeine Tendenz zur geistigen Innenschau vorherrschen. Die Menschen allerorten werden vornehmlich mit ihren persönlichen Angelegenheiten beschäftigt sein und über weniger Energie für nach außen gerichtete Handlungen und zwischenmenschliche Beziehungen verfügen. Daher sollte man in diesen Zeiten keine Entscheidungen erzwingen und neue Pläne nicht mit Eile vorantreiben, da die Menschen den Projekten anderer gegenüber nicht aufgeschlossen sein werden. Bei einem rückläufigen Merkur ist es ratsam, zu beobachten, abzuwarten und zu versuchen, so objektiv wie möglich die Dinge zu verstehen, die im Bereich des eigenen Denkens, des Lebens anderer Menschen und der Welt im allgemeinen geschehen. Während sich der Merkur in seiner rückläufigen «Epimetheus-Phase» befindet, ist es sinnlos, mit dem alten, bereits abklingenden Schwung gewaltsam vorwärts zu drängen. Auf der anderen Seite ist es noch zu früh, sich auf die Kraft der neuen Merkur-Woge zu verlassen, denn die der unteren Konjunktion unmittelbar folgende rückläufige «Prometheus-Phase» befindet sich zu dieser Zeit noch in ihrem anfänglichen, unsicheren Stadium des Wachstums.

Der humanistische Ansatz legt dem Individuum nahe, die rückläufigen Phasen des Merkurs bewußt zu dem Versuch zu nutzen, den Geist neu zu organisieren und zu reinigen, und das Denken von den Zwängen der Instinkte zu befreien. Wer diesen Versuch unternimmt, wird nicht in der Lage sein, den sogenannten «normalen», extrovertierten Aktivitäten seine volle Aufmerksamkeit zu schenken. Dieser Mensch muß bereit sein, seine extrovertierten Aktivitäten für eine gewisse Zeit dem Bestreben nach Selbstvervollkommnung zu opfern. Er sollte nun neue Ziele suchen, neue Techniken entwickeln und alles in seiner Macht stehende unternehmen, um die Qualität seines Denkens zu verändern.

Die rückläufige Phase des Merkurs gliedert sich in zwei Teile. Der erste Teil, von dem Augenblick der Richtungsänderung bis zur unteren Konjunktion, stellt angesichts des zu Ende gehenden Sonne/Merkur-Zyklus eine Art 12.-Haus-Phase dar. Als solche sollte sie auch behandelt werden: Jetzt sollte man ein Resümee ziehen und seine Erfolge und Mißerfolge bewerten. Dann wird man in der Lage sein, die neu einzuführenden Faktoren und die zu korrigierenden Fehler zu bestimmen. Falls der alte Zyklus während dieser Phase Probleme bereitet, kann man damit rechnen, daß sich eine mögliche Lösung zum Zeitpunkt der unteren Konjunktion abzeichnet, welche in der zweiten Hälfte der rückläufigen Phase verwirklicht werden kann. Die neuen Tendenzen können dann während der folgenden oberen Konjunktion zwischen Sonne und Merkur, der symbolischen «Vollmond-Phase» des Zyklus, ihre Vollendung erfahren. Das Radixhaus, in dem die Konjunktion der Sonne mit dem rückläufigen Merkur stattfindet, zeigt den Erfahrungsbereich an, dem besondere Aufmerksamkeit gewidmet werden sollte. Dieses Haus wird die merkurische Herausforderung in den Brennpunkt rücken: die Qualität des Denkens zu verbessern und neue Maßstäbe und Ideale für das Leben zu suchen. Jeder von einem rückläufigen Merkur berührte Radixplanet ist ebenfalls an diesem Prozeß beteiligt.

Zum Schluß dieses Kapitels über die drei persönlichen Planeten muß noch gesagt werden, daß die wichtigsten rückläufigen Phasen natürlich jene sind, bei denen ein Planet über eine Horoskopachse, insbesondere über den Aszendenten, läuft. Solche Transite verweisen im allgemeinen auf eine notwendige Regeneration oder ein Überdenken des persönlichen Verhaltens. Dies wird in einem Klima der Anspannung auf verschiedenen Ebenen vonstatten gehen: bei Merkur auf der geistig-nervlichen und bei Mars und Venus auf der psychisch-emotionalen. Die rückläufigen Phasen sollten nicht zu gänzlich neuen Aufbrüchen benutzt werden; sie werden einem Individuum aber — wenn auch unter Druck und mit dem Risiko der Verschlechterung — die Gelegenheit geben, falsch angegangene Angelegenheiten in Ordnung zu bringen.

Kapitel V

Der Jupiterzyklus

In der traditionellen Astrologie ist Jupiter als «der große Wohltäter» bekannt, als «Planet der Gelegenheiten»; er steht für persönlichen Reichtum, soziales Ansehen, berufliches Prestige und auch für hohe politische Ämter. Setzt man den astrologischen Symbolismus in Beziehung zur Psychologie, so verkörpert dieser Planet darüber hinaus alle Formen von aufgeblasenem Eigendünkel, Vermessenheit und Wichtigtuerei. Astronomisch ist der Jupiter der größte am Himmel sichtbare Planet; er verfügt über eine Masse, die zweieinhalbmal so groß ist wie die aller anderen Planeten zusammen. Sein Volumen ist ebenfalls größer als das aller anderen Planeten insgesamt. Dementsprechend stellt sowohl das individuelle wie auch das gesellschaftliche Jupiter-Bestreben ein Ausdruck der «je-mehr-desto-besser»-Philosophie dar. Unbegrenzte Expansion ist aber nicht unbedingt positiv. Obwohl die traditionelle Astrologie die Herrschaft über die Krankheit Krebs dem gleichnamigen Tierkreiszeichen zuschreibt, ist diese, biologisch gesehen, eine zellulare Manifestation des Jupiterprinzips des uneingeschränkten Wachstums. Die Übel unbegrenzter Expansion können auch auf der gesellschaftlichen Ebene — beispielsweise in Inflation und auswuchernden Städten — gesehen werden. Daher lautet die Jupiter-Lektion auf allen Realitätsebenen, daß man die Bedeutung von Begrenzungen lernen muß. Ein Übermaß — wovon auch immer — ist nicht erstrebenswert, sondern wird zum Übel. Ein Übermaß an Nahrung führt zu Blähungen, Trägheit und Fettleibigkeit; zuviel Alkohol führt zum Katzenjammer. Ein Ballon kann nur eine bestimmte Menge Luft aufnehmen, sonst platzt er.

Auf allen Realitätsebenen — der psychischen, der physischen und der gesellschaftlichen — kann die Jupiter-Expansion nur innerhalb bestimmter Grenzen stattfinden. Diese Grenzen werden von Saturn symbolisiert; daher bilden Jupiter und Saturn ein sich ergänzendes Paar. Ohne die Berücksichtigung Saturns wird ein Astrologe niemals wirklich die Funktionsweise Jupiters in einem Horoskop verstehen. Gemeinsam zeigen diese beiden Planeten, wie es einer Person gelingt, ihre charakteristischen Eigenschaften innerhalb einer bestimmten geographischen Umgebung und unter besonderen gesellschaftlichen, kulturellen und religiösen Normen zu bewahren (Saturn) und zu erweitern (Jupiter). Ein Jupiter, der in einem Horoskop den Saturn beherrscht, zeigt die Neigung einer Person, mehr in sich aufzunehmen, als sie verwerten kann. Die Einverleibung übersteigt die Aufnahmefähigkeit, und auf der betroffenen Ebene — der physischen, der psychischen oder der mentalen — wird es zu Verdauungsstörungen kommen. Der jupiterhafte Drang nach Expansion besitzt nicht die Fähigkeit zur Differenzierung, und ohne die mäßigende Hand Saturns wäre er richtungs- und ziellos. Dieser Jupiter-Drang führte auf allen Seinsebenen zu ununterbrochener «Nahrungsaufnahme», bis das Individuum oder die Gesellschaft schließlich am eigenen Überfluß ersticken würde. Was man aufnimmt, muß auch — soll es von irgendeinem Wert sein — verarbeitet werden. Wenn Jupiter zur Erfüllung des solaren Zwecks eines Individuums beitragen soll, muß sein Expansionsdrang kanalisiert werden. Der symbolische Ausdruck dieser Tatsache ist der Bogenschütze im Tierkreiszeichen des Schützen, der seinen Pfeil nach oben richtet, wodurch der Jupiter-Energie eine bestimmte Richtung verliehen wird.

Jupiter und Saturn sind gesellschaftliche Planeten. Sie symbolisieren Erb- und Umweltfaktoren und liefern das Potential für ein individuelles Wachstum wie auch für dessen Grenzen. Sie beschreiben das besondere Gefüge der gesellschaftlichen, kulturellen und wirtschaftlichen Bedingungen, in dem ein Individuum lebt. Die Energien Jupiters und Saturns sind mit diesem Gefüge verwoben. Das Streben nach persönlicher und gesellschaftlicher Erfüllung findet immer gemäß der Wertvorstellungen der Gesellschaft statt. Dem humanistischen Ansatz zufolge kann der Expansionsdrang des Jupiters einem Menschen bei der Verwirklichung seiner Anlagen helfen, die aus seinen Geburtsumständen — insbesondere der familiären und gesellschaftlichen Situation — resultieren. Astrologisch kann eine mangelnde gesellschaftliche Anpassungsfähigkeit durch die Erforschung der Radixstellungen und -aspekte von Jupiter und Saturn erklärt werden. Außerdem sollte die Phasenbeziehung beider Planeten im Transit auf den Zeitpunkt bezogen untersucht werden, an dem eine bestimmte Schwierigkeit erstmals auftrat bzw. die Suche nach ihrer Lösung begann. Hier wird präzise abzulesen sein, wie sich ein Individuum gegenüber den gesellschaftlichen Strömungen der entsprechenden Zeit verhält.

Die Funktion des Jupiters in der Psychologie C. G. Jungs

Jung bezieht die Funktion des Jupiters auf die «Persona», die das Resultat der Mischung der individuellen Charakterzüge mit den Einflüssen bzw. den Erfordernissen der Gesellschaft darstellt. Es handelt sich dabei um eine Maske, die aus der gesellschaftlichen Rolle entsteht, die man spielt, und mit der sich das bewußte Ich-Gefühl oft identifiziert. Mit Hilfe der «Persona» erscheint ein Individuum als das, was es im wesentlichen *nicht* ist. Es konstruiert eine künstliche, für die Gesellschaft errichtete Fassade, hinter der es ein Gefühl der Unzulänglichkeit und persönlicher Minderwertigkeit verbergen mag. Deren wesentlicher Zweck besteht darin, die Person zu verstecken, die zu sein man befürchtet — die Person, von der man fürchtet, daß sie von der Welt nicht akzeptiert wird. Unter dem Einfluß dieser gesellschaftlichen Maske wird sich ein Individuum in der Öffentlichkeit völlig anders als im Privatleben verhalten. Je länger sich das Individuum hinter dieser äußerlichen, gesellschaftlichen Fassade verbirgt, desto unbewußter wird ihm seine wahre Identität werden, bis die Maske dann schließlich den eigentlichen Menschen ersetzt. Auf der gesellschaftlichen Ebene mag diese Person dann vollständig angepaßt sein, während sie von ihrer eigenen Individualität weit entfernt sein wird. Die «Persona» wird auf dem sozialen Konsens errichtet und umfaßt jene Qualitäten, deren Zurschaustellung das Individuum für unumgänglich hält, um innerhalb der Gesellschaft Anerkennung zu finden. Es handelt sich dabei um ein falsches Selbst: um das vermeintlich von der Gesellschaft Gewünschte, und nicht um den Ausdruck der wirklichen Erfahrung des Selbst. Während der Aktionen und Reaktionen in der persönlichen Umgebung trägt die Person ihre Maske Schicht für Schicht auf und perfektioniert sie bei jeder Begegnung mit der Außenwelt. Diese nach außen orientierte, gesellschaftsbezogene Haltung wird sich mit dem Ziel, von der Umwelt anerkannt zu werden und in Übereinstimmung mit ihr zu handeln, chamäleonhaft jeder Situation anpassen. Die Absicht der «Persona» ist immer gesellschaftsbezogen, und insofern erscheint es folgerichtig, sie auf die Funktion des Jupiters zu beziehen.

Marc Edmund Jones hat Jupiter und Saturn als die «Seelen-Planeten» bezeichnet. Im Jungschen Kontext entspricht das der «Anima-Animus-Funktion». Die «Anima-Animus-Funktion» offenbart die unbewußte Einstellung, die die bewußte Einstellung der «Persona» ergänzt. Sie enthält all jene menschlichen Qualitäten, die der gesellschaftlichen Maske fehlen. Wenn die gesellschaftliche Maske auf irgendeine Art versagt oder nicht das erwünschte Ergebnis in Form von Anerkennung (die gesellschaftliche Funktion des Jupiters) hervorbringt, wird sich die Funktion des Jupiters nach innen wenden. Die Identifikation mit der subjektiven Welt wird dann als Kompensation für das empfunden, was man in seinem sozialen oder beruflichen Leben als unbefriedigend ansieht. Das Individuum wird seine Aufmerksamkeit nicht mehr dem äußeren Erfolg, gesellschaftlichen Bestrebungen oder dem persönlichen Aufstieg widmen, sondern stattdessen — häufig überemotional, zwanghaft und irrational — nach sogenannten «spirituellen» Werten und Aktivitäten suchen. Diese Person wird der Versenkung in das eigene Unbewußte das größte Gewicht in ihrem Leben einräumen und mehr um dessen Entwicklung bemüht sein, als um die Entwicklung der Kontakte zur Außenwelt.

Wenn sich eine Person von den äußeren Belangen abwendet und sich den inneren zukehrt, wird sich eine gewisse Art von Introversion einstellen. Männer werden dann dazu neigen, feminine Wesenszüge zu entwickeln, und bei Frauen werden es maskuline Charakteristiken sein. Dies bezieht sich jedoch keineswegs auf ihre geschlechtliche Identität; es handelt sich vielmehr um unbewußte Impulse. Eine solche Introversion der Jupiter-Funktion läßt sich häufig im Zusammenhang mit einer rückläufigen Bewegung des Planeten feststellen. Aus humanistischer Sicht stellt eine Beziehung des Jupiters zur «Persona» und zur «Anima-Animus-Funktion» eine negative Ausprägung dar. Voraussetzung für eine positive Jupiter-Funktion ist zunächst ein vitaler Sinn für den Zweck des Lebens. Von diesem Sinn ausgehend kann ein Individuum den Wunsch entwickeln, zusammen mit anderen Menschen an einem größeren Ganzen teilzuhaben, von dem es sich selbst als einen bewußten Teil begreift. Somit sollte der dem Jupiter eigene Drang nach Wachstum und Expansion das Individuum letztlich zu einem vollständigen Ausdruck seines solaren Potentials führen. Abweichungen von dieser idealen Jupiter-Entwicklung werden im allgemeinen durch die Rolle Saturns im Leben des einzelnen hervorgerufen. Der Saturn bestimmt die Voraussetzungen, auf die Jupiter reagiert; er beschreibt die Gesellschaft, innerhalb derer Jupiter wirkt.

Jupiter und die freizügige Gesellschaft

Vieles ist schon über die Generation gesagt und geschrieben worden, die nach dem letzten Krieg geboren wurde — insbesondere bezüglich der übersteigerten Jupiterfunktion. Die überlieferten Begrenzungen und kontrollierenden Funktionen Saturns — vornehmlich auf dem Gebiet der Sexualität — scheinen nicht mehr zu existieren, und man kreidet dieser Generation häufig eine moralische Sittenlosigkeit an. Die Nachkriegsgeneration sieht sich mit Problemen konfrontiert, die eindeutig mit einem fehlgeleiteten Jupiter zu tun haben. Überbevölkerung, Überproduktion, Müll, Umweltverschmutzung, Inflation, Verkehrsstaus und auch die Anhäufung militärischer Waffen sind allesamt Facetten der Jupiter-Expansion. Es hat den Anschein, als hätten wir dreißig Jahre mit Jupiter gefeiert und erlebten nun mit Saturn den Katzenjammer des nächsten Morgens.

Wie auf eine Saturn-Rezession eine Jupiter-Inflation folgt, so trifft auch die Umkehrung zu. Die Wohlstandsgesellschaft wurde aus den Entbehrungen der Depressionsjahre geboren. Eltern, die nur mit sehr wenigen materielle Gütern aufwuchsen, waren entschlossen, ihren Kindern alles das zu geben, worauf sie verzichten mußten. Es war die Reaktion auf die starke Saturn-Betonung in ihrem Leben, die sie mit Hilfe ihrer Kinder die «freizügige Gesellschaft» errichten ließ. Es ist eine interessante Feststellung, daß diese nun erwachsenen Kinder den Materialismus ihrer Eltern ablehnen zugunsten eines mehr spirituellen, kontemplativen Lebens. Es besteht die Tendenz, zu den Ursprüngen zurückzukehren und die ursprünglichen Freuden des Lebens wiederzuentdecken. Die heutigen jungen Leute verwerfen die «Persona-Orientierung» der Generation der Eltern, in der die großen Autos, die teure Kleidung und der Konkurrenzkampf so wichtig sind und die Bereitschaft besteht, es — welche Opfer dies auch fordern mag — unbedingt den anderen gleichtun zu wollen. Die junge Generation hat sich von der Anima-Animus-Orientierung vollständig abgewendet. Sowohl ihr Leben als auch ihre Kleidung ist gleichgeschlechtlich geworden. Ihr Interesse gilt mehr der Entwicklung ihres spirituellen Geistes als der ihrer Rückhand beim Tennis. Sie verachten die Errungenschaften der Technik bis hin zu dem Wunsch, ihre Kinder zu Hause zur Welt zu bringen. Der Begriff «freizügig» gilt für ihre Eltern und nicht für sie.

Die sieben Zyklen des Jupiters

Die Jupiterzyklen finden ihre Entsprechung in den Zahlen zwölf und sieben, da der Jupiter zwölf Jahre (genaugenommen elf Jahre und zehneinhalb Monate) für einen vollständigen Umlauf durch den Tierkreis benötigt, und weil eine archetypische Lebenszeit von 84 Jahren (ein vollständiger Uranuszyklus) aus sieben vollständigen Jupiterzyklen besteht. Die allgemeine Bedeutung der Zahl zwölf liegt auf der Hand: Es gibt zwölf Zeichen und Häuser, und gleichzeitig zwölf um den Jupiter kreisende Monde. Bei dem «12-Jahres-Herzschlag» des Jupiters handelt es sich um einen allgemeinen, generischen Zyklus, der alle Menschen betrifft. Jeder Mensch wird im Alter von ungefähr 12, 24, 36, 48, 60, 72 bzw. 84 Jahren eine «Rückkehr» des Jupiters erleben. Der Rhythmus dieser Zyklen wird als eine potentiell aufwärtsstrebende Spirale den Versuch des Individuums beschreiben, heranzuwachsen, um «mehr als ein Individuum» zu sein. Diese Zyklen offenbaren nicht nur einen nach außen, sondern auch in die Höhe gerichteten Expansionsdrang. Jeder einzelne Jupiterzyklus ist potentiell mehr als eine Wiederholung des vorangegangenen. Jeder dieser Zyklen hat seine eigene herausragende Bedeutung, seinen Zweck und markiert einen wichtigen Wendepunkt im Leben des Individuums. Es muß nicht zwangsläufig zu auffälligen Ereignissen kommen; die Veränderung mag sich im Inneren vollziehen und auf der bewußten

Ebene vielleicht gar nicht in Erscheinung treten. Während dieser Zeiten besteht die Möglichkeit, die Jupiter-Energie auf neue und differenzierte Art und Weise zu nutzen. Es entsteht eine neue Welle, die die Beziehung des Individuums zur Gesellschaft und die Art und Weise der Teilnahme an ihr beeinflussen wird.

Die Unterteilung eines jeden Zyklus in sieben Phasen ist von universeller Bedeutung und Anwendbarkeit. »Die Geheimlehre« von H. P. Blavatsky liefert zahlreiche Beispiele für eine siebengeteilte Analyse; sie setzt diese insbesondere in Beziehung zu dem, was sie als die «Sieben dem Menschen innewohnende Prinzipien» bezeichnet. Diese Prinzipien sind: 1. Das Physische; 2. das ätherische oder Vitalprinzip; 3. die Astral-, Gefühls- oder Bedürfnisnatur; 4. das niedere Mentale oder Intellektuelle; 5. das höhere Mentale oder der wahrhafte Geist; 6. Buddhi — die spirituelle Seele, und 7. das Atman oder der reine, spirituelle Geist. Diese sieben Prinzipien finden ihre Entsprechungen in allen Religionen, in den antiken ägyptischen und persischen Lehren, in der Kabbala, im Taoismus und im I-Ging. Plato erwähnt sie, und sie sind Bestandteil der hermetischen Lehre und des Buddhismus. Das große Werk der Alchimisten bestand auch aus sieben Phasen. Die siebte Phase ist die höchste Stufe der Erleuchtung. Die sieben Konjunktionen des umlaufenden Jupiters mit seiner Radixstellung innerhalb eines 84 Jahre dauernden Zyklus legen den Schluß nahe, daß die Vervollkommnung der Jupiter-Funktion innerhalb der Persönlichkeit in sieben Stufen verläuft und 84 Jahre zur Vollendung benötigt.

Der 12-Jahres-Zyklus des Jupiters

Da der Jupiterzyklus mit der Zahl zwölf in Verbindung steht, hat jedes Jahr des Zyklus eine Entsprechung zu einem Tierkreiszeichen. Das erste Jahr ist ein «Widder-Jahr», das zweite ein «Stier-Jahr» usw.. Dabei darf jedoch nicht vergessen werden, daß sich diese Tierkreis-Entsprechung auf die Jupiter-Stellung im individuellen Horoskop bezieht *und nicht mit dem Zeichen verwechselt werden darf, das der Jupiter gerade durchläuft.* Wenn die Radixposition des Jupiters beispielsweise bei 18 Grad Steinbock liegt, beginnt das «Widder-Jahr», sobald der laufende Jupiter diese Stelle erreicht; es endet in diesem Falle bei 18 Grad Wassermann. Auf diese Art und Weise hat die jeweilige Phase des Zyklus in bezug auf die spezifischen Jupiter-Angelegenheiten eine besondere Bedeutung. Darüber hinaus muß der Astrologe grundsätzlich jedes Jahr des Zyklus unter Berücksichtigung des Altersfaktors betrachten. Dies gilt ganz besonders für das «Widder-Jahr».[17]

Das «Widder-Jahr» — Die Jupiter-Rückkehr. Dieses Jahr beginnt mit der Jupiter-Rückkehr und signalisiert die Neugeburt des Jupiter-Prinzips. Strebt ein Menschen nach Reichtum, Prestige oder gesellschaftlicher Anerkennung oder will er eine verantwortungsvolle Rolle innerhalb seiner Gemeinschaft bekleiden, so ist dies die Zeit, bewußt an die Verwirklichung solcher Ziele heranzugehen. Hier sollte man Initiative und Führungskraft bei Jupiter-Angelegenheiten beweisen, wenn der neue Zyklus erfolgreich sein soll. Man muß nun seine Möglichkeiten auf der gesellschaftlichen, finanziellen, religiösen und politischen Ebene ausprobieren, damit sich ein Erfolg einstellen kann. Das «Widder-Jahr» stellt keinen Höhepunkt, sondern einen Anfang dar. Es ist nicht, wie in vielen traditionellen Schriften behauptet wird, ein Jahr der Ehrungen und Belohnungen, sondern eine Zeit der Saat. Für jeden Menschen beginnt dieser Zyklus im Haus des Radix-Jupiters. Diese Stellung bestimmt die Art der erforderlichen Initiative und verweist auf den Lebensbereich, in dem der Jupiter-Antrieb in Erscheinung tritt. Findet die Jupiter-Rückkehr beispielsweise im 1. Haus statt, so wird die neue Initiative weniger nach außen (wie z.B. bei Geschäftsangelegenheiten), sondern mehr nach innen gerichtet sein und sich vielleicht auf ein neues gesellschaftliches oder religiöses Ideal beziehen. Die innerliche Vorbereitung auf eine künftige, neue gesellschaftliche Funktion kann den Rückzug aus den überkommenen gesellschaftlichen oder «religiösen» Aktivitäten erforderlich machen. Die gesellschaftliche Funktion des Jupiters muß von Zyklus zu Zyklus in verstärktem Ausmaß auf den grundsätzlichen, durch das Geburtshoroskop offenbarten Lebenszweck bezogen werden.

Die «Widder-Phase» ist besonders hilfreich, um ein größeres Bewußtsein über die Jupiter-Funktion im eigenen biologischen und psychischen Organismus zu erlangen. Die Probleme, denen man im gesellschaftlichen, religiösen und beruflichen Leben in seiner Gemeinschaft begegnet, rücken während dieser Zeit ebenfalls in den Brennpunkt. Wenn sich ein Individuum der Tatsache bewußt ist, daß ein neuer Zyklus beginnt und eine neue Gelegenheit zum wirkungsvolleren Einsatz der Jupiter-Energien besteht, kann es zu Veränderungen der bisherigen Art des Wachstums und Expansion kommen. Ein weiteres Beispiel: Jupiter im 10. Haus verweist auf eine Person, die in der Lage ist, große gesellschaftliche Macht auszuüben. Die Lektion für diese Person besteht daher darin, welchen Gebrauch sie von ihrer gesellschaftlichen Position, ihrem Prestige, ihrem Wohlstand oder ihren religiösen und spirituellen Einsichten macht. Jeder neue Jupiterzyklus wird das Individuum auf diesem Gebiet wieder auf die Probe stellen, und zwar auf der Grundlage der Resultate des vorangegangenen Zyklus. Daher wird das «Widder-Jahr», das in das 10. Haus fällt, keine Zeit eines inneren Rückzugs sein, sondern die Herausforderung verkörpern, über das hinauszuwachsen, was man nach außen hin bisher gewesen ist. Hier wird das Motiv bedeutsam sein, das dem Gebrauch des gesellschaftlichen oder beruflichen Einflusses zugrundeliegt. Um es noch einmal zusammenfassend zu sagen: Die Widder-Qualität der Initiative und der Führung ist bei jedem Beginn eines Jupiterzyklus notwendig; es sind dabei aber stets die Hauspositionen und die Aspekte des Geburtshoroskops zu berücksichtigen.

Das «Stier-Jahr». Während des zweiten Jahres des Zyklus sollte man erkennen, wie der neue Jupiter-Impuls konkreter wird. Die neue Initiative sollte nun die ersten Früchte tragen. Jetzt kann die Person eine Vorstellung davon bekommen, was realistisch gesehen möglich oder unmöglich, notwendig oder überflüssig ist. Deshalb sollte sie sich von allen Bestrebungen lossagen, die ihr unfruchtbar erscheinen. Im Beispiel eines Radix-Jupiters im 1. Haus würde die «Stier-Phase» mit dem Transit durch das 2. Haus zusammenfallen. Der neue Jupiter-Impuls könnte in diesem Fall zur Verausgabung der persönlichen — finanziellen, psychischen und physischen — Ressourcen führen. Vielleicht ist es aber auch an der Zeit, die eigenen, angeborenen Möglichkeiten und Kräfte neu zu bewerten oder die persönlichen Ressourcen besser zu handhaben. Die Betonung des 2. Hauses wird zeigen, ob sich aus den durch Jupiter in der «Widder-Phase» gebotenen Gelegenheiten praktische Resultate ergeben oder nicht. Des weiteren wird die Betonung des 2. Hauses enthüllen, ob das Beharren auf persönlichen Gewohnheitsmustern und Vorurteilen stärker ist als der neue Impuls. Darüber hinaus wird sich zeigen, ob das Individuum die von ihm selbst konstruierten Charakterstrukturen überwinden kann. Wenn dies gelingt und man in der Lage ist, mit den tieferen Schichten seines Wesens in Kontakt zu kommen, werden unerwartete Kräfte freigesetzt werden.

Bei einem Radix-Jupiter im 10. Haus trifft die «Stier-Phase» des Zyklus mit dem Jupiter-Transit durch das 11. Haus zusammen. Der während der «Widder-Phase» entstandene Jupiter-Impuls muß in diesem Fall auf die gesellschaftlichen Mittel bezogen werden, die der Person zur Realisierung ihrer Vision zur Verfügung stehen. Man muß sich davor hüten, sich von seiner Begeisterung überwältigen zu lassen und man darf nicht die Menschen abweisen, die den eigenen gesellschaftlichen Erfolg während des letzten Jupiterzyklus ermöglichten. Für die Gefährten und die Gemeinschaft müssen die eigenen Ideale realistisch bleiben. Sonst wird man möglicherweise feststellen, daß man allein und ohne Freunde ist, und daß angesichts der *wirklichen* gesellschaftlichen Bedürfnisse die Kraft fehlt, konstruktiv zu handeln. Der neue Jupiter-Impuls sollte die wahren sozialen Erfordernisse berücksichtigen und keinen persönlichen Aufstieg auf Kosten anderer bedeuten. Wenn er eine Antwort auf ein soziales Bedürfnis darstellt, wird die Gemeinschaft versuchen, durch das Individuum zu handeln, das in dem gesellschaftlichen Bereich seiner Kompetenz zum Repräsentanten wird.

Das «Zwillinge-Jahr». Diese Phase betont insbesondere die Kraft zur Kommunikation mit der Umwelt. Vielleicht liest und schreibt man jetzt viel und versucht, den eigenen Horizont zu erweitern und seine Gedanken besser zu organisieren. Möglicherweise besteht die Tendenz, nur in Gedankengebilden zu leben. Wenn dies so ist, muß man Anstrengungen unternehmen, um den neuen Jupiter-Impuls bedeutsam und praktisch anzuwenden. Mit der außengerichteten Jupiter-Energie sollte man neue gesellschaftliche Beziehungen eingehen. Da es sich hier jedoch um eine Zeit des Erprobens handelt, ist es ratsam, diese Beziehungen nicht in feste Schemen zu pressen, sondern ihnen eine freie Entwicklung zu erlauben. Die Beziehungen stellen den neuen Impuls erstmals objektiv auf die Probe. Wenn die «Zwillinge-Phase» mit dem Transit durch das 3. Haus zusammenfällt, können neue Kontakte mit der Umwelt und neue Konzepte dem Jupiter-Impuls zu größerer Effektivität in der Alltagswirklichkeit verhelfen. Die betreffende Person tut gut daran, nach konkreten Beweisen für den Wert — oder dessen Fehlen — ihrer neuen Verwendung der Jupiter-Energie zu suchen. Während dieser Phase des Jupiterzyklus sollte ein Individuum seine neue gesellschaftliche und psychische Perspektive im Licht ihrer Beziehung zur Gesellschaft sehen.

Wenn der Jupiter in seiner «Zwillinge-Phase» durch das 12. Haus läuft, wird die Eigenschaft geprüft, ein wirklicher und effektiver Verwalter eines Gruppeninteresses zu sein. Hier wird die Person entweder eine Antwort auf die unterbewußten Bedürfnisse seiner Gruppe finden können, oder dazu neigen, sich von den Kräften des vergangenen Zyklus überwältigen zu lassen. Die Erinnerungen an ein Scheitern in der Vergangenheit und an die eigenen unerledigten Angelegenheiten werden im Leben des Individuums Verwirrung stiften und jegliches Vorankommen behindern. In dieser Phase entscheidet sich, ob der Jupiterzyklus der persönlichen Anpassung an die Gesellschaft tatsächlich neue Elemente hinzufügen kann, oder ob das «Neue» aufgrund mangelnden Mutes und Willens eine Wiederholung des alten Musters in Langeweile oder Resignation sein wird.

Das «Krebs-Jahr». Die «Krebs-Phase» entspricht dem Abschluß des ersten Quartals oder dem zunehmenden Quadrat des Jupiters zu seiner Radixstellung und beschreibt eine akute Krise. Diese Zeit sollte zur Festigung des neuen Trends genutzt werden. Die Phase vom «Widder-Jahr» bis zum Ende des «Zwillinge-Jahres» galt der Erprobung — es mußte keine endgültige Entscheidung getroffen und ebensowenig eine Richtung festgelegt werden. Während der «Krebs-Phase» ist eine Entscheidung jedoch unumgänglich. Man muß Form und Ziel des neuen Jupiter-Trends festlegen und dabei akzeptieren, daß diese Entscheidung Grenzen setzt. Dies bedeutet nicht, aus Angst gewisse Ziele oder Bestrebungen aufzugeben oder sich bei der Anpassung des neuen Jupiter-Impulses an eine bereits vorhandene Form oder Lehre zu sehr einzuschränken. Einschränkung in dem hier gemeinten Sinn bedeutet *Konzentration*. Von zentraler Bedeutung ist hier — wie beim Bogenschützen im Sternbild des Schützen — eine bestimmte Richtung statt einer Verstreuung über das ganze Universum. Die «Krebs-Phase» stellt einen Wendepunkt innerhalb des Jupiterzyklus dar. Während in der «Zwillinge-Phase» die Tendenz vorherrschte, über den neuen Ausdruck des Jupiters zu kommunizieren, fordert das zunehmende Quadrat Taten. Während dieser Zeit muß man sich für die gesellschaftliche Jupiter-Aktivität entscheiden, die den eigenen Idealen und Zielen am besten entspricht. Da diese Periode die Richtung für den verbleibenden Zyklus festlegen wird, handelt es sich um eine wichtige persönliche Entscheidung.

Wenn diese «Krebs-Phase» einem Jupiter-Transit durch das 4. Haus entspricht, erfährt das Bestreben eines Individuums, seine Position zu festigen und konkrete Grundlagen zu schaffen, gewissermaßen eine Verdoppelung. Es ist dann wichtig, keine Hoffnungslosigkeit über einen vermeintlichen Tiefpunkt oder eine ausweglose Situation zuzulassen. Stattdessen sollte der neue Impuls genügend gefestigt werden, um seine Weiterentwicklung zu ermöglichen. Anders ausgedrückt: Das Individuum muß während dieser Phase eine stabile Basis finden, von der aus es in gesellschaftlicher Hinsicht dynamischer und schöpferischer wirken kann. Es sollten nur solche Gelegenheiten ernsthaft in Betracht gezogen werden, die ein Fundament für einen späteren Fortschritt — insbesondere für die «Waage-» und auf diese folgenden Phasen — liefern. Entspricht die «Krebs-Phase» einem Transit des Jupiters durch das 1. Haus, steht «Konzentration» dafür, daß das Individuum nun seine Persönlichkeit in den Dienst einer kollektiven Unternehmung oder einer Gruppe stellen muß, die der Vision seiner «Widder-Phase» entspricht. Während dieser Zeit sollte der betroffene Mensch sich voll und ganz der Rolle oder kollektiven Arbeit widmen, die seine gesellschaftlichen Ideale am besten auszudrücken scheint.

Das «Löwe-Jahr». Die «Krebs-Phase» stellt einen wichtigen Wendepunkt für die Bemühungen eines Individuums dar, sich gesellschaftlich und persönlich auf eine neue Art und Weise weiterzuentwickeln. Die nun folgende «Löwe-Phase» kann nur weiterführen, was bereits vorhanden ist. Das Individuum muß mit Vertrauen und Vorstellungskraft voranschreiten und seinen schöpferischen Fähigkeiten und gesellschaftlichen Talenten freien Lauf lassen. Die Träume des ersten Viertels des zwölf Jahre währenden Jupiter-Umlaufs können nun Wirklichkeit werden; zu ihrer Verwirklichung sollte man eine gewisse Risikobereitschaft aufbringen. Jetzt ist es an der Zeit, die Werte zu zeigen, für die man sich einsetzt.

Wenn die «Löwe-Phase» einem Transit des Jupiters durch das 5. Haus entspricht, wird die eigene gesellschaftliche Expansion mehr denn je von der persönlichen Initiative abhängen. Zu großer Optimismus kann — insbesondere bei spekulativen Vorhaben — Probleme mit sich bringen. Das Individuum wird sich verhalten, als habe es eine Mission zu erfüllen, und es wird frei sein, Verantwortung zu übernehmen. Während dieser Zeit könnte man zum Sprachrohr der Gruppe werden, die die Jupiter-Werte verkörpert, die man persönlich am meisten schätzt. Wie dem auch sei — jetzt können die persönlichen, mit Jupiter verbundenen Ziele gesellschaftliche Anerkennung bringen. Auch kann das Selbstbewußtsein der Person im Umgang mit der Gesellschaft eine Verstärkung erfahren. Allerdings muß nun auch der Hang zu Stolz, Arroganz und geistloser Leidenschaft vermieden werden, der sowohl die Vernunft als auch den Willen lähmt. Wenn Jupiter während der «Löwe-Phase» das 2. Haus durchläuft, wird die Fähigkeit eines Individuums auf die Probe gestellt, den Umfang und Wirkungsgrad der — materiellen oder spirituellen — Dinge zu kontrollieren und auszudehnen, denen es einen hohen Wert beimißt. Während dieser Phase wird die Fähigkeit erprobt, die einem anvertraute gesellschaftliche Macht verantwortungsvoll — als treuer Verwalter zum allgemeinen Wohl — einzusetzen. Benutzt eine Person die ihr zur Verfügung stehende gesellschaftliche Macht nur zur Befriedigung egoistischer Ziele bzw. für gesellschaftliche oder religiöse Privilegien, wird der ganze Jupiterzyklus in spiritueller Hinsicht eine negative Bedeutung annehmen.

Das «Jungfrau-Jahr». In der Jungfrau-Phase erntet man die Ergebnisse des persönlichen Ausdrucks in der Gesellschaft, die häufig eine Veränderung des sozialen Verhaltens notwendig machen. Ausbleibender Erfolg während der «Löwe-Phase» sollte nun zu Versuchen der Selbstvervollkommnung führen. Die Reaktion auf einen solchen Mangel oder eine derartige Niederlage wird die wahre spirituelle Größe eines Individuums offenbaren. Vielleicht kommt es zur Entwicklung eines neuen sozialen Verhaltens, vielleicht aber auch zu einer völligen Hingabe an das gesellschaftliche Ideal, das man zu Beginn des Jupiterzyklus in den Blick genommen hatte. Man wird sich den in dieser Zeit entstehenden Krisen stellen müssen, insbesondere in den Fällen, wo die Probleme aufgrund der eigenen Egozentrik oder Selbstsucht entstanden sind. Jetzt muß ein Individuum, um zu wachsen, zu dienen und sich unterzuordnen bereit sein. Eine größere Effektivität in den Bereichen, in denen eine Person für die Produktivität und für das Wachstum ihrer Gemeinschaft tätig ist, wird hier verlangt. Man darf keine Angst haben vor vermehrtem Arbeitsaufwand und vor der Notwendigkeit, seine Fähigkeit des Dienens zu entwickeln.

Trifft die «Jungfrau-Phase» mit dem Jupiter-Transit durch das 6. Haus zusammen, so sollte die Person daran arbeiten, sich wirkungsvoller denn je auf eine umfassende soziale Struktur einzustellen und ihr Gefühl für eine Teilnahme an der Gesellschaft zu entwickeln. Dies ist der letzte Schritt auf dem Weg zu einer neuen gesellschaftlichen Verwirklichung (falls sich der Jupiterzyklus bis hierhin positiv entwickelt hat) oder aber zu der Erkenntnis, daß man nicht realistisch genug war und deshalb jetzt nicht in der Lage ist, genügend eigene Energien für ein positives Ergebnis im gesellschaftlichen Leben zu mobilisieren. Wenn das eigene gesellschaftliche Verhalten nicht den Idealen entspricht, die man zu Beginn des Jupiterzyklus hatte, wird die «Jungfrau-Phase» die Gründe für dieses Scheitern aufzeigen. Für Veränderungen ist es niemals zu spät.

Entspricht die «Jungfrau-Phase» dem Transit des Jupiters durch das 3. Haus, ist die persönliche Art des Umgangs mit den neuen sozialen und spirituellen Gedanken kritisch zu betrachten. Hier können die Reaktionen von Nachbarn oder Verwandten die Person zu der Erkenntnis zwingen, daß irgend etwas an der eigenen Art und Weise, diese Gedanken auszudrücken oder umzusetzen, nicht so lohnenswert oder praktisch ist, wie ursprünglich angenommen. Deshalb kann eine Krise entstehen — und die Notwendigkeit, das persönliche Denken oder das eigene Verhalten zu verändern. Gesellschaftlichem und/oder persönlichem Scheitern muß man mit einer neuen Herangehensweise begegnen.

Das «Waage-Jahr». Die «Waage-Phase» markiert die Mitte des Jupiterzyklus und den Höhepunkt der nach außen gerichteten Bemühungen eines Individuums, neue Jupiter-Werte in sein Leben zu integrieren. Während man versucht, seine zwischenmenschlichen Beziehungen zu verändern, um sie zu vervollkommnen und erfüllender zu gestalten, kulminiert die neue auf das gesellschaftliche und religiöse Leben bezogene Welle der Jupiter-Energien. Was im «Widder-Jahr» des Jupiterzyklus eingeleitet und in der «Krebs-Phase» konsolidiert wurde, sollte während des «Waage-Jahres» eine wie auch immer geartete eindeutige Vollendung erreichen. Jetzt muß das Individuum vielleicht eine neue Auffassung zur Bedeutung Jupiters in seinem Leben entwickeln. Hat das Individuum seit dem «Widder-Jahr» ein neues soziales oder spirituelles Bewußtsein ausgebildet, so kann im «Waage-Jahr» diese Entwicklung ihren Höhepunkt erreichen. Dies geschieht durch eine Art Initiation in das größere soziale oder spirituelle Ganze, wobei sich das Individuum nun darüber im klaren ist, daß es ein bedeutender Teil dieses Ganzen ist.

Der Wunsch, vor sich selbst davonzulaufen bzw. sein Identitätsgefühl in gesellschaftlichen Aktivitäten oder in einer Beziehung zu verlieren, kann während dieser Phase besonders ausgeprägt sein. Der Sinn für das Selbst mag auch dadurch verloren gehen, daß das Individuum — durch den Jupiter-Antrieb verleitet — sich an Projekten beteiligt oder Aufgaben übernimmt, die zu ehrgeizig sind. Gleichzeitig besteht hier aber auch die Möglichkeit, zu größerem gesellschaftlichen Ansehen zu gelangen, indem man wichtige Geschäftsbeziehungen aufnimmt, heiratet oder seine wahre gesellschaftliche oder berufliche Arbeit findet.

Wenn der Jupiter während dieser Phase durch das 7. Haus läuft, werden Partnerschaften Gelegenheiten zum Wachstum und zur Expansion bieten. Dies gilt insbesondere dann, wenn sich solche Partnerschaften aus einer bereits begonnenen Arbeit ergeben oder der Richtung entsprechen, die man seit der «Widder-Phase» eingeschlagen hat. Eine Heirat ist ebenso möglich wie eine Beförderung. In allen Fällen sollte es jedoch bei den persönlichen Kontakten zu einer Entwicklung kommen. Zukünftige Gelegenheiten des Fortschritts entstehen durch die neuen gesellschaftlichen und zwischenmenschlichen Beziehungen, die man während des «Waage-Jahres» eingeht. Entspricht die «Waage-Phase» einem Jupiter-Transit durch das 4. Haus, wird der Höhepunkt der in der «Widder-Phase» begonnenen gesellschaftlichen und spirituellen Anstrengungen nun zu einem starken Gefühl persönlicher Macht führen, welche dazu befähigt, das Leben auf einer gesicherteren Basis aufzubauen. Man kann nun zu einem wirklichen Repräsentanten werden, der sich der potentiellen gesellschaftlichen Rolle seiner Persönlichkeit voll und ganz bewußt ist. Das Innenleben sollte nun reicher und die Gefühle expansiver sein und das Selbstvertrauen eine Steigerung erfahren. Hierauf läßt sich ein breiteres und festeres Fundament für das persönliche Leben errichten.

Das «Skorpion-Jahr». Das in der «Waage-Phase» Erreichte sollte im «Skorpion-Jahr» des Jupiter-Umlaufs gefestigt werden. Erkenntnisse sind jetzt gesellschaftlich umzusetzen, was für gewöhnlich eine Überprüfung oder Neuorientierung des vom Zyklusbeginn an auf gesellschaftliche Anerkennung ausgerichteten Jupiter-Trends notwendig macht. Jetzt ist die Zeit, sich über die eigenen Erwartungen klarzuwerden, die man im Hinblick auf die neue, während der «Waage-Phase» eingegangene Beziehung des Selbst zur Gesellschaft hat. In dieser Phase können durch die neuen Beziehungen Probleme bei der praktischen Umsetzung des persönlichen Lebenszwecks auftreten. Unrealistische Träume müssen nun abgelegt werden. Auch wenn ein Mensch altruistische Ideale hat, wird jede neue Beziehung immer noch im Rahmen der vorhandenen gesellschaftlichen, kulturellen und religiösen

Ordnung stattfinden. Daher können in der «Skorpion-Phase» Probleme auftauchen, die auf Schwierigkeiten bzw. persönlichem Widerwillen bei der Anpassung an diesen soziokulturellen Rahmen beruhen. Bezogen auf den tatsächlichen persönlichen Erfolg handelt es sich hier um die wichtigste Phase des Jupiterzyklus. Wenn eine Person bei ihren gesellschaftlichen Bemühungen nicht realistisch oder bewußt genug verfährt, so wird sie bei dem Versuch, ihren individuellen Zweck auf die in der Gesellschaft zur Verfügung stehenden Mittel zu beziehen, jetzt wahrscheinlich scheitern. Was auch immer geschehen mag: Die achte Phase des Zyklus wird die konkreten Ergebnisse — Erfolg oder Mißerfolg — der Anstrengungen offenbaren, eine mit der Gesellschaft im Einklang stehende, bedeutende Persönlichkeit zu werden.

Läuft der Jupiter während der Skorpion-Phase durch das 8. Haus, wird die Notwendigkeit einer persönlichen Regeneration offensichtlich. Wenn ein Individuum den Wunsch hegt, als ein Mensch neugeboren zu werden, der produktiv and wirkungsvoll im Rahmen seiner Gruppe, Gemeinschaft, Nation oder Kultur mitzuarbeiten imstande ist, so ist dies jetzt dafür die beste Zeit. Man darf sich weder in den Wünschen oder Wertvorstellungen anderer Menschen noch in den überlieferten sozialen Aktivitäten des «größeren Ganzen» verlieren. Um gesellschaftlich akzeptiert zu werden, kann es vonnöten sein, sich gewissen sozialen Vorgängen anzupassen; man sollte dabei jedoch sein individuelles Ziel niemals aus den Augen verlieren und die verfügbare gesellschaftliche Energie auf dieses richten.

Wenn die «Skorpion-Phase» mit einem Jupiter-Transit durch das 5. Haus zusammentrifft, kann sie eine Prüfung für das in der vorangegangenen «Waage-Phase» entwickelte persönliche Verhalten sein. Es gilt, den wahren Wert der eigenen, neuen sozialen Persönlichkeit zu beweisen. Hierbei muß ein Individuum seiner eigenen Bestimmung treu sein und sich so verhalten, daß es andere überzeugen kann, ohne sie zu verletzen. Dieser Transit birgt die Gefahr, daß man sich durch die «Persona»-Maske ausdrückt, insbesondere dann, wenn man sich minderwertig fühlt. Stolz, Wut und sinnliche Begierde müssen vermieden werden. Sie deuten darauf hin, daß eine Person nicht Herr ihrer selbst ist, und daß die Energien der menschlichen Natur an die Stelle des individuellen Selbst getreten sind.

Das «Schütze-Jahr». Wenn der Zyklus bis hierhin positiv verlaufen ist, kann die «Schütze-Phase» von großer gesellschaftlicher Expansion geprägt sein. Jetzt wird man sehen, wie die neuen sozialen Aktivitäten oder Inhalte, die in der «Waage-Phase» eingeführt wurden, in der Gesellschaft zu wirken beginnen. Jetzt steht die soziale Führung oder Organisation und die Ausweitung der persönlichen gesellschaftlichen Macht im Mittelpunkt. Man sollte jene Elemente in seinem sozialen oder religiösen Leben zu transformieren suchen, die in Verbindung zum aktuellen Jupiterzyklus stehen. Gesellschaftliche und ethische Prinzipien werden wichtig. Selbstvertrauen und Expansionsvermögen eines Individuums entstehen durch die Sicherheit, die es durch die Verschmelzung seiner Energien mit einer bestimmten Gruppe gewonnen hat.

Läuft Jupiter während dieser Phase durch das 9. Haus, ist die Zeit reif für langfristige Pläne. Solche Pläne sollten auf eine Neuorganisation der sozialen Beziehungen des Individuums zielen, und zwar hinsichtlich der neuen gesellschaftlichen Vision, die es erfolgreich entwickelt hat. Man muß an diesem Punkt sehr darauf achten, die Dinge nicht zu übertreiben und sich nicht durch ein fanatisches Bedürfnis nach persönlichem Aufstieg in eine falsche Richtung lenken zu lassen. Die Verwirklichung konkreter Ziele im religiösen oder okkulten Bereich wird möglich, und es können ekstatische mystische Erfahrungen stattfinden. Auf weltlicheren Ebenen können persönliche, berufliche oder sozial bedingte Gelegenheiten zu Kontakten mit fremden Ländern oder zum Umzug in eine neue Umgebung führen. Vielleicht investiert man zu dieser Zeit auch in neue oder weit entfernte Projekte. Erzieherische oder verlegerische Tätigkeiten, Verkaufsförderung, Seefahrt, das Rechtswesen, Versandtätigkeiten und alle Arten von Arbeit, die Reisen erfordern, werden vom Transit durch das 9. Haus verkörpert.

Wenn Jupiter während der «Schütze-Phase» das 6. Haus durchläuft, besteht die Möglichkeit, bei der Arbeit gut voranzukommen. Ist man auf der Suche nach einer neuen Arbeitsstelle, sollte diese erfolgreich verlaufen. Die besten Chancen ergeben sich für das Individuum im allgemeinen durch seine Fähigkeit, wirksame Methoden bei der Alltagsbewältigung — zu Hause oder in der Geschäftswelt — anwenden zu können. In manchen Fällen kann es zu einer Krise bei der Reaktion auf neue gesellschaftliche oder nationale Bedürfnisse kommen. Eventuell sind bei den körperlichen Reaktionen oder im Ausdruck instinktiver Zwänge und Wünsche Veränderungen vorzunehmen. Man sollte eine neue Umgehensweise mit den eigenen Fähigkeiten in Betracht ziehen — insbesondere dann, wenn die «Skorpion-Phase» Schwachpunkte ans Licht gebracht hat. Es muß allerdings auch erkannt werden, daß Technik nicht alles ist. Die persönliche, emotionale oder psychische Einstellung gegenüber einer möglichen Krise kann die Fähigkeit des Individuums lähmen, eine Technik einzusetzen. Auf weltlicher Ebene können sich in dieser Zeit berufliche Möglichkeiten wie Regierungsposten, im Beamtenwesen, in Positionen des Produktions- oder Personalbereichs, in öffentlichen Versorgungsbetrieben, bei der Krankenpflege und in der Diätkunde ergeben.

Das «Steinbock-Jahr». Die «Steinbock-Phase» entspricht dem abnehmenden Quadrat des laufenden Jupiters zu seiner Radixposition. Daher ist dies wiederum eine Phase der Neuanpassung. Das Ziel, auf das man seit Beginn des Zyklus hingearbeitet hat, sollte inzwischen im gesellschaftlichen oder beruflichen Zusammenhang konkret verwirklicht sein, denn nun ist keine weitere Expansion mehr zu erwarten. Von nun an wird es notwendig sein, die Ergebnisse im Licht ihres Wertes für die Gemeinschaft und für das Wachstum des wahren Selbst objektiv zu betrachten. Nun ist die Zeit, sich gewisse Fragen zu stellen: Welche Bedeutung hat meine derzeitige Arbeitsstelle oder Berufslaufbahn für mich? Was erwarte ich von ihr? Hat sie mir das gegeben, was ich mir ursprünglich von ihr versprochen hatte? Habe ich alles mir mögliche in meine Arbeit oder meine Laufbahn gesteckt? Wieweit habe ich mich bis jetzt den kollektiven Idealen und dem kollektiven Verhalten angepaßt? Bis zu welchem Ausmaß kann ich es mir erlauben, innerhalb der Grenzen der gesellschaftlichen Erwartungen in Zukunft mehr ich selbst zu sein? Lassen die Antworten auf solche Fragen darauf schließen, daß die gesellschaftlichen oder beruflichen Aktivitäten eine Person nicht in die Lage versetzt haben, ihren wahren Wert zu beweisen oder sich als Individuum wirkungsvoll in der Öffentlichkeit darzustellen, dann ist nun die Zeit gekommen, die eigene Situation gründlich zu überdenken. Im Idealfall sollte jeder Mensch der Gesellschaft seine ureigene Individualität beitragen. Sein Werk in der Welt sollte dazu dienen, persönliche Probleme zu lösen und gleichzeitig auch den Erfordernissen der Gesellschaft auf irgendeine Art und Weise gerecht werden. Diese Arbeit wird nicht unbedingt leicht sein; sie stellt jedoch eine Beschäftigung dar, die dem Menschen Erfahrungen bringt und ihn anregt, wirklich er selbst zu sein und wirklich etwas von sich selbst zu geben. Spirituell gesehen sind weder die Arbeit noch der Ort von Belang, sondern nur die Möglichkeit, andere Menschen an der eigenen Persönlichkeit und Einzigartigkeit teilhaben zu lassen.

Wenn die «Steinbock-Phase» mit dem Transit des Jupiters durch das 10. Haus zusammenfällt, wird es in erster Linie darum gehen, Neuanpassungen im Bereich der Berufslaufbahn oder des öffentlichen Ansehens vorzunehmen. Diese beiden Bereiche werden aufzeigen, wieweit es einem Individuum gelungen ist, das während der «Widder-Phase» entwickelte Jupiter-Ideal nach außen zu bringen. Diese Umsetzung wird niemals vollständig und perfekt sein; jede Betonung des 10. Hauses bringt den Zeitpunkt, zu dem man sich eingestehen muß, daß etwas fehlt, und daß eine Notwendigkeit zur Verbesserung des Auftretens besteht. Während dieses Transits wird ein Mensch aufgefordert, seine gesellschaftlichen, persönlichen und beruflichen Fähigkeiten öffentlich unter Beweis zu stellen, und er erfährt nun das ihm zustehende Prestige. Es ist dies die Zeit, sein schöpferisches Werk der Öffentlichkeit vorzustellen und sich der gesellschaftlichen oder beruflichen Lage gewachsen zu zeigen.

Wenn die «Steinbock-Phase» dem Jupiter-Transit durch das 7. Haus entspricht, werden die vom Jupiterzyklus verlangten Anpassungen sowohl die zwischenmenschlichen Beziehungen als auch die allgemeine Einstellung eines Individuums betreffen. Den Wert seiner gesellschaftlichen Ideale muß der Mensch dadurch beweisen, wie er sich in seiner Beziehung zu anderen sowie zu seiner Gemeinschaft verhält. Mit anderen Worten: Man muß seine gesellschaftlichen Beziehungen so ausrichten, daß sie innerhalb eines größeren Prozesses einem Zweck dienen.

Das «Wassermann-Jahr». Jetzt sollte man die eigenen sozialen Gedanken und Ideale überdenken — nun ist es Zeit zu erkennen, daß die persönlichen gesellschaftlichen Aktivitäten einer neuen Bewertung bedürfen. Mit gesundem Menschenverstand und so gelassen und objektiv wie möglich muß man das überprüfen, was man als gesellschaftliche Erfordernisse sowie die Bedürfnisse seiner Freunde und seiner selbst ansieht. Während dieser Zeit neigt man dazu, die während der «Steinbock-Phase» erkannten Mängel zu verdrängen und Luftschlösser zu bauen. In dieser Phase kann das Individuum zutiefst von der öffentlichen Anerkennung bzw. Ablehnung seiner Bemühungen beeinflußt werden. Man kann nun die Resultate seines äußeren Erfolges genießen und sogar den Wert und das Prestige des mit der Jupiter-Expansion einhergehenden noch steigern; diese Phase sollte aber auch die Sehnsucht nach neuen Horizonten wecken.

Wenn die «Wassermann-Phase» mit einem Transit des Jupiters durch das 11. Haus zusammenfällt, wird man nun — unter der Voraussetzung, daß die 10.-Haus-Phase positiv verlaufen ist — die Früchte seiner Anstrengungen genießen können. Wichtiger ist jedoch, daß man hier das während des gesamten Jupiterzyklus Erreichte klar verstehen sollte. Es gilt die Kluft zwischen Ideal und Wirklichkeit zu erkennen und Vorbereitungen für einen neuen Zyklus jupitergemäßer Erfüllung zu treffen. Wenn die Entscheidung über den neuen Schritt in die Zukunft getroffen wurde, sollte man seine Aufmerksamkeit den verfügbaren gesellschaftlichen Mitteln wie den Freunden und Gefährten widmen, die den vergangenen Aufstieg ermöglicht haben und die bei dem neuerlichen Aufstieg nicht zurückgelassen werden sollten. Die grundsätzliche Gefahr besteht jetzt darin, zu utopisch zu sein oder die Vergangenheit vollständig auszugrenzen. Auf der Suche nach dem Erfolg muß man das Äußerste geben, um die neuen Idealvorstellungen gesellschaftlich wirkungsvoll zu formulieren. Sie müssen so ausgedrückt werden, daß sie von denjenigen, die einem bis zu dieser 11.-Haus-Phase gefolgt sind, akzeptiert werden können. Gesellschaftliche Aktivposten sind der Schlüssel des zukünftigen Erfolges. Die Menschen, die man aus dem Berufsleben und seinen Klubs und Organisationen kennt, werden das Mittel zum Fortschritt sein. Gastfreundschaft gegenüber wichtigen Leuten und Freunden wie das Festhalten an familiären Werten können bei der Verwirklichung der persönlichen Pläne behilflich sein.

Läuft der Jupiter während der Wassermann-Phase durch das 8. Haus, muß man nun auf praktische Art und Weise die Beziehungen festigen, die man während der «Steinbock-Phase» eingegangen ist. Hier muß das Individuum seine Führungsqualitäten erproben, um die Resultate der gemeinsamen Arbeit der Gruppe auszubauen. Möglicherweise muß man eine Vielzahl unterschiedlicher Probleme lösen, die sich aus den persönlichen und zwischenmenschlichen Beziehungen ergeben und einen wirklichen Sinn für tiefe, menschliche Zuneigung entwickeln. Erfolg entsteht durch Partnerschaften, wenn man bereit ist, seine Ressourcen zum gemeinsamen Wohl zur Verfügung zu stellen. Die Bereitschaft zur Zusammenarbeit und persönlicher Charme können den Weg ebnen. Zu dieser Zeit ist es wichtig, nach vorne zu schauen und sich nicht durch vermeintliche Parallelen einschüchtern zu lassen. Man sollte durch neue Verhaltensformen alte Gewohnheiten zu transformieren suchen. Der Lebenszweck, wie er durch einen Jupiter im 10. Haus des Geburtshoroskops beschrieben wird, ist insbesondere jetzt im Blick zu behalten. Während des Jupiter-Transits durch das 8. Haus werden die eigenen Handlungen das, was man zu erreichen hofft, auf sehr praktische Art entweder unterstützen oder behindern.

Das «Fische-Jahr». Die letzte Phase des Jupiterzyklus ist eine Zeit der Transformation. Handlungen oder Entscheidungen, die jetzt getroffen werden, können die Fähigkeit hemmen, sich neuen Bedingungen und der neuen, sich in Umrissen abzeichnenden Umwelt zu stellen. Während man versucht, über sein Bewußtsein und seine Handlungen in sozialer, religiöser und politischer Hinsicht und über seine bisherige Ergebenheit hinauszugehen, kann es geschehen, daß man von vielem Abstand nehmen muß. Der sich abzeichnende Jupiter-Impuls wird nicht wirklich neu sein, es sei denn, das Individuum kann während der «Fische-Phase» mit Erfolg die Überzeugungen und Einstellungen ablegen, die es an die Vergangenheit binden. Während dieser Phase muß man sich so viele ungewohnte und entfernte Wertbegriffe wie möglich zu eigen machen. Die Jupiter-Expansion sollte nun insbesondere auf ins Auge fallende Mängel bzw. auf im Wege stehende Hindernisse gerichtet werden. Dies ist die richtige Art, sich auf einen neuen Jupiterzyklus vorbereiten — denn größeres Verständnis und größere Liebe hängen von der Fähigkeit des Individuums ab, das Fremde und das Unbekannte in sich aufzunehmen.

Wenn Jupiter während der «Fische-Phase» durch das 12. Haus läuft, besteht die Neigung, sich von Bindungen und Beschränkungen zu lösen. Der Radix-Jupiter im 1. Haus wird niemals ein Symbol der persönlichen Identifikation mit einem neuen gesellschaftlichen oder religiösen Ideal sein können, wenn nicht zuvor eine Entsagung oder ein Verzicht stattgefunden hat. Der Ruf nach Entsagung wird sich also alle zwölf Jahre wiederholen, wenn Jupiter das 12. Haus durchläuft. Nur wenn das Fühlen und Denken die Vergangenheit überwunden hat, kann der spirituelle Geist in Erscheinung treten und das Individuum in die Zukunft führen. Während dieser letzten Phase des Jupiterzyklus muß man seine Dienstbereitschaft der Gesellschaft und ihren Gebräuchen gegenüber in Frage stellen. Wenn sich während dieser Zeit keine Veränderungen einstellen, lebt man nicht als freies Individuum. Die einzig wahre Freiheit aber besteht in der Fähigkeit des Menschen, seine Dienstbereitschaft so zu verändern, daß sie dem Wachstum seiner spirituellen, moralischen und sozialen Ideale entspricht. Widersetzt sich eine Person der Veränderung, so widersetzt sie sich dem Wachstum. Erst wenn man sich der Tatsache bewußt wird, daß ein ausgebliebenes Wachstum aus der Verweigerung gegenüber der Veränderung resultiert, kann man diese Freiheit nutzen. Erteilt man den kleinlichen Wertbegriffen und halbherzigen Befriedigungen eine Absage, kann die Suche nach größeren und edleren Ziele beginnen. Dies ist das Schema der Gelegenheiten, wie es sich alle zwölf Jahre bietet, wenn der Jupiter sich in seiner «Fische-Phase» befindet. Zu diesen Gelegenheiten kommt es auch, wenn der Jupiter durch das 12. Haus des Geburtshoroskops läuft.

Entspricht die «Fische-Phase» einem Jupiter-Transit durch das 9. Haus, wird dies die Gelegenheit sein, jene Wertvorstellungen und Überzeugungen neu zu beurteilen, die mit der Radixstellung des Jupiters im 10. Haus einhergehen. Speziell in bezug auf Angelegenheiten des 9. Hauses wird man nun auf die Bedingungen treffen, die die gewohnte Art des Fühlens, Denkens und Verhaltens neu ausrichten werden. Man wird seinen Jupiter-Antrieb möglicherweise durch religiöse Erfahrungen — durch das Lesen eines philosophischen Werks oder die Worte eines Lehrers — transformieren. Aber auch durch eine Reise in fremde Gefilde oder durch das Zusammentreffen mit einer Person aus einem fremden Land ist es möglich, eine neue Perspektive zu gewinnen und seine Einstellungen zu ändern. Wie dem auch sei — der Transit durch das 9. Haus bezieht sich auf die Bemühungen des Individuums herauszufinden, weshalb sowohl in seinen zwischenmenschlichen Beziehungen als auch bei seinen gesellschaftlichen Bestrebungen gewisse Dinge geschehen oder geschehen sind. Der Fische-Einfluß läßt auf die Notwendigkeit schließen, die Krise zu durchleben, damit man auf neue und freiere Art der Welt begegnen kann.

Der Transit Jupiters durch die Sonnenhäuser

In den Fällen, wo die Geburtszeit unbekannt ist, wird häufig die Sonnentechnik benutzt.[18] Diese Technik wird oft angewendet, wenn die Astrologie der Öffentlichkeit durch die Massenmedien präsentiert wird; Astrologen betrachten sie häufig als zu oberflächlich, um eine wirkliche Bedeutung zu haben. Aus humanistischer Sicht hat die Sonnenzeichen-Astrologie jedoch einen speziellen Wert, der den Horizont der «Populär-Astrologie» übersteigt. Was den Jupiter-Transit betrifft, so setzt diese Technik den allgemeinen, von der Zeichenposition des umlaufenden Jupiters beschriebenen Trend in Beziehung zu dem Sonnenzeichen eines Individuums. Somit kommt es also z.B. beim Transit Jupiters durch die Zwillinge im Jahre 1977 in erster Linie zu einer kollektiven Stimmung, die für alle Menschen gleichermaßen gilt. Die *Art zu denken* aller Menschen wird durch die Eigenschaften des Jupiters gefärbt, da das Zeichen der Zwillinge den Verstand regiert. Alle Menschen werden zu expansiverem und optimistischerem Denken neigen; ein starker Drang, durch neue Kontakte und neue Konzepte zu wachsen, wird vorherrschen. Jeder Mensch wird auf diesen allgemeinen Trend des Denkens seinem Horoskop, z.B. seinem Sonnenstand, entsprechend individuell reagieren. Die auf Jupiter in den Zwillingen bezogene allgemeine Denkungsart wird natürlich Menschen mit der Sonne im Zeichen Zwillinge besonders berühren. Menschen mit anderen Radixplaneten in den Zwillingen oder in anderen veränderlichen Zeichen werden auch den Drang des Jupiters nach Expansion verspüren. Für den Sonnenstand in den Zeichen gelten die «typischen» Interpretationen. Während also ein Jupiter in den Zwillingen für diejenigen, die mit der Sonne in den Zwillingen geboren wurden, eine 1.-Haus-Bedeutung hat, entspricht er für die Fische-Sonne einer Bedeutung des 4. Hauses.

Anders ausgedrückt: Wenn ein Jupiter-Transit in den Zwillingen über meine Radix-Sonne in den Zwillingen läuft, wird eine allgemeine soziale Tendenz in den Vordergrund meines Lebens gerückt und zwar durch die Transformation und Stimulierung meiner — durch die Geburtssonne repräsentierten — Lebenskraft, meines Willens und des Sinnes für meine Bestimmung. Insbesondere ist das Haus im Radixhoroskop betroffen, in dem sich die Sonne befindet. In der Sonnen-Astrologie ist eine Interpretation auch aufgrund der Bedeutung des Sonnenhauses möglich, durch das sich der Jupiter-Transit gerade bewegt. Das Sonnenhaus kann aber keine individualisierte Reaktion zum Ausdruck bringen. In Erscheinung tritt in diesem Fall *der Lebensbereich, in dem sich der Druck eines kollektiven Trends auswirkt.* Dieser Trend ist nicht individuell, und man reagiert darauf als soziales Wesen. Selbst wenn sich das Leben durch den Druck dieser äußeren Kräfte verändert, ist die Motivation kollektiv und nicht auf die *individuelle* Entfaltung des eigenen Schicksals zurückzuführen.

Während der Transit des Jupiters durch die Zwillinge eine allgemeine, für jedermann auf der Welt geltende Bedeutung hat, wird die Tatsache, daß eine Person z.B. mit der Sonne in der Jungfrau geboren wurde, dem Astrologen einen genaueren Bezugsrahmen geben. Der Sonnen-Typologie entsprechend wird Jupiter in den Zwillingen für den Jungfrau-Typus im 10. Haus anzutreffen sein. Daher kann der Astrologe diesen Transit so interpretieren, daß die allgemeine expansive geistige Atmosphäre — der Trend, mit Hilfe neuer Kontakte und neuer Pläne zu expandieren — im Erfahrungsbereich des 10. Hauses für die Jungfrau-Person besonders offensichtlich sein wird. Dies könnte auf günstige geschäftliche Gelegenheiten oder auf ein berufliches Weiterkommen sowie auf ein gesteigertes gesellschaftliches Prestige oder gesellschaftliche Autorität hinweisen. Optimismus und Jovialität im Umgang mit öffentlichen Themen und spirituelles Wachstum durch den weisen Umgang mit gesellschaftlicher Macht können sich einstellen.

Obwohl die Aussagekraft dieser Technik allgemeiner ist als der Bezug des Jupiter-Transits auf seine Radixpostion in Zeichen und Häusern, so hat sie doch ihre Gültigkeit und sollte nicht verworfen werden. Jeder Sonnen-Typus wird auf den allgemeinen Trend reagieren, den der Transit, bezogen auf das entsprechende Sonnenhaus, beschreibt. Je mehr man seinem Solar-Typus entspricht, um so zutreffender wird die Sonnenzeichen-Interpretation sein. Eine sehr große Anzahl von Astrologen scheint sich offensichtlich weniger auf Progressionen und Direktionen und mehr auf Transite zu verlassen; die mit Rudhyars humanistischem Ansatz in Einklang stehende Sonnenhaus-Interpretation stellt ihnen eine zusätzliche Dimension zur Verfügung.

Der individuelle Jupiterzyklus

In der Humanistischen Astrologie beginnt der individuelle Jupiterzyklus, wenn der Planet zum ersten Mal den Aszendenten erreicht. Da der Transit des Jupiters durch den gesamten Tierkreis zwölf Jahre dauert, wird der individuelle Jupiterzyklus irgendwann während der ersten zwölf Lebensjahre beginnen. Von diesem Zeitpunkt an kann der Jupiter — bezogen auf den grundsätzlichen Lebenszweck des Menschen — auf zunehmend individualisierte Art und Weise eingesetzt werden. Nach Rudhyars fundamentalen Überlegungen über die Transitzyklen beziehen sich die ersten drei Häuser des Horoskops (der 1. oder Winter-Quadrant) auf die Erforschung der eigentlichen Natur der Planetenfunktion. Wenn sich also der Jupiter vom Aszendenten zum IC (Nadir) bewegt, entwickelt die Jupiter-Funktion und alles, was mit ihr im Zusammenhang steht, auf subjektive Art und Weise neue Facetten ihres Ausdrucks, was im äußeren Leben kaum Auswirkungen haben mag. Diese Phase des Prozesses ist wie die Aussaat während des Winterviertels eines Jahres.

Die nächsten drei Häuser (der 2. oder Frühlings-Quadrant) beziehen sich auf die Fähigkeit, die Wirkungsweise des Planeten einsetzen zu können. Aus diesem Grund wird, während sich der Jupiter vom IC zum DC (Deszendenten) bewegt, die Qualität seiner Funktion im äußeren Leben der betreffenden Person deutlicher. Ähnlich wie im Frühling beginnt etwas zu geschehen. Der neue Jupiter-Impuls beginnt zu keimen und läßt ahnen, was später einmal aus ihm wird. Während das Individuum versucht, auf neue Art und Weise am Leben seiner Gemeinschaft teilzunehmen und in dem Bereich seiner Kompetenzen die Gesellschaft kreativ zu beeinflussen, sollten neue Jupiter-Fähigkeiten entwickelt werden.

Der 3. oder Sommer-Quadrant bezieht sich auf die breitere Anwendung der Jupiter-Einflüsse. Wenn der Jupiter vom Deszendenten zum MC (der Himmelsmitte) aufsteigt, wird das Individuum den Wert seiner Handlungen für die soziale Gemeinschaft unter Beweis stellen müssen. Wie eine Person ihre neuen Fähigkeiten und Mittel des sozialen Handelns einsetzt, falls sie solche überhaupt entwickelt hat (was keineswegs der Fall sein muß), tritt nun deutlich in Erscheinung. Diese Zeit kann eine Vermehrung des Wohlstandes oder ein größeres Ansehen mit sich bringen; sie kann zu spirituellem Wachstum führen, wenn man intensive religiöse oder kulturelle Erfahrungen macht und diese mit anderen teilt. Auf jeden Fall sollte man, wenn Jupiter den Deszendenten erreicht, gewisse «Techniken» entwickelt haben und diese, während der Planet zur Himmelsmitte aufsteigt, mit wachsender Geschicklichkeit und Effektivität einzusetzen versuchen. Während des Sommer-Quadranten wird das Individuum in der Lage sein, seine individuelle Vision und seine seit dem Jupiter-Übergang über den Aszendenten entwickelten Ideale bewußt und verantwortungsvoll zu vermitteln. Von dem Moment an, in dem der Jupiter den Deszendenten erreicht, muß man seine eigenen Grenzen überschreiten und andere als gleichwertig betrachten. Man muß nun eine Entscheidung für die Menschen treffen, mit denen man sich imstande fühlt, die neue gesellschaftliche Vision zu verwirklichen. Mit diesen Menschen sind neue Erfahrungen möglich, die dem einzelnen verwehrt bleiben. Zusammenarbeit und die Fähigkeit zu lieben — was letztlich nichts anderes heißt, als fremde oder unbekannte Wertbegriffe aufzunehmen — sind die Ziele. Darüber hinaus muß man bei den Versuchen, seine Idealvorstellungen mit denen anderer Menschen zu vereinen, zu umfassenden Veränderungen bereit sein.

Der 4. oder Herbst-Quadrant bezieht sich schließlich auf den wachsenden Einfluß auf gesellschaftliche Errungenschaften. Nach der Erprobung der Jupiter-Funktion im sozialen oder religiösen Leben kann man nun — wenn die Entwicklung positiv verlaufen ist — in dem Bereich, dem man seine Aktivitäten verschrieben hat, zu größerem Ansehen kommen. Das soziale, beispielhafte Handeln sollte jetzt zu konkreten Ergebnissen führen. Hier ist allerdings zu fragen, wie man mit diesen Ergebnissen umgehen sollte. Die Früchte aller Bemühungen, die seit dem Übergang des Jupiters über den Aszendenten unternommen wurden, können nun geerntet werden. Das Individuum wird jetzt — insbesondere während der 12.-Haus-Phase des Zyklus — aufgefordert, über das von ihm Erreichte hinauszuwachsen. Seine innerliche Entscheidung über die Vorgehensweise wird die Grundlage für den neuen Samen bilden, der sich entwickelt, wenn Jupiter für einen neuen 12-Jahres-Zyklus wieder zum Aszendenten zurückkehrt. Wenn der Jupiter-Transit über die Himmelsmitte keinen Erfolg bringt, weil die betreffende Person keinen Weg gefunden hat, ihre Jupiter-Fähigkeiten positiv mit ihrer sozialen Gruppe zu teilen, sollte der Herbst-Quadrant dazu genutzt werden, so vollständig wie möglich die Gründe für dieses Scheitern zu verstehen. Dadurch kann verhindert werden, daß die Ursache des Scheiterns sich in dem Samen für den neuen Zyklus fortsetzt.

Nicht individualisierte Menschen werden wahrscheinlich den neuen Zyklus auf derselben Ebene wie den vorangegangenen erfahren. Weil sie nicht *bewußt* mit dem Rhythmus des Jupiterzyklus arbeiten, können weder die gesellschaftlichen noch die spirituellen Ergebnisse klar umrissen oder individualisiert sein. Diese Menschen tragen nichts Neues zu ihrer Gesellschaft oder Gruppe bei und können deshalb auch keine besondere Belohnung oder Anerkennung erwarten. Gerade diese erfolglosen, oft frustrierten oder ängstlichen Menschen würden am meisten von der Beratung durch einen humanistischen Astrologen profitieren. Wenn sie lernten, bewußt mit der «Welle des Wachstums» ihrer Jupiter-Funktion zu arbeiten, wären sie imstande, ein interessanteres und wertvolleres Leben zu führen. Wenn eine Person spirituell positiv lebt, wird sie nicht wachsen, indem sie sich an die traditionellen Vorgaben der Gesellschaft hält — obwohl dieser Weg ihr möglicherweise großen Profit und gesellschaftliche Macht einbringen könnte. Eine solche

Person wird herauszufinden suchen, wie sie neben einem notwendigen Grad der Anpassung ihrer Gesellschaft die eigene Vision und ihr Gefühl für das gesellschaftliche Ziel aufprägen kann. Das schöpferische Individuum wird die gemeinschaftlich in geschäftlichen, kulturellen oder religiösen Bereichen erarbeiteten Mittel steuern und sie mit Intelligenz zur Erreichung einer visionären Vorstellung einsetzen.

Kapitel VI

Der Saturnzyklus

Jedes Individuum hat ein bestimmtes Vorleben, das sich als familiäres, ethnisches und bis zu einem gewissen Ausmaß als Menschheitserbe äußert. Insofern ist jedes neugeborene Menschenkind sowohl eine Synthese aus kollektiven Elementen wie auch — wenn man an die Wiedergeburt glaubt — das Endprodukt einer unendlichen Reihe von Manifestationen als eine göttliche Seele. In der Astrologie symbolisiert Saturn die kollektive Vergangenheit. Die Stellung Saturns in einem Horoskop zeigt, wie die zukünftige Lebensentwicklung eines Individuums durch die Geschichte bestimmt wird. Saturn beschreibt den Ausgangspunkt eines Menschen — den Punkt, bis zu dem das Universum sich vor seiner Geburt entwickelt hat; von diesem Punkt aus muß er nun seinen eigenen Weg gehen. Saturn beherrscht nicht die Zukunft, sondern beschreibt vielmehr die Vergangenheit — den ethnischen und kulturellen Hintergrund wie auch die Tradition, in die man hineingeboren wird. Der Anfang eines Zyklus beendet nicht zwangsläufig und unausweichlich die Vergangenheit. Jeder Zyklus hat einen Mittelpunkt: die ewige Gegenwart, die die schöpferische Kraft eines Individuums und den einzigartigen Moment eines jeden Lebensprozesses zum Ausdruck bringt. Das schöpferische Element ist jedoch ein Potential; es muß nicht unbedingt zum Ausdruck kommen, da es sich nur entfaltet, wenn das Individuum zu einer vollständigen und integrierten Persönlichkeit heranwächst. Findet eine solche Integration nicht statt, so wird der Mensch ein passiver Vertreter seiner Rasse, Gemeinschaft und Kultur bleiben. Für das schöpferische Individuum ist der gegenwärtige Moment mehr als ein bloßes Ergebnis der Vergangenheit. Der saturnische Moment der Gegenwart hat nur für nicht individualisierte Menschen das Antlitz eines Zuchtmeisters. In diesem Fall spürt der betroffene Mensch Einschränkungen seiner Einzigartigkeit durch die Routine. Seine Ziele werden durch die kollektive Norm neutralisiert, und sein Handeln basiert auf bereits Dagewesenem und entbehrt daher der schöpferischen und somit der freien Initiative.

Saturn bringt Energien in den Brennpunkt. Seine Haus- und Zeichenposition symbolisiert eine unausweichliche Konfrontation mit dem Schicksal. Steht Saturn mit anderen Planeten im Horoskop in Konjunktion oder Opposition, werden einige der grundsätzlichsten Geheimnisse des Individuums sichtbar. Saturn-Konjunktionen zeigen das Wesen einer neuen Situation, mit der sich das sich verwirklichende Selbst konfrontiert sieht, oder sie deuten auf eine neue Beziehung zur Familientradition hin, die das Bewußtsein zutiefst beschäftigen wird. Dies sind Situationen, die den Menschen zu etwas zwingen. Da sie neu und unbekannt sind, werden sie dem Individuum über eine lange Zeit die ganze Aufmerksamkeit abverlangen. Die grundsätzlichen Erfahrungen stammen von dem Planeten, der in Konjunktion zu Saturn steht. Diese Erfahrungen zu begreifen kann sehr viel Zeit und Energie in Anspruch nehmen und viele Wiederholungen erforderlich machen. Die Aufgabe des Menschen besteht darin, sich von diesen Erfahrungen zu lösen, so daß sie schließlich ihren zwanghaften Charakter verlieren. Die Opposition des laufenden Saturns zu der Radix-Konjunktion wird die beste Gelegenheit bieten, zu einem objektiven Verständnis dieser Bedingungen zu gelangen und sich somit von ihnen zu befreien. Eine solche Befreiung kann jedoch nur erreicht werden, wenn die Aufgabe erfüllt ist, auf die die Konjunktion hinweist. Weniger ausgeprägt tritt die tiefere Bedeutung der Konjunktion zutage, wenn andere Planeten bzw. die Sonne oder der Mond sich in Opposition zur Radix-Konjunktion befinden. Wiederum muß allerdings darauf hingewiesen werden, daß dieses Verständnis nur unter der Voraussetzung möglich ist, daß man der Aufgabe seine bewußte Aufmerksamkeit widmet.

Konjunktionen mit Saturn — insbesondere mit Sonne oder Mond — im Horoskop sind oft ein Symbol für psychische Komplexe. Eine Saturn/Sonne-Konjunktion bezieht sich in besonderem Maße auf einen Vaterkomplex. Dieser kann entweder durch ein Mißverständnis zwischen Vater und Kind entstehen oder durch den Verlust des Vaters in jungen Jahren. Auf jeden Fall dürfte das Kind unter der Abwesenheit oder einer mangelhaften Vorbildfunktion des Vaters während der Entwicklungsjahre — wenn diese Funktion aus psychologischer Sicht besonders wichtig ist — leiden. Die Sonne/Saturn-Konjunktion kann aber auch eine zu enge psychische Bindung an den Vater anzeigen. Die erste größere Gelegenheit zur Lösung dieses Komplexes wird sich zu Beginn der Pubertät (im Alter von ungefähr 15 Jahren) bieten, wenn der laufende Saturn das erste Mal in Opposition zu der Radix-Konjunktion steht. Das Problem kann sich während dieser Zeit in Verbindung mit der Entwicklung der geschlechtlichen Identität oder der Auflehnung gegen die elterliche Autorität äußern. Die zweite wichtige Gelegenheit zur Lösung wird sich mit Anbruch des mittleren Alters (mit etwa 45 Lebensjahren) ergeben, wenn die zweite Saturn-Opposition stattfindet. Während dieser Zeit hat die betroffene Person möglicherweise selbst ein Kind im Teenage-Alter, welches nun seinerseits das Trauma der Pubertät erlebt; vielleicht erfährt diese

Person aber auch selbst eine zweite Pubertät oder wird sich in zunehmendem Maße der Sterblichkeit des eigenen Vaters bewußt. Eine weitere Gelegenheit, den Vaterkomplex zu bewältigen, ergibt sich im Alter von etwa 75 Jahren bei der letzten Saturn-Opposition.

In den dazwischen liegenden Jahren gibt es viele sekundäre Gelegenheiten, um ein tieferes Bewußtsein zu erlangen. Beispielsweise steht die Sonne jährlich in Opposition zu der Saturn-Konjunktion und bietet somit der Person die Chance, ihre Vater- bzw. Autoritätsfigur im Licht der eigenen solaren Bestimmung oder des «wahren Wesens» neu zu bewerten. Der Mond überquert diese Position einmal im Monat und erhöht dabei das instinktive Bewußtsein sowie die Möglichkeit, sich über die solare Bestimmung klarzuwerden. Der jährlich stattfindende Merkur-Transit weist auf eine Zeit hin, während der die Person mit Hilfe des intellektuellen Austausches ihr Bewußtsein vertiefen kann — die intellektuelle Herangehensweise und der verbale Ausdruck des Problems können zu größerer Objektivität verhelfen. Bei der etwa alle zwölf Monate fälligen Venus-Opposition lassen sich die grundsätzlichen persönlichen Wertvorstellungen nutzen, um die tiefere Bedeutung dieses Lebenskonfliktes zu entdecken. Der Mars-Transit findet alle zwei Jahre statt und bietet die Möglichkeit, den Vaterkomplex nach außen zu bringen, wodurch man sich von dessen zwanghafter Natur befreien kann. Der sich alle zwölf Jahre wiederholende Transit des Jupiters wird in der Opposition zu der Saturn-Konjunktion im Radix die Gelegenheit bieten, das Problem in einem größeren Zusammenhang zu sehen und es von einem gesellschaftlichen und nicht rein persönlichen Standpunkt aus zu betrachten. Der Uranus wird diesen Punkt lediglich einmal im Leben passieren. Während dieser Zeit kann unter der Voraussetzung, daß der Uranus den Saturn beherrscht, eine wirkliche Integration stattfinden. Auf welche Weise das Individuum die Uranus-Energie einsetzt, wird größtenteils von seinem Alter zur Zeit des Transits abhängen.

Eine Mond/Saturn-Konjunktion im Horoskop weist oft auf einen Mutterkomplex hin. Die Person fühlt sich möglicherweise als ungewolltes Kind, wodurch sie einen Groll der Mutter gegenüber entwickelt. Im allgemeinen entsteht dieser Komplex durch einen Mangel an mütterlicher Zuwendung. Das kann sich im späteren Leben als ein unersättliches Bedürfnis nach Bemutterung oder aber als Unfähigkeit äußern, selbst mütterliche Qualitäten auszudrücken. Für Frauen ist eine Mond/Saturn-Konjunktion oft ein schwieriger Aspekt, da sich der Mond im weiblichen Horoskop auch auf die Sicht der eigenen Weiblichkeit bezieht. Insofern kann sich der Groll nicht nur gegen die Mutter oder Frauen im allgemeinen, sondern auch gegen sich selbst als Frau richten. Die Mond/Saturn-Konjunktion kann sich als sehr viel unangenehmer erweisen als die Sonne/Saturn-Konjunktion, da sie auf der emotionalen und unbewußten Ebene häufig als Depression wirkt. Wie bei der Sonne/Saturn-Konjunktion bieten sich auch hier, wenn der Oppositionspunkt aktiviert wird, Gelegenheit zum objektiven Verständnis. In diesem Fall sollte insbesondere die weibliche Person jedoch dem Umlauf des Mondes ihre besondere Aufmerksamkeit widmen. Das periodische Unwohlsein, das oft mit dem Menstruationszyklus zusammenhängt (der ja auch ein 28 Tage dauernder Mondzyklus ist), kann mit dieser Aspektkonfiguration in Verbindung stehen. Durch den bewußten Einsatz ihrer lunaren Energie kann die Frau die Aufmerksamkeit auf ihr eigenes feminines Wesen richten und die biologischen Funktionen ihres Körpers kennenlernen und akzeptieren, anstatt sie zu verleugnen. In diesem Zusammenhang ist interessant, daß im weiblichen Horoskop die erste Opposition des laufenden Saturns zu seiner Radixposition mit dem Einsetzen der Menstruation zusammentrifft, während die zweite dem Beginn der Wechseljahre entspricht. Somit werden die Jahre, in denen eine Frau ihre Kinder zur Welt bringt, durch die erste und zweite Saturn-Opposition eingegrenzt.

Der Oppositionsaspekt des Radix-Saturns mit der Sonne, dem Mond oder einem Planeten ist im allgemeinen leichter zu bewältigen, da diese Konfiguration die Möglichkeit des objektiven Verständnisses beinhaltet. Darüber hinaus wird eine Radix-Opposition durch Transit-Konjunktionen doppelt so häufig aktiviert wie eine Radix-Konjunktion. Die Sonne tritt zweimal im Jahr, der Mond zweimal im Monat in Beziehung zu der Opposition. So bieten sich stets doppelte Gelegenheiten, um ein objektives Bewußtsein zu erlangen. Im Falle der Saturn-Opposition zu Sonne oder Mond lassen sich die Einflüsse der Vergangenheit, der Familie und insbesondere der Eltern leichter miteinander verschmelzen. Rudhyar beobachtete, daß eine Konjunktion des Saturns im Radixhoroskop sehr häufig auf eine grundsätzliche Introversion, eine pessimistische Grundhaltung und auf Selbstmitleid schließen läßt. Mit ihr kann das Gefühl einhergehen, einem Verhängnis oder Zwang ausgeliefert zu sein und von außen diktierte, übermächtige Ziele verfolgen zu müssen. Dies kann zur Absonderung von anderen und zu dem Gefühl führen, an der Last dieser Welt schwer tragen zu müssen. Möglicherweise haben andere astrologische Faktoren andere Auswirkungen — eine Saturn-Konjunktion im Radix darf niemals isoliert interpretiert werden.

Der generische Saturnzyklus

Im Leben eines jeden Menschen finden zwei unterschiedliche Saturnzyklen gleichzeitig statt: der allgemeine (generische) und der individuelle Zyklus. Die allen Menschen gemeinsame Erfahrung des Alterns wird durch die Beziehung des laufenden Saturns zu seiner Radixstellung symbolisiert — dies stellt den generischen Zyklus dar. Die siderische Umlaufzeit des Saturns beträgt etwa 29½ Jahre (wobei leichte Abweichungen aufgrund rückläufiger Bewegungen möglich sind). Somit wird der Saturn in einem Leben von ca. 90 Jahren das Geburtshoroskop dreimal durchlaufen. Jeder dieser Umläufe ist ein vollständiger Saturnzyklus, der bei der Radixposition beginnt und mit der Rückkehr dorthin endet. Diese drei Zyklen markieren Wendepunkte in der Entfaltung des Schicksals und des persönlichen Charakters und entsprechen — in dieser Reihenfolge — der *Vergangenheit, Gegenwart und Zukunft*.

Der erste Zyklus: Saturn — die Vergangenheit

Dieser Zyklus beginnt mit der Geburt und endet kurz vor dem 30. Geburtstag. Hier äußert sich der Saturn im Sinne der kollektiven Vergangenheit, d.h. im Sinne des Erbes und der Umwelt, in die ein Individuum hineingeboren wurde und aus der es, um sein Geburtspotential erfüllen zu können, heraustreten muß. Die saturnischen Fesseln, die man zunächst mit der Vater- bzw. Autoritätsfigur und später durch die von der Familie und den gesellschaftlichen Traditionen auferlegten Grenzen erlebt, müssen schließlich gesprengt werden. Geschieht das während des ersten Saturnzyklus nicht, nimmt man diese Lasten mit in den nächsten Zyklus, wo sie negative Auswirkungen haben werden.

Jedes kleine Kind ist zunächst ein vollständig abhängiges Geschöpf und nicht zu den elementarsten Willensäußerungen fähig. Während der laufende Saturn sich von seiner Radixposition fortbewegt, wird das Kind zunehmend unabhängiger und vermag sich von seinen Konditionierungen zu befreien, wobei es eine andere Sicht der Eltern, seiner Abhängigkeit und aller familiären Strukturen gewinnt. Während des ersten Zyklus geht diese beginnende Selbstständigkeit häufig mit Auflehnung einher. Trotz der Klagen vieler Eltern: Dies ist ein notwendiger Schritt im individuellen Wachstumsprozeß.

Das zunehmende Quadrat. Die erste Krise stellt sich im Alter von sieben bis acht Jahren ein, wenn der Saturn im Quadrat zu seiner Radixstellung steht. Laut Rudhyar entsprechen die zunehmenden Saturn-Quadrate dieses Zyklus häufig der Qualität eines kritischen Mars-Aspektes. Bei diesem zunehmenden Quadrat kommt es zum ersten Versuch, das «Ich» gegenüber dem Druck der Familie und der Umwelt zu behaupten. Man sagt, das Kind hat nun das «Alter der Vernunft» erreicht; es gibt sich nicht mehr mit dem «...weil ich es gesagt habe» zufrieden. Erstmals stellt es jetzt die gottgleiche Autorität der Eltern und Lehrer in Frage. Es entwickelt nun das Bedürfnis, seine Kleidung und Nahrung selbst auszuwählen und seine Schlafenszeit selbst zu bestimmen. Dies kann eine Zeit großer Willenskonflikte sein, in der das Kind immer mehr Mittel zur Selbstbehauptung sucht. In der Hackordnung möchte es nun eine höhere Position einnehmen und selbst eine Autoritätsfigur sein. Mit der Erkenntnis, daß es kleineren Kindern gegenüber im Vorteil ist, wird es sich vielleicht Klassenkameraden oder jüngeren Geschwistern gegenüber herrisch verhalten, und wenn es keine jüngeren Geschwister hat, wird es sich vielleicht eines wünschen oder sogar fordern.

Die allen gemeinsame Konfrontation mit Saturn (den Einschränkungen durch die Gesellschaft), die in diesem Alter erlebt wird, besteht z.B. darin, beim Stehlen ertappt zu werden. Wenn ein Kind sich vor diesem Alter etwas aneignete, so geschah dies, ohne daß es zwischen dem Eigentum anderer und seinem eigenen hätte unterscheiden können. Im Alter von sieben Jahren ist das Konzept des Eigentums jedoch eindeutig definiert, und das Kind weiß, daß es falsch ist, etwas in seinen Besitz zu bringen, was einer anderen Person gehört. Hier stellt es die Autorität der Gesellschaft auf die Probe. Irgendwann wird es schließlich ertappt und muß dann entsprechend getadelt werden. Werden die Lektionen dieses ersten Saturn-Quadrates jetzt nicht gelernt, so äußern sie sich im Erwachsenenleben als antisoziales Verhalten. Eltern müssen jedoch auch erkennen, daß diese Lektionen für ein Kind Teil des natürlichen Wachstumsprozesses sind.

Die Opposition. Die Krise, die während oder unmittelbar nach der Pubertät im Alter von etwa 15 Jahren stattfindet, entspricht der Opposition des laufenden Saturns zu seiner Radixposition. Bezeichnend für diese Phase ist ein Zwiespalt zwischen Kindheit und Erwachsensein. In einem Augenblick ist man zu jung, im nächsten zu alt. Während das sich entwickelnde Individuum seine ersten Versuche unternimmt, auf eigenen Beinen zu stehen, stellt es fest, daß das Dasein als Erwachsener keineswegs das ist, wofür es dieses immer gehalten hat. Freiheit bringt Verantwortung mit sich; mit wachsender Freiheit nimmt auch die Verantwortung zu. Obwohl die Probleme mit der Sexualität alles andere zu überschatten scheinen, bilden sie nur einen Teil der Krise. Auch der Intellekt entwickelt jetzt seine Fähigkeiten und wird als Mittel zur kritischen Bewertung eingesetzt. Dies ist der eigentliche Wendepunkt in der Pubertät und nicht allein das biologische Wissen um das eigene Geschlecht und nicht nur die sozialen Kontakte. Eine viel tiefergehende Konfrontation und objektivere Einschätzung der Familie, aller Autoritätspersonen und der Gesellschaft einschließlich der Medien und Regierungen geht damit einher.

Der Versuch, sich von den Einschränkungen durch Eltern und Familie zu lösen, ist häufig von offener Auflehnung begleitet. Die bedauernswerten Eltern haben keine Chance, dem heranwachsenden Kind irgend etwas recht machen. Vom Essen bis zu den Moralvorstellungen stößt alles auf Ablehnung. Eine Gruppe von Gleichaltrigen ersetzt die Eltern, Lehrer und manchmal auch die staatlichen Gesetze als höchste Autorität. Der Jugendliche übernimmt eine «Kreuzzugs-Mentalität» — wir gegen sie —, und oberstes Ziel während dieser Zeit ist, sich bei Gleichaltrigen beliebt zu machen. Das sich entwickelnde Individuum wird sich deren Bekleidungs- und Verhaltensnormen mit nahezu religiösem Eifer unterwerfen. Dies ist ein natürlicher Schritt auf dem Weg zur vollständigen Unabhängigkeit — allerdings wird sich das Ego nicht kreativ weiterentwickeln können, solange es von der Zustimmung einer Gruppe abhängig bleibt. Es ist ebenfalls ganz natürlich, in diesem Alter jeglicher Verantwortung aus dem Weg gehen zu wollen. Für gewöhnlich zeigt sich die Scheu vor Verantwortung darin, häusliche Pflichten zu vermeiden. Allerdings kann dieses Phänomen in manchen Fällen auch weitaus drastischer — und potentiell schädlicher — zutage treten, z.B. durch eine frühe Ehe. Die meisten frühen Ehen sind zum Scheitern verurteilt, da ihnen nicht der Wunsch nach einer echten Beziehung, sondern die Flucht vom Elternhaus und den dort auferlegten Beschränkungen zugrunde liegt. Wenn das Individuum sich durch die Entscheidung für eine Person vorzeitig von der Gruppe der Altersgenossen gelöst hat, kann es zu einem Gefühl der Entwurzelung kommen. Als Reaktion darauf läuft dieser Mensch dann oft aus der Ehe fort, womit sich seine Flucht aus dem Zuhause ein weiteres Mal wiederholt.

Wenn Saturn (die Gesetze der Gesellschaft) dem Kind im Alter von sieben Jahren, als es den ersten Kaugummi stahl, nicht konsequent den richtigen Weg wies, wird der Heranwachsende möglicherweise die Gesellschaft mit weiteren Diebstählen auf die Probe stellen. Das geschieht dann meist mit der Unterstützung Gleichaltriger. Bei jedem gelungenen Diebstahl wird das gestohlene Objekt von höherem Wert sein. Früher oder später jedoch wird ihn Saturn einholen. Der Heranwachsende braucht eine Autorität, gegen die er sich auflehnen kann. Werden ihm keine Vorschriften auferlegt, so wird er sich auf die Suche nach einem Ventil machen. Eltern tun ihren Kindern keinen Gefallen, wenn sie ihnen absolute Freiheit gewähren — auch wenn in manchen Büchern das Gegenteil behauptet wird. Ein Kind wird so im wahrsten Sinne des Wortes verzogen.

Das abnehmende Quadrat. Während des zunehmenden Saturn-Quadrates (im Alter von sieben bis acht Jahren) wird eine Krise ausgelöst, die sich auf Handlungen bezieht. Die Krise des abnehmenden Quadrates des Saturnzyklus im Alter von 21 bis 22 Jahren ist durch den Intellekt geprägt — sie ist eine «Bewußtseinskrise». Jetzt kann die Abhängigkeit von den Eltern überwunden werden. Die Gesellschaft betrachtet die Person nun als einen Erwachsenen mit allen entsprechenden Rechten und Pflichten. Man darf jetzt Alkohol trinken, wählen, heiraten und Verträge unterzeichnen, ohne dafür die elterliche Erlaubnis einholen zu müssen. Übertritt man Gesetze, muß man die Konsequenzen tragen — einschließlich einer möglichen Gefängnisstrafe. In diesem Alter hat das Individuum oft schon seinen Bildungsweg hinter sich oder seine Lehre abgeschlossen und ist bereit, eine berufliche Laufbahn einzuschlagen und aus eigener Kraft den Lebensunterhalt zu verdienen. Jetzt kann der Mensch in die Welt hinausgehen, ohne dabei von zu Hause wegzulaufen. Die Verbindung zu den Eltern bzw. der Familie, die sich seit dem 7. Lebensjahr ständig gelockert hat, sollte nun nicht mehr von besonderer Wichtigkeit sein. Das Problem besteht jetzt darin, sich endgültig von der Gruppe der Gleichaltrigen zu lösen und selbständig zu werden. Nun wird man sich deutlich bewußt, daß wahre Individualität von geistiger und nicht von physischer Natur ist. Die betroffene Person kann zu dieser Zeit zum Einzelgänger werden. Möglicherweise wird auch viel Zeit und Energie für Analysen und philosophische Fragen eingesetzt.

Die Lösung von der Vergangenheit sollte vom Bruch mit alten Gewohnheiten begleitet sein. Hat man sich erst einmal von der Abhängigkeit von Eltern und Gleichaltrigen befreit, ist man in der Lage, gleichberechtigte Beziehungen einzugehen und seinen Platz in der Gesellschaft einzunehmen. Sich von der Gruppe der Gleichaltrigen zu lösen, bedeutet nicht, ein Leben als Einsiedler führen zu müssen. Die einzig wirkliche Freiheit gibt es nur auf der geistigen Ebene. Sollte das Individuum noch immer ein Bedürfnis nach Abhängigkeit verspüren, so wird es — in welchem Alter auch immer — eine «Mutter» oder einen «Vater» heiraten und immer wieder unfähig sein, eine reife Beziehung einzugehen. Bricht die Person nicht mit der Gruppe der Altersgefährten, wird sie niemals wahre Freundschaft erleben und immer um Anpassung bemüht sein.

Der zweite Zyklus: Saturn — die Gegenwart

Der neue Zyklus beginnt mit der Rückkehr des Saturns zu seiner Radixstellung, kurz vor dem 30. Geburtstag. In diesem Jahr fallen oft wichtige Entscheidungen, was die zukünftige Lebensrichtung, die berufliche Tätigkeit oder tiefe Freundschaften oder Beziehungen angeht. Der zweite Zyklus ist die Antithese des ersten — es ist der Zyklus potentieller Produktivität. Im Verlauf des ganzen Zyklus ist man bestrebt, seinen Lebensunterhalt zu sichern und für seine Gemeinschaft etwas von Wert hervorzubringen; Saturn übernimmt dabei die Rolle des Lehrers und Korrektors. Das Individuum muß sich den gesellschaftlichen Grundprinzipien unterwerfen, um eine bestimmte Funktion oder Rolle innerhalb der Gesellschaft so bedeutsam wie möglich auszufüllen. Hier ist Saturn die Kraft, die die Gegenwart durch den Zwang der täglichen Routine vorantreibt und festigt.

Die Entwicklung der Persönlichkeit im zweiten Zyklus ist vollständig abhängig von dem Wachstum und dem erreichten Grad der persönlichen Reife während des ersten. Ist man aus dem ersten Zyklus als ein schöpferisches Individuum hervorgegangen, das bereit und fähig ist, sein ganzes Potential einzusetzen, so wird der zweite durch ständig zunehmende Kreativität und Produktivität gekennzeichnet sein. Ist man jedoch nicht zu einem vollständigen und ganzheitlichen Individuum geworden, und sieht man sich durch die Beschränkungen der Gesellschaft, die Forderungen der Gruppe Gleichaltriger oder die Abhängigkeit von Eltern oder Familie weiterhin festgelegt, so wird der zweite Zyklus wohl eine verzerrte Wiederholung des ersten sein. Dies bedeutet nicht, daß eine Person, die sich ihren saturnischen Herausforderungen bis zum 30. Lebensjahr nicht gestellt hat, zu einer bedeutungslosen Existenz verurteilt ist, sondern lediglich, daß diese Person im Alter von 45 Jahren noch mit der Lösung von Konflikten beschäftigt sein wird, die sie mit 15 hätte lösen sollen. Es gibt immer eine zweite Chance — nur sind dann die Verhaltensmuster tiefer verwurzelt, und ihre Auflösung ist weitaus schwieriger.

Zu Beginn des neuen Saturnzyklus sieht sich das Individuum mit neuen Situationen und Einschränkungen konfrontiert, die seine Bestimmung (die Struktur seines Bewußtseins und seines Charakters) für die nun folgenden 30 Jahre konditionieren und zum Ausdruck bringen. Aus psychologischer Sicht ist dies eine kritische Zeit, weil sich die Menschen zwar darüber im klaren sind, daß irgend etwas zu Ende gegangen ist, jedoch kaum eine Ahnung von dem haben, was vor ihnen liegt. Man kann dazu neigen, den vergangenen Zyklus nicht in seinem eigentlichen Sinn — als Lernerfahrung , sondern an Begriffen von Produktivität zu bewerten. Das ist jedoch Thema des folgenden 30-Jahres-Zyklus. Zur Zeit des abnehmenden Saturn-Quadrates (im Alter von 21 Jahren) setzen sich viele Menschen ein Ziel, das sie bis zu ihrem 30. Geburtstag verwirklichen wollen. «Wenn ich es nicht bis 30 geschafft habe…», ist ein Satz, den man oft von Menschen zwischen zwanzig und dreißig hört. Hier klingt eine potentielle Resignation mit, wenn man bis zu diesem

Zeitpunkt seine Lebensziele nicht verwirklicht hat. Was man mit dem Rest seines Lebens anfangen will, wenn man «es geschafft hat», wird nicht überlegt. Da die meisten Menschen «es» nicht bis zum Alter von 30 Jahren «schaffen», bleibt ihnen glücklicherweise noch ein vollständiger Saturnzyklus, um zu wachsen und ihr schöpferisches Potential zu erfüllen. Die Rückkehr des laufenden Saturns auf seine Radixposition angesichts gewachsener Reife bietet eine Gelegenheit zur Neubewertung der Träume und Ziele der Jugendzeit. In vielen Fällen erscheinen die im Alter von 25 Jahren noch für wichtig gehaltenen Ziele mit 30 als außerordentlich oberflächlich. Es ist Zeit, innezuhalten und das eigene Leben sorgfältig zu betrachten, bevor man dann seinen Weg fortsetzt.

Das zunehmende Quadrat. Die Krise im Alter von etwa sieben Jahren findet ihre Entsprechung im zweiten Saturnzyklus im Alter von ungefähr 36 Jahren. Hier bezieht sich die Krise auf die individuellen Handlungen. Während dieser Zeit sollte das Individuum bereits ein gutes Stück auf seinem Weg zur persönlichen Reife zurückgelegt haben, und seine grundsätzliche Art, auf das Leben zu reagieren, sollte nun ausgebildet sein. Die wichtigste Frage ist nun, ob diese Reaktionen «Selbst-verständlich» werden. Bevor ein Individuum seine volle Kraft nutzen kann, muß es das Selbst von den auf ihm lastenden gesellschaftlichen Erwartungen und Wunschvorstellungen befreien. Jetzt sucht man nach den eigenen Wurzeln und ist bestrebt, ein Fundament zu finden. Das «Ich»-Gefühl ist stark, aber es stellt sich die Frage, wo das «Ich» hingehört. Das Individuum kann während dieser Phase ein ausgeprägtes Gefühl der Isolation erleben. Läßt man schließlich die Vergangenheit hinter sich, stellt sich möglicherweise das Gefühl ein, keinen Boden mehr unter den Füßen zu haben. Wirkliche Freiheit kann hier nur dann erfahren werden, wenn man erkennt, daß man diese Situation selbst erzeugt hat — und die volle Verantwortung für sein eigenes Leben akzeptiert. Während dieser Zeit herrscht ein stets präsentes Gefühl der Leere, das man vielleicht durch andere Menschen oder materielle Güter zu füllen versucht. Die Erkenntnis, daß dieser leere Raum eine notwendige Voraussetzung für das Wachstum ist, wird wahrscheinlich schwer fallen. Solange diese Erkenntnis noch nicht herangereift ist, wird der Mensch zum Konsumenten, der die leeren Ecken seines Lebens mit Besitztümern vollstopft. Das Streben nach Eigentum während dieser Zeit ist ein Ausdruck des Bedürfnisses, sich ein bleibendes Fundament zu schaffen. Es handelt sich dabei um die äußerliche Manifestation des Fundamentes, das im Inneren errichtet wird. Laut Rudhyar besitzen sowohl das zunehmende als auch das abnehmende Saturn-Quadrat dieses Zyklus Jupiter-Eigenschaften. Jupiter, der das polare Gegenüber des Saturns darstellt, hat die Fähigkeit, mittels finanzieller Belohnung und gesellschaftlichem Erfolg die saturnischen Einschränkungen zu kompensieren.

Das Bewußtsein des Alters, das sich während der Konjunktion des laufenden Saturns mit seiner Radixposition einstellte, wird nun zum beherrschenden Thema. In einer auf die Jugend ausgerichteten Gesellschaft entdeckt man plötzlich, daß man als «zu alt» angesehen wird. Viele Arbeitsplätze bleiben Bewerbern über 35 vorenthalten, und obwohl man sich vielleicht in hervorragender körperlicher Verfassung befindet, wächst das Bewußtsein, daß der Körper die Strapazen, denen er früher ausgesetzt war, nicht mehr erträgt und sich nicht mehr so leicht erholt. Die Altersrelation zu den Gleichaltrigen bleibt natürlich bestehen; das Älterwerden der Kinder und Eltern fällt deutlich ins Auge. Es entsteht das Bedürfnis, ungelöste Konflikte mit den Eltern — wenn vorhanden — alsbald auszuräumen. Die Eltern sind nicht mehr — wie in der Kindheit angenommen — unsterblich. Erlebt man nicht den Verlust der eigenen Eltern, so wird man mit dem Tod der Eltern Gleichaltriger konfrontiert. Die Zeit wird knapp. Man weiß nun, daß die Zeit begrenzt ist, um die Dinge zwischen sich und den Eltern ins Reine zu bringen.

Für Frauen kann dies eine besonders kritische Zeit sein, da das Alter von 36 Jahren den Anfang des letzten Viertels ihrer Fruchtbarkeit bedeutet. Jede Frau — auch die, die bereits mehrere Kinder zur Welt gebracht hat — wird sich der Tatsache bewußt, daß ein möglicher Kinderwunsch jetzt oder nie in die Tat umzusetzen ist. Für Frauen ohne Kinder kann dieses Thema zu großer Verzweiflung führen. In früheren Jahren schien es, als sei noch ausreichend Zeit, über Kinder nachzudenken; im Alter von 36 Jahren jedoch wird die Zeit knapp. Es wird interessant sein, die jetzige Nachkriegsgeneration in bezug auf deren Saturn-Rückkehr zu beobachten. Viele dieser Menschen haben sich — aus welchen Gründen auch immer — entschlossen, keine Kinder in die Welt zu setzen. Wird es wieder, wenn die Frauen dieser Generation Mitte 30 sind, einen solchen Baby-Boom geben wie den, aus dem sie selbst hervorgegangen sind?

Die Opposition. Im Alter von 44 oder 45, wenn der laufende Saturn in Opposition zu seiner Radixstellung steht, findet eine Krise der Neubewertung statt. Es geht um eine Beurteilung all dessen, was man sich als Individuum seit dem 29. Lebensjahr aufgebaut hat. Die Hauptbetonung muß auf Objektivität liegen. Damit das Individuum die wahre Bedeutung seiner Existenz finden kann, muß die Bewertung seinen persönlichen Wertbegriffen und nicht den Erwartungen der Familie, der Gleichaltrigen oder der Gesellschaft entsprechen. Obwohl dies eine Krisenzeit ist, kann sich bei klarem Bewußtsein des Lebenszwecks die schöpferische Kraft des Individuums vollständig entfalten. Das kann eine Erfahrung wahrhafter Erleuchtung sein — das Tor zur kreativsten und produktivsten Phase im Leben eines Individuums zwischen dem 44. und 59. Lebensjahr. Falls während dieser Phase Probleme auftreten, liegt mit Sicherheit die Wurzel des Übels in der Tatsache, daß die Person unreif, innerlich verunsichert und in einem wichtigen Bereich frustriert ist. Hat man das erkannt, so ist im Alter von 45 Jahren ein neuer Anfang möglich, der die Erfahrungen bringen kann, die man zur rechten Zeit in der Vergangenheit versäumt hat. Wenn die Kluft zwischen den Idealvorstellungen und der Realität zu groß ist, kann das Gefühl der Frustration, des Scheiterns und der Unfähigkeit eine Person dazu zwingen, den Kampf um die Individualisierung aufzugeben. Sie wird dann schließlich ein persönlich bedeutungsloses, der kollektiven Norm angepaßtes Leben führen.

Die Themen der zweiten Opposition können enge Parallelen zu denen der ersten im Alter von 15 Jahren aufweisen. Wiederum treten Probleme mit der Sexualität auf. Sie resultieren aus den hormonalen Veränderungen, die mit den Wechseljahren einhergehen. Frauen erreichen das Ende der Jahre, in denen sie Kindern das Leben schenken können, und Männer erkennen, daß ihre sexuelle Potenz in großem Maße nachläßt. Beide Geschlechter werden sich ihrer nachlassenden Anziehungskraft bewußt. Die Zeichen des Alterns treten deutlich zutage, und dies bedeutet gemäß den Wertvorstellungen einer jugendbetonten Gesellschaft eine Tragödie, die unbedingt verhindert werden muß. Der Preis, den man für die Mitgliedschaft in der modernen Konsumgesellschaft zahlt, wird immer höher — viele hundert Millionen Dollar für kosmetische Chirurgie, Haarfärbemittel, Vitamine, Hormontherapien, Gewichtsverminderung und für eine Vielzahl von Waren und Dienstleistungen, die eine ewige Jugend verheißen. Dabei läßt sich der emotionale Preis überhaupt nicht beziffern. Für viele Menschen ist das Altern eine unerschöpfliche Quelle von Frustration und Ärger. Während man seiner verlorenen Jugend nachjagt, wird der Tod zur gefürchteten Realität. In dieser Phase kommt es erstmals dazu, daß Gleichaltrige eines sogenannten «natürlichen Todes» sterben.

Viele Menschen erleben in dieser Zeit den Tod der Mutter oder des Vaters. Möglicherweise erfährt man seine Rolle aus der Kindheit nun mit umgekehrten Vorzeichen, indem man die Verantwortung für die Eltern übernehmen muß, die nicht mehr für sich selbst sorgen können. Sollte noch immer ein Problem mit den Eltern ungelöst sein, überträgt es sich im allgemeinen auf die Beziehung zu Vorgesetzten, zur Firma oder zum Ehepartner. Die Möglichkeiten, sich gegen die Umstände aufzulehnen, sind begrenzt. Da man mit 45 im allgemeinen für einen Wechsel der Arbeitsstelle zu alt ist, wird eine Scheidung zur realistischen Alternative. Oft wird tatsächlich zu dieser Zeit eine Scheidung als Lösung für viele Probleme angesehen — wenn man seine Ehe für all die Schwierigkeiten verantwortlich macht, die man in der Jugend seinen Eltern anlastete. Eine neue Partnerschaft wird die sexuelle Attraktivität eines Menschen neu bestätigen, seine inhaltsleere Lebensweise umgestalten und nachlassende berufliche Aktivität neu beleben. Viele sogenannte Erwachsene tun es den Jugendlichen gleich, wenn diese wegen einer Heirat das Zuhause verlassen: Sie laufen im wahrsten Sinne des Wortes davon. Ein «Sich-in-Luft-auflösen» ist während dieser Zeit nichts ungewöhnliches.

Das abnehmende Quadrat. Die Bewußtseinskrise des abnehmenden Saturn-Quadrates im Alter von etwa 52 Jahren ist eine Parallele zu der Krise, die man mit 21 bzw. 22 Jahren erlebt hat. Wieder einmal wird das Individuum mit der Notwendigkeit konfrontiert, sich von verinnerlichten Verhaltens-, Gefühls- und Denkmustern zu befreien. Inmitten der kreativsten und produktivsten Jahre wird man herausgefordert, sein Glück zu versuchen und etwas Neues zu probieren. Wenn man diese Herausforderung annimmt, tritt der Jupiter-Charakter dieses Quadrates deutlich zutage. Wenn man seinen Horizont erweitert, expandiert das Leben in sozialer Hinsicht. Viele Menschen wenden sich während dieser Zeit wieder einer Schule zu und entwickeln neue Interessensgebiete. Persönliche Befriedigung kann aus schöpferischem Ausdruck entstehen — aus Malerei, Musik, Fotografie und Gartenarbeit, um nur einige wenige Bereiche zu nennen. Es besteht auch die Tendenz, in die Welt hinauszutreten und einen Beitrag zum Leben anderer Menschen zu leisten. Da nun keine finanziellen Verpflichtungen den Kindern gegenüber mehr bestehen, nutzen viele Menschen diese Gelegenheit, um sich auf Reisen zu begeben — um den Traumurlaub zu machen, den sie schon immer geplant, aber niemals für wirklich möglich gehalten haben.

Dies sind die Jahre, in denen man am meisten Geld verdient. Leider erkennt man in dieser Zeit auch, daß ein weiterer Aufstieg in der Hierarchie nicht möglich ist. Bei Menschen in einer niedrigen Position kann das zu der Ansicht führen, daß ihnen nichts anderes übrig bleibt, als passiv auf die Entlassung in den Ruhestand zu warten. In diesen Fällen kann sich ein Gefühl der Niederlage und der Sinnlosigkeit und Leere des Lebens breitmachen. Für andere Menschen hingegen kann es jetzt zu einer wichtigen beruflichen Veränderung kommen. Indem man sein Glück versucht und etwas Neues ausprobiert, ist es möglich, das schöpferische Potential maßgeblich zu erweitern. Allerdings muß man sich zunächst von den hinderlichen Erinnerungen an vergangene Mißerfolge — insbesondere während der Opposition im Alter von 44 bzw. 45 Jahren — befreien. Wenn man mit Mitte 40 jugendliche Verhaltensweisen angenommen hat, präsentiert dieses Quadrat jetzt die Quittung. Hat man in der Vergangenheit nicht auf seine Gesundheit geachtet, können jetzt gesundheitliche Probleme auftreten. Diese stellen sich vielleicht als so ernsthaft heraus, daß sie ein vorzeitiges Ausscheiden aus dem Berufsleben erforderlich machen. Im allgemeinen sind sie jedoch ein Warnsignal, die Lebensart zu verändern. Der Körper kann Ausschweifungen nun nicht mehr wegstecken, ohne mit Krankheit zu reagieren.

Jetzt sind die «Kinder» selbst Erwachsene und müssen als solche anerkannt werden. Das macht eine Neubewertung der Eltern/Kind-Beziehung erforderlich. Man muß seine Kinder loslassen und sich jeglicher Einflußnahme auf ihr Leben enthalten. Als «Belohnung» ist es möglich, ein Leben als Großeltern zu erfahren. Dabei kann man eine von erzieherischer Verantwortung freie Beziehung erleben und den Enkeln ganz einfach seine Liebe schenken. Für viele ist dies die großartigste aller möglichen Jupiter-Belohnungen. Eltern, die ihre Kinder im Alter von 44 bzw. 45 Jahren allein gelassen haben, müssen nun möglicherweise feststellen, daß ihre Kinder nichts mehr mit ihnen zu tun haben wollen, was sich häufig im Fernhalten der Enkelkinder ausdrückt. Der Tod, der oft während der Opposition des laufenden Saturns zu seiner Radixstellung die Abhängigkeit von den Eltern endgültig löste, beginnt nun auch im Umkreis der gleichaltrigen Freunde und Bekannten in Erscheinung zu treten. Die Erkenntnis, daß man letztlich allein ist und sich weder auf Eltern, Kinder, Gefährten, Freunde noch auf den Beruf verlassen kann, um dem Leben eine Bedeutung und schöpferische Befriedigung zu verleihen, wird einige Menschen zur Verzweiflung treiben. Anderen hingegen wird diese Erkenntnis zur höchsten Blüte ihres individuellen Potentials verhelfen.

Der dritte Zyklus: Saturn — die Zukunft

Kurz vor dem 60. Geburtstag kehrt der Saturn zum zweiten Mal auf seine Radixposition zurück, womit der letzte Lebenszyklus seinen Anfang nimmt. Nun geht mit Saturn die Bestrebung einher, die wesentliche Bedeutung des Lebens in eine Form des Bewußtseins oder in eine Saat-Form zu bringen, die Unsterblichkeit garantiert. Die aktuelle psychische Krise in dieser Phase ist eine Entsprechung der Krise der ersten Saturn-Rückkehr im Alter von etwa 30 Jahren. Wieder einmal ist dem Individuum deutlich bewußt, daß etwas zu Ende gegangen ist; dieses Mal jedoch ist die Zeit der Jugend vorbei, die Lebenskraft schwindet, und die produktiven Jahre gehen ihrem Ende entgegen.

Es scheint nicht viel zu bleiben — neben der ergebenen Erwartung des Todes. Die wahre Herausforderung besteht nun in der Erkenntnis, daß ein weiterer Lebenszyklus gerade erst beginnt.

In der Antike wurde das Alter von 60 Jahren als das der Philosophie angesehen, weil es nur durch Weisheit möglich ist, einen individuellen Beitrag mit den wirklichen Erfordernissen der Gesellschaft bedeutungsvoll zu verknüpfen. Rudhyar hat darauf verwiesen, daß der schöpferische Geist — bei Künstlern, Wissenschaftlern, Staatsmännern und Schriftstellern — der Zeit seinen Stempel für gewöhnlich erst nach dem Erreichen des 60. Lebensjahres aufdrückt. Die während des zweiten Saturnzyklus geleistete Arbeit prägt sich der Generation auf, die in dieser Zeit geboren wurde. Die Tätigkeiten dieser Phase bilden die Grundlage der soziokulturellen Unsterblichkeit, die sich dem schöpferischen Geist erschließt. Diese ist ein Beweis für die erfolgreiche Synthese des individuellen Zwecks mit den kollektiven Erfordernissen der Gesellschaft. Diesem Ziel sollte sich jeder schöpferische Mensch nach der Saturn-Opposition im Alter von etwa 40 Jahren widmen. Ist dies der Fall, so steht Saturn als Symbol für die Saat, und sein dritter Zyklus bezieht sich auf das Einbringen der Ernte des Lebens. Der Samen, der den zukünftigen Generationen zum Pflanzen und Ernten hinterlassen wird, ist die Unsterblichkeit des Individuums. Die Tragik der gegenwärtigen Gesellschaft liegt darin, daß sie das Lebensende nicht als das Alter der Weisheit anerkennt. Von älteren Menschen wird nicht erwartet, daß sie eine schöpferische Rolle spielen. Deshalb ist es auch sehr schwierig, den dritten Saturnzyklus mit einer positiven Bedeutung zu versehen. Daß es heutzutage so wenige geistige Lehrer auf der Welt gibt, liegt daran, daß unsere Gesellschaft nicht wirklich nach geistiger Führung verlangt. Die Menschen richten ihren Glauben auf Produktion und Technik — und wir verfügen über großartige Produzenten und herausragende Techniker, — die ihrerseits Ergebnisse des zweiten Saturnzyklus sind. Das kollektive Bewußtsein verharrt im zweiten Zyklus; solange dem Jugendkult gehuldigt und nur die Produktivität angebetet wird, kann sich daran nichts ändern. Durch den Versuch, die Phase der Produktivität zu verlängern und den Realitäten des Alters auszuweichen, verhindern wir auch das Entstehen der Weisheit. Vielleicht fürchten wir uns unbewußt davor, die Weisheit zu suchen, die das Alter mit sich bringt *kann*, denn wenn wir weise wären, müßten wir womöglich einige unserer hochgeschätzten Ansichten über die Produktivität verändern.

Die Schuld für die Angst vor dem Alter kann aber nicht nur in der mangelnden gesellschaftlichen Würdigung der Weisheit oder Stärke älterer Menschen gesehen werden. Es ist auch die Angst vor dem Tod. Solange das Individuum spürt, daß die Gesellschaft von ihm erwartet, entweder weiterhin produktiv tätig zu sein oder aber zur Seite zu treten und den Weg für jüngere Generationen frei zu machen, wird eine negative Einstellung zum Altern vorherrschen. Wenn mit Hilfe des Wissens um die Bedeutung der drei Saturnzyklen immer mehr Menschen versuchen, in Weisheit zu wachsen und diese in zwischenmenschlichen Beziehungen und ihrem Verständnis der Probleme einzusetzen bestrebt sind, wird ihr Licht eines Tages Anerkennung finden. Dann kann die Gesellschaft lernen, daß manche Aufgaben besser von älteren Menschen und nicht — wie heute — von jüngeren Kräften getan werden sollten, weil die letzteren noch voller Produktionsfieber stecken und von einem ehrgeizigen Ego beherrscht werden. Wenn man für die geistige Zukunft der Menschheit tätig ist, arbeitet man gleichzeitig für die eigene — und diese erstreckt sich bis zu einem Bereich, der jenseits der Wachstumskrise liegt, die wir den Tod nennen.

Der individuelle Saturnzyklus

Neben dem allgemeinen (generischen) Saturnzyklus, der die kritischen Wendepunkte für alle Menschen etwa im selben Alter mit sich bringt, gibt es auch einen individuellen Saturnzyklus, in dem der laufende Saturn in Beziehung zu den Häusern des Geburtshoroskops gesetzt wird. Ist die Geburtszeit nicht bekannt, kann man wichtige Informationen erhalten, wenn man seine Aufmerksamkeit dem Transit Saturns durch die Sonnenhäuser widmet. Der Anfangspunkt des individuellen Saturnzyklus ist die Konjunktion des laufenden Saturns mit dem Aszendenten. Dieser Übergang erfolgt irgendwann während der ersten 29 Lebensjahre und signalisiert den Beginn der Zeit, in der der Mensch die saturnischen Energien auf individuelle Art einsetzen kann. Während der Phase zwischen der Geburt und der Saturn/Aszendent-Konjunktion wird das Individuum spüren, wie ihm die gesellschaftsbezogene Dimension des Saturns äußere Einschränkungen auferlegt — wie sehr es sich dagegen auch aufzulehnen versucht. Daraus könnte der Eindruck entstehen, daß es leichter wäre, den Saturn individuell zu nutzen, wenn er möglichst früh über den Aszendenten läuft. In einem solchen Fall reift die Person früher als jemand, dessen Saturn/Aszendent-Konjunktion erst im Alter von 20 Jahren stattfindet. Es ist hier jedoch wichtig, den Altersfaktor zu berücksichtigen (siehe Kapitel II), der ein tieferes Verständnis der grundlegenden Saturn-Probleme vermittelt. Der Astrologe muß dabei die 7-Jahres-Phase, in der die Konjunktion stattfand, ebenso berücksichtigen wie das Jahr, in dem sie exakt war. In dem folgenden Beispiel fand der Übergang Saturns über den Aszendenten einer weiblichen Person im Alter von 4½ Jahren (im 5. Jahr der ersten 7-Jahres-Phase) statt. Man stellte fest, daß ihr Herz nicht in Ordnung war, und sie mußte mehrere Monate im Bett verbringen. Während dieser Zeit hatte sie niemanden, der mit ihr spielte; sie konnte noch nicht lesen, und weil es zu der Zeit noch kein Fernsehen gab, blieb ihr nur die eigene Fantasie. In diesem Fall betrifft der Altersfaktor die organische Ebene mit der Ausbildung des physischen Körpers und der psychischen Fähigkeiten; es entstand ein Ereignis-Muster fürs Leben. Von diesem Zeitpunkt an war jeder wichtige Saturn-Aspekt von einer Krankheit begleitet. Da sich das zugrunde liegende Ereignis in der Kindheit im fünften Jahr der 7-Jahres-Phase ereignete, waren Kreativität und Selbstausdruck eng mit den Problemen der Gesundheit verknüpft. Erst als diese Person die Verbindung erkannte und sich mit der Notwendigkeit des schöpferischen Selbstausdrucks auseinandersetzte, konnten ihre Gesundheitsprobleme gelöst werden.

Bei einem weiteren Beispiel fand die Saturn/Aszendent-Konjunktion in der dritten 7-Jahres-Phase (zwischen dem 14. und dem 21. Lebensjahr) statt, und da Saturn zu der Zeit rückläufig wurde, ereignete sie sich im zweiten und dritten Jahr dieser Phase. Auf der Grundlage des Altersfaktors kann der Astrologe folgern, daß die wesentlichen Probleme des betroffenen Individuums mit der psychischen Entwicklung zu tun hatten. Das zweite und das dritte Jahr lassen auf starke (insbesondere emotionale) Konflikte schließen, auf die eine als Handlungsgrundlage dienende Entscheidung folgte. Bevor diese Person sich wirklich individualisieren konnte, mußte ihr der beherrschende Einfluß der Familientradition, vor allem, was den Vater betraf, bewußt werden.

Wenn Saturn den Aszendenten erreicht, wird die Saat des Zyklus gelegt. Während dieser Zeit wird — bewußt oder unbewußt, in Freiheit oder verknüpft mit dem Schicksal — eine bestimmte Entscheidung getroffen und die Richtung und Bedeutung des neuen Zyklus bestimmt. Bei dem folgenden Transit durch den ersten Quadranten (durch die Häuser 1, 2 und 3) handelt es sich um eine Phase von äußerster Subjektivität bezüglich der saturnischen Aktivität. Äußerlich dominieren die Resultate des alten Zyklus, während die Person innerlich bestrebt ist, eine neue Art von Ego-Bewußtsein zu erlangen. Der Erfolg dieses Prozesses wird größtenteils von der individuellen Fähigkeit abhängen, die Resultate des alten Zyklus zu verarbeiten, ohne ihnen zu erlauben, das Bewußtsein zu beherrschen. Die Person muß lernen, die Ergebnisse der äußeren, gesellschaftlichen Erfahrungen (die mit dem Saturn-Transit durch die obere Hemisphäre des Horoskops einhergehen) als Grundlage einer neuen Tendenz zu benutzen. Neue Verantwortlichkeiten werden auftreten, wodurch sich die neue Struktur der individuellen Bestimmung fortschreitend verändert. Der Mensch hat nun die Aufgabe, in das eigentliche «Sein» hineinzuwachsen und vieles, was vormals als gegeben betrachtet wurde, neu zu überdenken.

Diese Phase des Saturn-Transits fällt häufig mit einer scheinbaren Erfolglosigkeit zusammen. Jetzt ist die subjektive Entwicklung gefordert, und es ist notwendig, sich neuer Verantwortung zu stellen und seine Aufmerksamkeit nicht auf das äußere Leben zu lenken. Wenn man so weitermacht wie bisher, stärkt man die alten Verhaltensweisen, deren Veränderung und Erneuerung jetzt die zu bewältigende Aufgabe ist. Verhält sich die betroffene Person weiter nach gewohnten Mustern, wird sie die durch Saturn verkörperten Gelegenheiten nicht ergreifen können. Statt zu Wachstum kommt es dann lediglich zur Wiederholung.

Dem Haus, durch das der Saturn gerade läuft, ist bewußte Aufmerksamkeit zu widmen. Tritt man der Erfahrung, die das betreffende Haus symbolisiert, offen entgegen, so wird man die besten Gelegenheiten finden, um einen Sinn für seine Verantwortlichkeiten zu entwickeln. Das heißt nicht etwa, daß das Leben leichter wird. Vielmehr werden die Erfahrungen während des Transits durch ein bestimmtes Haus der Person das geben, was *sie am dringendsten braucht*, um zu wachsen und zu reifen — wenn die Erfahrungen auch schwierig sind. Natürlich wird der Saturn-Transit durch ein Haus, insbesondere wenn er gleichzeitig zu einem Radixplaneten eine Konjunktion oder Opposition bildet, immer in irgendeiner Form Aufmerksamkeit verlangen. Trägt man dem keine Rechnung und lenkt seine Aufmerksamkeit auf andere Dinge, wird sich Saturn als Störmoment in den Plänen des Individuums auswirken und insofern zu einem negativen Umgang mit Konfrontationen führen. Man muß lernen, für die Forderungen Saturns offen zu sein, die möglichen Auswirkungen der neuen Verantwortlichkeiten bewerten und die neue Verantwortung voll und ganz akzeptieren. Der Kern des Saturn-Problems steht immer mit der Erkenntnis, der richtigen Einschätzung und angemessener Formulierung in Verbindung — und ist letztlich eine Mutprobe. Jetzt wird die Anpassung des äußeren Lebens und Verhaltens gegenüber dem neuen Verantwortungsbereich — dem neuen Bedürfnis des bewußten Egos — überprüft.

Der Saturn-Transit durch das 1. Haus. Die besten Gelegenheiten für eine innerliche Neubewertung ergeben sich während dieses Transits. Auf irgendeine Art und Weise werden die Natur oder die Gesellschaft oder möglicherweise Gesundheitsprobleme das Individuum zwingen, die Einstellung sich selbst gegenüber zu überdenken. Während der ersten 28 Lebensjahre steht der Saturn-Transit durch das 1. Haus in besonderem Maß für den Einfluß des leiblichen Vaters. Außerdem bezieht er sich auf die Entwicklung eines Bewußtseins über die eigene Stellung innerhalb der Familie. Des weiteren steht er für die der biologischen Entwicklung zugrunde liegenden Vorgänge. Wenn der Saturn durch das 1. Haus transitiert, wird die Sicherheit und der Platz, den man in der Welt einnimmt, zum Thema. Diese Faktoren werden gewöhnlich durch den väterlichen Einfluß (oder dessen Fehlen) bestimmt. Dieser Transit bezieht sich auf das Bewußtsein eines Individuums für seine ererbten, persönlichen und ethnischen Wurzeln. Saturnisches Handeln während der ersten 28-Jahres-Phase basiert im allgemeinen — selbst wenn man sich dagegen wehrt — auf der familiären und kulturellen Tradition, die das Bewußtsein beherrscht. Die saturnischen Erfahrungen dieser ersten 28 Jahre zwingen die Person anzuerkennen, daß sie sich in eine Gruppe oder Gemeinschaft einfügen *muß*, um eine bestimmte Rolle in ihrer Gesellschaft spielen zu können. Der Saturn fordert die Erkenntnis, daß man nicht in ein Vakuum hineingeboren wurde und sein schöpferisches Potential nur in der *Beziehung* zu einem größeren Ganzen (einer Gemeinschaft, der Gesellschaft oder dem Universum) entwickeln kann. Diese Beziehung wird dem Leben Halt, Richtung und Zweck verleihen.

Wenn Saturn zum ersten Mal das 1. Haus durchläuft, erhält das Ego erstmalig die Gelegenheit, sich auf einer anderen Ebene der Individualität zu erneuern, was durch gewisse schicksalhafte Erfahrungen seinen Ausdruck findet. Der Ernst des Lebens macht sich nun bemerkbar, und durch entsprechende Ereignisse wird die moralische Kraft des Charakters auf die Probe gestellt. Saturn verlangt ein großes Maß an Selbstdisziplin, was für die betroffene Person von Vorteil ist, auch wenn sie dies nicht wahrhaben will. Um sich selbst und das eigene Lebensziel besser zu verstehen, kann es notwendig sein, sich an gewisse gesellschaftliche und traditionelle Normen anzupassen. In negativer Hinsicht mag dieser Transit möglicherweise durch Angst oder Minderwertigkeitsgefühle eine Neigung zu Trübsinn und Depressionen und einen Mangel an Selbstvertrauen mit sich bringen. Aggressives Verhalten oder Prahlerei ist die Kehrseite derselben Medaille. Von welcher Seite sich dieser Transit auch zeigt — der Zweck ist der gleiche: das individuelle Verhalten zu stabilisieren und ein tieferes Gefühl für persönliche Verantwortung und Integrität zu erlangen.

Findet der Transit durch das 1. Haus vergleichsweise spät im Leben statt, betont er die Notwendigkeit, mit den oder gegen die gesellschaftlichen Traditionen, in die man hineingeboren wurde, die eigene Individualität zu behaupten. Das Ziel sollte darin bestehen, durch Selbstdisziplin an Größe und Ansehen zu gewinnen. Man kann sich diese Disziplin selbst auferlegen oder sie als äußerlich verordnete akzeptieren. Viele der jetzigen Geschehnisse resultieren aus dem beruflichen, gesellschaftlichen und persönlichen Verhalten der letzten 14 Jahre (seit der Saturn den Deszendenten überquerte). Wenn man gesellschaftlich nützliche Ziele verwirklicht hat, wird man wissen, daß die Arbeit eine Belohnung verdient. Dieser Transit wird die Wahrheit und den Wert der Prinzipien, nach denen man lebt, verdeutlichen. Hat ein Individuum dagegen keinen offenkundigen Erfolg erzielt oder kleben Verlust und Ärger an seinen Fersen, so ist der Schluß zu ziehen, daß an der persönlichen Lebensart etwas grundsätzlich falsch ist. Es wird nun unumgänglich, den Sinn für das Selbst zu vertiefen und fundamentale Veränderungen in der persönlichen Einstellung vorzunehmen. Während des Transits durch das 1. Haus kann der Weg, den man in der Vergangenheit eingeschlagen hat, analysiert und Fehler korrigiert werden.

Neigt sich dieser Saturn-Transit dem Ende zu, sollte man nicht den Eindruck gewonnen haben, daß man in einer kalten und trostlosen Welt lebt und von niemandem geschätzt wird. Die in diesem Haus übernommene Haltung wird wahrscheinlich während der folgenden Abschnitte des persönlichen Saturnzyklus fortbestehen. Selbst wenn man als Individuum erfolgreich war, sollte man nicht mit einem leichten Leben rechnen. Im allgemeinen wird es in zunehmendem Maße zur Konfrontation mit der Verantwortung kommen — zusätzliche verschiedenartige Anforderungen werden an die persönliche Energie, Zeit, Geduld und an die Finanzen gestellt. Der wichtigste Punkt ist die Haltung, die man angesichts dieser Anforderungen einnimmt. Es gilt, positiv und ausgewogen zu reagieren, selbst — bzw. gerade — wenn die Dinge düster erscheinen und man von bösen Vorahnungen geplagt wird — wenn das Leben von eben jenen Hindernissen erfüllt scheint, denen aus dem Weg zu gehen man versucht hat. Man begegnet seinem «Hüter der Schwelle», seinem Schatten, der als solcher erkannt werden muß, bevor man sich ihm stellen und ihn in der Folge überwinden kann. Insofern konfrontiert uns der Saturn-Transit durch das 1. Haus mit dem, was Rudhyar «die Probe der Vereinzelung» genannt hat. Hier muß jeder Erfahrung mit der Überzeugung gegenübergetreten werden, daß sie zu einem tieferen Verständnis der eigenen Individualität führt. Aus diesem Grund darf man sich nicht mit der Erfahrung an sich identifizieren. Vielmehr ist eine bewußte Anpassung nötig, allerdings ohne dabei die persönliche Integrität aufzugeben. Nicht eine verhärtete und starrsinnige Art, auf das Leben zu reagieren, ist hier am Platze, sondern die Fähigkeit, den Ausdruck seiner wahren Identität mit der saturnischen Struktur des bewußten Egos fortwährend zu verfeinern.

Der Saturn-Transit durch das 2. Haus. Hier wird die Herausforderung Saturns auf dem Weg zur persönlichen Reife darin bestehen, sein Eigentum gemäß der während des Saturn-Transits durch das 1. Haus gewonnenen neuen Erkenntnis über die wahre Qualität des Selbst einzusetzen. Das tiefere Verständnis der grundsätzlichen Probleme der persönlichen Bestimmung, das sich im 1. Haus offenbart hat, fordert nun eine Überprüfung sowohl der inneren wie der äußeren Mittel, die zur Lösung zur Verfügung stehen. Vielleicht beschränken diese Mittel die Möglichkeiten, oder das Individuum ist sich der ihm zur Verfügung stehenden Werkzeuge — den natürlichen Kräften und Fähigkeiten, mit denen es geboren wurde — nicht ausreichend bewußt. Man muß sein materielles und psychisches Vermögen objektiv betrachten und erkennen, daß man es nun bewußt und verantwortungsvoll einsetzen kann. Damit es jedoch dazu kommt, muß man während des Saturn-Transits durch das 1. Haus die Notwendigkeit und den Zweck einer derartigen Handlungsweise erkannt haben. Diese Notwendigkeit oder dieser Zweck können sich auf verschiedenen Seins- und Bewußtseinsebenen manifestieren. Findet diese Transit-Phase beispielsweise in der Jugend statt, kann die Herausforderung darin bestehen, vollständiger in seinen Körper und Geist hineinzuwachsen und die Verantwortung für den richtigen und effektiven Einsatz der persönlichen Fähigkeiten auf allen Bewußtseinsebenen zu übernehmen. Während dieser Phase muß man erkennen, daß das «Ich» sich zwar durch den physischen Körper, durch Gefühle und Gedanken ausdrückt, aber nicht mit diesen identisch ist. Es wird auch notwendig, die Verantwortung für den potentiellen Mißbrauch dieser Ausdrucksmittel zu übernehmen. Ein derartiger Mißbrauch liegt durchaus — was viele Menschen sich nicht eingestehen wollen — in der Persönlichkeitsstruktur des Individuums begründet.

Übernimmt man für seinen Körper mitsamt aller Instinkte, Gefühle, emotionaler Impulse und Komplexe die Verantwortung, so identifiziert sich das «Ich»-Bewußtsein nicht mehr mit ihm, und man gewinnt die Fähigkeit, die Dinge objektiver zu betrachten. Der Anfang eines jeden wahrhaft spirituellen Lebens ist die Lösung des «Ichs» von seinen Ausdrucksmitteln — dem Körper und Geist — sowie von den kollektiven gesellschaftlichen Werten, die die jeweilige Lebenssituation beherrschen. Dies bedeutet, daß das «Ich», während der Saturn durch die ersten beiden Häuser läuft, so klar wie möglich erkennen muß, daß es sich von seinem Körper und seiner Psyche wie auch von seinem Erbe und der Umgebung *unterscheidet*. Zu all diesen Elementen sind aber verantwortungsvolle Beziehungen aufzubauen. Ohne Objektivität und Unterscheidungsfähigkeit wird es unmöglich sein, sich zweckmäßig und intelligent den Erfordernissen des Körpers, der Psyche oder der Gesellschaft zu stellen.

Der Transit durch das 2. Haus ist die Zeit, seinen Körper zu betrachten und darüber nachzudenken, wie man mit ihm in der Vergangenheit umgegangen ist. Es sind Entscheidungen zu treffen über die notwendigen Veränderungen, um in gesunder körperlicher Verfassung das individuelle Lebenswerk zu erfüllen. Jetzt sollten auch alle auf das Individuum eingeströmten Fakten und Gedanken kritisch betrachtet und die übernommenen Wertvorstellungen überdacht werden, die zur Klassifizierung in «gut» oder «schlecht», «lohnenswert» oder «gefährlich» gedient haben. Es gilt herausfinden, ob diese Wertvorstellungen auf einer persönlichen Grundlage entstanden sind oder durch die Eltern, die Familie oder die Gesellschaft aufgeprägt wurden.

Der traditionelle Umgang mit Vermögen besteht darin, Eigentum entweder gemäß den Bräuchen seiner gesellschaftlichen Schicht oder dem Diktat kurzlebiger «Modetrends» auszugeben bzw. zu verschwenden. Jetzt ist die Zeit, übernommene Werte zu transformieren und eigene Wertbegriffe zu etablieren. Der Saturn verhilft bei seinem Transit durch das 2. Haus dem Individuum zu der Erkenntnis, daß der Zweck des Eigentums darin besteht, *die Mittel bereit zu stellen, mit deren Hilfe man der eigenen Existenz Substanz und Gewicht verleihen kann.* Das Individuum kann sich nur seiner selbst bewußt werden, wenn es seine Besitztümer benutzt. Jetzt muß eine Person sich selbst und der Welt beweisen, was sie ist, indem sie von den Vorfahren Ererbtes und alles, was sie an Eigentum angehäuft hat, einsetzt. Das heißt, daß man sein Eigentum auch transformieren muß, wenn es der neue Zweck des wahren Selbst verlangt. Weiterhin bedeutet dies auch, seinen Gebrauch so auszurichten, daß es zu fruchtbaren Beziehungen zu anderen kommt. Darüber hinaus fordert dieser Saturn-Transit das Individuum auf, sich seine einzigartigen Kräfte und Fähigkeiten in vollem Umfang anzueignen. Eine solche Beherrschung persönlicher Mittel kann nur durch einen *bedeutsamen, zweckerfüllten und schöpferischen* Gebrauch erreicht werden. Man wird niemals in der Lage sein, sein Selbst zu erfahren und zu offenbaren, wenn man seine Kräfte und Fähigkeiten nicht aus diesem Motiv heraus einsetzt.

Der Saturn-Transit durch das 3. Haus. Jetzt ist die Zeit gekommen, in der persönlichen Umgebung gemäß des während des Saturn-Transits durch das 1. Haus erkannten Zwecks mit Hilfe der Mittel tätig zu werden, die während des Transits durch das 2. Haus entwickelt wurden. Versucht das Individuum in seinen Alltagsbeziehungen auf neue Art und Weise zu handeln, wird es auf unterschiedliche Reaktionen treffen. Einige werden positiv, andere einschränkend oder sogar feindselig sein. Was auch geschehen mag — alles ereignet sich, um die Qualität des persönlichen Zwecks und das Ausmaß der

Kontrolle über die persönlichen Kräfte und Fähigkeiten zu demonstrieren. Durch die Erfahrungen des 3. Hauses muß das Individuum herausfinden, was Illusion oder Ideal und wieviel an seiner Einschätzung des Selbst und seiner Kräfte real ist. Die Erfahrungen während dieses Transits werden die beste Methode aufzeigen, sein neues Gefühl des Selbst auf andere Menschen und Dinge zu beziehen. Man muß den Mut aufbringen, mit Ideen, Gefühlen und verschiedenen Techniken zu experimentieren, weil man so seine Grenzen und die zu ihrer Überwindung notwendigen Schritte erkennen kann. Die Herausforderung besteht hier in der Entwicklung einer *bewußten* und zweckdienlichen Anpassung an die Erfordernisse der Umgebung. Anders ausgedrückt: Man muß nun seinen Verstand in die überaus praktischen und unmittelbaren Probleme, denen man im 3. Haus begegnet, versenken, deren tieferen Sinn suchen und die Wirksamkeit seiner Fähigkeiten auf die Probe stellen. Saturn wird die Grenzen setzen, die das Individuum zwingen, seine Energien in abgesteckten Bereichen zu konzentrieren; man muß diese Grenzen erkennen und akzeptieren, bevor man darangehen kann, sein Potential in wirkungsvolle Kraft umzuwandeln.

Auf der äußerlichen Ebene wird dieser Transit dazu zwingen, sich beständig mit den kleinen Problemen der täglichen Routine auseinanderzusetzen. Es kann zu Unstimmigkeiten mit den Menschen kommen, denen man täglich begegnet: Familienmitglieder, Nachbarn, Geschäftsleute und Pendler, mit denen man jeden Tag den gleichen Zug oder Bus benutzt. Alle diese Menschen können langweilig wirken oder lästig werden, indem sie die Routine der Person durcheinanderbringen oder indem sie größere Anforderungen an ihre Zeit oder vielleicht die finanziellen Mittel stellen. Vielleicht scheinen sich auch die leblosen Objekte in den Weg zu stellen: eine Reifenpanne auf dem Weg zu einer wichtigen Verabredung; Haushaltsgeräte, die nicht richtig funktionieren oder immer dann zu verschwinden pflegen, wenn man sie braucht; nicht auffindbare Briefe. Während die Anzahl der kleineren Ärgernisse wächst, mag man sich fragen, ob die Welt einen persönlich schikanieren will. Und dennoch ist eine (saturnische) Methode in dem vermeintlich heillosen Wirrwarr. Wenn die Alltagsroutine gestört wird, muß man irgendwo etwas falsch machen. Vielleicht setzt man seine Zeit nicht richtig ein oder stolpert möglicherweise ohne jede Ordnung durch das Leben. Dann erscheint Saturn auf dem Plan und legt dem Individuum, ob es nun will oder nicht, eine gewisse Routine auf, bis der Wert der Zeit erkannt und die Notwendigkeit von Ordnung gelernt worden ist. Und wenn bis zu dieser Phase nachbarschaftliche Beziehungen auf nichts anderem als Sympathie beruhten, so ist jetzt die Zeit gekommen, das Wesen gegenseitiger Verpflichtungen zu begreifen.

Probleme mit dem alltäglichen Leben werden insbesondere dann auftreten, wenn keine bewußten Anstrengungen unternommen wurden, um das Gefühl für das Selbst und den eigenen — materiellen wie psychischen — Besitz zu vertiefen. Hat sich das Individuum seit dem Transit des Saturns über den Aszendenten bemüht, mit seinem Selbst auf tiefer Ebene in Kontakt zu treten, wird das Problem des Saturn-Transits durch das 3. Haus die objektive Erkenntnis der Grenzen sein, die das Leben den Versuchen setzt, den eigenen Wert in alltäglichen Beziehungen zu beweisen. Diese Grenzen müssen nicht als negativ verstanden werden; sie sind für das Wachstum durchaus notwendig. Beschränkungen versetzen den Menschen in die Lage, seinen wahren Charakter und seine verfügbaren Ressourcen klarer zu erkennen. Vielleicht ist der Mißerfolg notwendig, um sein Inneres zu entdecken, eine notwendige Lektion zu lernen oder ein gewisses Karma in Ordnung zu bringen. Die Erfahrungen dieses Transits sollten dazu benutzt werden, all jene Kräfte und Fähigkeiten sorgfältig auf die Probe zu stellen, zu deren Gebrauch man sich während des Transits durch das 2. Haus entschlossen hat. Vielleicht fühlt sich die betroffene Person sogar von Situationen in ihrer Umgebung angezogen, die sie in die Lage versetzen, ihre Stärke, Ausdauer und Fähigkeit zu erproben und auf Veränderungen zu reagieren. Aus eigenem Willen kann sie dann die Qualität ihrer Sympathie, Hilfsbereitschaft, Liebe und Zusammenarbeit überprüfen. Ein solches Selbst-Training und Erproben der eigenen Kraft ist die positivste Art, den Saturn-Transit durch das 3. Haus zu nutzen.

Die negative Seite dieses Transits wird sich nur dann einstellen, wenn das Individuum nicht über eine solch positive Haltung verfügt, und es, statt sich zum Handeln zu entschließen, darauf wartet, daß die Dinge geschehen. Einer negativ ausgerichteten Person kann während dieser Zeit am besten durch einen Astrologen geholfen werden, der ihr erklärt, daß der Zweck der gegenwärtigen Schwierigkeiten darin besteht, die persönlichen Grenzen zu entdecken, und daß sie gezwungen werden soll, neue Wege zu finden, sie selbst zu sein und ihre Ressourcen einzusetzen. Die betroffene Person muß ihre Gedanken benutzen und ihren Verstand durch den Versuch entwickeln, sich in Beziehung zu der Wirklichkeit ihrer Alltagsroutine zu setzen. Eine integrierte Persönlichkeit ist das Resultat einer gesunden und bedeutsamen Beziehung zwischen allen Teilen des persönlichen Wesens — den physischen und mentalen, den innerlichen und äußerlichen. Wo es an Integration mangelt, zeigen uns die Erfahrungen des 3. Hauses. Das Gleichgewicht läßt sich wieder herstellen, indem man das verkörpert, was man für richtig erachtet. Die Erfahrung ist der eigentliche Lehrmeister während dieser Zeit.

Der Saturn überquert den Nadir und durchläuft das 4. Haus. Hier beginnt eine neue Etappe auf dem Weg zur persönlichen Reife. Der neue, bei der Saturn-Überquerung des Aszendenten in Erscheinung getretene Trend sollte nun konkrete Ergebnisse zeigen. Wahrscheinlich hat man inzwischen seinem Schicksal gegenüber eine neue Haltung eingenommen und an seinen materiellen und psychischen Ressourcen gearbeitet, so daß sich das Schicksal bewußter und zweckgebundener erfüllen läßt. Schließlich hat das Individuum beim Saturn-Transit durch das 3. Haus die Wirksamkeit des Einsatzes seiner Ressourcen im Alltagsleben erprobt und ist sich nun bewußt, welche Mittel ihm tatsächlich zur Verfügung stehen und in welche Richtung es voranschreiten muß. Nun ist es an der Zeit, eine neue Operationsbasis zu errichten — eine neue Grundlage, von der aus man sich aufmacht, die Welt herauszufordern, und ein neues Ziel zu verwirklichen. Was auch immer geschieht, wenn der Saturn dann den Deszendenten und später den Medium Coeli überquert: Es wird sich immer nur um eine Ausweitung oder Expansion der Projekte handeln, die man bei dem Eintritt Saturns ins 4. Haus begonnen hat. Deshalb sollte man sich hier auf die Stärke und die Stabilität seiner Grundlagen konzentrieren, weil ein Erfolg in der Zukunft — insbesondere während der kommenden 14 Jahre — von ihnen abhängig sein wird.

Bei jeder Entscheidung, die in dieser Zeit getroffen wird, muß diese langfristige Perspektive mit berücksichtigt werden. Man wechselt vielleicht den Wohnort und schafft sich ein neues Zuhause, Geschäft, eine neue berufliche Position, geht eine Ehe ein oder gewinnt eine neue Lebensperspektive. Wie dem auch sei (es gibt bei diesem Transit eine Fülle von Gelegenheiten, die gewohnten Lebensstrukturen zu verändern) — es darf nicht vergessen werden: Bis Saturn den Deszendenten erreicht, muß an allem, was jetzt neu beginnt, auf persönliche Art und Weise gearbeitet werden; später, während der Saturn durch die Häuser 7, 8 und 9 läuft, tritt der gesellschaftliche Zusammenhang in den Vordergrund. Man sollte sich hier für etwas entscheiden, das in grundsätzlicher Beziehung zu den tieferen Bedürfnissen des wahren Selbst und des persönlichen Schicksals steht. Vielleicht ist es notwendig, sich von alten Bindungen, Gewohnheiten, Orten oder Stellungen zu trennen. Junge Leute wollen möglicherweise das Elternhaus verlassen, während ältere vielleicht die Entscheidung treffen, sich aufs Altenteil zurückzuziehen. In anderen Fällen kann es vorkommen, daß einem die Entscheidung abgenommen wird, und man — auf sich gestellt — gezwungen ist, aktiv zu werden und neue Gewohnheiten anzunehmen. Die diesen Transit begleitenden typischen Veränderungen sind nur selten angenehmer Natur. Um mit diesem Transit positiv umzugehen, muß man zuallererst das langfristige Ziel definieren, das mit dem Saturn-Transit durch die ersten drei Häuser einhergeht. Weiterhin muß man die Bereitschaft aufbringen, die Aspekte des alten Lebensstils zu opfern, die der Erfüllung dieses Ziels im Wege stehen. Man muß auf eigenen Beinen stehen, seine eigene Wahrheit mit Sicherheit vertreten und neue Pflichten akzeptieren. Man wird jedoch zu unterscheiden haben, ob die Verpflichtungen tatsächlich in der eigenen Verantwortung stehen oder von anderen auferlegt werden. Schließlich muß man Pläne für einen umsichtigen langsamen Anfang machen. Diese Zeit mag chaotische Züge annehmen, die oft ein falsches Gefühl für vermeintlich sofort notwendiges Handeln erzeugen können; ein Fortschritt wird jetzt wahrscheinlich nicht sehr schnell zu erreichen sein.

Dieser Transit wirft auch die Frage auf, auf welcher Basis Entscheidungen zu treffen sind, und zu welchem Zweck die Erkenntnis, die man über sich selbst und seine Fähigkeiten gewonnen hat, während der Saturn durch das 3. Haus lief, einzusetzen ist. Es hängt alles davon ab, ob das Individuum nun mit Hilfe des Wissens und der Erfahrungen, die sich seit dem Übergang Saturns über den Aszendenten angesammelt haben, ein neues Gefühl für Kraft und Sicherheit entwickeln kann, oder ob die Bemühungen, diese neue Bestimmung in sich aufzunehmen, nur zu Schmerz und Niederlage geführt haben. Auf jeden Fall muß das Individuum nun das Entdeckte in Beziehung zu den Dingen in seinem Leben setzen, die es als grundlegend, positiv, solide und stabil ansieht. Für einen unreifen Menschen ist dieser Transit nicht einfach; dies gilt insbesondere für junge Leute, die in den großen Städten leben. Der Bezugsrahmen, den die Familie, die Religion und die gesellschaftlichen Traditionen bereitstellen, ist hier nicht mehr stabil. Die Jugendlichen werden nun im und außerhalb des Zuhauses mit einer Fülle widersprüchlicher Ansichten und Wertvorstellungen konfrontiert, so daß es ihnen praktisch unmöglich ist, die Existenz einer soliden und vertrauenswürdigen Grundlage und eines gültigen Bezugsrahmens zu spüren, von dem aus sie ihre Erfahrungen bewerten und verstehen können. Da es ihnen nicht gelingt, eine äußerliche Stabilität zu finden, sind sie gezwungen, diese in ihrem Innern zu suchen. Das ist die neue Richtung der Evolution. Stabilität kann heutzutage kaum noch in äußerlicher Hinsicht — ein ständiges Zuhause, eine gesicherte Arbeit — erfahren werden; der Mensch ist gezwungen, sie innerlich zu erleben. Er sieht sich genötigt, sich auf das eigene Zentrum zu beziehen, das gleichzeitig das Zentrum der Erde ist. Es wird von ihm verlangt, daß er sich eine «globale Persönlichkeit» schafft. Er muß insbesondere während dieses Transits beständig auf innerliche Harmonie und Integration hinarbeiten, Herr seiner selbst werden und in der Lage sein, von seinem eigenen Zentrum aus zu handeln.

Der Saturn-Transit durch das 5. Haus. Hier muß das Gefühl dafür, *was* und *wer* man ist, der Welt dargestellt werden. Es geht jetzt darum, die Kraft der Persönlichkeit dergestalt nach außen zu bringen, daß sie das darstellt, was man als Individuum wirklich ist (die Erfahrung des 4. Hauses) und man gleichzeitig seine Lebensaufgabe erfüllt, ohne andere zu verletzen. Hier findet nun eine Bewährungsprobe statt. Der Betreffende muß jetzt bereit sein, anderen durch seine Taten und Schöpfungen ein wahres Bild seiner selbst zu liefern. Die *Qualität* des Selbstausdrucks ist hier der entscheidende Faktor. Wenn die ausgedrückten Gefühle rein egozentrischer Natur sind und auf Besitzgier oder Angst gründen, dann handelt das Individuum nicht, sondern läßt sich von den negativen Energien der menschlichen Natur — Stolz, Wut und Gier — benutzen. Wenn das 5. Haus durch den Saturn-Transit betont wird, muß man sich fragen, ob der Selbstausdruck auf die Expansion des bewußten Egos zielt oder aber die Expansion einer Absicht des Selbst zum Inhalt hat, der man sich verschrieben hat. Durch bittere Erfahrung lernt man hier, daß der Drang nach persönlichem Ausdruck durch Wünsche und Bedürfnisse — dem Wunsch nach Kindern und Ruhm, der Projektion des Selbst in das Wesen eines geliebten Menschen — niemals zu den gewünschten Ergebnissen führen kann. Das Individuum muß hier eine laut Rudhyar «transpersonale Haltung» annehmen, d.h. bestrebt sein, die Persönlichkeit zur antreibenden Kraft machen, damit sich *durch* das Individuum etwas größeres als das persönliche Selbst manifestieren kann. Weil die Person dann versteht, daß sie zusammen mit anderen Individuen an einem größeren Leben teilnimmt, kann durch sie die Kraft des universellen Ganzen in schöpferischer Form wirksam werden. Die sich daraus ergebenden schöpferischen Leistungen werden dann Bedeutung und Wert für den Teil der Welt haben, mit dem diese Person in Kontakt tritt. Jede Form des Selbstausdrucks, die die Bedürfnisse anderer Menschen oder der Gesellschaft nicht berücksichtigt, ist zum Scheitern verurteilt.

Die Probleme im 5. Haus ergeben sich aus einem übertriebenen Selbstbewußtsein. Denkt man ständig an den Eindruck, den man durch seine Taten oder Schöpfungen bei anderen zu hinterlassen glaubt, macht man sich in einem großen Ausmaß abhängig. Gleichzeitig entsteht der Wunsch, anderen die eigene Art zu fühlen und zu handeln aufzudrängen. Auf der anderen Seite kann ein aus der vorangegangenen Transitphase resultierender Mangel an Gleichgewicht dazu führen, daß man den Motiven anderer Menschen gegenüber zunehmend mißtrauischer wird. Ein zögerliches und verunsichertes Verhalten kann mit Minderwertigkeitskomplexen einhergehen und auf Ablehnung stoßen. Anstatt bei der geringsten Provokation gekränkt zu sein und immer auf seinem vermeintlichen Recht zu bestehen, sollte das Individuum keine Mühen scheuen, soviel wie möglich von sich selbst zu geben. Deshalb müssen, wenn der Saturn in das 5. Haus läuft, grundsätzliche Entscheidungen darüber getroffen werden, wie die Kräfte der Persönlichkeit freizusetzen sind: Ist ein Mensch in seinem Handeln lediglich von dem Drang bestimmt, die Gesellschaft zu beeindrucken, immer recht zu behalten und im Kampf gegen den Willen anderer die Stärke seines Egos zu beweisen, oder wird er zu einem echten Kanal für überpersönliche Kräfte, die der Rolle entsprechen, die er zusammen mit anderen Individuen innerhalb des größeren Ganzen spielen sollte. Dane Rudyar schreibt dazu in *»Triptych — The Way Through«:*

> *Wahrheit, spirituelle Identität, Dharma: dies sind verschiedene Begriffe, mit denen sich moralische Individualität effektiv und angemessen definieren läßt. Die Wahrheit eines Individuums besteht in allen Aktivitäten, die für dessen vollständige und angemessene Erfüllung des Lebenszwecks als verwirklichtes Selbst notwendig sind. Alles, was nötig ist — nichts Überflüssiges. In der Reinheit und der Wahrheit werden Freiheit und Notwendigkeit eins. Das Individuum ist in der Erfüllung seines wesentlichen Zwecks — und nur dort — spirituell frei...*
>
> *Frei zu sein oder alles tun zu können, was man sich wünscht oder vorstellen kann, ist für das Individuum nicht wirklich wichtig. Die einzige Freiheit besteht darin, alle Taten auszuführen, die zur Erfüllung des eigenen spirituellen Zwecks notwendig sind.*

Auf einer weltlicheren Ebene besteht die Bewährungsprobe des 5. Haus in der Beherrschung der Energien der menschlichen Natur. Diese Beherrschung befähigt den Menschen, seinem wahren individuellen Zweck entsprechend zu handeln. Solange sich ein Ego mit den Energien der menschlichen Natur identifiziert, werden sie das Ego benutzen. Wenn sich das Ego der Wut und der Gier hingibt, hat sich die wahre Individualität der Macht eines emotionalen Impulses ausgeliefert, der das Ego auf zwanghafte Weise agieren läßt. Den Instinkten der menschlichen Natur geht es nur um die Befriedigung grundsätzlicher Bedürfnisse, um Verteidigung und Selbst-Profilierung. Bestimmen diese instinktiven Impulse die Handlungen eines Menschen, während der Saturn durch das 5. Haus läuft, so ist der Grund darin zu suchen, daß während der vorangegangenen Phase keine wirkliche Identität aufgebaut wurde. In diesem Fall trifft man im 5. Haus auf die Darlegung persönlicher Schwächen und Frustrationen, auf mangelnde Verwurzelung und auf fehlende Stabilität, kurzum: auf Gefühle der Unzulänglichkeit. Wenn man seine bewußte Aufmerksamkeit auf die Art des persönlichen Ausdrucks richtet, läßt sich viel vom Transit Saturns durch das 5. Haus lernen. Durch den Versuch, ein immer reinerer Kanal zu werden, wird die der wahren persönlichen Identität innewohnende Bedeutung hervortreten.

Der Saturn-Transit durch das 6. Haus. Nun bringt man die Bemühungen zum Abschluß, die Ausdrucksmöglichkeit der wahren Individualität mittels neuer Techniken zu verbessern. Nachdem während des Saturn-Transits durch das 5. Haus die Kraft der Persönlichkeit auf der Grundlage der persönlichen Gefühle und des Willens freigesetzt wurde, wird man in dieser Phase feststellen, daß die Ergebnisse dieses Selbstausdrucks häufig zu einer Krise führen. Je mehr man auf sein Ego fixiert ist, desto mehr wird man nun wahrscheinlich an der persönlichen Einstellung ändern müssen. Das Ego muß seine Grenzen und Fehler bewußt erkennen und die Einsicht gewinnen, daß es seine Emotionen falsch ausdrückt, wenn daraus nur Schmerz oder Leid resultieren. Das eigene Gefühl ist einer Disziplinierung zu unterwerfen; es muß zu neuen Werten geleitet werden, die weniger egozentriert und stattdessen universeller sind.

Der Saturn-Transit durch das 6. Haus führt zur Erkenntnis, daß das, was man tut, fühlt oder denkt, nicht den Idealvorstellungen entspricht, die man im 1. Haus entwickelt hatte. Das Individuum wird sich deutlich bewußt, daß es sein Wesen oder seine Aktivitäten verbessern muß. Vielleicht haben Egozentrik und Selbstsucht trotz vorhandener Talente und guter Techniken zum Mißerfolg bei den Versuchen geführt, sich durch menschliche wie gesellschaftliche Beziehungen zu bewähren. Dies führt zur Krise, weil man plötzlich erkennt, daß man seine persönliche Einstellung zum Leben, zu sich selbst und vielleicht auch zu Gott verändern muß. Diese Krise kann sich in dem Bedürfnis äußern, zu dienen und zu gehorchen bzw. seine Bemühungen den Bedürfnissen einer geliebten Person oder einer Sache zu unterstellen, aus der die Qualitäten sprechen, die das wahre Selbst anstrebt. Vielleicht nimmt man dabei eine untergeordnete Position ein, wie z.B. beim Militär, oder man muß undankbare und unwichtige Tätigkeiten verrichten, denen kein Prestige zukommt. Die äußeren Umstände können eine Unzahl von Detailarbeiten mit sich bringen und dem Individuum die Notwendigkeit zur Organisation und einer angemessenen Vorgehensweise aufdrängen. In der persönlichen Umgebung kann es zu wachsenden Meinungsverschiedenheiten kommen, wodurch man gezwungen ist, sich in seinen Alltagsbeziehungen umzustellen. Kurzum: Das Leben wird ein Maximum an Anpassungsfähigkeit, Geduld und Bereitschaft verlangen, den eigenen Teil der Bürde zu tragen.

«Dienen» ist beschrieben worden als die Bereitschaft zur Erkenntnis, daß das Individuum nur ein Staubkorn im Universum ist. Dies ist die erste Lektion auf dem Weg zur Einsicht, daß das Ganze größer ist als die Summe aller Teile, aus denen es sich zusammensetzt. Beziehungen zu anderen Menschen werden nur dann reibungslos verlaufen, wenn man sich gegenseitig hilft, und alle das Ziel des Gemeinwohls verfolgen. Bei dem Saturn-Transit durch das 6. Haus wird das Individuum zum Mitglied der Gruppe und hat die Aufgabe, anderen zu helfen. Statt des aussichtslosen Versuchs, dem Leben die Erfüllung privater Bedürfnisse abzuringen, muß das Individuum seine persönlichen Wünsche zurückstellen. Äußere Umstände können dem Menschen nun eine schwere Bürde auferlegen, was sich in einem Mehr an Arbeit — insbesondere von unwichtigen Routineaufgaben, die in keinem Verhältnis zum aufgewendeten Einsatz stehen — niederschlagen könnte. Die Krankheit anderer Menschen kann es notwendig machen, zusätzlich deren Aufgaben zu übernehmen oder auch pflegerisch tätig zu werden. Persönliche Beziehungen werden ein Höchstmaß an Toleranz erfordern. Es kann auch zu Krankheiten kommen, durch die die Seele versucht, den Körper zur Überprüfung seiner Haltungen zu bringen. Auf der anderen Seite können Krankheiten auch die Folge der Niederlage der eigenen Vitalenergien sein, wenn diese zu schwach sind oder den persönlichen Lebensstil nicht ändern können.

Die größte Bewährungsprobe während dieses Transits besteht in dem, was Rudhyar in »*Triptych — The Way Through*« als «Leidenstest» bezeichnet hat:

> *... Das Leiden ist ein Zeichen, daß die menschliche Größe noch nicht vollständig verwirklicht ist oder willentlich vergeudet wird... Das Leiden kann niemals ein Ziel sein oder einen Wert an sich besitzen. Das Leiden ist eine Unterrichtung in objektivem Verständnis und emotionaler Loslösung; eine Bewährungsprobe für die Ausdauer unseres Willens und Vertrauens... Es ist die Voraussetzung, sich vom «weniger» zu lösen und zum «mehr» hinaufzusteigen. Es ist der Druck seiner höheren Bestimmung auf die Verbundenheit mit seinen geringeren Zielen... Der große und subtile Köder, der viele Seelen ablenkt: Selbstmitleid. «Warum ist das ausgerechnet mir passiert?»*
>
> *Hierauf gibt es in metaphysischer Hinsicht die verschiedensten Antworten. Eine praktische lautet jedoch: «Weil du deine volle Kraft noch nicht kennst und nicht weißt, welches dein wichtigstes Ziel ist.» Noch nicht. Noch nicht!*

Wenn man sich mit einer Krise der Veränderung konfrontiert sieht, gilt es zu erkennen, inwieweit die natürlichen Fähigkeiten eines Individuums durch den Druck der Familie, Religion oder gesellschaftlicher Moralvorstellungen verzerrt wurden. Man muß ganz sicher sein, daß man sich der gegenwärtigen Krise nicht bloß in seiner Eigenschaft als Mitglied einer Gruppe stellt und darf anderen Menschen nicht erlauben, seine augenblickliche Reaktion zu bestimmen.

Der Saturn überquert den Deszendenten und durchläuft das 7. Haus. Jetzt treten gesellschaftliche Belange im Leben stärker zutage. Während der vorangegangenen 14 Jahre war das Individuum gezwungen, seine Einstellung gegenüber dem Selbst zu überdenken, den Kontakt zu seiner wahren Identität zu vertiefen und seine Ausdrucksformen zu verbessern oder zu erneuern. Jetzt und während der kommenden 14 Jahre gilt es, der Gesellschaft seine Vorstellungen und Ziele aufzuprägen und in der Öffentlichkeit größere Verantwortung zu übernehmen. Während der Saturn durch die sechs Häuser der unteren Horoskophälfte lief, wurden die Handlungen hauptsächlich selbst bestimmt. Das Individuum versuchte, mehr über sich selbst zu erfahren und die beste Form zu finden, sich bedeutungsvoll und harmonisch auszudrücken. Am Deszendenten findet eine grundsätzliche Veränderung dieser Betonung statt. Man verläßt nun die Sphäre des persönlichen Seins, um sich in menschlichen Beziehungen einer Bewährungsprobe zu unterziehen. Sowohl die Bestimmung eines Individuums als auch das eigene Bild davon, wer oder was man ist, können nur offenbart werden, wenn man sie innerhalb eines größeren Aktivitätsrahmens in der Beziehung zu anderen darstellt.

Der Saturn-Transit durch das 7. Haus wird den Menschen zwingen, sein Selbstbild zu verändern, wenn er sich nach außen, in die objektive Welt der Dinge und Wesen begibt, die sich seiner Kontrolle entziehen. Eine Beziehung zu ihnen aufzubauen ist jedoch unumgänglich. Die Frage, die jedes Individuum für sich selbst beantworten muß, lautet: «Wie muß ich mich anderen und dem größeren Ganzen gegenüber verhalten, damit ich meinen persönlichen Lebenszweck, wie ich ihn zur Zeit begreife, anderen und mir selbst offenbaren und darstellen kann?» Die meisten Menschen sind durch ihren Standpunkt oder ihre Voreingenommenheit festgelegt; sie sehen die Dinge und die Menschen nicht so, wie sie wirklich sind, sondern so, wie sie ihnen durch die Brille ihrer Traditionen und Erziehung, ihrer persönlichen Bedürfnisse oder kostbaren Erinnerungen erscheinen. Saturn wird nun das Ausmaß der Konditionierung aufdecken sowie die Angst vor Veränderungen oder vor der Erfahrung der dynamischen Transformationen, die in einem Leben zwischenmenschlicher Beziehungen ständig notwendig sind. Wenn man sich weigert, Veränderungen zuzulassen, schlägt man auch die Möglichkeit einer bedeutsamen Teilnahme am gesellschaftlichen Leben aus. Die Individualität und der Zweck der persönlichen Bestimmung bedürfen keiner Veränderung, aber die persönliche Beziehung zur Welt muß einem ständigen Wandel unterliegen. Die Bedürfnisse der Person und ihrer Partner müssen sich harmonisch ergänzen, damit die gegenseitigen Beziehungen laufend an die Erfordernisse der Gruppe, des Geschäfts oder der Gesellschaft angepaßt werden, innerhalb derer sie ihre Bedeutung erhalten. Das Bestreben, nicht nur als ein individuelles Selbst, sondern auch als schöpferischer Partner eine bedeutsame Rolle im gesellschaftlichen Leben zu spielen, sollte nun das Bewußtsein bestimmen. Diese Teilnahme an der Gesellschaft wird sich bei positiver Entwicklung konkretisieren, wenn Saturn den Medium Coeli erreicht.

Bei den engeren zwischenmenschlichen Beziehungen, auf die sich das 7. Haus bezieht, hebt der Saturn die Notwendigkeit hervor, objektiv und mit offenen Augen von einer Ebene der Gleichheit auszugehen. Jede Verbindung, die auf einer auf den Partner projizierten Vorstellung beruht, gründet sich in Wirklichkeit auf Eigenliebe und wird erkennen lassen, daß sie nicht angemessen ist oder persönliche Transformation fordern, wenn sie von Dauer sein soll. Eine dem 7. Haus entsprechende Beziehung muß einem Zweck dienen. Sie spielt sich innerhalb eines größeren — beispielsweise ethnischen, gesellschaftlichen, kulturellen oder geistigen — Rahmens ab. Bei diesem Saturn-Transit mag ein Mensch feststellen, daß seine Funktion, sein Lebenszweck oder die Gruppe, mit der er sich zuvor identifiziert hat, nun seinem tieferen Wesen oder den neuen Aspekten seiner Bestimmung, die er nach dem Saturn-Übergang über den Aszendenten entwickelt hat, zuwiderlaufen. In diesem Fall wird der Transit dem Betreffenden dazu verhelfen, seine wahre gesellschaftliche Funktion zu finden. Frustrationen oder Feindschaften, auch Trennungskrisen wie z.B. eine Scheidung, können notwendig sein, um sein wahres Selbst zu finden. Wenn dies auch als steiniger Pfad durch eine öde Landschaft erscheint, sind solche Erfahrungen um der Selbsterkenntnis willen doch notwendig. Mit Hilfe der Ergebnisse, die sich aus den persönlichen Beziehungen ergeben, hat man sich selbst und der Welt die Gültigkeit der Arbeit zu beweisen, zu deren Erfüllung man entschlossen ist.

Zusammenarbeit lautet der Schlüsselbegriff des Saturn-Transits durch das 7. Haus. Nachdem eine 14-Jahres-Phase, die persönliche Probleme bezüglich der individuellen Entwicklung zum Inhalt hatte, beendet ist, wird man zunächst noch bemüht sein, weiterhin seine Umwelt zu kontrollieren — was jetzt aber nicht mehr funktioniert. Hat man jedoch die schweren Anforderungen der Arbeit und des Dienens während des Transits durch das 6. Haus gemeistert, sollte die Lektion der Zusammenarbeit nun leichter fallen. Wie dem auch sei — jetzt kann das Individuum die äußeren Umstände nur dann unter Kontrolle bringen, wenn es sich von ihnen leiten läßt; der Versuch, Stärke und das persönliche Ego gegenüber der Welt zu bekunden, ist unsinnig. Der Saturn-Transit durch das 7. Haus läßt die Welt oft als finsteren, kalten, feindseligen und haßerfüllten Ort erscheinen. Darum fühlt man sich schnell in die Defensive gedrängt: Aus der Überzeugung heraus, daß ein Erfolg der Welt nur mit Gewalt abzuringen ist, wehrt man sich aus Gründen des

Selbstschutzes oder geht gegen das Leben mit einem Rammbock vor. Das Leben jedoch ist übermächtig, und die Person muß diese Überlegenheit immer wieder akzeptieren. Zum Beispiel dann, wenn sie nicht erkennt, daß sie seine Individualität der gesellschaftlichen Struktur anpassen und mit anderen für gegenseitigen Fortschritt und Schutz zusammenarbeiten muß. Angst und Vorbehalte entspringen der Befürchtung, daß die ihre Individualität unterdrückt wird und irgendeine Beziehung die eigene Individualität zerstört.

Im 7. Haus sollte man sich entschließen, dem Leben auf halbem Wege entgegenzukommen und die Rechte der anderen anerkennen, wenn man die eigenen behalten möchte. Man muß sich selbst überwinden und seiner Umwelt gegenüber einen konkreten Standpunkt einnehmen. Eheprobleme können auftreten, weil man zu sehr mit sich selbst beschäftigt war und den Partner nicht so sehen konnte, wie er wirklich ist. Geschäftliche Probleme können sich aus dem einfachen Sachverhalt ergeben, daß man niemals wirklich bemüht war, die Bedürfnisse anderer Menschen zu verstehen, oder daß man das, was man anzubieten hat, niemals dem Gemeinwohl angepaßt hat. Man muß nun lernen, daß in der Welt der Beziehungen nichts Statisches existiert. Die meisten Probleme entstehen hier aus der Haltung anderen oder der Welt insgesamt gegenüber, die an üblichen Verhaltensnormen, offiziellen Titeln und traditionellen Verträgen orientiert ist. Man muß nun lernen, wie man anderen mit innerer Freiheit, die eine schöpferische Wandlung erlaubt, begegnen kann.

Der Saturn-Transit durch das 8. Haus. Nun sollte man seine Aufmerksamkeit den Resultaten all seiner Beziehungen — sowohl den persönlichen als auch den gesellschaftlichen — widmen. Die Qualität dieser Resultate wird von der persönlichen Fähigkeit abhängen, sich auf individuelle, bedeutsame Art und Weise in Beziehung zu Gefährten, Geschäftspartnern, sozialen Gruppierungen und dem Werk der Welt zu setzen. Diese Qualität wird auch abhängig sein von dem Ausmaß der persönlichen Anpassung an überlieferte Strukturen der gesellschaftlichen Normen und Aktivitäten. Nachdem man sich gemäß seines neuen Verständnisses des persönlichen Lebenszwecks und der individuellen Identität (Saturn-Übergang über den Aszendenten) in Beziehung zu anderen gesetzt hat (Saturn-Transit über den Deszendenten), wird nun die konkrete, durch Beziehungen bedingte Verhaltensweise einer Bewährungsprobe unterzogen. Man muß seine Aufmerksamkeit auf die praktische Umsetzung seiner Beziehungs-, Liebes- und Ehe-Ideale wie auf die gewinnorientierten Pläne im Geschäftsleben konzentrieren. Pläne und Idealvorstellungen müssen nun durch ständiges Bemühen und vielleicht mit Hilfe umfassender oder wiederholter Aktivitäten gesellschaftliche Realität werden. Die soziokulturelle Ordnung mit ihren speziellen Regeln und Bräuchen wird diesen Idealvorstellungen und Plänen unweigerlich Veränderungen auferlegen. Das Problem ist, wie man auf die äußeren Rahmenbedingungen reagiert. Wird man sich dem Diktat dieser Bedingungen vollständig unterwerfen, oder wird man den Konventionen die Stirn bieten? Zwischen diesen Möglichkeiten existiert ein Weg des Kompromisses. Während man sich nun um Treue sich selbst gegenüber bemüht und sich gleichzeitig schöpferisch und frei auf andere bezieht, werden alle Ereignisse den bisher erlangten Grad an persönlicher Reife und die Qualität des eigenen Verständnisses von Beziehungen offenlegen.

Es geht hier darum, wie der Betreffende sein Gefühl für seine individuelle Identität *einsetzt*, damit aus seinen Beziehungen etwas von Wert hervorgehen kann. Das Umsetzen der Individualität in eine konkrete Realität ist nun nicht mehr eine Frage des Einsatzes des physischen, materiellen und psychischen Vermögens; es ist jetzt vielmehr eine Frage der Orientierung dessen, was man — im 4. Haus — erreicht hat, hin zur vollständigsten und harmonischsten Teilnahme an Aktivitäten im Rahmen des größeren Ganzen. Von Bedeutung ist die Qualität jener Erfahrungen, die man mit anderen teilt, weil das Teilen soziales Bewußtsein entstehen läßt. Obwohl man vielleicht ein bestimmtes Ziel in seinen Beziehungen anstrebt, muß man dafür Sorge tragen, daß diese dynamisch und schöpferisch bleiben, und daß sie ständig den Erfordernissen des Augenblicks angepaßt werden. Eine dynamische Beziehung muß fortwährend die immer wieder veränderten Anforderungen des Wachstums eines jeden teilhabenden Individuums wie auch die Ansprüche der Gesellschaft erfüllen. Im 8. Haus wird durch eine solche Beziehung die Neigung zur Loslösung des Egos in herausgefordert. Der Prozeß gemeinsamer Teilnahme an einem sozialen Organismus macht es notwendig, daß vieles von dem, was zum persönlichen Leben gehört, nun «sterben» muß. Es gilt jetzt vieles aufzugeben, wozu häufig auch die äußeren Mittel gehören, auf die man sich verlassen hat, weil sie die persönliche Sicherheit zu garantieren schienen. Die «gemeinsame Teilnahme» wird nun eine tiefgreifende Wandlung der lange bejahten individuellen «Souveränität» erforderlich machen. Der Betreffende muß möglicherweise sein Konzept von sich selbst als «Herr und Meister» ändern und seine Vorstellung von persönlichem Eigentum als passivem Besitz in die Fähigkeit umwandeln, sich an der Gestaltung seiner Umwelt aktiv zu beteiligen; darüber hinaus muß er erkennen, daß sich seine Persönlichkeit zum Zwecke der Teilnahme an einem ausgedehnteren Organismus des Seins entfaltet hat. Durch seine Beziehungen kann man nun *schöpferisch* tätig werden.

Während dieses Saturn-Transits können Probleme mit der materiellen Sicherheit in Beziehungen und finanzielle Probleme im Geschäftsleben auftreten. Vielleicht muß man sich mit einer notwendigen und ausgedehnten Neuorganisation in diesen Bereichen auseinandersetzen — bei Ehe- oder Geschäftspartnern, bei Eltern oder anderen Verwandten, die womöglich zur gemeinsamen Finanzierung des Haushalts beitragen, bei Klienten, deren Geld man verwaltet oder bei der Beziehung zur Öffentlichkeit (wenn es sich um Buchhalter, Kassierer oder Wirtschaftsprüfer handelt, die mit gesellschaftlichen bzw. öffentlichen Mitteln zu tun haben). Es können auch Probleme mit Geld oder Dingen auftreten, die der Betreffende unvermutet erlangt hat. Hierzu gehören Erbschaften, Dividenden, Rückzahlungen von Schulden, Preise und Geschenke. Probleme mit der persönlichen Sicherheit können bei Menschen, die aus dem Berufsleben ausgeschieden sind, auftreten, insbesondere wenn sie auf eine Rente oder auf Einkünfte aus einer Investition angewiesen sind. Während dieser Zeit ist der erste Schritt zur Befreiung von finanziellen Sorgen die Errichtung einer stabilen wirtschaftlichen Grundlage. Sollten sich Schulden angehäuft haben, so kann diese Grundlage durch eine Neufinanzierung oder einen neuen Anfang erreicht werden; wenn die Ausgaben das Einkommen übersteigen oder man von seinem Kapital leben muß, kann sie bereits durch eine vorsichtigere Neuorganisation der Geschäftsfinanzen oder der privaten Ausgaben errichtet werden. Man sollte nicht vor partnerschaftlichen oder geschäftlichen Angeboten zurückschrecken und die Erfahrungen und Möglichkeiten, die sich aus zwischenmenschlichen Beziehungen, die sich während des Saturn-Transits durch das 7. Haus ergeben haben, auf jede nur denkbare Art und Weise nutzen. Wenn ein Mensch gelernt hat, die Welt und seine persönliche Beziehung zu ihr aus einer angemessenen Perspektive der Zusammenarbeit zu sehen, sollten ihm nun keine ernsthaften Probleme erwachsen. Um sicher zu gehen, sollte man jedoch Vorsichtsmaßnahmen gegen zukünftige Erfordernisse zum Bestandteil seines augenblicklichen Programms machen. Während dieser Zeit ist es durchaus anzuraten, sich auf bekannten Pfaden zu bewegen und bei geschäftlichen Vorhaben eine konservative Einstellung an den Tag zu legen. Saturn hat nicht nur eine beschränkende, sondern auch eine bewahrende Funktion.

Der Saturn-Transit durch das 9. Haus. Hier geht es um die Entwicklung von Verständnis. Welche Ergebnisse die Anstrengungen auch hervorgebracht haben, sich den unterschiedlichen Verwicklungen zu stellen: Nun gilt es die neuen Perspektiven und Herausforderungen des Beziehungslebens zu verstehen. Während des Saturn-Transits durch das 8. Haus schien das Ausmaß von Profit oder Verlust, Freude oder Leid in Beziehungen von Bedeutung zu sein. Im 9. Haus stellt sich die Frage, *wie* und *weshalb* diese Beziehungen zu diesen Ergebnissen geführt haben. Man muß versuchen, deren Zweck und Wert sowohl für das persönliche Schicksal wie auch für die Gesellschaft zu verstehen. Im 9. Haus werden jene Tatsachen und Lektionen thematisiert, die sich aus den sich ständig ausweitenden Beziehungsperspektiven und den aus Beziehungen resultierenden Handlungen ergeben. Es geht dabei darum, diese richtig zu verstehen und zu lernen, angemessen mit ihnen umzugehen. Philosophie, abstraktes Denken und das Rechtswesen stehen in Verbindung mit diesem Prozeß. Ferner haben lange Reisen, auswärtige Angelegenheiten und Verträge, Diplomatie und gehobene Ausbildung mit ihm zu tun. Darüber hinaus gehört hierzu der religiöse Bereich und mystische oder prophetische Erfahrungen und Träume.

Entsprechend der Resultate des vorangegangenen Transits, die sich aus dem Umgang mit persönlichen Beziehungen und der gesellschaftlichen Teilnahme ergeben, wird man nun an einer oder mehreren der vom 9. Haus symbolisierten Aktivitäten beteiligt sein. Wenn man Probleme mit Beziehungen oder Verträgen hatte, kann es sein, daß man jetzt in Rechtsstreitigkeiten verwickelt wird. Wurde man durch Druck in der Ehe, Familie oder Gesellschaft immer wieder frustriert, versucht man dies vielleicht durch religiöse oder philosophische Studien zu kompensieren. Psychologie, Philosophie, Religion, das Studium der Rechtswissenschaft und von Bräuchen sind Mittel zur Aneignung von Wissen und Verständnis, wenn man sich bei der Zusammenarbeit oder der Liebe mit Problemen konfrontiert sieht. Unter anderem ermöglichen diese Studien einem Menschen auch, seinen Platz in der Welt zu erkennen und zu verstehen, wie er sein Verhalten bezüglich der gesellschaftlichen Aktivitäten bewußter gestalten kann. Die angeführten Bereiche verhelfen ihm zu dem Wissen, wie und wo die verschiedenen persönlichen Beziehungen in das größere Schema der Welt hineinpassen und wie man gemeinsam mit den Partnern von aktuellen gesellschaftlichen Tendenzen profitieren kann. Wie dem auch sei — nun muß man lernen, wie man mit der ungeheuren Energie, die durch menschliches Zusammenwirken und durch menschliche Produktivität auf wirtschaftlicher wie auf kultureller Ebene entsteht, auf intelligente Art und Weise umgehen kann. Das Individuum wird in dem Maße reifen und wachsen, wie es bereit ist, Ungewohntes und Entferntes aufzunehmen, und das miteinzubeziehen, was zunächst fremd, störend oder unbrauchbar erschien. Dies kann zu größerem Verständnis und größerer Liebe führen und schließlich die Person in die Lage versetzen, ihre höhere Bestimmung, die sie beim Transit über die Himmelsmitte erwartet, zu erfüllen.

Während der Saturn das 9. Haus durchläuft, sollte der Betroffene sein Bild und sein Verständnis von dem Platz, den er in der Welt einnehmen möchte, vertiefen und seine Aufmerksamkeit auf ein bestimmtes Ziel und auf die zu dessen Verwirklichung notwendigen Mittel konzentrieren. Man darf nicht vergessen, daß sich nur jene Positionen einnehmen und solche Erfolge erzielen lassen, über die man klare Vorstellungen hat. Dies kann eine neue Perspektive der Welt insgesamt und des möglichen eigenen Platzes notwendig machen. Die Ziele müssen klar, realistisch und solide sein und auf gegebenen Qualifikationen und nicht auf Idealvorstellungen, Träumen oder Visionen unmöglicher Dinge beruhen. Ein solches Bild des persönlichen Potentials und des eigenen Platzes in der Welt kann sich durch Reisen oder Auslandstätigkeiten entwickeln. Man sollte alles in seiner Macht stehende tun, um Kontakte zu erweitern, zu studieren und Fremdsprachen zu lernen, um so die persönliche Teilnahme an der Welt auf ein breiteres Fundament zu stellen. Ebenso sollte man sich mit Metaphysik, Religion und Philosophie auseinandersetzen, damit das Verständnis der Zusammenhänge auch die geistige Ebene einschließt. Bemühungen sind notwendig um Verständnis zu erreichen; des weiteren müssen nun liebgewordene Vorstellungen, Grenzen und Gewohnheiten geopfert werden. Für diejenigen, die während der Regenerationsphase des Transits durch das 8. Haus nicht zur Zusammenarbeit bereit waren, kann der Saturn-Transit durch das 9. Haus seine Lektion in Form von Leid und Entbehrung bringen.

Im tiefsten Sinne repräsentiert der Transit durch das 9. Haus einen Test der *Bedeutung* der persönlichen Beziehungen zu anderen Menschen wie zur Welt insgesamt. Der Betroffene muß sich fragen, ob das, was er tut und erzeugt, wirklich in Übereinstimmung mit seinem wahren Selbst und der Gesellschaft steht. Er muß sich bemühen, die *wahre Bedeutung* seiner Erlebnisse — insbesondere seit dem Saturn-Übergang über den Deszendenten — zu verstehen. Er muß versuchen zu begreifen, *weshalb* seine engen Beziehungen zu der gegenwärtigen Situation geführt haben und auf Unnötiges und Unrealistisches verzichten.

> *Der Test der Bedeutung ist die Herausforderung an jeden Menschen und an jede Verbindung — im ehelichen, geschäftlichen, politischen oder kulturellen Bereich —, keine Teilnahme zu akzeptieren, die im Sinne ihres Wesens, ihres Vorgehens und ihres Zweckes nicht als von Bedeutung definiert werden kann. «Von Bedeutung zu sein» ist der Anspruch an jede Beziehung, und diese Bedeutung ist die Krönung und die Seele der Gegenseitigkeit, der schöpferischen Harmonie und der Formulierung effektiver und produktiver Liebe.*
>
> Dane Rudhyar, »*Triptych — The Way Through*«

Saturn erreicht den MC und läuft durch das 10. Haus. Hier erreicht der Mensch den krönenden Höhepunkt des Saturnzyklus. Hier wird alles, was der Mensch seit der Saturn-Konjunktion mit dem Aszendenten angestrebt und insbesondere das, was er seit dem Übergang über den Deszendenten unternommen hat, im Hinblick auf die soziale Bedeutung bewertet. Der Mensch wird nun herausfinden, was die Welt über ihn und seine Ideale denkt. Die Phase der Bewährung beginnt, wenn Saturn über den Deszendenten läuft. Man muß nun lernen, seine Aktivitäten in Übereinstimmung mit den der anderen zu bringen, indem man zu deren Bemühungen etwas eigenes beiträgt und dafür etwas Neues zurückerhält. Während der Transite durch das 8. und 9. Haus beschäftigte man sich eingehend mit der Frage, wie die persönliche Teilnahme in das größere Ganze einzuordnen ist. Die Lehren der Erfahrung wurden beherzigt oder verworfen, man studierte Gesetze und Bräuche, die das gesellschaftliche Miteinander regeln, und vielleicht konnte man sein Verständnis von Menschen, Kulturen und Religion durch ein Studium oder durch Reisen erweitern. Der Betroffene muß nun sich selbst den Wert seiner Handlungen beweisen, indem er in der Öffentlichkeit oder im Beruf einen klaren Standpunkt einnimmt.

Durch diesen «Positionstest» muß man seine Fähigkeit unter Beweis stellen, die Verantwortung für den persönlichen oder beruflichen Einfluß und für seine Autorität zu übernehmen. Im günstigsten Falle sollte die in der Gesellschaft zur Zeit dieses Transits erreichte Position der Ausdruck und die Festigung der persönlichen Aktivitäten sein. Was zählt, ist *die Art und Weise*, wie man seine Aufgaben erfüllt und nicht deren Inhalt. Die Einstellung zur Arbeit und die persönliche Art, sie zu tun, werden den wahren individuellen, sozialen und spirituellen Status bestimmen. Man sollte nicht vergessen, daß die Art und Weise, wie man am Werk der Welt teilnimmt, in erster Linie von den frühen Jahren im häuslichen Leben beeinflußt wird. Die in jener Zeit möglicherweise entstandenen Komplexe oder Ängste und — wichtiger noch — die Art, persönliche Reife zu entwickeln, spielen eine bedeutsame Rolle. Daher ist ein jetziger Erfolg oder Mißerfolg beim Erreichen einer Position von relativer gesellschaftlicher Macht und gesellschaftlichem Prestige zutiefst mit der Qualität der Beziehung zu den Eltern verbunden. Das Individuum gibt der Gesellschaft alles, was es von dem elterlichen und ethnischen Erbe in sich aufgenommen hat.

Dieser Transit ist ein Test der Stärke, was den persönlichen Status in der Außenwelt betrifft. In Prestige-, Autoritäts- und Berufsangelegenheiten wird man zu dieser Zeit seine größten Triumphe oder Niederlagen erleben. Wo man auf der sozialen Leiter auch stehen mag — jetzt wird der persönliche Status ins Rampenlicht gerückt, den man im beruflichen Bereich, bei Angelegenheiten in Verbindung mit Vorgesetzten, der Öffentlichkeit oder im kulturellen Bereich hat. Saturn im 10. Haus ist eine Zeit der Ernte. Man erntet nun die Früchte seiner Tätigkeiten im Beruf und bei Projekten oder Beziehungen, die während des Saturn-Transits durch das 7. Haus begonnen wurden. Das Wesen dieser Ernte wird davon abhängen, was man aus den angebotenen Gelegenheiten gemacht hat — ob man aufrichtig bemüht war, diese auch zu verwirklichen. Der Saturn-Transit durch das 10. Haus wird jedoch wahrscheinlich auch durch irgendeine Form von Einschränkung begleitet sein — eine Einschränkung bezüglich der Zeit (aufgrund zusätzlicher Verantwortung) oder aber (bei negativer Tendenz) eine Begrenzung des beruflichen Spielraums, der Autorität oder des Einkommens. Was auch immer geschehen mag — wichtig ist nun, wie man sich den Ereignissen stellt und die Bereitschaft aufzubringen, sich Umständen anzupassen. Während dieser Zeit ist es ratsam, nach Sicherheit zu streben und die eigene Position zu festigen, statt in bereits verwirklichten Projekten eine weitere Expansion zu suchen.

Der Saturn-Transit durch das 11. Haus. Das Individuum wird während dieser Phase mit den Ergebnissen seines öffentlichen Einflusses konfrontiert, den es seit dem Übergang des Saturns über den MC erreicht hat. Nachdem der Betroffene nun zielstrebig und vielleicht auch hartnäckig jahrelang darum gerungen hat, in der Welt etwas zustande zu bringen, sollte er sein Ziel nun erreicht haben. Das Problem während dieses Saturn-Transits besteht darin, sich über die Auswirkungen seines Erfolges oder der konkreten äußeren Situation klar zu werden. Unabhängig davon, ob es sich um oberflächliche oder gesellschaftlich bedeutende Ziele gehandelt hat — man mußte an den Aktivitäten der Gesellschaft teilnehmen, woraus zwangsläufig Ergebnisse resultieren. Das einzig Wichtige ist jetzt, wie man mit seinem Erfolg oder Mißerfolg *umgeht.* Ein Erfolg muß klug, mit Vorstellungskraft, bewußt und zielgerichtet genutzt werden. Einem Mißerfolg muß man mutig begegnen und seine Ursachen suchen, damit die gelernte Lektion zum Sprungbrett für zukünftige Leistungen werden kann. Dies ist die einzige Chance, eine passive Unterdrückung durch die Gesellschaft zu vermeiden.

Wie die Ergebnisse auch aussehen mögen — ihre Ursache wird in der Art und Weise, wie man den Erfolg suchte, in den angewandten Methoden und dem Motiv der Aktivitäten zu finden sein. Die Suche nach Erfolg ist nicht nur ein nach außen gerichtetes Streben; sie ist auch der Versuch, seinem Ego Bedeutung und Wert zu verleihen. Das Verständnis dessen, wer und was man offensichtlich ist, ist verbunden mit dem Bewußtsein für den Platz, den man in der Gesellschaft einnimmt. Wie ein Individuum der Bewährungsprobe des

11. Hauses begegnet, wird davon abhängen, ob sein Ego im 10. Haus einen Erfolg oder eine Niederlage erlebt hat. War der Betroffene erfolgreich, so wird er den verständlichen Wunsch haben, die Früchte seines Erfolges zu genießen und den Freunden und Menschen, denen er im Berufsleben begegnet, zeigen, was für ein toller Kerl er ist. Wahrscheinlich ist er bestrebt, mit ihnen den Profit seines Geschäftes und den Wohlstand zu genießen, die er durch während des Transits durch das 8. Haus eingegangene Partnerschaften erworben hat

Wenn dagegen ein Mensch gescheitert ist, wird er dazu neigen, sich aufzulehnen und Unmut zu äußern; er wird versuchen, sich an denjenigen zu rächen, die er für sein Scheitern verantwortlich macht. Vielleicht strebt er dann danach, die Umstände zu verändern, aus denen das Scheitern oder der Prestigeverlust des Egos entstanden ist. Besitzt dieses Ego nicht genügend Stärke, um positiv auf das Scheitern zu reagieren, kann es während dieses Saturn-Transits zu negativen — vielleicht sogar gewalttätigen — Auswirkungen kommen. Begegnet man der Außenwelt zu egozentrisch oder mit fanatischer Unzufriedenheit, kann dieser Transit Gefühle der sozialen Isolierung mit sich bringen. Eine verbitterte, mutlose und gleichgültige Haltung ist dann die Folge. Für ein rücksichtsloses Verhalten der Gesellschaft gegenüber wird man allerdings zu zahlen haben.

In den fixen Häusern (2., 5., 8. und 11. Haus) begegnet man seinen wichtigsten Bewährungsproben. In den Eckhäusern macht der Mensch Erfahrungen über sich selbst, seinen privaten und öffentlichen Status und über andere Individuen; in den fixen Häusern muß er entscheiden, wie er die ihm zur Verfügung stehenden Erfahrungen und Energien nutzt. Diese Entscheidungen werden den wahren Wert des Menschen ans Licht bringen. Im 11. Haus kommt es letztmalig zu einem Test in einem fixen Haus. Das starke Individuum *muß* den Mut aufbringen, die Vergangenheit, den inneren und gesellschaftlichen Status Quo, herauszufordern. Wenn man es ablehnt, sich dekadenten gesellschaftlichen Verhaltensmustern anzupassen und über Vertrauen und Weisheit verfügt, kann man zum Kanal für *schöpferische* «göttliche Unzufriedenheit» werden.

Der sogenannte «Durchschnittsmensch» betrachtet das Erreichen einer hohen gesellschaftlichen Position und die damit verbundenen Aufgaben sowie das Genießen der möglichen Annehmlichkeiten als äußerst erstrebenswert. Saturn aber verleiht in diesem Zusammenhang ein Gefühl der Leere und Unzufriedenheit, indem er dem Individuum zu der Erkenntnis verhilft, daß der Zyklus noch nicht beendet ist und vieles, was man sich bei dessen Beginn vorgenommen hatte, noch nicht in die Tat umgesetzt worden ist. Der Transit durch das 11. Haus sollte dem Menschen all das Unvollendete vor Augen führen, damit er seine Aufmerksamkeit auf ein neues geistiges Wagnis richten kann. Das Individuum soll eine neue Vision, neue Ideale und konkrete Pläne für einen gesellschaftlichen und beruflichen Fortschritt entwickeln und an deren Verwirklichung arbeiten. Eine schnelle Belohnung dieser Bemühungen sollte allerdings nicht erwartet werden, da sich der Saturnzyklus dem Ende zuneigt und alles, was zuvor stattgefunden hat, schwer auf einem lastet. Von größter Wichtigkeit ist der Versuch, sich von den gesellschaftlichen Vorstellungen zu lösen, an denen man so lange festgehalten hat. Wenn dann in einigen Jahren Saturn zum Aszendenten zurückkehrt, wird das Individuum bereit sein, sich zu befreien und eine neue Richtung einschlagen.

Der Saturn-Transit durch das 12. Haus. In diesem letzten Abschnitt des Zyklus kann man entweder die vergangenen Erfolge in eine Saatform bringen, die zu einem neuen Wachstumszyklus der Reife führen wird, oder den geballten Ergebnissen seiner Mißerfolge begegnen, woraus nun Konsequenzen zu ziehen sind. Eine Konfrontation mit Erfolg wie auch Mißerfolg ist hier unausweichlich (niemand hat nur Erfolge oder Niederlagen vorzuweisen). Allerdings finden diese Konfrontationen gewöhnlich auf einer psychischen Ebene als bewußte oder unbewußte Erinnerungen statt. Davon bringen einige Hoffnung für die Zukunft, während andere zu Frustrationen, Ängsten oder einer Verneinung des Lebens führen. Alles, was man in der Vergangenheit falsch gemacht oder zu tun versäumt hat, kehrt jetzt zurück. Jetzt muß man den Mut aufbringen, sich diesen aus der eigenen Vergangenheit stammenden Bildern zu stellen und sie zu *verstehen*, damit man bei dem Saturn-Übergang über den Aszendenten die bedrückenden Einflüsse ablegen kann. Vieles hängt von den Erfahrungen des vorangegangenen Transits ab, da deren Ergebnisse die Anpassung an oder Auflehnung gegen die Gesellschaft zum Inhalt haben werden. Entweder — ob dem Betroffenen dies gefällt oder nicht — werden die gesellschaftlichen Strömungen, denen er blind gefolgt ist, ihn jetzt zutiefst beeinflussen, oder es kommt aufgrund «anti-sozialem Verhalten» zu gesellschaftlichen Sanktionen. Wenn die Gesellschaft seine Anstrengungen, eine neue Vision zu entwickeln, ablehnt, kann er dieser Tatsache mutig ins Auge sehen.

Nun sollte man den Versuch unternehmen, umwelt- und vererbungsbedingter Konditionierung der Vergangenheit eine neue und individuelle Richtung zu geben. Man muß die Vergangenheit nutzen und sie zu einer aufschlußreichen Botschaft machen, die dem zu Ende gehenden Aktivitätszyklus eine schöpferische Bedeutung verleiht. Es ist die Zeit, um den *Wert* seines Lebens und all dessen, was man getan, gefühlt und gedacht hat, zu hinterfragen. Wenn man dies getan hat, kann die Entscheidung getroffen werden, welchen neuen Wert man der Welt im folgenden Saturnzyklus anbieten kann. Auf der weltlichen Ebene begegnet man nun den Ergebnissen seiner gesellschaftlichen und beruflichen Mißerfolge bzw. Frustrationen wie denen der Erfolge und des Wohlstands. Gesellschaftliche Belohnungen für vergangene Leistungen — akademische Grade, Preise, politische «Gefälligkeitsposten» und gesellschaftliche Ehren — können sich während des Transits durch das 12. Haus einstellen. Wichtiger jedoch ist, daß man hier den weniger sichtbaren Ergebnissen des im 10. Haus Vollbrachten begegnet. Das Individuum wird nun daran erinnert, daß Erfolg auch Anlaß zu Feindschaft und Groll bieten kann oder vielleicht bei anderen Leid verursacht hat. Man wird sich hier der negativen wie der positiven Seiten seiner Erfolge bewußt.

Die Konfrontation mit Hindernissen, die aus vergangenen Handlungen resultieren, ist immer dann am stärksten, wenn man versucht, einen neuen Anfang zu machen. Alle Arten von Kräften und Ängsten tauchen auf und halten das Individuum davon ab, den neuen Schritt vorwärts zu tun. Dies ist die Krise des 12. Hauses. Die wahren Schlachten des Lebens werden in einem selbst gekämpft und entschieden. Dabei ist der Mensch völlig sich selbst überlassen — es gibt niemanden, der ihn behindern oder beurteilen könnte; er ist nur sich selbst gegenüber verantwortlich. Während dieses Saturn-Transits tritt alles, was der persönliche Charakter umfaßt, in Erscheinung: Mut und Angst, Vertrauen und Argwohn, Selbstkenntnis und Selbstbetrug, Selbsthilfe und Selbstzerstörung, Eigennutz und Selbsthaß, schöpferische Fähigkeiten und Phobien — all das steckt im 12. Haus und macht sich bei Gelegenheit bemerkbar. Während dieser Zeit sind die Verantwortlichkeiten und Probleme tief im Inneren eingeschlossen — andere nehmen sie möglicherweise gar nicht wahr. Wenig oder gar keine Hilfe kommt von außen, und bei weltlichen Zielen läßt sich nur ein geringer Fortschritt verzeichnen. Wenn man seine Ziele auf die Dinge beschränkt, die sich an der persönlichen Befriedigung messen lassen, kann man Wunder vollbringen und persönliches Wachstum erreichen. Wenn man jedoch darauf beharrt, gegen den Strom zu schwimmen, weiter um öffentliche Anerkennung ringt und Anstrengungen nur um des materiellen Erfolges willen unternimmt, wird man auf Ärger, Frustration, Gesundheitsprobleme und Eigendünkel treffen.

Wichtig ist eine aufrichtige Eigenanalyse. Man muß sich selbst kritisch betrachten und dann entscheiden, wo und wie man das Erkannte verbessern kann. Jede Art von Erforschung ist jetzt hilfreich, ganz gleich, worum es sich dabei handelt. Vielleicht untersucht man die Möglichkeit, sich beruflich, künstlerisch oder spirituell zu verbessern, oder ein verborgenes Talent wird entdeckt, nur zur Unterhaltung. Echter Gewinn resultiert aus der Erkenntnis des Machbaren. Die Neigung, sich *gegen* sich selbst zu verteidigen, muß vermieden werden. Wenn sich Angst und Argwohn einstellen, so sind sie auf mangelndes Selbstbewußtsein zurückzuführen — dies ist eine Tatsache, die sich nicht beschönigen läßt. Mißtrauen gegenüber anderen kann zu dem Verlust von Freunden, zu geschäftlichen Einbußen oder auch zu Diebstählen führen. Imaginäres Unrecht und Angst vor Täuschung können ebendiese zur Folge haben; Selbstmitleid kann zu zusätzlicher Verantwortung und Arbeit und alle ungesunden Gedanken und Gefühle schließlich zu Gesundheitsschäden führen. Aus diesen Gründen hat man dieses Haus auch schon als die «Müllhalde der Erfahrung» bezeichnet. Die Funktion dieser letzten Phase des Saturnzyklus ist es, die falschen Vorstellungen des Selbst auszumerzen und die richtigen zu stärken, bevor der neue Zyklus beginnt.

Der laufende Saturn und der progressive Mond

Dieses Buch ist dem Studium der Transite gewidmet. Da sich jedoch sowohl Saturn als auch der progressive Mond auf das grundlegende Bedürfnis beziehen, ein einzigartiges, von allen anderen zu unterscheidendes Wesen zu sein, müssen sie auch gemeinsam berücksichtigt werden. Der Astrologe muß den Zyklus des progressiven Mondes in Betracht ziehen, wenn er für eine bestimmte Lebensphase die grundsätzliche Herausforderung auf dem Weg zu persönlicher Erfüllung und Reife herausfinden möchte. Der Saturn und der Mond bilden gemeinsam die Struktur und die Qualität des bewußten Egos. Der Saturn gibt dem Ego sowohl die Form wie auch die unterscheidenden Merkmale. Daher bezieht er sich auf die Art und Weise, wie sich jeder Mensch von anderen abzugrenzen versucht. Der Mond bezieht sich auf die Qualität der Anpassung des Egos an andere Menschen und an die Umwelt. Ein harmonisches und reifes Leben hängt von der Fähigkeit des Individuums ab, das Gleichgewicht zu halten zwischen dem Bestreben, ein einzigartiges Individuum zu sein, und dem Bedürfnis, sich harmonisch auf äußere und innere Umstände und Krisen einzustellen, die die innere Entfaltung betreffen — das heißt, ein Gleichgewicht zwischen Saturn und Mond zu bewahren.

Während der Transitzyklus des Saturns 29½ Jahre dauert, erstreckt sich der Zyklus des progressiven Mondes über einen Zeitraum von 27⅓ Jahre. Daraus folgt, daß die Altersabschnitte zwischen dem 27. und 30. und dem 56. und 59. Lebensjahr besonders bedeutsam sind, weil — wie bereits in Kapitel II »Der Altersfaktor« besprochen — diese Altersphasen sich potentiell auf die wichtigsten Umstellungen im Leben eines jeden Menschen beziehen. Weil die Zyklen des laufenden Saturns und des progressiven Mondes fast die gleiche Dauer haben, hat Rudhyar den Astrologen nahegelegt, beide Zyklen gemeinsam zu studieren. Während es plausibel ist, die Bewegung Saturns durch die Häuser hervorzuheben (weil der Saturn und die Häuser «strukturelle» Faktoren bilden), hat Rudhyar gezeigt, daß die Zeichenstellung des progressiven Mondes von großer Bedeutung ist. Die Stellung des transitierenden Saturns, bezogen auf Haus und Zeichen, läßt den Astrologen erkennen, *wo* und *wie* in den unterschiedlichen Phasen Handlungsbedarf besteht. Zeichen und Tierkreisgrad des progressiven Mondes (ganz besonders das symbolische Bild für den genauen Grad) weisen auf jene Fähigkeiten, Charakterqualitäten und Formen von Energie hin, die man benutzen sollte, um sich den Herausforderungen des Lebens erfolgreich zu stellen.

Als Beispiel habe ich Jimmy Carter, den 38. Präsidenten der Vereinigten Staaten, ausgewählt. Laut Geburtsurkunde wurde er am 1. Oktober 1924 in Plains, Georgia, um 7.00 CST geboren. Daraus ergibt sich ein MC von 29° Krebs und einen Aszendent von 26° 06' Waage. Der transitierende Saturn lief über den MC im Mai 1976; zur Zeit, als Carter zum Präsidenten gewählt wurde, stand der Saturn im Löwen im 10. Haus. Der progressive Mond lief im Juli 1976 in die Waage und ins 12. Radixhaus; zur Zeit der Wahlen befand er sich bei 5° Waage. Dem humanistischen Ansatz zufolge beginnt am MC der Quadrant des Horoskops, der sich auf «ein Wachsen von Einfluß» bezieht. Da es sich hier um Saturn handelt, welcher in Carters Geburtshoroskop aufsteigt, kann man sagen, daß dieser sich mit der saturnischen Tendenz zu persönlicher Reife und Verantwortung identifiziert. Ein neuer Zyklus der Verantwortung hatte für Carter im Jahre 1953 begonnen, als Saturn seinen Aszendenten überquerte. Zu jener Zeit war er Marineoffizier und verrichtete seinen Dienst an Bord eines Unterseebootes. Er wäre vielleicht als Berufsoffizier bei der Marine geblieben — 1953 jedoch starb sein Vater, woraufhin er den Dienst quittierte und nach Plains zurückkehrte, um sich um die Farm seiner Familie zu kümmern. Somit bekam sein Leben im Herbst jenes Jahres eine neue Struktur — die Saat für eine neue Bestimmung war gelegt.

Im Jahre 1961, als Saturn den IC überquerte, wurde Carter in den Senat des Bundesstaates Georgia gewählt, dem er von 1962 bis 1966 angehörte. 1969, als Saturn sein 5. Haus durchlief, unternahm er einen erfolglosen und verfrühten Anlauf, um als Kandidat der Demokratischen Partei für den Posten des Gouverneurs von Georgia nominiert zu werden. Sogleich nach Ende der Vorwahlen begann er in aller Ruhe, sich eine politische Basis zu schaffen, von der aus er sich im Jahre 1970 wieder zur Wahl stellen wollte. Tatsächlich gab er dann im Jahre 1969 seine erneute Kanditatur bekannt. Zu dieser Zeit überquerte der laufende Saturn seinen Deszendenten. Der Saturn-Transit über die Himmelsmitte, der eine Zeit möglicher öffentlicher

Anerkennung signalisiert, bildete im Falle Carters den Höhepunkt seiner Anstrengungen, zu persönlicher Reife zu gelangen und Verantwortung in der Gesellschaft zu übernehmen. Die Tatsache, daß er zum Präsidenten der Vereinigten Staaten gewählt wurde, zeigt, daß die Integration seiner Persönlichkeit seit 1959 — insbesondere nach 1969, als Saturn den Deszendenten erreichte und in Opposition zur Radixstellung stand — es ihm ermöglichte, zu einem Instrument der nationalen Bestimmung zu werden. Eine neue Dimension von Verantwortung wird nun (da diese Zeilen niedergeschrieben werden; Anm. des Herausgebers) für ihn beginnen.

Was trägt aber nun der progressive Mond zur Bedeutung des Saturn-Transits bei? Der progressive Mond trat im Juni/Juli 1976 — zur Zeit Carters Nominierung durch die Demokratische Partei — in die Waage. Gleichzeitig trat er — wenn man Placidus-Häuser zugrundelegt — in das 12. Haus. Carters Sonne befindet sich ebenfalls in der Waage im 12. Haus, eine Stellung, die man z.B. auch bei Gandhi findet. Während der Waage-Phase des progressiven Mondzyklus wird das persönliche Selbst aufgefordert, sein Leben vollständiger an ein größeres gesellschaftliches oder spirituelles Ganzes anzupassen. Das Ziel liegt in einer Befreiung, damit man zu einem integralen und bedeutsamen Bestandteil dieses Ganzen werden kann und dadurch befähigt wird, vollständig und bewußt an dessen Aktivitäten teilzunehmen. Diese Waage-Phase fällt häufig mit der Entdeckung der wirklichen individuellen Bestimmung zusammen. Es besteht aber auch die Gefahr, sich in Dingen zu verlieren, die den Rahmen der persönlichen Fähigkeiten übersteigen. Jedenfalls verlangte seit dem Sommer 1976 das Leben von Carter, seine Waage-Qualitäten vollständig zu entfalten, zumal sich sowohl seine Sonne als auch sein Aszendent in diesem Zeichen befinden. Er mußte als Persönlichkeit eine größere gesellschaftliche und spirituelle Realität repräsentieren; er mußte der Öffentlichkeit zeigen, daß er der menschlichen Gemeinschaft verpflichtet und bereit war, humanistische Werte zu verteidigen.

In dem Horoskop für die USA (mit dem Schütze-Aszendenten, über das Rudhyar ausführlich geschrieben hat), befindet sich der MC in der Waage. Die Betonung dieses Zeichens in Carters Geburtshoroskop und die Tatsache, daß sein progressiver Mond zur Zeit der Wahl ebenfalls in der Waage stand, bringt Carter in enge Verbindung mit dem Horoskop der Vereinigten Staaten. Man könnte dies als Nationalgefühl interpretieren: Carter war ein Repräsentant für die nationalen, idealistischen Bemühungen, eine neue Gesellschaft aufzubauen. Die Tatsache, daß sich der progressive Mond während dieser Zeit zusammen mit der Radix-Sonne in seinem 12. Haus befand, ist ebenfalls von Bedeutung. Das 12. Haus bildet den letzten Abschnitt des Häuserzyklus der Erfahrung, trägt jedoch bereits ein neues Ziel in sich. Carters

Administration richtete ihre Aufmerksamkeit auf die Entwicklung von neuen, zukünftigen Bedingungen. Die neue Administration trat ein schweres Erbe an; die Geschichte wird zeigen, ob Carter einen persönlichen Sieg über die ererbten schweren nationalen Bedingungen erringen kann.

Für den Studenten kann es sehr lohnenswert sein, die Symbole der ersten Tierkreisgrade der Waage zu untersuchen, welche von Juni bis November 1976 stark betont wurden. Das Symbol für den 5. Waage-«Grad» (dort befand sich der progressive Mond zur Zeit der Wahl) ist ganz besonders bedeutsam. Es lautet:

> *Ein Mann offenbart seinen Schülern die Grundlage inneren Wissens, auf denen eine «neue Welt» gebaut werden kann.*[18]

Rudhyar interpretiert das Hauptthema dieses Symbols wie folgt:

> *Die Notwendigkeit für den jugendlichen Geist, von einem Lehrer zu lernen, der durch seine lange Erfahrung fähig wurde, feste und Erleuchtung bringende «Saat-Ideen» zu erreichen.*

Frühere Interpretationen dieses Symbols lauteten folgendermaßen:

Wissen und Erfahrung werden auf die Probe gestellt; Beweis des Schaffens; die Größe ruft nach ihresgleichen; und positive Umgestaltung des Persönlichkeitsbewußtseins durch das neue Äon (Zeitalter).

In der Woche, die Carters Wahl folgte, ging der progressive Mond auf 6^0 Waage. Das Symbol für diesen Grad lautet:

> *Ein Mann beobachtet, wie seine Ideale vor seinem inneren Auge eine konkrete Form annehmen.*

Rudhyar gibt dazu folgenden Schlüssel:

> *Die Notwendigkeit, seine Träume und Ideale deutlich zu visualisieren, um sie wirklich werden zu lassen.*

Andere Interpretationen deuten auf unvermeidbare Konfrontationen mit den Ergebnissen seiner Ideale hin, auf die zu lernenden Lektionen und die Offenheit des Herzens. Als Carter Ende Januar 1977 sein Amt antrat, befand sich der progressive Mond bei 8^0 Waage. Das Symbol hierfür lautet:

> *In einem verlassenen Haus brennt hell das Feuer im Kamin.*

Das Schlüssel lautet hier:

> *Die Notwendigkeit zu erkennen, daß selbst in den verlassenen Stunden eine spirituelle Kraft immer bereit ist, das zur Mitte zurückkehrende, eigensinnige Bewußtsein willkommen zu heißen und wieder zu beleben.*

In anderen Interpretationen liest man:

Die ständige Gegenwart verborgener, bewahrender Kräfte bei jeder lohnenswerten Handlung; große Tiefe anfänglicher Anstrengungen; gesellschaftlicher Beistand; immer wieder neugeborene Hoffnung auf einen Neu-Beginn.

Dieses Beispiel soll zeigen, wie offenbarend es sein kann, den Saturn-Transit gemeinsam mit dem progressiven Mond zu betrachten, um die tieferen Verwicklungen der «Ereignisse» im Leben zu verstehen.

Kapitel VII

Der Jupiter/Saturn-Zyklus

Wenn ein Astrologe ein Horoskop zu interpretieren beginnt, muß er nicht nur versuchen, das zugrundeliegende Schicksal zu verstehen, sondern auch, wie dieses in den bei der Geburt und den folgenden Entwicklungsjahren vorgegebenen gesellschaftlichen Zusammenhang eingebettet ist. Niemand wird in einem Vakuum geboren. Mit der Geburt tritt der Mensch in ein komplexes gesellschaftliches Umfeld und ist nicht nur das Mitglied einer Familie, sondern auch Teilnehmer einer Gemeinschaft und Gesellschaft. Seine Identität und sein gesellschaftliches Schicksal werden durch die kulturellen, wirtschaftlichen, politischen und religiösen Wertbegriffe der Umgebung geformt. Diese offenen oder verdeckten Einflüsse geben zu verstehen, welche gesellschaftliche Teilnahme vom heranwachsenden Menschen erwartet wird. Um die Reaktion eines Individuums auf solche Einflüsse zu begreifen, muß der Astrologe seinen Blick den Planeten Jupiter und Saturn zuwenden. Saturn liefert den Hinweis dafür, wo und wie der Betreffende seinen Platz innerhalb der Familie, Gemeinschaft und Nation sehen sollte, während Jupiter die Art der Teilnahme an diesen zeigt. Saturn beschreibt, *wohin* eine Person gehört sowie die Art von Umwelt und Aktivitäten, die ihren individuellen Grenzen und Gaben entspricht. Jupiter zeigt die Gefühle, die mit der Teilnahme an der Gesellschaft bzw. der Hingabe an die Menschen der Umgebung verbunden sind. Gemeinsam weisen diese beiden Planeten auf die ureigenste Art des Individuums hin, sich auf die Aktivitäten seiner Familie, seiner sozialen oder beruflichen Gruppe und seiner Gesellschaft einzustellen. Saturn konkretisiert und strukturiert beständig den Typus und die Qualität der gesellschaftlichen Teilnahme — entsprechend der Vorstellungen des Jupiters.

Daher zeigt die Radixphase des Jupiter/Saturn-Zyklus die grundsätzliche Einstellung eines Menschen gegenüber der Gesellschaft. Sie ist auch ein Hinweis auf die Möglichkeiten, seine gesellschaftliche Stellung in beruflicher, politischer oder religiöser Beziehung zu verändern. Aus diesem Grund muß der Astrologe sich der Erforschung der Transitzyklen widmen, die durch die aufeinander folgenden Konjunktionen dieser beiden Planeten alle 20 Jahre gebildet werden. Die Jupiter/Saturn-Phase des Geburtshoroskops legt die Altersstufen fest, in denen ein Mensch die transitierenden Jupiter/Saturn-Konjunktionen während seines Lebens erfahren wird. Diese Konjunktionen müssen immer unter Berücksichtigung des Altersfaktors (vgl. Kapitel II »Der Altersfaktor«) betrachtet werden, da ihre Bedeutungen in den verschiedenen Lebensphasen ganz unterschiedlich sind. Wird ein Mensch beispielsweise während der abnehmenden Phase dieses Zyklus geboren, so wird er die erste Konjunktion noch im Kindesalter erleben. Die Transit-Konjunktionen bieten grundsätzliche Gelegenheiten, ein konstruktiveres und fruchtbareres soziales Bewußtsein zu entwickeln und mit anderen Personen oder Gruppen in eine gegenseitig nutzbringende Beziehung zu treten. Solche Veränderungen im sozialen Bewußtsein sind aus psychologischer Sicht unbedingt erforderlich. Die laufenden Jupiter/Saturn-Konjunktionen in ihrem Verhältnis zum Radixhoroskop zeigen darüber hinaus auch, bis zu welchem Grad ein Mensch die sich ihm bietenden Gelegenheiten ergriffen hat. In einem sinnerfüllten Leben sollte eine jede Jupiter/Saturn-Konjunktion den Beginn einer Veränderung des sozialen Bewußtseins offenbaren — einer Veränderung der Art und Weise, wie man sich im sozialen Zusammenhang auf andere Menschen bezieht. Hat man es versäumt, die Gelegenheiten des letzten Jupiter/Saturn-Zyklus zu nutzen, kann die Stellung dieser Transit-Konjunktion bezüglich des Radixhoroskops die Ursachen verdeutlichen, aus denen sich Frustrationen, Schuldgefühle oder soziale Niederlagen ergeben haben. Erkennt dadurch der Mensch die grundlegenden Ursachen für sein Scheitern, und übernimmt er — statt es dem Zufall anzukreiden — die volle Verantwortung dafür, gestaltet er sein Schicksal und wird sein Glück machen.

Ein Wort der Warnung sei hier eingeschoben. Dem humanistischen Standpunkt entsprechend sind astrologische Symbole der Hinweis auf potentielle Gelegenheiten und nicht etwa auf konkrete Ereignisse. Es muß nicht unbedingt etwas Außergewöhnliches während einer kritischen Phase eines Planetenzyklus geschehen. Die Zyklen beziehen sich auf psychisches Wachstum und nicht so sehr auf Veränderungen der materiellen Bedingungen. Auf das Geburtshoroskop bezogen stehen Konjunktionen, Quadrate und Oppositionen zwischen dem laufenden Jupiter und dem laufenden Saturn für bestimmte Abschnitte eines Wandlungsprozesses. Sie rücken die Entfaltung, Erfüllung oder Auflösung der persönlichen Orientierung innerhalb einer Gemeinschaft in den Mittelpunkt. Der Astrologe kann nicht im voraus erkennen, ob eine bestimmte Person negativ oder positiv reagieren wird. Eine negative Reaktion auf die Herausforderung durch diese Konjunktion kann zu einer zweiten Krise während der Opposition führen. So kann die Notwendigkeit entstehen, objektiv und mit klarem Bewußtsein das zu verändern, was man früher getan oder versäumt hat. Die Opposition wird dann verdeutlichen, daß es sich bei der Krise in Wahrheit um die Herausforderung handelt, die Veränderungen im eigenen sozialen Verhalten vorzunehmen, denen man sich während der Konjunktion verschlossen hatte. Die Radixpositionen von Jupiter und Saturn zeigen die spezielle Phasenbeziehung zwischen diesen beiden Planeten, deren Zyklus mit der letzten Konjunktion vor der Geburt begann. Da die Jupiter/Saturn-Konjunktionen neue gesellschaftliche Tendenzen und Familienstrukturen mit sich bringen, werden sie insbesondere jene Menschen beeinflussen, die zu einem späten Zeitpunkt — wenn diese Tendenzen eine konkretere Form angenommen haben — während des Zyklus geboren werden. In hohem Maße kann es bei Geburten während «kritischer Phasen» des Jupiter/Saturn-Zyklus durch äußere Ereignisse oder Tendenzen, die bereits einige Zeit vor der Geburt ihren Anfang nahmen, zu Schwierigkeiten bei der gesellschaftlichen Anpassung kommen.

Die Menschen werden nicht von sich aus neurotisch bzw. verhaltensgestört. Beziehungen zu anderen Menschen — insbesondere fehlgeschlagene gemeinschaftliche Aktivitäten — spielen dabei eine wichtige Rolle. Schließlich sind auch die gesellschaftlichen Verhältnisse und die herrschenden Normen, auf die sich das Individuum einstellen muß, ein bedeutender Faktor. Wenn der humanistische Astrologe versucht, die Jupiter/Saturn-Transite zu verstehen, darf er diese Sachverhalte nicht außer acht lassen. Die Komplexität der heutigen Gesellschaft und die Geschwindigkeit ihrer Veränderung machen es unmöglich, astrologische Formeln sowie eine starre Interpretationstechnik für diesen Zyklus anzubieten. Eine Untersuchung der auf das Geburtshoroskop bezogenen Konjunktionen, Quadrate und Oppositionen — vor allem für die zurückliegenden Lebensjahre — während dieses Zyklus wird dem psychologisch orientierten Astrologen äußerst aufschlußreiche Angaben liefern.

Obwohl zwischen zwei Konjunktionen 20 Jahre verstreichen, verläuft laut Rudhyar die Jupiter/Saturn-Beziehung in einem 60-Jahres-Rhythmus, weil jede dritte Konjunktion für gewöhnlich in dem gleichen Tierkreiszeichen stattfindet. Im Jahre 1842 fand die Konjunktion zum Beispiel bei 9° Steinbock statt, im Jahre 1901 bei 14° und im Jahre 1961 bei 25° des gleichen Zeichens. Bei einer durchschnittlichen Lebenserwartung kann man von einer dreimaligen Rückkehr von Jupiter und Saturn zu dem Aspekt oder der Phasenbeziehung, die sie bei der Geburt innehatten, ausgehen. Die dritte Rückkehr ist die wichtigste, denn sie findet im Alter von 59 Jahren statt, wenn sowohl Jupiter als auch Saturn auf ihre Radixpositionen zurückkehren. Daher kann sich während dieser Zeit das soziale Bewußtsein eines Menschen festigen oder erneuern, und es bietet sich ihm die Gelegenheit, seine Beziehung zu den Aktivitäten seiner Gemeinschaft auf neue und bedeutsamere Art zu gestalten.

Besonders signifikant sind die durch die aufeinanderfolgenden Konjunktionen von Jupiter und Saturn begründeten Zyklen für Menschen, die in wichtiger öffentlicher oder sozialer Verantwortung stehen. Aber auch für andere Menschen können diese von großer Bedeutung sein: Wenn der Mensch plötzlich erkennt, daß er ein gesellschaftlich bedeutungsvolleres Leben führen könnte. Die Zeit, zu der ein Individuum zum ersten Male seine potentielle gesellschaftliche Rolle wahrnimmt, fällt im allgemeinen mit einer wichtigen Phase des transitierenden Jupiter/Saturn-Zyklus zusammen — sofern diese in einer Beziehung zum Geburtshoroskop steht. Diejenigen, die bereits eine wichtige soziale oder politische Funktion übernommen haben, vermögen Veränderungen in diesem Zyklus genau wahrzunehmen, weil ihr Geburtsbild eine starke Jupiter/Saturn-Aktivität aufweist. Aber auch der sogenannte Durchschnittsmensch hat während wichtiger Phasen des Zyklus die Gelegenheit, Veränderungen vorzunehmen. Ein jeder Mensch wird während eines bestimmten Lebensabschnittes das Bedürfnis verspüren, sich auf neue Art und Weise auf seine soziale Umgebung einzustellen, wichtige Veränderungen in der persönlichen Einstellung oder im Berufsleben vorzunehmen oder am Ende eines alten Aktivitätszyklus einen neuen Anfang zu machen. Während dieser Abschnitte muß der Astrologe sein Augenmerk auf den Jupiter/Saturn-Zyklus richten, um ein besseres Verständnis der mit solchen Veränderungen einhergehenden Verwicklungen zu erreichen.

Die Jupiter/Saturn-Konjunktion

Mit diesen Konjunktionen beginnen Entwicklungszyklen, die neue Herangehensweisen bieten für das meist das ganze Leben währende Problem, wie zwischen dem bewußten Ego (Saturn) und den sozialen Aktivitäten der Gemeinschaft eine wirkungsvolle Beziehung geschaffen werden kann. Ist die genaue Geburtszeit bekannt, ist es möglich, die Jupiter/Saturn-Konjunktionen auf ein Radixhaus zu beziehen und ihnen so eine individuelle Bedeutung zu geben. Sollte die Geburtszeit unbekannt sein, so kann auch das Sonnenhaus zu gültigen, allerdings allgemeineren Hinweisen führen, diese werden eher einen äußerlichen Charakter haben und müssen im Zusammenhang mit der Radixsonne — die Lebenskraft und grundsätzliche Absicht der Seele — interpretiert werden. So verstanden kann die Sonnenhausposition eines jeden umlaufenden Planeten sinnvolle Informationen liefern, die eine Ergänzung zu den Bedeutungen der Position in den Radixhäusern sind.

Im diesem Jahrhundert finden folgende Jupiter/Saturn-Konjunktionen statt:

1901:	14° Steinbock
1921:	27° Jungfrau
1940/41:	14°, 12°, 9° Stier
1961:	25° Steinbock
1981:	9° Waage
2000:	23° Stier

Die Konjunktionen des Jahres 1940/41 hatten ihr *zunehmendes Quadrat* im Dezember 1945 bei 23° und im Mai 1946 bei 19° Waage/Krebs und bei 8° Skorpion/Löwe im November 1946. Die *Opposition* fand erstmals statt im April 1951 bei 28° Fische/Jungfrau, dann im Oktober des gleichen Jahres bei 8° Widder/Waage und schließlich im Februar 1952 bei 15° des gleichen Zeichens. Die Phase des *abnehmenden Quadrats* war exakt im August 1955 bei 16° Löwe/Skorpion, im Januar 1956 bei 0° Jungfrau/Schütze und dann wieder im Juni 1956 bei 28° Löwe/Skorpion.
Die Konjunktion des Jahres 1961 erreichte ihr *zunehmendes Quadrat* im Juli 1965 bei 18° Zwillinge/Fische. Die *Opposition* fand statt am 31. Dezember 1969 bei 3° Skorpion/Stier, dann erneut im März 1970 bei 6° Skorpion/Stier und zum dritten und letzten Male im November 1970 bei 19° des gleichen Zeichens. Zum *abnehmenden Quadrat* kam es im Zeichen Widder/Krebs: am 4. Juni 1975 bei 18, am 29. Juli 1975 bei 25 und zum dritten Male am 10. März 1976 bei 27°.
Die Konjunktion des Jahres 1981 erreicht ihr *zunehmendes Quadrat* im April 1986 bei 9° Fische/Schütze. *Oppositionen* finden statt im September 1989 bei 7°, im November bei 10° Krebs/Steinbock; im März 1991 bei 4° Löwe/Wassermann und schließlich im Mai 1991 bei 6° des gleichen Zeichens. Das *abnehmende Quadrat* findet im Februar bzw. März 1995 bei 14° und im November 1995 bei 18° Schütze/Fische statt.
Um diesen Phasen eine individuelle Bedeutung geben zu können, müssen sie in Beziehung zum Geburtshoroskop gesetzt werden.

Im 1. Haus wird man vielleicht auf sehr persönliche Art und Weise auf alle Herausforderungen reagieren, die zu Beginn des neuen gesellschaftlichen, politischen oder ökonomischen Zyklus auftreten. Der Betroffene muß erkennen, was er als Individuum potentiell ist und diese Erkenntnis deutlicher in das Zentrum seines Bewußtseins rücken. Dies ist am besten zu erreichen, indem er sich den gegenwärtigen gesellschaftlichen Druck, dem er sich ausgesetzt fühlt, zunutze macht.

Im 2. Haus wird man aufgefordert, den Umgang mit seinen ererbten oder angeeigneten gesellschaftlichen oder kulturellen Mitteln zu überdenken. Während der Entfaltung des Jupiter/Saturn-Zyklus wird es zunehmend wichtiger, den persönlichen gesellschaftlichen Beitrag konkreter zu fassen. Man muß sowohl die körperliche Kraft, geistige Fähigkeiten und Intuition wie auch die eigene soziale Stellung dazu benutzen, *fruchtbare* Beziehungen zu anderen Menschen herzustellen.

Im 3. Haus fordert die Jupiter/Saturn-Konjunktion dazu auf, bei den täglichen Kontakten mit der näheren Umgebung das soziale Bewußtsein auf neue und bessere Weise einzusetzen. Hier sollte das Individuum bestrebt sein, sein Leben gemäß einer wohlüberlegten sozialen und kulturellen Zielvorstellung zu führen, durch die man sein eigenes Wesen konkret darstellen kann. Während dieser Zeit gilt es auch, so praktisch wie möglich zu sein.

Im 4. Haus konzentriert sich die Herausforderung des neuen Jupiter/Saturn-Zyklus auf das häusliche Leben und auf die Fähigkeit, in der täglichen Routine die Vision und das Verständnis der eigenen größeren und gesellschaftlichen Realität zu verwirklichen. In den nun folgenden Jahren kann es notwendig sein, neue Wurzeln zu bilden und eine größere Stabilität im sozialen oder beruflichen Leben zu finden.

Im 5. Haus wird sich das Individuum mit der gesellschaftlichen Forderung, schöpferisch etwas Neues zu seiner Gemeinschaft beizutragen und inneren Schicksalskräften konfrontiert sehen. Diese gesellschaftlichen Herausforderungen lassen möglicherweise den individuellen Zweck der Umweltbedingungen erkennen, in die man hineingeboren wurde und verdeutlichen die Mittel, die zu dessen Verwirklichung notwendig sind. Man sollte die Fähigkeit kultivieren, freimütig etwas von sich selbst zu geben, damit man andere inspirieren und lehren kann.

Im 6. Haus richtet sich die Herausforderung des neuen gesellschaftlichen, kulturellen und religiösen Zyklus auf die Fähigkeit einer Person zu dienen, auf ihr Durchhaltevermögen und ihre Selbstdisziplin. Man muß sich möglicherweise neue Fertigkeiten aneignen, um sich den Erfordernissen der Zeit stellen zu können. Dieses Haus zeigt die grundsätzliche Reaktion eines Menschen auf die gesellschaftlichen Situationen, mit denen er zu tun hat. Vielleicht muß es hier zu Veränderungen kommen, damit der Beitrag zum Wachstum der Gemeinschaft zu positiven Ergebnissen führen kann.

Im 7. Haus steht man am Beginn einer Phase, in der es darum geht, zu einem neuen Verständnis der zwischenmenschlichen Beziehungen sowie des Wertes der persönlichen Teilnahme an der Gemeinschaft zu gelangen. Das

7. Haus ist die Grundlage und zugleich der Prüfstein für alle zukünftigen öffentlichen, beruflichen und soziokulturellen Leistungen. Deshalb sollte man nun versuchen, seine zwischenmenschlichen Beziehungen so zu gestalten, daß sie eine wirksame, bedeutungsvolle und schöpferische Mitarbeit der beteiligten Partner am Werk der Welt ermöglichen. Man sollte sich davor hüten, selbstsüchtige und isolierende Beziehungen zu pflegen.

Im 8. Haus steht die Jupiter/Saturn-Konjunktion für die soziale Herausforderung an das Individuum bezüglich der Selbst-Erneuerung. Dies kann sich — in der Ehe, in Geschäftsbeziehungen oder einer Gruppe — auf die erwarteten Ergebnisse etablierter Beziehungen auswirken. Man hat nun die Gelegenheit, seine tiefverwurzelten instinktiv-emotionale und soziokulturelle Muster des Handelns, Fühlens und Denkens innerhalb persönlicher Beziehungen kritisch zu betrachten und den Zweck solcher Beziehungen zu verändern.

Im 9. Haus kann die neue Jupiter/Saturn-Konjunktion Probleme bei der Anpassung an die Gesellschaft mit sich bringen oder auch zu einem gesteigerten Bewußtsein im Bereich des abstrakten Denkens, der Philosophie und der Religion führen. Das Leben verlangt nun vom Menschen den mit Entschlossenheit unternommenen Versuch, auf geistiger Ebene über die eigenen Grenzen hinauszuwachsen. Damit dies gelingen kann, muß ein Mensch bereit sein, viel Ungewohntes anzunehmen. Er muß den Willen haben, in seine Weltanschauung Vorstellungen miteinzubeziehen, die ihm bis dahin fremd, störend und vielleicht unbrauchbar erschienen.

Im 10. Haus kann die Herausforderung des neuen Zyklus Gelegenheiten mit sich bringen, die sich auf das Berufsleben und den sozialen Status auswirken und eine Änderung der Einstellung gegenüber gesellschaftlicher Verantwortung bedeuten. Die persönliche Kraft, zum gesellschaftlichen oder beruflichen Vorbild zu werden, kann durch die persönlichen Entscheidungen gestärkt oder geschwächt werden — «an Deinen Früchten soll man Dich erkennen!» Jetzt sollte man sich fragen, wie man von der Gesellschaft und der Nachwelt beurteilt werden möchte, und sich genau überlegen, was man mit seinen beruflichen, sozialen, kulturellen und religiösen Fähigkeiten tun kann und wozu man sich emotional frei genug fühlt.

Im 11. Haus bietet der neue Jupiter/Saturn-Zyklus die Möglichkeit, seine Ideale zu verändern, und zeigt eine Perspektive der gesellschaftlichen Prozesse oder Funktionen auf. Das Individuum muß bereit sein, sich spontan mit anderen Menschen zusammenzuschließen, die ihm bei der Verwirklichung solcher Veränderungen behilflich sein können. Der augenblickliche soziale Erfolg oder Mißerfolg kann zu einem neuen schöpferischen Aufbruch führen unter der Voraussetzung, daß man sich nicht unter Leistungsdruck gesetzt hat. Auf jeden Fall wird nun die Anwendung der aus den beruflichen oder öffentlichen Aktivitäten resultierenden Erfahrungen und Energien den wahren Wert eines Menschen als Individuum unter Beweis stellen.

Im 12. Haus ist die neue Anpassung an die gesellschaftliche Realität als eine Art «letzter Blick» auf eine zu Ende gehende Phase der persönlichen Erfahrung zu sehen. Irgend etwas aus der ererbten, gesellschaftlichen, kulturellen oder religiösen Vergangenheit (dem individuellen Karma) hat zu keimen begonnen. Die Herausforderung besteht nun darin, aus diesem Samen die Grundlage für ein neues Leben, für den bevorstehenden neuen Zyklus, zu formen. Man muß den Mut aufbringen, die Geister des alten Zyklus zu verstoßen. Eine soziale Krise ist nun das Ergebnis der Art und Weise, in der man seine Beziehung zur Familie und zur Gemeinschaft gestaltet hat. Es handelt sich um den Übergang zwischen der Auseinandersetzung mit der Vergangenheit und der Aufforderung zu einem Neubeginn.

Die Oppositions-Phase

Diese Phase im Jupiter/Saturn-Zyklus wird einen Höhepunkt — die Erfüllung bzw. kritische Konfrontation — mit dem bringen, was zur Zeit der Konjunktion begonnen wurde. Ein langsamer Prozeß der Auflösung wird folgen, der sich ganz spezifisch auf das Horoskophaus bezieht, in dem die Konjunktion stattfand. Zur Zeit der Opposition wird in der persönlichen Einstellung gegenüber sozialen, kulturellen oder religiösen Angelegenheiten all das zur Reife gelangen, was bei der Konjunktion begonnen wurde und einen konstruktiven Aufbruch von alten Verhaltensweisen bedeutete. Die Qualität der Erfüllung wird durch das Radixhaus angezeigt, in das die Jupiter/Saturn-Opposition fällt.

Das Jupiter/Saturn-Quadrat

Da ich dieses Buch während der abnehmenden Phase des Jupiter/Saturn Zyklus schreibe, scheint es mir angebracht, das abnehmende Quadrat dieses Zyklus detailliert zu besprechen. (A. Ruperti bezieht sich hier und in den folgenden Ausführungen auf das Jahr 1977 bzw. den weiteren Verlauf der Phase des abnehmenden Qaudrats bis 1981. Anm. des Herausgebers).

Das abnehmende Quadrat rückt die Notwendigkeit zur Selbstkritik in den Vordergrund sowie eine allgemeine Neigung, die Gesellschaft, die Regierung, nationale Einrichtungen, wirtschaftliche Tendenzen und alle Autoritätsfiguren zu kritisieren. Dies ist das Ergebnis der Erfahrungen, die man nach der Oppositions-Phase dieser beiden Planeten gemacht hat. Die letzte Oppositions-Phase fand von Dezember 1969 bis Juni 1971 statt. Da der gegenwärtige Jupiter/Saturn-Zyklus durch die weitverbreitete Tendenz zur Überproduktion eher negativ verlaufen ist, befindet sich das soziale Bewußtsein, das unser augenblickliches gesellschaftliches Verhalten bestimmt, in einem kritischen Stadium. Viele verschwenderische Angewohnheiten werden nun hinterfragt, weil es immer schwerer wird, den Preis für diese zu zahlen. Gleichzeitig ist man innerlich angehalten, die gesellschaftlichen Bedingungen der Überproduktion, ungezügelten Expansion und übermäßigen Genußgier zu verstehen. Es ist an der Zeit, sich den wirklichen Wert der Technologie — der heiligen Kuh des 20. Jahrhunderts — zu vergegenwärtigen. Aus dieser Selbstkritik sollte eine Neuorientierung der Beziehung des Individuums (des individuellen Wohlergehens) zur Gesellschaft (den Erfordernissen der größeren Gemeinschaft) erwachsen, die potentiell zu einem Neubeginn im Jahre 1981 führen kann.

Jupiter ist im Vergleich zu Saturn der schnellere, positivere und Aktivitäten auslösende Planet. Deshalb ist er in diesem Zyklus der Herausforderer. Das Radixhaus (oder Sonnenhaus), das der transitierende Jupiter durchläuft, und die von diesem aktivierten Radixplaneten bilden den dynamischen Kern der Herausforderung für das persönliche Wachstum. Der Jupiter beschreibt die grundsätzlichen sozialen Probleme, mit denen ein Individuum während der Zeit des (abnehmenden oder zunehmenden) Quadrats innerhalb dieser zyklischen Beziehung konfrontiert wird.

Jupiter im 1., Saturn im 4. Haus. Diese Phase fordert eine geistige Erprobung bzw. eine Wachstumskrise, die die persönlichen gesellschaftlichen Beziehungen belastet. Man muß nun seinen sozialen und individuellen Standort bestimmen. Es wird notwendig sein, Individualismus und Konservatismus im Gleichgewicht zu halten, um innerlich wachsen und die äußere Position festigen zu können. Es kann — insbesondere bei der Entwicklung der eigenen Selbständigkeit — eine Phase großer Selbstverwirklichung sein. Der Mensch sollte über die praktische Inspiration verfügen, mit der er seine Persönlichkeit auf der Grundlage seiner Überzeugungen neu errichten kann. Zu Hause sollte man sich — freundlich, aber bestimmt — durchsetzen und es der konservativen Seite seines Wesens oder dem elterlichen Einfluß nicht gestatten, sein Leben zu beherrschen bzw. es einzuschränken. Eine Person besitzt während dieser Zeit sehr wohl individuelle Kraft — möglicherweise steht die individuelle Lebenseinstellung sogar zu sehr im Vordergrund. Vielleicht erfährt diese jedoch durch ein Gefühl der Schicksalhaftigkeit oder durch moralische Gebote eine Einschränkung.

Jupiter im 2., Saturn im 5. Haus. Hier wird der möglicherweise schwächste Punkt im Leben eines Menschen herausgefordert: das persönliche Verständnis von Besitz. Finanzielle Probleme können auftreten und das Individuum zwingen, praktisch zu handeln und bei allen Angelegenheiten den gesunden Menschenverstand zu benutzen. Es ist auch möglich, daß der Betreffende zu viel Geld ausgegeben hat, um jemandem seine Liebe zu beweisen, oder daß er sich über eine vermeintlich schlechte Behandlung empört, die ihm widerfährt. Man sollte nicht zulassen, daß finanzielle Sorgen emotionale Krisen heraufbeschwören. Jetzt kann man latente Kräfte entfalten und das Beste aus seinem ererbten und erworbenen Besitz machen. Man sollte indes Vorsicht walten lassen und sein Vermögen nicht verschwenden, obwohl es vielleicht nötig ist, einen großen Teil seines Kapitals einzusetzen, um Spekulationsverluste abzudecken. Was auch immer auf materieller Ebene geschehen mag — es kann schwierig sein, den emotionalen Streß und die Belastung einer neuen Bewertung finanzieller bzw. ererbter Mittel zu ertragen.

Jupiter im 3., Saturn im 6. Haus. Eine genaue Untersuchung der eigenen intellektuellen Wertbegriffe sollte während dieser Zeit vorgenommen werden. Das kann eine beschwerliche Arbeit sein, deren Anforderungen zur völligen Hingabe des Selbst im Dienst für eine Gemeinschaft führen mögen. Es handelt sich um eine große Bewährungsprobe, und vielleicht kommt es zu einer Art Metamorphose. Die Herausforderung besteht darin, sich dem Neuen mutig zu stellen. Die persönliche — insbesondere die psychische — Gesundheit kann zum Thema werden, und man sollte sie im Auge behalten. Es kann zu Schwierigkeiten mit Verwandten oder in der persönlichen Umgebung kommen; bei Problemen werden hier die persönliche Stärke und Geduld auf die Probe gestellt. Man sollte während dieser Zeit sehr vorsichtig beim Schreiben von Briefen sein. Wenn es unumgänglich ist, etwas schriftlich festzuhalten, so sollte man sich der jetzt bestehenden Neigung bewußt sein, sich entweder zu sehr festzulegen oder aber übertrieben optimistische Versprechungen abzugeben. Diese können unter Umständen die Stellung oder den Arbeitsplatz gefährden. Vor allen Dingen ist jetzt nicht die Zeit, seine persönliche Urteilskraft durch subjektive Überlegungen beeinflussen zu lassen.

Jupiter im 4., Saturn im 7. Haus. Die hier in Erscheinung tretenden Schwierigkeiten und Bewährungsproben ergeben sich aus einer starken Erregung der persönlichen, in erster Linie den Lebensgefährten betreffenden Gefühle. Hinzu kommt als allgemeineres Problem, wie man der Außenwelt und ihren Verhaltensnormen begegnen soll. Man sollte so weit wie möglich versuchen, sein emotionales Gleichgewicht zu bewahren, denn gefühlsbetonte Ausbrüche oder Überschwenglichkeiten werden bei den Personen, die man liebt, wahrscheinlich auf Kühle oder Teilnahmslosigkeit stoßen. Diese Situation verlangt Charakterstärke bzw. die Fähigkeit, eine feste Haltung einzunehmen. Einige Menschen werden hier ihr Schicksal mehr oder weniger meistern, während andere möglicherweise scheitern. Der beste Rat heißt: Kopf hoch und alles nicht so schwer nehmen!

Jupiter im 5., Saturn im 8. Haus. Während dieser Zeit kann der Betroffene zutiefst aufgewühlt sein und sein emotionales Gleichgewicht verloren haben. Man sollte bei Gerichtsverfahren, in persönlichen Auseinandersetzungen, bei Erbschaften und allen geschäftlichen Transaktionen sehr vorsichtig sein und die Rechte, die man zu haben glaubt, nicht als gegeben ansehen. Man tut gut daran, sich nicht auf Spekulationen einzulassen, weil man durch seinen Stolz leicht dazu verleitet wird, auf windige Unternehmungen hereinzufallen. Wenn man zuvor schon spekuliert und diese Spekulation nicht rechtzeitig beendet hat, kann es während dieses Transits zu Schwierigkeiten kommen. Geschäftspartner mögen sich unzugänglich zeigen; vielleicht versuchen sie mit Hinterlist oder durch Macht, sich weiteren persönlichen Investitions- bzw. Expansionsbestrebungen in den Weg zu stellen. Möglicherweise tun sie der Person Unrecht, aber das wird die Stärke ihrer Feindschaft nicht beeinträchtigen. Es kann indes gefährlich sein, einer selbstgerechten Empörung freien Lauf zu lassen. Jetzt ist die Zeit, in der man seine Emotionen und die spirituelle Elemente seines Wesens kennenlernen kann und die eigene Selbstdarstellung nicht so wichtig nehmen sollte.

Jupiter im 6., Saturn im 9. Haus. Berührt das Jupiter/Saturn-Quadrat diese Häuser, sollten keine Versuche zur Expansion der Persönlichkeit unternommen werden. Die ernüchternde Disziplin des Dienens steht nun auf der Tagesordnung, und jede Flucht vor der täglichen Routine wird zu Strapazen und Sorgen führen. Man muß sowohl bei seinen hochfliegenden Phantasien wie auch in der Einschätzung der zu bewältigenden Menge an Arbeit realistisch bleiben. Einige Menschen werden entweder eine Intensivierung ihrer Fähigkeit zur Hingabe erfahren oder aber ihre Loyalität für eine Sache oder eine Persönlichkeit, die sie als Ideal betrachtet haben, auf dem Prüfstein sehen. Möglicherweise verleitet der eigene Stolz dazu, seinen Sinn für Hingabe und Demut abzustreifen und Führungsansprüche anzumelden. Dies kann durchaus positiv sein, allerdings nur, wenn es rational und innerhalb der

Grenzen des gesunden Menschenverstands vollzogen wird. Emotionaler Streß kann sich auf die körperliche Gesundheit auswirken, und einige Menschen verfallen vielleicht einer egozentrischen Selbstdarstellung, die in Extremfällen in Paranoia ausarten kann. Während dieses Transits sollte man Vertrauen und Frohsinn bewahren und wissen, daß Selbstverzicht der Schlüssel zum Erfolg ist.

Jupiter im 7., Saturn im 10. Haus. Während dieser Zeit kann ein emotionaler Sturm ausbrechen, der die Ehe oder enge Beziehungen berührt. Das persönliche Leben in der Öffentlichkeit oder im Beruf mag ebenfalls in Mitleidenschaft gezogen werden. Bei allen Partnerschaften — insbesondere aber beim Kontakt zu Autoritätspersonen — sollte man Vorsicht walten lassen. Alles, was geschieht, sollte als psychologische Bewährungsprobe verstanden werden. Möglicherweise entfernen einen berufliche, spirituelle oder gesellschaftliche Ambitionen von den Menschen, die man liebt, und verursachen Spannungen in den zwischenmenschlichen Beziehungen. Während dieser Zeit muß man darauf achten, nicht zu viele seiner Ziele zu opfern. Andererseits können berufliche Schwierigkeiten auch daraus resultieren, daß man sich in einer ehelichen Glückseligkeit verloren hat. Eine möglicherweise kurz zuvor eingegangene enge Beziehung mag dazu geführt haben, daß der Betroffene seine beruflichen Aktivitäten überdacht hat, wodurch er sich nun mit schwierigen Problemen konfrontiert sieht.

Jupiter im 8., Saturn im 11. Haus. Hier sollte man ständig seine Geschäftspartner und -freunde im Auge behalten und keinem von ihnen zu sehr vertrauen. Konservative Ratgeber oder Freunde mögen sich expansiven geschäftlichen Schritten in den Weg stellen. Es ist wichtig, überholte, der Vergangenheit angehörende Ideale oder Vorurteile auszuräumen sowie auf der Hut vor zweifelhaften Verträgen und Abmachungen zu sein. Heikle Bewährungsproben finden im Berufsleben statt, und in erster Linie sollte man sich auf sein eigenes Urteilsvermögen verlassen. Hier wird der Wert der persönlichen Ideale geprüft durch die Notwendigkeit, sie in die Realität umzusetzen; diese Notwendigkeit muß man nun als praktisches Lebensziel verinnerlichen. Die Situation mag zur Rastlosigkeit führen, und der Betroffene wird sich bewußt entspannen müssen, um in seinen Beziehungen zu Freunden, Ratgebern oder Geschäftspartnern emotional stabil bleiben zu können. Dies ist nicht die Zeit, sich auf okkulte Gruppen oder spirituelle Sitzungen einzu lassen.

Jupiter im 9., Saturn im 12. Haus. Dies kann eine Phase tiefgreifender Veränderungen sein, ein «heiliger Krieg» im inneren Wesen des Individuums. In einer solchen Krise muß man zum Kristallisationspunkt der Kraft und der Ideale seiner sozialen Gruppe oder seiner Nation werden. Möglicherweise lastet das Karma der Gruppe oder der Nation auf den Schultern des Betroffenen; es handelt sich hier um die große Bewährungsprobe, ob man den Erfordernissen seiner Aufgaben gerecht wird. Das Individuum muß all seine inneren Ressourcen mobilisieren und sein Verständnis vom Leben bis zum äußersten einsetzen. In manchen Fällen wird es lange Reisen geben, die im allgemeinen auch gute Gelegenheiten bieten. Allerdings sollte man Vorsicht walten lassen und sich nicht an gefährliche Orte begeben, wo man vielleicht in Haft geraten könnte. Falsch verstandene religiöse Angelegenheiten können zu dieser Zeit psychische Schwierigkeiten hervorrufen. Jetzt sollte man nicht zu sehr auf Träume und Omen oder sogenannte Botschaften der «Meister» bauen, sondern den spirituellen Stolz besiegen. Es ist nun anzuraten, aktuelle Situationen vorsichtig zu analysieren und sich nicht unbedacht auf Dinge einzulassen, die die möglichen spirituellen und sozialen Gewinne zunichte machen könnten.

Jupiter im 10, Saturn im 1. Haus. In dieser Phase ist das Thema die ständig steigende Anforderung durch Beruf oder Gesellschaft. Kraft und Verantwortung werden jetzt geprüft. Erfüllt der Mensch, wenn er eine Aufgabe übernommen hat, die Erfordernisse einer Gruppe? Vielleicht wagt er den Versuch, obwohl er sich von der Last der Aufgabe erdrückt fühlt. Diese Konfrontation macht es notwendig, seinen öffentlichen Status aufmerksam im Auge zu behalten. Entweder ist sich der Betroffene bereits über seine berufliche Verantwortung im klaren, oder er wird zu der Erkenntnis gelangen, daß öffentliche Angelegenheiten seiner gesteigerten Aufmerksamkeit bedürfen. Mit Umsicht ist jetzt darauf zu achten, daß die geistige Anspannung nicht der körperlichen Gesundheit schadet. Die große Aufgabe könnte nun darin bestehen, aktiv und, wenn möglich, mit Kompetenz an gesellschaftlichen oder religiösen Bewegungen teilzuhaben. Die physische und psychische Vergangenheit des Individuums führt nun zu der Entscheidung über Entsagung und über die vollständige Hingabe an das Transpersonale. Wenn man sich nun dieser Entscheidung verweigert und in den beschränkten Grenzen des bewußten Egoismus verbleibt, verliert man den Halt. Befriedigung liegt nun darin, sich selbst zu verlieren, wodurch man ein umfassenderes *Selbst* finden kann, das Sicherheit und inneren Frieden gewährt. Man sollte keine Angst haben! Alle Energien sind jetzt auf gesellschaftliche Ziele zu richten. Man muß nun seine Selbstbezogenheit überwinden und seine Kräfte in den Dienst einer Sache stellen.

Jupiter im 11., Saturn im 2. Haus. Dieser Transit ist der Hinweis auf eine spirituelle Bewährungsprobe, bei der die persönlichen Ideale mit der ererbten Natur des Individuums konfrontiert werden. Möglicherweise steht eine schwierige Entscheidung bevor, die dem Leben eine Wende verleihen kann. Vielleicht muß man dem Problem allein entgegentreten, denn von Freunden und Ratgebern ist jetzt keine Hilfe zu erwarten. Man muß nun mit Bedacht vorgehen; keinesfalls sollte man versuchen, gesellschaftliche Entscheidungen zu erzwingen, weil dabei finanzielle und moralische Schwierigkeiten auftreten könnten. In manchen Fällen mögen finanzielle Probleme, die mit Freunden oder gesellschaftlichen Organisationen im Zusammenhang stehen, zu einem Höhepunkt gelangen. Vielleicht gibt man Geld aus, um den Freunden zu gefallen, oder um seine gesellschaftliche Position zu halten. Dies mag insbesondere dann zutreffen, wenn man in Clubs, brüderschaftlichen oder humanitären Organisationen oder ähnlichen Vereingungen eine verantwortungsvolle Rolle spielt. Man muß sich möglicherweise zwischen Wohlstand und Idealen entscheiden, wobei die letzteren zur Zeit wertvoller erscheinen werden. Die Personen, die dem Betroffenen mit Begeisterung ihre Unterstützung angeboten haben, mögen ihren Versprechungen nicht gerecht werden, oder man ist finanziell vielleicht selbst nicht in der Lage, seinen Teil der Verpflichtungen zu übernehmen. Daher mag es auf diesen Gebieten zu Kontroversen kommen. Geduld und Ausdauer werden auf die Probe gestellt.

Jupiter im 12., Saturn im 3. Haus. Das Quadrat in diesen Häusern kann auf eine schwierige Zeit hindeuten. Beispielsweise kann es in den Beziehungen zu Verwandten und Nachbarn zu Problemen kommen. Es wird nötig sein, einen klaren Kopf zu bewahren und zur Lösung dringender Probleme seinen gesunden Menschenverstand einzusetzen. Nachbarn oder Verwandte müssen nicht unbedingt die Ursache für Schwierigkeiten sein. Wenn man sich in Not befindet, kann man vielleicht auf sie zurückgreifen oder zumindest Rat und Kritik einholen. Die Intensität des Lebens kann während dieser Zeit zu geistiger Erschöpfung führen, weshalb man lernen muß, sich zu entspannen. Geistige Instabilität kann die persönliche Stärke ernsthaft auf die Probe stellen. Auf der psychischen Ebene wird die Fähigkeit geprüft, sich an die mitunter einschränkenden Erfordernisse der Umwelt anzupassen. Wenn der Mensch in der Vergangenheit klug gedacht und gehandelt hat, erfahren möglicherweise vormals unbewußte Gedanken oder Hoffnungen nun ihre Verwirklichung. Der Mensch sollte sich nun auf die Form konzentrieren und versuchen, die Struktur aller Veränderungen zu erkennen.

Kapitel VIII

Der Uranuszyklus

Für den humanistischen Ansatz in der Astrologie symbolisieren die drei Planeten jenseits des Saturnorbits «transzendente» Stufen der menschlichen Entwicklung. Die Planeten Uranus, Neptun und Pluto repräsentieren neue Faktoren, die die menschliche Aktivität auf der individuellen wie auf der sozialen Ebene berühren. Diese Faktoren revolutionieren beständig *jedes* gesellschaftliche Denken und Handeln. Seit der Zeit der Entdeckung dieser Planeten befindet sich die westliche Zivilisation in einer Krise, die auf die grundlegenden sozialen und wirtschaftlichen Veränderungen durch die moderne Wissenschaft und Technik zurückzuführen ist. Die Auswirkungen dieser Veränderungen brachten dem Menschen auf der persönlichen Ebene einen dauerhaften Zustand der Verwirrung. In dem Versuch, diesem Zustand zu begegnen, entwickelte die Psychologie verschiedene Ansätze. Wie Rudhyar gesagt hat, resultiert die augenblicklich weitverbreitete Anwendung psychologischer Techniken einschließlich der Astrologie aus dem Bedürfnis, sich der universellen Krise zu stellen.

Insbesondere auf der emotionalen Ebene neigt man dazu, übertrieben auf den Begriff «Krise» zu reagieren. Diese wird als etwas Schreckliches und Furchtbares betrachtet, das es um jeden Preis zu verhindern gilt. Die neueren Richtungen in der Psychologie definieren eine Krise in bezug auf das Individuum oder die Gesellschaft als *Wachstumskrise*. Der Krise wohnt ein Zweck und eine Bedeutung inne, die sich auf die Entfaltung der menschlichen Persönlichkeit oder des Gemeinwesens beziehen. Sie ist für diese Entfaltung notwendig; wie sie in Erscheinung tritt, steht allerdings nicht fest. Veränderung, Wandlung und Transformation sind notwendige Bestandteile der menschlichen Erfahrung; sie bedürfen keiner gewalttätigen Revolutionen oder Kriege, um sich innerhalb der Gesellschaft zu manifestieren. Eine persönliche Wachstumskrise muß nicht zwangsläufig Krankheiten, Neurosen, Wahnsinn oder tragische Verluste mit sich bringen.

Grundsätzlich lassen sich zwei verschiedene psychologische Herangehensweisen an Krisen unterscheiden. Die erste — leider auch die gebräuchlichere — ist der Versuch, den durch die Krise erschütterten Zustand der sogenannten Normalität wiederherzustellen. Dies ist das Ziel der Sozialpsychologen sowie der Freudianer; astrologisch findet es seine Entsprechung auf der Jupiter/Saturn-Funktionsebene. Die erstmalig von C. G. Jung formulierte Alternative besteht darin, Krisen als Herausforderungen zu größerem Wachstum aufzufassen und sie als Mittel für eine innere Metamorphose der Persönlichkeit zu *nutzen*. Diese Haltung läßt sich astrologisch mit Uranus und Neptun verbinden. Krisen sind naturgemäß von Streß und Unruhe erfüllt. Sie stellen Momente der Veränderung oder der Stagnation dar, in denen der Mensch eine bewußte Entscheidung treffen muß oder zum Opfer des Schicksals wird. Der Mensch muß handeln, weil sonst durch ihn gehandelt wird. Veränderungen sind niemals bequem oder erfreulich; um zu persönlicher Reife zu gelangen, muß man sich jedoch den Krisen stellen, sie verstehen und auf sie reagieren.

Dieser Ansatz führt den Menschen weit über die Ebene des Selbst hinaus. Während man auf der Jupiter/Saturn-Ebene aufgefordert wird, sich nicht mit dem Bestehenden zu begnügen, sondern zu einem *größeren und besseren Individuum* heranzuwachsen, liegt die Herausforderung auf der Uranus/Neptun-Ebene darin, *größer als ein Individuum* zu werden. Erweitert ein Individuum seinen Bezugsrahmen, so verlagert es sein Leben von der persönlichen zur kollektiven und vielleicht sogar zur universellen Ebene. Die Bedürfnisse des Egos werden zweitrangig, und man entdeckt die von der eigenen Existenz völlig unabhängige Bedeutung bestimmter Werte. Anstatt im persönlichen Umgang nur die Befriedigung eigener Bedürfnisse zu verfolgen, entdeckt man eine umfassendere Realität, der man sich in gemeinschaftlicher Arbeit mit anderen nähern kann. So kann eine Person die universelle Bedeutung von Uranus und Neptun ausdrücken. Wenn jemand allerdings «normal», «wie alle anderen», sein will, wird ihm die uranische bzw. neptunische Krise bedrohlich erscheinen. In diesem Fall wird der Mensch gegen sie ankämpfen, bis sein Leben wieder in den alten und bequemen Bahnen verläuft. Es gibt aber keine Rückkehr zur Normalität; die vermeintlich altbekannte Routine wird nicht die früheren Resultate bringen und schließlich zu Angst, Frustration und dem Gefühl führen, umsonst gekämpft zu haben. Ein solches Ergebnis ist eine spirituelle Niederlage. Der humanistische Astrologe kann seinem Klienten helfen, eine positive Bedeutung in den Uranus- und Neptun-Krisen zu entdecken. Um dem Klienten eine konstruktive Einstellung zu ermöglichen, muß er zunächst über die voraussichtliche Dauer dieser Phase informieren. Weiterhin kann er auf den offensichtlichen Zweck der Krise und ihren transformatorischen Charakter hinweisen. Hier muß der Astrologe nicht nur das Geburtshoroskop und die Progressionen berücksichtigen, sondern auch den Altersfaktor. Mit diesen Informationen kann ein Mensch bewußt an den Veränderungen arbeiten, zu denen ihn die

Krise auffordert, anstatt sie zu bekämpfen.

Vom humanistischen Standpunkt aus verkörpert Uranus die Offenbarung größerer Welten und umfassenderer Wahrheiten. Uranus inspiriert und stellt jene Kraft dar, die die autokratischen und starren Wege des Saturns beständig zu transformieren versucht. Die universellen Werte, für die Uranus steht, sind nur in Auflehnung gegen die Herrschaft verfestigter saturnischer Verhaltensmuster möglich. Diese Auflehnung muß jedoch nicht auf Haß- oder Rachegefühlen basieren, die zu negativen Auswirkungen wie z.B. Anarchie und Revolution auf der gesellschaftlichen oder zu Exzentrizität auf der persönlichen Ebene führen könnte, was alles traditionelle uranische Äußerungsformen sind. Bei einer Herausforderung durch Uranus muß man — ausgehend von einem Bezugsrahmen, der größer als das persönliche Ego ist — die Mittel suchen, die dem Leben einen neuen Zweck, eine neue Richtung und eine neue Bedeutung geben. Die passive Anerkennung nicht hinterfragter Traditionen und Lebensweisen muß einer dynamischen, positiven und schöpferischen Suche nach neuen und umfassenderen Werten weichen. Dabei darf das Individuum nicht die saturnischen Grenzen des Selbst sprengen; es muß versuchen, sie flexibler zu gestalten. Der Mensch muß weiterhin bereit sein, fremde Elemente zu integrieren. Die Überzeugung, daß die persönlichen, ethnischen und kulturellen Traditionen von Natur aus und aus spiritueller Sicht anderen überlegen sind, ist in Frage zu stellen. Es gilt, grundsätzliche Offenheit für ein vollkommen neues Verhalten und eine Änderung der persönlichen Einstellung zu zeigen, damit man anderen mit überpersönlichen Werten gegenübertreten kann. Das Radixhaus, in dem Uranus steht, wird den Erfahrungsbereich zeigen, der am wahrscheinlichsten eine tiefgreifende persönliche Veränderung erfahren muß bzw. wo man sich tatsächlich häufig mit Umwälzungen auseinanderzusetzen hat. Das individuelle Ziel besteht darin, bewußt mit Uranus zu arbeiten: den Zweck dieser Metamorphosen verstehen zu lernen und sie willkommen zu heißen. Transformation ist nur durch bewußte Anstrengung unter Einsatz des uranischen Potentials möglich, das durch das Radixhaus symbolisiert wird, in dem der Uranus steht. Geschieht dies nicht, werden durch Uranus ausgelöste gesellschaftliche Umwälzungen nur zersetzende Effekte hervorbringen, deren Bedeutung nicht erkennbar ist.

Weil immer mehr Menschen den vollständigen, 84 Jahre dauernden Uranuszyklus in ihrem Leben erfahren, können diesem Planeten, im Unterschied zu Neptun und Pluto, individuelle Eigenschaften zugeschrieben werden. «Individuell» bedeutet jedoch nicht «persönlich». Positives uranisches Handeln setzt Individualisierung bzw. ein Bewußtsein voraus, welches für das Neue und dessen transpersonale Auswirkungen aufgeschlossen ist. Jupiter und Saturn beziehen sich auf den menschlichen Werdegang innerhalb der von der Geburt an festgelegten ethnischen, nationalen, kulturellen und religiösen Grenzen. Uranus öffnet darüber hinaus das Tor zum kollektiven Unbewußten, zu dem, was Jung als «Individuation» bezeichnet hat: zur Erkenntnis, daß das menschliche Ego nicht die Persönlichkeit beherrscht.

Uranus beschreibt die natürlichen Gaben, mit denen ein Individuum ausgestattet sein kann; auf einer alltäglicheren Ebene weist er auf einen abenteuerlustigen Geist oder auf große Rastlosigkeit hin. Die Ursache kann ein inneres Bedürfnis sein, aus den Lebensumständen ausbrechen zu wollen, die Unzufriedenheit oder Mißerfolg mit sich gebracht haben. Hierin liegt Kraft für einen Neubeginn. Solange ein Mensch Glück oder Erfolg im Einklang mit gesellschaftlichen Wertvorstellungen sucht — gemäß der Bewußtseinsebene von Jupiter und Saturn —, die keinen Platz für eine spirituelle oder gesellschaftliche Metamorphose zulassen, solange wird die uranische Energie für ihn Unzufriedenheit oder Mißerfolg bedeuten. Begnügt sich der Mensch nicht mehr mit dem Status Quo und sucht nach neuen Werten, wird Uranus Wirkung zeigen, ihn aus seinem Trott rütteln und zu Veränderungen drängen, die eine neue Vision oder ein neues Ziel bieten. Wenn Uranus in das Leben tritt, wird ein Mensch, der durch die ererbte und umweltbedingte Jupiter/Saturn-Ebene konditioniert ist, von einer «göttlichen Unzufriedenheit» erfüllt. Er erkennt die Beschränkungen der Werte des bewußten Egos, woraufhin er die Mittel suchen muß, um sich aus der von Familie und sozialem Milieu bestimmten Lebensstruktur zu befreien. Eine Vision universellerer Werte tritt in sein Leben, die es ihm ermöglicht, sich in einem neuen Licht zu sehen.

Wenn wichtige Uranus-Transite zur Sonne, zum Mond, zu Saturn oder einem «herrschenden Planeten» des Horoskops auftreten, muß der Astrologe die sozialen oder familiären Störungen als Bestandteil der Entwicklung der Persönlichkeit interpretieren. Bei der Interpretation sind die Aspekte des Geburtshoroskops zwischen Uranus und der Sonne, dem Mond, dem Saturn oder dem «herrschenden Planeten» zu beachten; gibt es solche nicht, wird der Uranus-Transit über diese Positionen nicht unbedingt eine tiefe persönliche Bedeutung haben. Alle Faktoren des Horoskops, die der laufende Uranus berührt, werden jedoch tendenziell in höchstem Maße angeregt oder aus dem Gleichgewicht gebracht. Für den Betroffenen besteht die Herausforderung darin, diese Anregung auf einer universellen und nicht persönlichen Ebene *zu nutzen*. Wenn der Mensch nicht imstande ist, den Uranus auf dieses transzendente Ziel hin auszurichten, wird dieser Transit lediglich unwichtige äußerliche Veränderungen oder bedeutungslose Verwirrung zur Folge haben. Die Transit-Aspekte des Uranus bieten individuelle Gelegenheiten des

Wachstums; sie können aber auch zum Verlust persönlicher Integrität führen, sofern man sich mit der uranischen Herausforderung nicht konstruktiv auseinandersetzt. Diese mysteriöse Kraft innerhalb der Psyche hat die *Transformation* der Persönlichkeit zum Ziel — sie will einen neuen Menschen schaffen, der sich fundamental von dem unterscheidet, was man vor dem Uranus-Transit war. Diese Veränderung wird den Mensch dazu zwingen, die Lage der Dinge sowohl in innerlicher wie auch äußerlicher Hinsicht neu zu beurteilen. Soziale Ideale und Werte werden in einem neuen Licht gesehen und wahrscheinlich als Beschränkungen der neuen Vision verstanden, woraufhin man versuchen wird, die persönliche Beziehung zu ihnen radikal zu verändern.

Der generische Uranuszyklus

Der 84 Jahre währende Umlauf des Uranus steht für radikale soziale und persönliche Transformation. Der Zyklus läßt sich auf verschiedene Arten in «Unterzyklen» aufteilen: in sieben 12-Jahres-Zyklen, zwölf 7-Jahres-Zyklen und drei 28-Jahres-Zyklen. Mehr oder weniger deutlich taucht in jedem dieser drei Unterzyklen die Zahl 7 auf, die nicht nur wegen des etwa sieben Jahre dauernden Transits von Uranus durch ein einzelnes Tierkreiszeichen von Belang ist, sondern, wie wir noch sehen werden, uns auch wegen ihrer numerologischen Bedeutung interessiert. Jung sagt uns, daß die Zahlen eine archetypische Grundlage besitzen; er definiert eine Zahl psychologisch als den in das Bewußtsein eingedrungenen *Archetypus einer Ordnung*. Zahlen sind also *keine* Erfindung der bewußten Intelligenz, sondern spontane Resultate des Unbewußten, welches diese Zahl als Ordnungsfaktor benutzt.

Die 28-Jahres-Phasen des Uranuszyklus

Rudhyars Unterteilung des Uranuszyklus in drei 28-Jahres-Phasen führte ihn zu der Hypothese der drei «Geburten» im Leben eines Menschen. Die erste ist die physische Geburt; die zweite und dritte geschehen während des Uranus-Transits zu den Zeiten des zunehmenden bzw. abnehmenden Trigons zur Radixposition des Uranus. Diese Trigon-Aspekte sind für die spirituelle Metamorphose der Persönlichkeit besonders wichtige Augenblicke. Diejenigen, die Rudhyars *»Astrologie der Persönlichkeit«* gelesen haben, werden sich an seine kabbalistische Zahlenanalyse erinnern. Wie er dort darlegt, erzeugt oder beinhaltet die Zahl 7 gemäß der «kabbalistischen Addition» die Zahl 28. (1 + 2 + 3 + 4 + 5 + 6 + 7 = 28) Die Zahl 7 trägt also *potentiell* die Zahl 28 in sich. Oder mit anderen Worten: Das charakteristische Wesen der Zahl 7 kommt in 28 Phasenabschnitten zum Ausdruck. Genaugenommen sind es 27 Abschnitte. Der 28. Phasenabschnitt ist sowohl die Erfüllung des zu Ende gehenden Zyklus wie auch die Saat für den dann folgenden, neuen Zyklus. Die Zahl 27 ist die dritte Potenz oder die Kubikzahl der Zahl 3 (3 x 3 x 3 = 27). Die dritte Potenz der Zahl 3 steht dafür, daß die 3 auf *drei verschiedenen Seinsebenen* wirkt. In Verbindung mit dem Trigon-Aspekt bezieht sich die Zahl 3 auf den Bereich der Gedanken, *bevor* diese durch die Wirkung der Zahl 4 (dem Quadrat-Aspekt) zur konkreten Realität werden. Daher bezieht sich die Zahl 27 in ihrer Eigenschaft als dritte Potenz der Zahl 3 auf die Wirkung der Gedanken auf allen drei Seinsebenen. Ein neuer Gedanke muß die 27 Wirkungsabschnitte durchlaufen, bevor er das menschliche Wesen vollständig durchdringen kann. Danach, während des 28. Abschnittes, kann dieser Gedanke durch kreatives Handeln ausgedrückt werden. Deshalb sagt Rudhyar, daß die 28-Jahres-Phase in Beziehung zum kreativen, individuellen Menschen steht.

Im Zusammenhang mit dem Zyklus des Uranus bedeutet der Begriff «Gedanke» nicht nur einen Denkvorgang im menschlichen Gehirn, sondern — gemäß der Jungschen Psychologie — das, was als *Archetypus* bezeichnet wird. Es ist die Emanation des universellen Geistes, der sowohl über Form als auch über Energie verfügt und den ganzen Menschen auf allen drei Seinsebenen durchdringt. Ein Archetypus ist ein Synonym für ein Urbild. Die Vorstellung von Gott als einem allmächtigen göttlichen Wesen ist ein Archetypus, ein Urbild der kollektiven menschlichen Psyche. So ist auch das Bild des Propheten mit seinen Jüngern zurückzuführen auf den Mythos des Sonnenhelden. C. G. Jung hat gezeigt, wie die kraftvollsten Ideen der Geschichte — die zentralen Vorstellungen der Wissenschaft, der Philosophie und der Ethik wie auch das religiöse Gedankengut — auf Archetypen basieren. In ihrer jetzigen Form sind sie Varianten archetypischer Ideen, die durch eine bewußte Anpassung an die Realität entstanden sind.

Ein weiterer Grund, den Uranuszyklus in drei Phasen aufzuteilen, ist in dem durch ihn initiierten dialektischen Prozeß zu sehen. Es ist der gleiche Prozeß, der auch benutzt wird, um die Horoskop-Quadranten mit ihren jeweils drei Häusern zu analysieren: zuerst in bezug auf Aktion, dann auf Reaktion und schließlich die Integration des ersten mit dem zweiten bzw. des zweiten mit dem ersten — These, Antithese, Synthese. Rudhyar hat dies in einem Artikel der Zeitschrift *»American Astrology«* einmal folgendermaßen erklärt:

Wenn ein Lebensimpuls oder ein Gedanke (ein Archetypus oder ein Urbild) auf einen bestehenden Organismus — einen Menschen, eine Nation oder die gesamte Menschheit — trifft, benötigt er Zeit, um sich diesem einzuprägen. Der Gedanke wird zunächst wahrgenommen und dann formuliert. Er bringt die «alte Ordnung» durcheinander. Er bewirkt einen — plötzlichen oder allmählichen — Wandel, bei dem es sich um einen langwierigen Prozeß mit einem oder mehreren Ausbrüchen handelt. Der Prozeß der Durchdringung erstreckt sich über 28 Phasen, woraufhin die Phase der Reaktion beginnt — auf die These folgt die Antithese.

Die «alte Ordnung» des Bewußtseins kämpft um ihr Überleben, während die eigentliche Substanz des Organismus sich langsam dem neuen Gedankenimpuls anpaßt. Die «Massen» verändern sich, während die «Führer» dies verzweifelt zu verhindern versuchen. Schließlich beginnt der dritte 28-Jahres-Zyklus, der die Synthese bringt aus dem, was in dem alten Zyklus wertvoll war und demjenigen, was in dem neuen Zyklus Bestand hatte bzw. dem, was der Organismus aufzunehmen bereit ist.

Dieser in drei Phasen ablaufende uranische Prozeß ist für den Menschen eine Grundlage, aus seinem Volk und seiner traditionellen Kultur herauszuwachsen und zu einer schöpferischen und integrierten Persönlichkeit zu werden. Während der ersten 28 Lebensjahre nehmen die uranischen Ideenimpulse, die mit der wirklichen Identität eines Menschen in Verbindung stehen, langsam ab. Dieser erste Zyklus ist involutionär. Bei einem positiven Verlauf wird während der 28 Phasen das Ideal in die konkrete Realität eines Menschen überführt; dies ist der Grund für seine Geburt. Während dieses Prozesses wird der Mensch allmählich aus dem psychischen Schoß seiner Familie, Kultur und Religion hervortreten und seinen individuellen Charakter und seine Bestimmung entwickeln.

Laut Rudhyar ist zum Zeitpunkt der «zweiten Geburt» die wahre Identität vollständig ausgebildet und kann kreativ ausgedrückt werden. Das Bestreben, die wahre Identität schöpferisch auszudrücken, wird oft zu tiefgreifenden Konflikten führen zwischen der eigenen Identität — dem Ideal — und dem persönlichen und dem gesellschaftlichen Erbe. Viele Menschen erkennen nicht, wie wenig sie ihre Ideale durch ihr Verhalten tatsächlich leben. Sie glauben, ihren Idealen entsprechend zu leben, und verschließen in den meisten Fällen die Augen vor den unliebsamen Zügen des persönlichen und gesellschaftlichen Erbes, wodurch sie unfähig sind, ihr wahres Wesen zu erkennen. Wenn es einem Menschen gelingt, seiner Vision und seiner Identität während des zweiten 28-Jahres-Zyklus treu zu bleiben, wird sich im Alter von 56 Jahren die Möglichkeit einer «dritten Geburt» ergeben. Damit es dazu kommt — was leider selbst bei willigen Menschen nur sehr selten der Fall ist —, muß man sich zunächst mit seiner Vergangenheit aussöhnen. Man muß — gemäß der Jungschen Terminologie — einen Teil des kollektiven Unbewußten in das bewußte Ego überführt haben. Man muß durch seine Persönlichkeit Weisheit und spirituelle Substanz zum Ausdruck bringen, die der eigenen Bestimmung entsprechen. Die Individuation ist die Synthese all jener kollektiven Elemente, die, gemeinsam mit dem Ideenimpuls der spirituellen Identität, die bewußte Persönlichkeit bilden. Die Früchte dieser Synthese sollten dann vom 56. Lebensjahr an offenkundig sein. Diese Analyse des Uranuszyklus wurde in die Interpretation der 7-Jahres-Phasen in Kapitel II dieses Buches, »Der Altersfaktor«, aufgenommen.

Die Bedeutung der Zahl 7

Die Zahl 7 ist in der okkulten Philosophie von zentraler Wichtigkeit. Die Unterteilung eines jeden Zyklus in sieben Abschnitte scheint universell anwendbar zu sein. Die Einteilung des Uranuszyklus in sieben 12-Jahres-Phasen stellt die Verbindung zum Zyklus des Jupiters her, der 11,8 Jahre dauert. Dies bedeutet, daß der Uranus die mit Jupiter einhergehenden religiösen, psychischen und kulturellen Formen in einem Rhythmus von 7 x 12 in Unordnung bringt und transformiert. Die Einteilung in zwölf 7-Jahres-Perioden, die die drei bereits besprochenen 28-Jahres-Phasen umfassen, verbindet den Uranuszyklus mit den Zyklen des Saturns und des progressiven Mondes. Diese Tatsache ist während der kritischen Jahre im Alter zwischen 27 und 30 sowie 56 und 60 Jahren von besonderer Bedeutung. Der progressive Mondzyklus, der Mondzyklus und der Saturnzyklus entsprechen jeweils ungefähr der 28-Jahres-Phase des Uranuszyklus. Sonne und Mond beziehen sich auf die Entwicklung des bewußten Egos. Es ist die Aufgabe des Uranus, dieses bewußte Ego zu transformieren — darum existiert diese Verbindung zwischen diesen Zyklen.

Rudhyar hat in verschiedenen Artikeln der Zeitschrift *»American Astrology«* jedem einzelnen der sieben 12-Jahres-Abschnitte eine Bedeutung zugeschrieben, die sich auch auf die Interpretation jedes einzelnen Jahres der 7-Jahres-Phasen anwenden läßt. Diese Bedeutung hat die Art der uranisch-transformatorischen Kraft zum Inhalt:

Im 1. Phasen-Jahr wird der neue Impuls für gewöhnlich als verwirrend empfunden. Die gesamte Periode läßt sich als zögernde Annäherung an einen neuen Seinszustand beschreiben.

Im 2. Phasen-Jahr gewinnt der neue Impuls an Substanz und dringt in die

Tiefe des eigenen Wesens ein, was zu Konflikten mit Erinnerungen, Komplexen, sozialen Bindungen und Ängsten der Vergangenheit führen wird.

Im 3. Phasen-Jahr tritt der neue Impuls zum ersten Mal in der Außenwelt in Erscheinung. Dies läßt sich mit einer «Vision» vergleichen, deren archetypische Form mehr oder weniger deutlich zum Vorschein kommt. Möglicherweise erlebt das Individuum ein Gefühl der Einsamkeit und Verzweiflung, wenn die Ziele unerreichbar erscheinen, und die vorhandenen Mittel zu seiner Verwirklichung völlig unangemessen sind.

Im 4. Phasen-Jahr kann die Verwirklichung des Ideenimpulses durch eine konflikt- und kampferfüllte Phase gehen. Es besteht die Gefahr, wieder in überkommene Muster der Vergangenheit zu verfallen. Zur Mitte dieser Phase (entweder bei 3½ Jahren oder im Alter von 42 Jahren) findet der wichtigste Wendepunkt statt. *Hier wird der neue Setzling gepflanzt.*

Im 5. Phasen-Jahr können Bewußtsein, Schönheit und schöpferisches Handeln für den persönlichen Fortschritt von Wichtigkeit sein. Dies wird die höchste und energiereichste Phase des Ideenimpulsees sein — *die Phase der Blüte.*

Im 6. Phasen-Jahr sollte man die Ernte des Ideenimpulses einbringen und seinen Erfolg oder Mißerfolg bewerten. Eine Zeit der Hingabe an die Zukunft und der Selbstaufopferung. *Die Frucht-Phase.*

Im 7. Phasen-Jahr bildet sich die Saat für den folgenden Zyklus. Was während der sechs vorangegangenen Jahre oder während der 72 Jahre des übergeordneten Zyklus entwickelt wurde, wird in schicksalhafter Form seinen Höhepunkt erreichen. Wenn das Bewußtsein Erfüllung erfahren und Klarheit gewonnen hat, wird es frei werden. *Die Saat-Phase.*

Die zwölf 7-Jahres-Phasen

Bei dieser Einteilung setzt Rudhyar jeden Abschnitt in Beziehung zu einem der Tierkreiszeichen. Die ersten sieben Lebensjahre im Uranuszyklus entsprechen der «Widder-Phase», die folgenden sieben Jahre der «Stier-Phase» usw.. Aus dieser Betrachtung resultiert, daß die oben angeführten «drei Geburten» den drei Feuerzeichen entsprechen. Im Widder ist es die Geburt des physischen Körpers als unabhängige Existenz der menschlichen Gattung. Im Löwen kann *potentiell* die individuelle Seele geboren werden, die dem bewußten Ego oder Geist eine positive Unabhängigkeit verleiht, womit ein wahrhaft individueller Beitrag zur Gesellschaft möglich wird. Im Schützen kann es zur *potentiellen* Geburt ins Licht kommen. Alle sieben Jahre tritt für gewöhnlich ein geistiger Höhepunkt auf, der in Beziehung zur jeweiligen Phase bzw. zum jeweiligen Zeichen steht und der auch im Zusammenhang mit der entsprechenden Wirkungsebene zu betrachten ist. Die auf die Zeichen gegründete Interpretation dieser Phasen ermöglicht es dem Astrologen, das Wesen und die Ebene der uranischen Transformationen besser zu verstehen.

0 bis 7 Jahre: **Die «Widder-Phase»**
Uranische Krisen dieser Jahre beeinflussen vornehmlich die instinktiven Reaktionen auf das Leben.

7 bis 14 Jahre: **Die «Stier-Phase»**
Uranische Krisen während dieser Phase betreffen insbesondere die sexuelle und emotionale Natur.

14 bis 21 Jahre: **Die «Zwillings-Phase»**
Hier ist die Auswirkung uranischer Krisen prinzipiell von mentaler Art; sie kann das soziale Verhalten bzw. den Umgang mit den Eltern oder der Familie und den Freunden verändern.

21 bis 28 Jahre: **Die «Krebs-Phase»**
Während dieses Abschnitts wirkt der Uranus hauptsächlich auf die intuitiven Fähigkeiten und auf alles, was den Aufbau des persönlichen, bewußten Egos innerhalb der Gesellschaft betrifft.

28 bis 35 Jahre: **Die «Löwe-Phase»**
Eine der wichtigsten Phasen, weil die uranischen Krisen auf eine Loslösung vom elterlichen Einfluß und den Beginn einer gereiften Lebensweise hinweisen können.

35 bis 42 Jahre: **Die «Jungfrau-Phase»**
Dies kann eine gute Zeit sein, um einen prüfenden Blick auf die eigene Lebensart zu werfen, wobei es zu Veränderungen der persönlichen Einstellung oder der Arbeit kommen kann. Dies gilt insbesondere dann, wenn in der Vergangenheit die Bemühungen fehlgeschlagen sind, einen individuellen und verantwortungsvollen Ansatz zu finden. Vieles wird von den Erfahrungen der vorangegangenen 7-Jahres-Phase abhängen.

42 bis 49 Jahre: **Die «Waage-Phase»**
Dies ist der Wendepunkt des Uranuszyklus — die Opposition zur Radixstellung. Es kann sich um eine Phase tiefgreifender psychischer Neuorientierung handeln oder aber — wenn man die vorangegangenen Uranus-Krisen konstruktiv genutzt hat — um ein herausragendes gesellschaftliches Erfolgserlebnis. Ein psychischer Umbruch im Zusammenhang mit den persönlichen, gesellschaftlichen oder beruflichen Beziehungen ist möglich.

49 bis 56 Jahre: **Die «Skorpion-Phase»**
In diesem Alter können die uranischen Krisen bei einem positiven Verlauf des Zyklus zu tiefen okkulten Erfahrungen führen. Andernfalls kann es zu sexuellem Aufruhr, emotionalen Konflikten und zu dem Versuch kommen, die verlorene Jugend wiederzuerlangen.

56 bis 63 Jahre: **Die «Schütze-Phase»**
Die Zeit der potentiellen «dritten Geburt». Diese stellt ein seltenes Erlebnis dar; deshalb muß der Astrologe das, was nach dem 56. Lebensjahr geschieht, als Ergebnisse des Versuchs interpretieren, ein unabhängiges Leben nach dem 28. Lebensjahr zu führen. Bei positivem Verlauf sollte es nun zur Ernte der Früchte der vergangenen Bestrebungen kommen. Es könnte eine Geburt in Weisheit und der Fähigkeit sein, die Früchte seiner Arbeit anderen Menschen zu vermitteln.

63 bis 84 Jahre: **«Steinbock-, Wassermann-, Fische-Phase»**
Die letzten drei Phasen des Uranuszyklus führen fort, was in der Schütze-Phase ausgelöst wurde. Vom uranischen Standpunkt aus kann das Lebensende eine Zeit abstrakten Denkens und sozialer Erfüllung sein, wodurch der Mensch zunehmend weiser und verständnisvoller wird. Er wird zu «einer Macht jenseits des Thrones» oder zu einem Lehrer dieses umfassenden Verstehens.

Nach der Feststellung der vom Alter abhängigen Ebene der uranischen Aktivität sind die Transite des Planeten zu den Radixplaneten zu betrachten sowie alle starken Aspekte, die der Radix-Uranus mit den progressiven Planeten (insbesondere Sonne und Mond) bildet. Das Jahr des 7-Jahres-Zyklus, in dem die Transite oder Progressionen exakt sind, wird detailliertere Informationen liefern. Es ist hier noch einmal anzuführen, daß zu dieser Zeit nicht notwendigerweise ein äußeres Ereignis eintreten muß; nichts berechtigt den Astrologen, derartiges vorherzusagen. Der Astrologe sollte seinem Klienten gegenüber hervorheben, daß diese Aspekte die dem Menschen angeborene individuelle wie auch spirituelle Freiheit verkörpern; niemals sollte er seinen Klienten mit etwas konfrontieren, was zu Angst oder der Erwartung von etwas Unerwünschtem führen könnte. Die einzig positive Vorbereitung auf uranische Krisen liegt in der uneingeschränkten Bereitschaft, sich allem, was geschehen mag, mit völligem Vertrauen in das Höhere Selbst zu stellen, das der wahre Initiator des Transformationsprozesses ist.

Diese auf einer allgemein-generischen Ebene vollzogene Analyse des Uranuszyklus ist in den meisten Fällen von Bedeutung. Man sollte im Rahmen dieser 7-Jahres-Phasen sich die Ereignisse vergegenwärtigen, die im Leben wichtig gewesen waren; so kann deren Bedeutung eine neue Dimension erfahren. Die meisten Menschen haben nur eine blasse Vorstellung von den in ihrem Leben wirklich bedeutsamen Ereignissen (denn sie registrieren Wirkungen und nicht Ursachen); es wird eine erleuchtende Erfahrung sein, Bewußtseinsveränderungen im Hinblick auf die Phasen und Aspekte des Uranus zu betrachten. So kann man hinter die Fassade des Lebens schauen und sich grundlegender Werte bewußt werden. Wir wollen dies am Beispiel der Ehe bzw. einer ihr gleichkommenden engen Partnerschaft erläutern. Wenn ein Mensch in seinem 23. Lebensjahr heiratet (was dem zweiten Jahr der Krebs-Phase entspricht, die ihrerseits die übliche Zeit zur Gründung eines eigenen Heims darstellt), kann der tiefere Grund ein psychischer Aspekt oder das Bedürfnis nach Lösung von der Familie sein. Wenn andererseits diese Heirat oder Beziehung im 28. Lebensjahr eingegangen wird, mag sie in Verbindung zum Potential der «zweiten Geburt» stehen und deshalb spirituell sehr bedeutsam sein. Wenn es also zu einer Heirat bzw. Partnerschaft kommt, wird diese Vereinigung für die beiden Menschen — wenn sie sich nicht im gleichen Alter befinden — eine unterschiedliche Bedeutung haben.

Der individuelle Uranuszyklus

Neben den Transit-Aspekten zu den Radixplaneten, die auf individuelle Gelegenheiten des Wachstums hindeuten, findet sich die engere individuelle Bedeutung des Uranuszyklus in der Bewegung des Planeten durch die Quadranten und Häuser des Geburtshoroskops. Die individuellen Faktoren der Humanistischen Astrologie basieren auf dem Kreis der Häuser, weil dieser die axiale Rotation der Erde ausdrückt. Da diese Bewegung eine spezifische der Erde ist, bezieht sie sich auf die Individualität — im Gegensatz zum Erdumlauf um die Sonne, dem eine kollektive Bedeutung innewohnt, da diese Bewegung allen Planeten unseres Sonnensystems gemeinsam ist. Die Tierkreiszeichen sind ein Ausdruck der kollektiven Bewegung; sie beziehen sich auf kollektive Elemente im menschlichen Wesen. So erklärt sich der Vorrang der Häuser gegenüber den Zeichen in der Humanistischen bzw. personenzentrierten Astrologie.

Die Quadrantenanalyse ist eine grundlegende Methode in Rudhyars humanistischem Ansatz bezüglich der Transite. Sie bildet einen in vier Stufen verlaufenden Prozeß der spirituellen Entfaltung. Bei dieser Methode beginnt der *individuelle* Uranuszyklus, wenn dieser zum ersten Mal eine Achse des Horoskops überschreitet. Steht Uranus beispielsweise im 2. Haus, beginnt der individuelle Zyklus, wenn der Planet im Transit den IC erreicht.

Wenn der Uranus den Aszendenten überquert und das 1. Haus durchläuft, kommt es zur Herausforderung, im eigentlichen Sein, in der Qualität und in der Bandbreite des individuellen Lebenszwecks zu wachsen und die persönliche Perspektive aktiv zu verändern. Diese Veränderung kann erhellend sein und zu einem tieferen Verständnis der spirituellen Realität führen; sie kann sich aber auch als seltsame Rastlosigkeit äußern, die in einer allgemeinen Unzufriedenheit mündet. Während dieser Zeit sollte ein Individuum seine Intuition entwickeln, für neue Gedanken und Aktivitäten offen sein und die notwendigen Schritte zur Transformation der Verwicklungen seines Lebens und seiner gesellschaftlichen Beziehungen unternehmen. Manchmal sind diese Zeiten von fanatischen, exzentrischen und anarchistischen Zügen begleitet. Es kann zu inspirierenden und erhebenden oder beunruhigenden und verwirrenden Einflüssen kommen. Aus psychologischer Sicht sollte ein Mensch versuchen, sich durch Träume, Meditation oder andere subjektive Mittel dem kollektiven Unbewußten gegenüber zu öffnen, über das Konventionelle und Traditionelle hinauswachsen und in Kontakt mit den inneren tieferen Ressourcen kommen. Das Leben verlangt nun von dem Menschen Unabhängigkeit und Individualität. Die überlieferten Werte werden in einem neuen Licht betrachtet, und vielleicht bringt man nun die Kraft auf, mit den Beschränkungen der Gegenwart zu brechen.

Wenn Uranus das 2. Haus durchläuft, wirkt eine hintergründig transformierende Energie im Menschen. Dies geschieht durch eine merkwürdige Verwirrung oder aufsehenerregende Enthüllungen, die das Individuum veranlassen, die Ordnung der Dinge anzuzweifeln. Alles, was man geerbt hat, rückt nun in den Blickpunkt; vielleicht manifestieren sich auch neue Kräfte oder Fähigkeiten. Es gilt, diese ganz und gar und für einen bedeutsameren Zweck als zuvor einzusetzen. Der Betreffende muß während dieser Zeit konkrete Mittel finden, um die neue, mit Uranus im 1. Haus einhergehende Vision zu festigen. Er muß seine Aufmerksamkeit auf jene Bereiche lenken, in denen ein sozialer Bedarf für seine physischen, psychischen oder mentalen Fähigkeiten besteht; andernfalls wird sein aus der vorigen Phase resultierendes Verlangen, «anders» bzw. «unverfälscht» zu sein, gesellschaftlich nicht zum Tragen kommen. Es besteht nun die Gefahr, das neue Ideal zu verraten, weil die Macht der Gewohnheit und gesellschaftliche Konventionen im Wege stehen. Eine starke Persönlichkeit benutzt diese Gewohnheiten, um ihre Vision darzustellen — und erreicht auf diese Art deren Repolarisierung. Eine schwache Persönlichkeit überläßt ihre Vision den kollektiven Überlieferungen, wodurch diese verfälscht und materialisiert wird.

Wenn Uranus das 3. Haus durchläuft, beeinflußt den Menschen der Ruf nach einer neuen Ordnung des Alltagslebens und der Kontakte zu seiner persönlichen Umgebung. Man wird sich der Tatsache bewußt, daß der durch den Uranus-Transit im 1. Haus verkörperte Trend sich nicht von selbst der täglichen Routine einfügt; bei dem Versuch, das Neue dem Alten anzupassen, kommt es möglicherweise zu nervösen Spannungen oder geistiger Ruhelosigkeit. Dieser Transit markiert einen entscheidenden Abschnitt bei den Bemühungen eines Menschen, neue oder tiefere Werte aufzunehmen. Wenn es nicht gelingt, ein transformiertes Leben zu führen, gelangt man zu der Erkenntnis, daß die äußeren Umstände für einen persönlichen Wandel zu mächtig sind. Man muß nötigenfalls bereit sein, seine Umwelt oder zumindest seine geistigen Konzepte zu verändern. Während dieser Zeit muß man ein neues Verständnis von sich selbst gewinnen, woraufhin man erkennen kann, wie die verschiedenen Teile der eigenen Persönlichkeit miteinander verbunden sind. Man sollte keine Angst vor Krisen haben, wenn man sein neues, mit der persönlichen uranischen Vision einhergehendes Verständnis der Dinge und Gedanken demonstriert. Krisen offenbaren, ob der gewählte Weg, seine neue Wahrheit auszudrücken, tatsächlich gangbar ist. Durch Krisen wird man lernen, Utopisches und Idealvorstellungen vom wirklich Machbaren zu unterscheiden.

Wenn Uranus den Nadir überquert und durch das 4. Haus läuft, ist die Zeit gekommen, den Teil seines eigentlichen Wesens auszudrücken, dessen man sich seit der Konjunktion des laufenden Uranus mit dem Aszendenten bewußt geworden ist. Wenn sich der neue Impuls bemerkbar macht, können die gewohnheitsmäßigen Grundlagen und Gefühle ins Wanken geraten. Vielleicht kommt es zu Umbrüchen im gewohnten häuslichen Leben; etwas scheint der persönlichen Art und Weise, wie man der Gesellschaft gegenübertritt, entgegenzuarbeiten. Uranus im 4. Haus kann zu Erschütterungen des Standortes führen — zu Entwurzelungen durch Krieg, Revolution oder sozialen Druck oder auch zu notwendigen Veränderungen bezüglich des Arbeitsverhältnisses, zu plötzlichen Verlusten oder zu Konflikten mit Nachbarn oder Familienmitgliedern. Wichtig ist, wie der Mensch auf diese Ereignisse reagiert. Die zentrale Entscheidung bei diesem Transit liegt darin, die Sehnsucht nach äußerer Sicherheit in den Wunsch nach innerer Stabilität zu verwandeln. Damit diese Stabilität erreicht werden kann, muß das innere Zentrum vom bewußten Ego zum Selbst hin verlagert werden. Dringt man zu seinem Selbst vor, erreicht man das gemeinsame Weltzentrum, die Quelle aller wahrhaft dynamischen und spirituellen Aktivität. Wenn der Mensch das Zentrum seiner eigenen Persönlichkeit als eins mit dem Zentrum der Menschheit erfährt (welches eine der tiefsten Botschaften des 4. Hauses ist), wird sein subjektives Bewußtsein eine völlig neue Qualität erlangen. Anstatt ein Leben als angepaßtes, introvertiertes und passiv an der Gesellschaft teilhabendes Wesen zu führen, wird man zur produktiven Energiequelle, die Inspiration durch das Zentrum aller Energien erfährt. Man wird dann bemüht sein, durch ein bewußtes Leben und durch kreatives Handeln das auszudrücken, was für die meisten Menschen ein unbewußter Teil ihres Wesens bleibt. Uranus kann im 4. Haus eine tiefe Wurzel bilden, die das bewußte Ego mit dem Reichtum des kollektiven Unbewußten verbindet.

Wenn Uranus das 5. Haus durchläuft, werden die sich bietenden Möglichkeiten von der inneren und äußeren Stabilität abhängen, die man während des Transits durch das 4. Haus gewonnen hat. Wenn ein Mensch sein Zentrum noch nicht gefunden hat und noch von seinem Ego kontrolliert wird, kann dieser Transit sich störend auswirken und zu illusorischen, nicht zu realisierenden Idealen oder unbegründeten Spekulationen führen. Wenn man während dieses Zyklus seine Persönlichkeit ausreichend transformiert hat und jetzt Ziele von universellerer Gültigkeit verfolgt, wird dieser Transit eine Zeit kreativer, über die Tradition hinausgehender Aktivitäten signalisieren. Dann ergibt sich die Möglichkeit, die innere Begabung, Erfindungsreichtum und Ursprünglichkeit zum Ausdruck zu bringen. In diesem Fall wird man seine Kreativität und Aktivität in Beziehung zu anderen sehen und sich selbst nicht durch die Projektion eines Bildes auf Materialien oder andere Menschen ausdrücken. Eine derart entwickelte Person wird im Hinblick auf die wahren Bedürfnisse der Gesellschaft zielbewußt und bedeutsam handeln, weil ihr Zentrum eins ist mit dem Zentrum aller.

Wenn der Uranus das 6. Haus durchläuft, kann es — ob man will oder nicht — zu einer persönlichen Krise kommen. Weil der während des Transits durch das 5. Haus entwickelte Selbstausdruck niemals perfekt oder endgültig ist, wird nun möglicherweise eine Transformation notwendig sein. Nun ist es Zeit, mit dem Leben zu experimentieren, neue Methoden zu suchen und sich im Hinblick auf die Zukunft neu zu orientieren. Eine permanente Neuanpassung an soziale Erfordernisse kann vonnöten sein, wobei sich vielleicht in bezug auf die Arbeitswelt plötzliche — positive oder negative — Veränderungen ergeben können. Während dieses Transits muß man die Mängel des Selbstausdrucks beheben, die in der Vergangenheit zu Fehlschlägen führten. Der Betroffene muß zu einem reinen Kanal werden, durch den die uranische Kraft — beim Übergang des Planeten über den Deszendenten — wirken kann. Eine erfolgreiche uranische «Mission» führt stets zu einer vollständigen Transformierung des gesamten Wesens und des Lebens eines Menschen. Man wird zu einem anderen Menschen, was für die Zukunft Konsequenzen haben wird. Das ist das Werk des Uranus-Transits durch das 6. Haus.

Wenn Uranus den Deszendenten überquert und das 7. Haus durchläuft, dürften die eigenen Kräfte und der persönliche Einflußbereich zunehmen. Wenn sich der Mensch der uranischen Energie geöffnet hat, wird er nun imstande sein, sich den sozialen Bewährungsproben des Lebens mutig zu stellen — jetzt kann er die Gesellschaft reformieren und ihr neue Ideen vermitteln. Durch die Transformation seiner Beziehungen kann er diese sprituell bedeutsamer gestalten. Unerwartete, vielleicht beflügelnde Erfahrungen von Liebe (oder Haß) und Harmonie (oder Widerstreit) können nun die Vorstellungen vom Ablauf des persönlichen Lebens durcheinanderbringen. Viele Veränderungen bezüglich der gesellschaftlichen Gemeinschaft sind jetzt notwendig. Nichts bleibt, wie es war; alles, was der Vergangenheit entstammt — Haltungen, Abmachungen, Beziehungen —, wird in Frage gestellt. Uranus verlangt die innerliche Befreiung von vorgegebenen Normen, dessen, was klar und zwingend erscheint. Insofern wird man nun gewissermaßen zum Unruhestifter in den eigenen Beziehungen. Auf der anderen Seite kann der Eindruck entstehen, daß Beziehungen durch das selbständige oder exzentrische Verhalten der Partner gestört werden.

Wenn Uranus das 8. Haus durchläuft, wird die persönliche Fähigkeit der Selbsterneuerung konkret auf die Probe gestellt. Die Welt wird nun die Resultate des Transformationsprozesses sehen, der bei dem Uranus-Übergang über den Aszendenten begonnen hat. Diese können positiv oder negativ sein; entweder werden die gesellschaftlichen und materiellen Auswirkungen dieses Prozesses eine Verstärkung bringen, oder die Bemühung, sich zu transformieren, verläuft aufgrund eines Mangels an Willenskraft, Mut oder Vertrauen im Sande. Dies könnte eine Zeit sein, neue gemeinschaftliche Aktivitäten zu beginnen; im Idealfall kann man auch auf Tradition beruhende Verfahrensweisen der beruflichen oder sozialen Aktivitäten transformieren und neue, selbstlose Verhaltensprinzipien einführen und unkonventionelle Verbindungen eingehen. Jetzt ist nicht die Zeit, utopischen Idealen nachzuhängen, sondern die eigene neue Vision bezüglich des Selbst, der Beziehungen und des Berufs praktisch zu erarbeiten. Die Zeit der Träume und des Theoretisierens ist nun vorbei. Der Mensch muß nun seine Vision verkörpern und als Reformator und schöpferischer Pionier, als Begründer neuer Präzedenzfälle, in Erscheinung treten. In dem gewählten spirituellen oder gesellschaftlichen Bereich tätig zu werden, ist die einzige Möglichkeit, den Wert seiner neuen Vision kennenzulernen und anderen zu beweisen. Selbst wenn nun die Ideale ins Wanken zu geraten scheinen oder feindselige Kritik, Ächtung oder gesellschaftliche Isolation erfolgt, werden diese Erfahrungen eine positive Auswirkung haben, weil sie das Individuum lehren, daß es sich den Realitäten der Zeit nicht angepaßt oder die Bedürfnisse anderer nicht berücksichtigt hat. Dies anzuerkennen wird für die persönliche Entwicklung in der Zukunft äußerst hilfreich sein. Das Selbst steht mit den anderen bzw. der Gesellschaft in einer ständigen Wechselbeziehung. Wenn man seine Beziehungen einseitig ausrichtet, einem Pol dieser Beziehung zu viel Gewicht verleiht und den anderen vernachlässigt, wird man scheitern. Wenn Uranus den dritten Quadranten durchläuft, muß man erkennen, daß die Beziehung zwischen dem Selbst und dem Nicht-Selbst transformiert werden muß und nicht nur einer der beiden Pole.

Wenn Uranus das 9. Haus durchläuft, besteht die Gelegenheit, durch die Analyse der — erfolgreichen oder mißglückten — gesellschaftlichen Aktivitäten, die während des Transits durch das 8. Haus unternommen wurden, Beziehungen eine neue und kreativere Bedeutung zu verleihen. Man kann durch das Verständnis seiner Lebenssituation Neues entdecken — neue Wahrheiten, neue Gesetze oder neue Länder. Durch die Anregung ungewohnter, fremdartiger und zunächst sogar störender Gedanken kann es zu einer Veränderung von Kopf und Herz kommen. Nun ist die Zeit, Beziehungen und alles mit ihnen in Zusammenhang stehende anzuzweifeln und die Kriterien, mit denen man seine Liebesbeziehungen und die geschäftlichen Partnerschaften beurteilt, in Frage zu stellen. Des weiteren ist die Frage wichtig, welchen Wert die eigene Persönlichkeit für andere hat, seit man — einhergehend mit dem Uranus-Transit durch das 7. Haus — die Kraft der Transformation in die Beziehungen eingebracht hat. Solche Fragen sind während dieser

Phase des Uranuszyklus zu stellen; man muß für sich allein herausfinden, ob die persönlichen Beziehungen für das eigene Schicksal von Belang und die sozialen oder geschäftlichen Aktivitäten lohnenswert für die Gemeinschaft sind. Auch ist nun zu fragen, ob man sich in seinen Beziehungen verantwortungsvoll oder gedankenlos verhalten hat. Die gegenwärtigen Erfahrungen werden mancherlei Antworten liefern, die nicht immer bequem sein werden. Will der Mensch jedoch — in spiritueller, psychischer oder gesellschaftlicher Hinsicht — einen Reifeprozeß durchleben, muß er wissen, wo er als Individuum steht; seine persönlichen Ziele müssen in der Realität verwurzelt sein.

Wenn Uranus die Himmelsmitte überquert und das 10. Haus durchläuft, sollte sich der gesellschaftliche und berufliche Einflußbereich ausweiten. Jetzt sind vorwärtsgerichtete Veränderungen in der gesellschaftlichen und beruflichen Umgebung in Gang zu setzen und neue Trends auszulösen. Vielleicht kommt es nun in sozialer, beruflicher oder nationaler Hinsicht zu einer Situation, in der man ins Rampenlicht rückt. Die seit dem Uranus-Transit durch das 7. Haus unternommenen Anstrengungen, die persönlichen Fähigkeiten und Visionen mit der Welt zu teilen, haben konkrete Ergebnisse hervorgebracht. Trotz gesellschaftlicher Lügen und persönlicher Irrtümer, durch die das Verständnis vom Selbst und den spirituellen Lebenszielen durcheinandergerät, kann der Mensch nun erkennen, wieviel er von seinem wahren, individuellen Wesen durch gesellschaftliche Aktivitäten hat ausdrücken können. Ein positiv verlaufender Uranus-Transit durch das 10. Haus wird nicht unbedingt ein Erfolg in den Augen der Welt sein. Was hier wichtig ist, ist — als Folge persönlicher Reife — die Fähigkeit, die eigene, persönliche Wahrheit der Gesellschaft mitteilen zu können. Ein inneres Gefühl der Leere trotz äußerlichem Erfolg weist darauf hin, daß man den Weg des Uranus nicht konsequent gegangen ist. Der Beruf eines Menschen oder seine Arbeitsweise sind nicht wirklich wichtig; was zählt, ist das, was er von seiner eigenen Persönlichkeit in seinen Beruf einfließen und anderen Menschen zukommen läßt. Wenn man den Uranuszyklus bewußt und aus einer humanistischen Orientierung heraus erlebt hat, war man seit dem Eintritt Uranus in das 7. Haus bestrebt, sich eine gesellschaftliche Position zu erobern. Die Bewährungsprobe besteht nun darin, kreativ an der Gesellschaft teilzunehmen zu versuchen, seine schöpferischen Kräfte sozial wirkungsvoller einzusetzen. Wenn der Uranus die Himmelsmitte erreicht, kann etwas geschehen, was die als Beschränkungen erfahrenen saturnischen Fesseln sprengt. Möglicherweise erfolgt dann die gesellschaftliche Würdigung der persönlichen Fähigkeit, kollektive Macht zu übernehmen, woraufhin vielleicht alle neuen Anstrengungen gerichtet waren.

Wenn Uranus das 11. Haus durchläuft, kommt es zu der Herausforderung, bei der kulturellen und gesellschaftlichen Erneuerung eine führende Rolle zu übernehmen bzw. Bahn zu brechen für neue kollektive Ziele. Man sollte sich nun um die Erweiterung seines Horizonts bemühen und seine Aufmerksamkeit auf das lenken, was den meisten ungewöhnlich oder mysteriös erscheint. Es geht darum, der menschlichen Zukunft gegenüber eine positive Einstellung zu entwickeln; man sollte sein Interesse jetzt auf zukunftsweisende Bewegungen richten. Wenn der Uranus-Transit durch das 10. Haus zu Kompetenz und Reife geführt hat, wird es nun zu schöpferischen Aktivitäten kommen, die auf ein zukünftiges, überpersönliches Ziel gerichtet sind. Der Mensch muß sich nun durch seine Macht, Energie und Erfahrung beweisen, die aus den gesellschaftlichen oder beruflichen Leistungen des vorangegangenen Transits resultieren. Falls dieser Transit negative Ergebnisse zur Folge hatte, wird die Person wahrscheinlich gegen die Gesellschaft und gegen die Umstände und Menschen, die sie für ihr Scheitern verantwortlich macht, rebellieren. Hier kann es zu vernichtenden Erfahrungen und Zuständen der Geistesverwirrung oder der Flucht in ein künstliches Paradies mit Hilfe von Drogen oder Alkohol kommen. Vielleicht verbindet man sein Schicksal mit Menschen oder Gruppen, die ihrem Unmut oder ihrer Feindseligkeit Ausdruck verleihen. Gewalt in Wort und Tat zu dieser Zeit kann negative Erfahrungen im 12. Hause nach sich ziehen.

Wenn Uranus das 12. Haus durchläuft, setzt sich die während des Transits des vorigen Hauses begonnene, unrastvolle Suche nach neuen sozialen Werten fort. Man muß versuchen, sich mit den kollektiven Versuchen der gesellschaftlichen Neuorganisation zu identifizieren. Man kann in geradezu dramatischer Weise gezwungen sein, gesellschaftliche Verantwortung zu übernehmen; vielleicht ergibt sich auch eine unerwartete Belohnung für das in der Vergangenheit Geleistete. Aus psychologischer Sicht ist dies die abschließende Phase im Zyklus der uranischen Transformationen. Das, was ein Mensch wirklich sein kann, haben die Kräfte der Transformation seit dem Beginn des Zyklus herausgearbeitet. Sie führten — während des Transits durch das 10. Haus — zu konkreten Ergebnissen sowohl in persönlicher als auch gesellschaftlicher Beziehung. Während des Transits durch das 11. Haus trat das Wesen der «uranischen Aktivität» deutlich zutage. Nun, im letzten Haus des Zyklus, erlischt der Impuls der Transformation. Indem man nun noch eine abschließende Beurteilung der Erfolge wie Fehlschläge der vorhergehenden Phase vornimmt, wird der Zyklus sinnvoll beendet.

Ist der Uranuszyklus beendet, tritt die Notwendigkeit zur persönlichen und gesellschaftlichen Transformation in den Hintergrund. Nun gewinnt eine andere Art von Transformation an Bedeutung, auf die die veränderte persönliche Orientierung zu richten ist. Die auf Erfolg oder Mißerfolg zielende Betrachtung des Individuums bezüglich des Umgangs mit der transformatorischen Energie des Uranus in der Vergangenheit ist zugunsten neuer Offenbarungen zurückzustellen. Man muß — wie Johannes der Täufer — willens sein, trotz des Wissens um die eigene Unzulänglichkeit und auch trotz mancherlei Erfolge während des nun zu Ende gehenden Zyklus wiedergeboren zu werden. Uranus ist der Planet der «göttlichen Unzufriedenheit». Er läßt Unzufriedenheit über das Erreichte aufkommen und stellt alles in Frage, was der Mensch unternommen hat. Während des Transits durch das 12. Haus gewinnt die Erkenntnis dadurch eine neue Dimension, daß sie eine vollbrachte Leistung nicht mehr als Zweck ansieht, sondern nur als einen ersten Schritt — eine Umdrehung in der Spirale —, der zu immer weitergehenderen Leistungen und Erkenntnissen führt. Man muß jetzt sein Bewußtsein auf die verfügbaren Mittel zur Transformation und Erneuerung gewohnter Lebensstrukturen richten. Die spirituelle Essenz des zu Ende gehenden Zyklus muß nun in anderer Form wiedergeboren werden, wobei aber unerfüllte Erwartungen abzulegen sind.

Der Radix-Saturn und die Transite von Uranus und Neptun

Das, was Saturn verkörpert, steht in mancher Beziehung im Widerspruch zu Uranus und Neptun. Ein Astrologe muß die saturnische Ebene des Egos einer Person kennen, bevor er die ein ganzes Leben währenden Herausforderungen durch Uranus- und Neptun-Transite interpretieren kann. Es ist von zentraler Bedeutung zu wissen, ob der Saturn einer Person eine passive Verwurzelung in der überlieferten Tradition, Kultur oder Religion anzeigt, oder ob er als individualisierende Kraft wirkt. Im ersten Falle dürften die beiden äußeren Planeten wohl kaum auf einer individuellen Basis in Erscheinung treten, da dieser Mensch noch nicht individualisiert ist. Ihre Transite werden daher *äußere* Ereignisse mit sich bringen, die gegen die begrenzende Ordnung des Saturns gerichtet sind. Dadurch kann der Mensch wachgerüttelt und veranlaßt werden, sich zu individualisieren. Im zweiten Falle, wenn der Saturn ein starkes, bewußtes Ego repräsentiert, können die beiden Planeten bei einer *innerhalb* der Persönlichkeit stattfindenden Metamorphose mitwirken. Hier ist allerdings noch zu unterscheiden zwischen einem starren Ego, das sich allem Neuen oder vermeintlich Unlogischem verschließt (und auf seine starre Haltung stolz ist), und dem Typ von Ego-Bewußtsein, das zwar fest strukturiert, aber zugleich offen für die innere und die äußere Welt ist.

Es ist unmöglich, für jeden Menschen in seiner besonderen Situation eine zutreffende Transit-Bedeutung dieser beiden äußeren Planeten aufzustellen. Des weiteren ist unbedingt das Geburtshoroskop als wichtigste Grundlage der Interpretation bezüglich der Transite und Progressionen beizubehalten. *Alles*, was aus den Progressionen oder Transiten entsteht, ist bereits als Saat vorhanden. Darüber hinaus ist es sehr schwer, die Auswirkungen von Saturn, Uranus und Neptun einzuschätzen. Kennt man den Betroffenen und sein Geburtshoroskop gut, lassen sich bestimmte Neigungen und Potentiale vermuten; allerdings sind selbst in solchen Fällen die Ergebnisse des Handelns immer ungewiß. Es gilt zunächst, das Geburtshoroskop zu ergründen, wobei man den Saturn/Uranus- und den Sonne/Uranus-Aspekten seine besondere Aufmerksamkeit widmen muß. Wenn hier keine Aspekte bestehen, sollte der Astrologe die «Phasen-Beziehung» feststellen, und zwar der die von Rudhyar in »Der Sonne/Mond-Zyklus«[19] beschriebenen Verfahrensweise. Dies muß allerdings auf ganz besondere Art und Weise geschehen. Die sonst übliche Methode zur Analyse einer bestimmten Phase besteht darin, einen Aspekt herauszugreifen, den ein schnellerer Planet mit einem langsameren bildet, wie z.B. die Aspekte des Mondes zur Sonne im Lunationszyklus. Dies ist die gültige Herangehensweise sowohl bei Progressionen als auch bei Transiten, wo es ja durch die umlaufenden Planeten zu tatsächlichen Bewegungen kommt. Das Geburtshoroskop ist ein fixes Muster im Raum; es repräsentiert die archetypische Form eines Individuums für die Dauer seines Lebens, weshalb Rudhyar es als ein Mandala bezeichnet. Aspekte können von beiden Planeten aus betrachtet werden. Es geht beim Geburtshoroskop nicht mehr um die Frage, welches der schnellere Planet ist. Ein Quadrat zwischen der Sonne im Krebs und dem Uranus in der Waage läßt sich als ein im «ersten oder letzten Phasen-Viertel» befindliches Sonne/Uranus-Quadrat analysieren. Bei der Analyse des «ersten Phasen-Viertels» wäre eine Person damit beschäftigt zu ergründen, wie der Uranus auf universeller Ebene die solare Kraft freisetzt und wie sich eine von Umwelteinflüssen unabhängige, feste Ego-Haltung am besten verwirklichen läßt. Weil es sich um ein Quadrat des ersten Viertels handelt, ist darauf zu schließen, daß die bei der Suche des Platzes in der Gemeinschaft auftretenden Krisen die Konfrontation zwischen universellen Zielen und dem Status Quo bewirken. Im Falle des «letzten Phasen-Viertels» würde der Astrologe die Art und Weise untersuchen, wie Uranus in Erscheinung tritt. Der abnehmende Aspekt verweist auf den spezifischen Beitrag der Sonne zur Wirkung des Uranus innerhalb der Persönlichkeit bzw. auf den solaren Einfluß auf alle uranische Aktivität. Da es sich bei der Beziehung dieser Planeten um ein Quadrat des «letzten Phasen-Viertels» handelt, wird das transformierende uranische Handeln durch die

Kraft des Solarzweckes konditioniert. Hieraus kann eine Bewußtseinskrise entstehen, die zur Überprüfung der persönlichen Werte und der bewußten Motive führt. Untersucht man die uranische Erscheinungsweise, sollte man die Sonne als den «solaren bzw. positiven» und Uranus als den «lunaren bzw. negativen» Faktor betrachten. Daher entspricht die Phasen-Beziehung des Uranus zur Sonne dem ersten Phasen-Viertel oder dem aufsteigenden Quadrat.

Bei der Betrachtung der Saturn/Uranus-Beziehung muß Saturn als der «positive» oder solare und Uranus als der «negative» oder lunare Faktor gesehen werden, wenn wir feststellen wollen, wie Uranus das, was Saturn repräsentiert, in Frage stellt. Deshalb würde bei einem Quadrat zwischen Saturn im Krebs und Uranus in der Waage die Herausforderung durch Uranus zu Handlungskrisen führen. Solche Krisen stellen die Stärke der saturnischen Struktur und Integrität eines Menschen auf die Probe. In diesem Fall können durch äußere Umstände das Gefühl von Sicherheit oder der auf dem sozialen Status der Familie beruhende Platz im Leben erschüttert werden. In psychologischer Hinsicht können das «stolze Ego» und seine intellektuellen Konzepte in Frage gestellt werden, wodurch es — vielleicht begleitet von schmerzhaften Erfahrungen — notwendig wird, dem Bewußtsein eine neue Struktur zu geben, die sich an neuen und weniger begrenzenden Wertbegriffen orientiert.

Eine solche Analyse ist natürlich sehr schematisch. Es ist unmöglich, für jede nur denkbare Lebenssituation gültige, quasi genormte oder patentierte Bedeutungen für Planeten und Aspekte zu liefern. Der Astrologe kann sich auch nicht auf die Sonne/Uranus- und Saturn/Uranus-Aspekte beschränken; er muß das Geburtshoroskop umfassend untersuchen und dabei insbesondere die Saturn-Aspekte beachten. Ich habe diese Beispiele angeführt, um zu verdeutlichen, daß die Interpretation der Transitzyklen von Uranus und Neptun davon abhängt, auf welcher Ebene Saturn im Leben des Einzelnen in Erscheinung tritt. Eine weitere Vertiefung in dieses Thema würde den Rahmen dieses Buches sprengen und uns vom Thema der Transitzyklen abbringen.

Folgendes ist in diesem Zusammenhang hier aber noch anzufügen: Die augenblickliche Krise zwischen den Generationen ist ein Ergebnis der zur Zeit vorherrschenden Neigung, Individualität über alles zu stellen. Der junge Mensch, der versucht, «seinen eigenen Weg zu gehen», betrachtet die durch Saturn verkörperten sozialen Errungenschaften und Normen des geordneten sozialen und kulturellen Lebens nicht mehr als den positiven Rahmen, in dem er seine Aktivitäten entfalten kann. Saturn kann als unbarmherziger Richter oder Zuchtmeister in Erscheinung treten und jene *äußeren*

Kräfte symbolisieren, die die persönliche Handlungsfreiheit einschränken. Und auch bei dem jungen Menschen, der mit einem «harmonischen» Saturn lebt, der nicht daran denkt, «seinen eigenen Weg zu gehen» und der sich den bestehenden Lebensmustern seiner Gesellschaft harmonisch anpaßt, ist dieser Planet nicht auf individualisierte Art wirksam. Wenn sich der Mensch aber gegen die kollektiven Werte und Normen auflehnt, kann Saturn zum Träger der individualisierten Energie werden, zum Symbol der persönlichen Ego-Struktur. Wenn man sich von der kollektiven saturnischen Herrschaft befreit hat, werden sich das Saturn-Problem und die Qualität der Ego-Struktur völlig verändert zeigen. Dann kann der Mensch zum wahren Individualisten werden, der mit Hilfe des Mars am Werk der Welt mitarbeitet. Es gilt weiterhin, der Welt gegenüber offen zu bleiben und die persönliche Saturn-Energie als Brennglas für uranische Inspiration zu verwenden. Wenn die Person ihre Saturn-Energie nicht entsprechend einsetzen kann, werden mit Uranus und Neptun einhergehende Krisen durch äußerliche Ereignisse die saturnische Ordnung erschüttern. Dazu wird es kommen, wenn nicht soziale Ereignisse wie Revolutionen, Kriege oder Wirtschaftskrisen die latent vorhandene Willenskraft des Individuums wachrütteln und zu einem klaren individuellen Standpunkt zwingen. Das Geburtshoroskop sagt nichts darüber aus, welche der beiden Alternativen zutreffen wird.

Der Saturn/Uranus-Zyklus

Der Uranus verkörpert all das, was die gewöhnlichen Muster von Aktion und Reaktion, von Fühlen und Denken sprengt. Er steht für die Kraft im Leben, die Menschen die Veränderungen der Welt sowie ihrer persönlichen Bedürfnisse erkennen läßt. Um psychisch zu wachsen, ist ein ständiger Prozeß der Selbst-Transformation und die Infragestellung der eigenen Person notwendig, der die Unbeweglichkeit des Egos — die eine falsche Geborgenheit vortäuscht — erschüttert. Uranus mahnt beständig, Spiritualität nicht als eine schrullig-ehrfürchtige Einstellung gegenüber erhabenen Idealen und transzendenten Erfahrungen aufzufassen, sondern vielmehr als Verinnerlichung einer neuen Lebenseinstellung bzw. einer Methode, sich den Herausforderungen der äußeren und inneren Umgebung auf neue Art zu stellen.

Die Beziehungen zwischen Saturn und Uranus offenbaren den konstruktiven Wert innerer Widersprüche. Soziale wie persönliche Bedürfnisse unterliegen Veränderungen; der für die schöpferischen Kräfte seines inneren Wesens offene Mensch wird — mit Hilfe des Uranus — auf diese mit einer neuen Einstellung oder einer neuen Verhaltensweise reagieren. Die Aufforderung, ein größeres und umfassenderes Individuum zu werden, wird für gewöhnlich an den entscheidenden Wendepunkten dieses Zyklus empfunden. Das, was zum späteren Wachstum führt, stellt das Bestehende in Frage. Akzeptiert man die Herausforderung, kommt es unweigerlich zum Bruch mit den persönlichen Traditionen. Man muß nun die emotionale Stärke aufbringen, in seinem Denken oder Handeln eine Richtung einzuschlagen, die dem bisherigen Lebensverlauf zuwiderläuft. Es gilt das Vertrauen zu entwickeln, die gegenwärtige Unbeständigkeit als Grundlage einer neuen und dauerhaften Ordnung der Zukunft aufzufassen. Hier handelt es sich gewissermaßen darum, Uranus gegen Saturn «auszuspielen». Gewohnheitsstrukturen widersetzen sich immer einer Veränderung; das Ego wird eine schöpferische Herausforderung als schicksalhafte Bedrohung erfahren, was zu Angst und Widerstand gegenüber Veränderungen führt. Das Ego ist die saturnische Struktur des Bewußtseins. Es begründet die Konstanz des menschlichen Verhaltens und ist die Basis des Selbst-Verständnisses vom «Ich». Eine konstante Ego-Struktur ist eine offensichtliche Notwendigkeit; es besteht aber die Gefahr, daß diese Struktur erstarrt, wodurch Anpassungen an neue Situationen erschwert werden. Je unbeweglicher das Ego ist, desto drastischer werden Veränderungen ausfallen. Wenn ein wichtiger Abschnitt des Saturn/Uranus-Zyklus mit einer schweren emotionalen Krise einhergeht, so ist deren Ursache in starren gesellschaftlichen Bräuchen oder Vorrechten, persönlichen Gewohnheiten oder überlieferten Verhaltensmustern zu suchen, die sich dem schöpferischen inneren Geist widersetzen.

Unser Jahrhundert ist durch die uranische Herausforderung an das, was Saturn verkörpert, charakterisiert. Überall und in allen Gesellschaften vollzieht sich — manchmal gewaltsam und abrupt — ein Niedergang sozialer, religiöser und kultureller Strukturen und Gebräuche. Diese Entwicklung führt zum Zusammenbruch vieler Egos, die der Energie der neuen, kreativen Kräfte nicht gewachsen sind. Insofern wirken die Transite von Saturn und Uranus gegenwärtig oft zersetzend. Das größte Problem, mit dem man sich während der wichtigen Abschnitte dieser Zyklen konfrontiert sieht, lautet: «Wie kann ich die kreative Kraft des Uranus, die die Trägheit und Selbstzufriedenheit des Egos herausfordert, *konstruktiv* nutzen? Ferner muß man während dieser entscheidenden Phasen der Herausforderung seine Weisheit in den Prozeß der gesellschaftlichen Veränderung eingliedern. Wichtig ist, weder von der Vergangenheit abhängig zu sein noch die nun notwendige Transformation zu radikal zu gestalten, weil sonst auch das zerstört würde, was für die Zukunft von Bedeutung ist.

Der Saturn/Uranus-Zyklus erstreckt sich über etwa 45½ Jahre.
Im Jahre 1897 gab es eine Konjunktion bei 30° Stier bzw. 0° Zwillinge (in Konjunktion zu den Plejaden). Eine neuerliche dreifache Konjunktion findet im Jahre 1988 bei 27° bis 29° Schütze statt.
Der gegenwärtige Zyklus begann im Mai 1942 (Der Autor bezieht sich auch hier wieder auf das Jahr 1977, Anm. des Herausgebers)
Zum zunehmenden Quadrat kam es am 8. Dezember 1951 bei 14°, am 18. April 1952 bei 11° und ein drittes Mal am 15. Oktober des gleichen Jahres bei 18° Waage bzw. Krebs.
Die Oppositions-Phase fand statt am 1. April 1965 bei 12°, am 29. August 1965 bei 15° und ein drittes Mal am 24. Februar 1966 bei 19° Fische bzw. Jungfrau.
Das abnehmende Quadrat war zweimal im Oktober 1975 exakt, und zwar am 4. bei 2° und am 17. bei 3° Löwe bzw. Skorpion. Ein drittes abnehmendes Quadrat folgte noch einmal am 2. Juli 1976 bei 4° Löwe bzw. Skorpion.
Wenn es zu Konjunktionen mit Uranus kommt, der die Kraft der Vision und den Rebell mit der göttlichen Unzufriedenheit verkörpert, werden Breschen in die Begrenzungen des saturnischen Egos eines Menschen geschlagen. Uranus weckt die Sehnsucht nach Dingen, die jenseits dessen liegen, was mit Saturn in Verbindung steht; er bringt Unruhe für diejenigen, die sich um Konformität zum «normalen» gesellschaftlichen Verhalten bemühen. Konformität und Selbstzufriedenheit werden zu diesen Zeiten erschüttert.

Die Erschütterungen des Saturn/Uranus-Zyklus, der mit der Konjunktion des Jahres 1942 seinen Anfang nahm, bezüglich des sozialen Status und der persönlichen Philosophie des Individuums erreichten einen ersten Höhepunkt zur Zeit des zunehmenden Quadrats 1951/52 und ein Höchstmaß während der Opposition 1965/66. An derartigen Wendepunkten kann sich Großartiges ereignen, obwohl dies vielleicht durch beunruhigende oder läuternde Herausforderungen geschieht. Zur Zeit, wo ich dieses schreibe, liegt die Phase des abnehmenden Quadrats gerade hinter uns. Die uranische Transformation des persönlichen Egos und der gesellschaftlichen Identifikation sowie der traditionellen, vermeintlich logischen Strukturen des Denkens und Handelns kann nun zu einer Bewußtseinskrise führen, die zum Überdenken von Wertvorstellungen und Beweggründen zwingt. Jetzt ist die Zeit, Fehler der Vergangenheit zu korrigieren und sich der Zukunft zuzuwenden. Wenn man dies beachtet, ist man besser vorbereitet auf die neuen schöpferischen Kräfte, die bei der Konjunktion des Jahres 1988 freigesetzt werden. Um den Herausforderungen des Saturn/Uranus-Zyklus konstruktiv zu begegnen, muß man bedingungslos die Tatsache akzeptieren, daß Widerstand gegenüber Veränderungen unsinnig ist und der Weigerung gleichkommt, psychisch und spirituell zu wachsen. Natürlich darf man sich nicht auf jede sich bietende Veränderung einlassen; man muß seinen Verstand einsetzen. Der Mensch muß aber für die neuen und schöpferischen Energien, die Herausforderungen der saturnischen Ego-Struktur bedeuten, offen sein; sie werden ihn hin zu einem Zustand größerer Reife leiten.

Der Saturn/Uranus-Zyklus in den Häusern

Das Haus des Geburts- oder des Solarhoroskops, in das die transitierende Saturn/Uranus-Konjunktion fällt, wird den Erfahrungsbereich andeuten, in dem man mit Störungen rechnen muß, und wo vieles, was zuvor fest und stabil erschien, in Frage gestellt wird. Die Hausposition wird auch zeigen, wo der Mensch die größte Offenheit für eine gesellschaftliche, spirituelle oder psychische Transformation aufbringt bzw. wo diese am nötigsten ist. Hier werden sich für die Dauer des Zyklus Entwicklungen und Ereignisse abspielen, die die etablierten und konservativen Strukturen des persönlichen Egos erschüttern. Die mit dem Transit durch dieses Haus einhergehenden Erfahrungen werden sowohl das Problem wie auch dessen potentielle Lösung aufzeigen.

Im 1. Haus werden die persönlichen Gewohnheiten und die eigene Einstellung einer Überprüfung unterworfen, was zu Ruhelosigkeit und nervöser Unentschlossenheit, zu Ungeduld gegenüber den augenblicklichen Verhältnissen und zu einer allgemeinen Unzufriedenheit sich selbst gegenüber führen kann. Man möchte ein anderer Mensch sein. Das persönliche Verhalten scheint widersprüchlich zu sein, und andere Menschen behaupten vielleicht, daß man sich grundlegend geändert hat. Während dieser Zeit darf man seine persönliche Integrität nicht verlieren, wie sehr sich das Leben auch verändern mag. Die Herausforderung ist, auch bei einer Öffnung des Bewußtseins für das Neue standhaft und man selbst zu bleiben. Hierdurch kann ein umfassenderes Verständnis von Integration und Harmonie entstehen.

Im 2. Haus kann diese Konjunktion mit einer Ungeduld gegenüber gewohnheitsbedingten Abläufen einhergehen, die sich insbesondere darauf beziehen, wie eine Person ihrer Individualität Substanz und Form verleiht. Der Betroffene mag jetzt über seine mentalen Fähigkeiten oder «geerbte Gaben» unzufrieden sein. Er sollte sich nun allerdings davor hüten, unbedacht das zu verwerfen, was für die persönliche spirituelle, finanzielle oder gesellschaftliche Substanz notwendig war. Fällt die Saturn/Uranus-Konjunktion in dieses Haus, liegt die Gefahr darin, etwas über Bord zu werfen, das man später als Basis für einen neuen Aufbruch benötigt.

Im 3. Haus kann die Saturn/Uranus-Konjunktion es notwendig machen zu begreifen, daß Logik und Know-how Mittel sind, jedoch kein Ziel darstellen. Ein geregelter Tagesablauf und gut organisierte Beziehungen zur persönlichen Umgebung sind — wenn der Geist sich seiner Kreativität sicher ist — nun von Vorteil. Für kleingeistige und auf Konventionen ausgerichtete Menschen und Egos, die sich ihrer selbst unsicher sind, mag dieser Transit verwirrend ausfallen. Wenn man jetzt das Gefühl hat, der Umwelt und widrigen Umständen nicht angemessen begegnen zu können, muß man alte Gewohnheiten ablegen.

Im 4. Haus wirkt sich diese Konjunktion dort aus, wo sich der Mensch wohl oder sicher fühlt: in seinem Heim oder bei seinen stärksten Überzeugungen. Dies ist der Ort, wo man seine Selbsterneuerung beginnen sollte. Herausforderungen werden es dem Menschen — unter der Voraussetzung, daß er seine Überzeugungen in Frage stellt — ermöglichen, in stärkerem Maße zu wachsen. Die Ereignisse werden das vermeintlich Sichere ins Wanken bringen. Vielleicht kommt es zu einem Wohnungswechsel oder zu dem Wunsch, das eigene Heim zu modernisieren. Für junge Menschen kommt es nun möglicherweise zur Lösung aus dem elterlichen Einflußbereich — hoffentlich ohne diese vor den Kopf zu stoßen.

Im 5. Haus kann sich während der Zeit der Konjunktion zwischen Saturn und Uranus eine Krise ergeben, die sich auf die Entwicklung der kreativen Fähigkeiten bezieht. Vielleicht erfährt der persönliche Stolz über das in der Vergangenheit Erreichte eine heftige Erschütterung. Wenn das Ego für Inspiration offen ist und dem Größeren Leben gestattet, durch die Persönlichkeit zu handeln, wird der kreative Selbstausdruck an Bedeutung gewinnen. Jetzt ist es besser, trotz eines möglichen Verlustes Risiken einzugehen, anstatt in Angst zu verharren.

Im 6. Haus werden der Willen und die Kraft für Erneuerung und Reformen angeregt. Die Aktivitäten des Menschen können nun zu wirklicher persönlicher Reife führen. Neue Methoden und Techniken sind jetzt von großer Wichtigkeit. Je aufgeschlossener der Betroffene sich gegenüber Veränderungen zeigt — in der Arbeit, im Alltag, in der Ernährung oder in einem anderen Bereich, wo Selbstdisziplin verlangt wird —, desto wahrscheinlicher wird er Krankheiten oder eine psychische Krise vermeiden können. Man sollte jetzt keine Angst vor dem Experimentieren und vor der Suche nach einer neuen Lebenweise haben.

Im 7. Haus kann die Saturn/Uranus-Konjunktion für das Verlangen nach einer Liebe stehen, die die Enge und Beschränkung egozentrischer Einstellungen überwindet. Dies ist die Zeit, auf Routine beruhende Verhaltensmuster in zwischenmenschlichen Beziehungen abzulegen. Der Mensch sollte jetzt neue Bekanntschaften machen und die Angst überwinden, die bisher verhindert hat, daß die gesellschaftlichen Chancen auch genutzt wurden. Die persönliche Sicherheit muß nun hinter den zwischenmenschlichen Beziehungen zurückstehen. Allerdings darf man nicht alle Konventionen über Bord werfen. Auch ist es nicht anzuraten, seine Ängste anderen gegenüber dadurch zu überwinden, daß man sich tollkühn in Bereiche stürzt, die selbst von Engeln gefürchtet werden.

Im 8. Haus kann der individuelle und vielleicht egozentrische Gebrauch sozialer Macht oder ererbten Reichtums zutiefst in Frage gestellt werden. Man wird nach diesem Transit eine andere Einstellung gegenüber den Resultaten geschäftlicher Aktivitäten oder intimer Beziehungen entwickelt haben. Wenn man auch nicht mit seinen Beziehungen brechen oder sein Geschäft aufgeben muß, so besteht doch die Notwendigkeit, seine persönliche Einstellung zu diesen sowie den aus ihnen erwarteten Werte zu überprüfen.

Im 9. Haus kann die Saturn/Uranus-Konjunktion auf einen vollstandigen Bruch mit religiösen oder gesellschaftlichen Traditionen hinweisen. Uranus verkörpert hier die Möglichkeit zur religiösen Transformation; er weckt den Wunsch nach neuen Horizonten und läßt den Wert von Beziehungen in einem neuen Licht erscheinen. Um Verwirrung zu vermeiden, sollte man in dieser Situation Offenheit zeigen. Vielleicht kommt es zu einer langen Reise.

Im 10. Haus kommt es durch rastlose Unzufriedenheit und einem drängenden Wunsch nach Veränderung häufig zu einem kritischen Wendepunkt in der beruflichen Laufbahn. Man sollte jetzt keinen plötzlichen Impulsen nachgeben, sondern die Situation und ihre objektiven Erfordernisse sorgfältig abwägen. Der Betroffene muß einsehen, daß es seine Handlungen der Vergangenheit — was einzelne Personen oder auch die Gesellschaft insgesamt angeht — sind, die zu der jetzigen Lage geführt haben. Das Verständnis der Verflechtungen von Gegenwart und Vergangenheit wird die Entwicklung der Zukunft bestimmen.

Im 11. Haus sollte man seine Ideale und gesellschaftlichen Verbindungen in Frage stellen und vielleicht einen neuen Lebensstil einführen. Nun besteht die Gelegenheit, über konventionelle Verhaltensmuster und überlieferte Werte hinauszuwachsen und individuelle Qualitäten zu beweisen. Man sollte sich allerdings nicht Themen oder Projekten widmen, die zu riskant oder unpraktikabel sind. Wenn sich Behinderungen durch erstarrte Freundschaften ergeben, sollte man nicht zögern, diese zu brechen, wenn es dadurch möglich wird, ein spirituell und gesellschaftlich bedeutungsvolleres Leben zu führen.

Im 12. Haus kann der Wunsch übermächtig sein, mit einem bedrückenden karmischen Umstand zu brechen oder sich von der Festlegung durch die bestehende gesellschaftliche oder spirituelle Struktur zu lösen. Dieser Wunsch kann zu einem plötzlichen Ausbruch führen, was aber zur Folge haben wird — wenn man die Bedeutung der Erfahrungen aus der Vergangenheit nicht erkennt —, daß man den neuen Zyklus nicht auf konstruktive Art und Weise beginnen kann. Eine zusammenfassende Bewertung der Vergangenheit — die Ergebnisse des persönlichen Erfolgs oder Mißerfolgs im gesellschaftlichen oder beruflichen Bereich sowie die angewandten Methoden — geht nun in die Saat für den nächsten Zyklus ein. Der Mensch muß mit seiner Inspiration und Vision das Erbe der Vergangenheit für die Ziele der Zukunft umformen — im Idealfall auf einer höheren Ebene der Aktivität.

Der Jupiter/Uranus-Zyklus

Die Unterteilung des 84 Jahre dauernden Uranuszyklus in sieben 12-Jahres-Phasen weist Parallelen zu dem 11,8 Jahre währenden Jupiterzyklus auf. Diese Beziehung zwischen Jupiter und Uranus kommt auch in dem etwa 1004 Jahre dauernden Zeitraum zum Ausdruck, den Rudhyar den «großen Zyklus des Uranus» genannt hat, der zwölf Umläufen des Uranus um die Sonne entspricht. Multipliziert man die Jahreszahl des Jupiterzyklus mit der des Uranuszyklus (11,8 X 84), so erhält man die Zahl 991. Für Rudhyar stellt dieser große, etwa ein Jahrtausend währende Zeitraum einen archetypischen Zyklus des Zivilisationsprozesses dar, da er die gesamte menschliche Rasse berührt. Diese Annahme wird noch durch andere die äußeren Planeten betreffenden Zyklen gestützt: Zwei Neptun/Pluto-Zyklen ergeben eine Summe von 984⅔ Jahren; 22 Saturn/Uranus-Zyklen umfassen 998 Jahre, und 50 Jupiter/Saturn-Zyklen ergeben 983 Jahre. Jedesmal, wenn Uranus in Konjunktion zu Jupiter steht, beginnt ein neuer Trend der gesellschaftlichen, kulturellen, religiösen und psychischen Transformation in der Welt. Diese globale Entwicklung betrifft alle Nationen und alle Formen sozialer Organisation. Während dieser Zeit werden Veränderungen der Verhältnisse in der Welt notwendig, zu denen jeder Mensch beitragen muß. Das Radixhaus, in das die Jupiter/Uranus-Konjunktion fällt, beschreibt die Umstände oder Erfahrungen, die am notwendigsten in bezug auf das Verhalten, Fühlen und Denken zu verändern sind. Die Hausstellung verweist auch darauf, wie sich eine bedeutende Rolle bei der bevorstehenden Transformation übernehmen läßt.

Anders ausgedrückt: Das Radixhaus (oder Solarhaus), in dem sich die Jupiter/Uranus-Konjunktion ereignet, bringt zum Ausdruck, auf welche persönlichen Lebensbereiche sich die Infragestellung der allgemeinen kulturellen Wertbegriffe während der nächsten 14 Jahre (der Dauer des Zyklus) im wesentlichen auswirken wird. Diese Infragestellung scheint von außen auszugehen und kostet viel physische Energie; was sie letztlich darstellt, ist die Auflehnung gegen gesellschaftliche Wertbegriffe, die das persönliche Verhalten und den eigenen Standpunkt konditionieren. Man wird sich der Herausforderung nicht stellen können, wenn man lediglich versucht, sich den neuen Umständen *äußerlich* anzupassen. Um als Individuum wachsen zu können, muß auch eine *innerliche* Veränderung stattfinden. Dieser Prozeß der Veränderungen wird zur Zeit des zunehmenden Quadrats in eine kritische Phase treten und bei der Opposition seinen Höhepunkt erreichen, wenn die volle Bedeutung dessen, was auf dem Spiel steht, schließlich deutlich zutage tritt. Während dieser Zeit muß man vielleicht einräumen, daß man nicht in der Lage war, sich auf die mit der Konjunktion einhergegangenen Herausforderungen oder inneren Erkenntnisse angemessen einzustellen. Bei der Opposition muß der Versuch unternommen werden, die nun offensichtlichen Konfrontationen und Erfahrungen emotionslos und mit vollständiger intellektueller Aufrichtigkeit zu betrachten. Dann wird während der zweiten Hälfte des Zyklus beim abnehmenden Quadrat eine kritische Neubewertung des Zwecks stattfinden, die sich auf die Erkenntnisse, Beurteilungen und Annahme dessen gründet, was mit der Oppposition einherging.

Der Jupiter/Uranus-Zyklus in den Häusern

Das Radix- oder Solarhaus, in dem sich — alle 14 Jahre — die Konjunktion ereignet, verweist auf jenen Lebensbereich, wo das durch Jupiter verkörperte gesellschaftliche Verständnis aller Wahrscheinlichkeit nach eine uranische Transformation erfahren wird. Bei dieser individualisierten Betrachtung des Zyklus sollte man auch feststellen, in welchen Häusern sich die Opposition und das zu- und abnehmende Quadrat ereignen werden.

Im 1. Haus kann die Konjunktion darauf hinweisen, daß die eigene Person ein Kanal für die sozialen und psychischen Transformationen sein kann. Bestimmte gesellschaftliche, kulturelle oder religiöse Aspekte, für die man sich besonders interessiert und bei denen man vielleicht eine wichtige Rolle spielt, sind nun Veränderungen zu unterwerfen. Neue soziale, religiöse, vielleicht auch wirtschaftliche oder politische Aktivitäten können jetzt den

Menschen und seine Umgebung radikal transformieren. Eine neugewonnene Popularität kann die Expansion der Persönlichkeit begünstigen, wenn man sich nicht zu revolutionär gebärdet. Die Persönlichkeit sollte keinen Fanatismus, sondern dynamische Begeisterung ausstrahlen. Die kreativen Kräfte des Geistes streben nach Ausdruck; man sollte bereit sein, die konservativen Grenzen seiner gewohnten Bewußtseinshaltung zu überwinden und das Ego durch diese kreativen Kräfte neu ausrichten.

Im 2. Haus können neue Trends in sozialen oder wirtschaftlichen Bereichen den Menschen dazu bringen, unfertige Ressourcen auszubilden. Die Jupiter/Uranus-Konjunktion signalisiert hier eine kritische Auseinandersetzung mit alten und übernommenen Vorurteilen oder Traditionen. Man sollte jedoch alte Brücken nicht hinter sich abreißen, da die Situation sich als komplexer herausstellen könnte, als man zunächst annahm. Wichtige finanzielle — unerwartete oder sogar ungünstige — Entwicklungen sind wahrscheinlich. Der Betroffene sollte einen neuen Blick auf das werfen, was er — psychisch wie materiell — geerbt hat und neue Methoden finden, mit seinem Eigentum umzugehen, um die persönliche Einzigartigkeit seiner Existenz zu beweisen.

Im 3. Haus können die Erfahrungen die Bereitschaft des Individuums auf die Probe stellen, sich den Prüfungen des Alltags aufgeschlossen und mit Engagement zu stellen. Man sollte für Inspirationen offen sein, die zu einer besseren Anpassung an die gegebenen Umstände führen können. Ein Verwandter oder einflußreicher Nachbar kann für eine wichtige Veränderung verantwortlich sein. Einer starken Persönlichkeit mit einer überzeugenden und erneuernden Vision mag es nun gelingen, die Umwelt zu transformieren. Jede Form des Schreibens und jede intellektuelle Tätigkeit erfährt nun eine Anregung. Je mehr man sich einer Arbeit widmet, die mit dem Ziel getan wird, die eigene Persönlichkeit zu überwinden, desto mehr Leuchtkraft und Eigenständigkeit wird der Geist ausstrahlen.

Im 4. Haus kann es zu wichtigen Entwicklungen im häuslichen Leben oder in der persönlichen Art und Weise kommen, seine Emotionen auszudrücken. Der Betroffene kann nun ein erweitertes Fundament legen, unter der Voraussetzung, daß er Familientraditionen und persönliche Ängste hinter sich lassen kann. Die Erfahrungen dieser Zeit können den Menschen mit den tiefsten Schichten seines Wesens in Verbindung bringen und Gefühle nach außen projizieren, die er lange in seinem Unterbewußtsein unter Verschluß gehalten hat. Grundstücksangelegenheiten können mit Aufregungen verbunden sein

Im 5. Haus kann die Jupiter/Uranus-Konjunktion durch eine großartige visionäre Vorstellung eine kreativere und inspirierendere Herangehensweise an all das mit sich bringen, was mit Selbstausdruck, Erziehung oder Liebe zusammenhängt. Einige Menschen werden ihre emotionalen Impulse allerdings genau kontrollieren müssen, um sich nicht zu verlieren. Es können sich überwältigende Ereignisse wie z.B. Liebeserlebnisse und Spekulationen abspielen, die das Individuum in ihren Bann ziehen; es besteht jedoch die Gefahr, das Gefühl der Perspektive zu verlieren. Nur, wenn man über gute Grundlagen verfügt, kann man die sich nun bietenden Gelegenheiten beim Schopf ergreifen. Umfassende Erfahrungen, insbesondere die tiefste psychische und spirituelle Natur betreffend, können für den Künstler, den Mystiker und auch für den humanistischen Astrologen Offenbarungen mit sich bringen.

Im 6. Haus können ungewöhnliche Arbeitsmöglichkeiten Anreize bieten. Vielleicht geht man an seine Arbeit oder an die Sache, der man dient, nun mit Begeisterung heran. Es ist jetzt notwendig, sich dieser mit Eifer zu widmen und nicht davor zurückzuschrecken, neue Techniken zu erlernen und seinen bewährten Arbeitsbereich oder den Alltag zu verändern. Die Begierde, Neues zu lernen und sich methodisch und psychisch zu vervollkommnen, ist eine unverzichtbare Notwendigkeit während dieser Zeit, selbst wenn es durch sie zu einer Krise kommt. Ein mächtiger gesellschaftlicher oder religiöser Trend kann große Inspiration bringen, wenn die betreffende Person keine Angst vor dem Unkonventionellen hat. Zu dieser Zeit ist ein Höchstmaß an spiritueller Hingabe einzusetzen.

Im 7. Haus können wichtige — vielleicht sexuelle — zwischenmenschlichen Beziehungen für den gesellschaftlichen Fortschritt einen inspirierenden Einfluß ausüben. Man muß bereit sein, neue Formen der Zusammenarbeit und des Teilens zu lernen, um seinen persönlichen Ehrgeiz und sein Besitzstreben zu überwinden. In manchen Fällen kommt es vor, daß der Partner — vielleicht mit Ungeduld und Zwang — zur Expansion drängt. Man sollte keine Angst vor Veränderungen in seinen Beziehungen haben, da diese in hohem Maße anregend sein können. Eine starke Persönlichkeit kann jetzt in ihren Beziehung reformerisch wirken und sozial und spirituell bedeutsame Aktivitäten in Gang setzen. Auf Tradition beruhende Haltungen und Gewohnheiten müssen hinterfragt werden; nichts — was die eigene Person oder die anderen betrifft — darf als gegeben betrachtet werden, wenn man konstruktiv voranschreiten möchte.

Im 8. Haus besteht die Herausforderung darin, das Geschäftsleben und alles, was sich aus den persönlichen Beziehungen (insbesondere der Ehe) ergibt, freier und phantasievoller anzugehen. Veränderungen, vielleicht auch neue Partnerschaften, sind nun notwendig; versperrt sich das Individuum dieser Notwendigkeit, mag die gegenwärtige Situation zu ungewöhnlichen Kontakten oder sozialen Gruppen mit unerprobten Wegen führen. Diese Kontakte könnten sich als vorteilhaft für die berufliche Laufbahn erweisen. Gelegentlich kann ein Erbe die Möglichkeit eröffnen, den Bereich der sozialen oder geschäftlichen Aktivitäten zu erweitern.

Im 9. Haus ist mit der Jupiter/Uranus-Konjunktion die Zeit gekommen, die Interessen durch Reisen und philosophische oder religiöse Studien zu erweitern und neue geistige oder spirituelle Fähigkeiten zu entwickeln. Vielleicht kommt es auf einer langen Reise zu Kontakten mit wichtigen Menschen, die das Leben inspirieren können. Aufregende Botschaften kommen — entweder mit der Post oder aus den Tiefen des erwachenden Bewußtseins. Sie können den Menschen zwingen, viele seiner Hemmungen abzubauen und eine neue Art des sozialen Ausdrucks zu entwickeln. Der Mensch sollte so weit wie möglich versuchen, einen universellen Standpunkt einzunehmen, ohne dabei aber revolutionäre Wege zu beschreiten. Er sollte immer in Kontakt mit seiner wahren und konkreten Operationsbasis bleiben — seiner Natur fremde Gedanken oder Ideale können nun leicht Besitz von ihm ergreifen. Eine konstruktive — spirituelle, psychische oder gesellschaftliche — Expansion wird davon abhängen, wie objektiv man seinen wahren Platz und seine Fähigkeit einschätzt. Diese Objektivität ist nötig, um Wünsche in die Realität umsetzen zu können.

Im 10. Haus kann dieser Transit einen Höhepunkt in der beruflichen Laufbahn oder im öffentlichen Leben signalisieren. Der Betreffende kann eine bemerkenswerte spirituelle oder berufliche Inspiration erhalten, die ihm neue Autorität einbringt bzw. zu neuer Verantwortung führt. Der starke Drang nach Erneuerung führt zu radikalen Veränderungen in der gesellschaftlichen und beruflichen Umgebung. Vielleicht erfahren die sozialen und spirituellen Aktivitäten nun ihre öffentliche Würdigung, wenn die Gesellschaft jetzt deren Wert entdeckt. Schwülstige Gesten sollten jedoch vermieden werden. Ein rein egoistisches Streben nach gesellschaftlichem Ansehen kann zu Problemen führen. Ein gesellschaftlich oder politisch orientiertes Individuum kann jetzt aber sein öffentliches Ansehen und seine Position benutzen, um die nun notwendigen sozialen Transformationen voranzutreiben.

Im 11. Haus macht ein revolutionärer Trend Veränderungen auf sozialen, politischen und ökonomischen Ebenen erforderlich. Wenn die Konjunktion in dieses Haus fällt, muß sich die betroffene Person den neuen Idealen und Bestrebungen anschließen, die die größeren gesellschaftlichen Themen der Zeit zum Inhalt haben. Sie ist angehalten, jene Menschen oder Gruppen zu unterstützen, die aktiv auf die notwendigen Transformationen hinarbeiten. Ein erweitertes soziales Bewußtsein mag aus der Freundschaft eines wohlhabenden oder gesellschaftlich anerkannten Mannes resultieren, der eine anspornende Rolle einnimmt.

Im 12. Haus besteht die Herausforderung in der Entwicklung einer kreativeren und phantasievollere Einstellung gegenüber Vergangenheit und Gemeinschaft. Psychologisch gesehen können nun soziale oder religiöse Komplexe an die Oberfläche treten und das Verhalten der Person beherrschen. Eine derartige Entwicklung erfordert zweifellos viele Kräfte; durch sie kann das Individuum jedoch erkennen, was in seinem innersten Wesen vor sich geht, wodurch eine bewußte Transformation möglich wird. Der Mensch sollte für seine innere Stimme offen sein und durch Innenschau oder Meditation versuchen, sein Bewußtsein zu erweitern. Spirituell reiche Menschen oder die eigenen entfalteten psychischen Fähigkeiten können nun wichtige Botschaften aussenden. Auf der materiellen Ebene mögen sich unerwartete Belohnungen für in der Vergangenheit geleistete Dienste ergeben. Wem es gelingt, sich von der Vergangenheit zu lösen und die auf der Tradition seines Kulturkreises beruhende Bewußtseinsprägung abzulegen, kann jetzt einen wichtigen Schritt voran gehen.

Kapitel IX

Der Neptunzyklus

Neptun ist die Ergänzung zu Uranus. Gemeinsam zeigen diese beiden Planeten, wie die durch eine geographische und soziale, von Saturn symbolisierte Umgebung konditionierte Persönlichkeit zu einem geistvollen spirituellen Individuum werden kann, dem es gelingt, sein Leben einer universellen Wirklichkeit zu unterstellen. Beide Planeten beziehen sich auf überpersönliche Faktoren des Lebens: Uranus vertritt die Vision des größeren Ganzen, von dem jeder Mensch ein Teil ist; Neptun bezieht sich auf das Bestreben nach kollektiver Organisation auf der Grundlage der größtmöglichen Einbeziehung. Neptun verleiht der uranischen Vision Gestalt. Weder Uranus noch Neptun können als «wohltätig» oder «unheilvoll», als «gut» oder «schlecht» eingestuft werden. Sie stellen die immerwährende Herausforderung dar, in Einschließlichkeit und Harmonie zu wachsen. Uranus und Neptun können sich im menschlichen Leben nur dann positiv auswirken, wenn der Betreffende sich des größeren Bezugsrahmens, den sie repräsentieren, bewußt ist und sich selbst als einen wesentlichen Teil dieses größeren Ganzen begreift. Die negative Bedeutung, die dem Neptun von vielen Astrologen zugeschrieben wird, tritt in all jenen Fällen in Erscheinung, in denen sich das saturnische Ego als unfähig erweist, die von Uranus verkörperten universellen Werte zu erkennen und sein Leben auf diese auszurichten. Somit steht laut Rudhyar ein sich negativ auswirkender Neptun für ein unbefriedigtes und frustriertes Leben, das aller Wahrscheinlichkeit nach auf der Unterwerfung unter kollektive Leidenschaften, Ansprüche oder Moralvorstellungen beruht.

Die durch einen negativen Neptun-Aspekt heraufbeschworenen künstlichen Paradiese — Verwirrung, Zauber, Selbstbetrug und die verschiedenen Arten von Flucht in Drogen und Alkohol — resultieren allesamt aus der Weigerung des Individuums, sich voll und ganz seiner Lebenssituation zu stellen. Der Mensch neigt dazu, seine Aufmerksamkeit den angenehmen Lebenserfahrungen zu widmen und über die unangenehmeren — die ebenfalls ein Bestandteil der Situation sind — hinwegzusehen. Wenn man der Angst nachgibt, mit etwas Unangenehmen konfrontiert zu werden, wird man nicht mehr in der Lage sein, als ganzheitliches Wesen zu handeln. Ein sich negativ auswirkender Neptun wird immer einen Teil der Wirklichkeit *ausschließen*; der positiv gelebte Neptun dagegen bemüht sich, alles *einzubeziehen*. Marc Edmund Jones betrachtet Neptun als Symbol für die Verantwortung oder Verpflichtung eines Menschen gegenüber der Gesellschaft oder Gruppe, der er angehört. Rudhyar interpretierte dieses Bestreben nach vollständiger Einbeziehung als die menschliche Fähigkeit, am Aufbau der physischen, psychologischen und gesellschaftlichen Strukturen mitzuwirken und dabei viele verschiedene Elemente aufzunehmen.

Neptun und die kollektive Bestimmung

Es gibt zwei Ansätze für die Interpretation der drei transsaturnischen Planeten: vom Individuellen zum Kollektiven oder vom Universellen zum Speziellen. Diese zwei Ansätze entsprechen dem in Kapitel IV beschriebenen involutionären und evolutionären Gezeitenstrom. Auf die individuelle Bestimmung bezogen, flutet dieser Gezeitenstrom von der Sonne aus bis hin zu Pluto und darüber hinaus, während er, bezogen auf die kollektive Bestimmung der Menschheit, in die entgegengesetzte Richtung strömt. Wenn wir uns also vom Universellen zum Speziellen entwickeln wollen, stellen wir fest, daß die Menschheit durch Pluto, den entferntesten der drei «universellen» Planeten, mit neuen Faktoren in Berührung gekommen ist. Diese Faktoren werden von Neptun und Uranus modifiziert.[20]

Diese drei Planeten beziehen sich auf die Art und Weise, in der sich die kollektive Bestimmung in der Geschichte ausdrückt. Diese Form überlagert die individuelle Bestimmung aller Menschen. Anhand der «Hippie-Generation» läßt sich dieser Prozeß veranschaulichen. Die Auflehnung der «Hippies» gegen das Establishment war keine individueller Prozeß, sondern die Rebellion einer Altersgruppe. Die Mitglieder dieser Gruppe organisierten sich in einer Kaste von Nonkonformisten und unterwarfen sich somit vollständig den strikten Gruppennormen bezüglich des Verhaltens, der Kleidung und sogar des Sprachgebrauchs. Bei der Suche nach Stabilität und Sicherheit sah man sich gezwungen, die selbst auferlegten Regeln der «Non-Konformität» zu beachten und sich in Konformität an diese zusammenzuschließen. Wo diese Revolte gegen die herrschende Mentalität der Gesellschaft keinen Erfolg zeigte bzw. aussichtslos wurde, vollzog sich eine allgemeine Flucht vor der Realität mit Hilfe von Drogen. Somit war eine ganze Generation bestrebt, sich in einem künstlichen, auf chemische Prozesse gebauten Paradies zu verlieren. Astrologisch steht dieser Trend in Verbindung mit der Uranus/Pluto-Konjunktion in der Jungfrau im Sextil zu Neptun im Skorpion, das von 1963 bis 1968 wirksam war.

Für eine individuelle Interpretation der drei universellen Planeten muß der Astrologe sie als die drei grundlegenden Schritte auf dem Pfad zur Transformation betrachten. Es sind diese Planeten, die es dem Menschen ermöglichen, über ein rein egozentrisches Verhalten hinauszuwachsen und die Identifikation mit seinem wahren Selbst zu erreichen. Sie beschreiben die evolutionäre Woge individueller Manifestation, die bei Uranus beginnt und sich bis hin zu Pluto und darüber hinaus erstreckt. Der erste Schritt auf dem Pfad der Transformation ist das Gefühl tiefer Unzufriedenheit mit dem Bestehenden. (Diese darf aber nicht aus dem Bedürfnis nach Selbstprofilierung resultieren, weil es sich in diesem Fall um den Jupiter-Drang nach einem mächtigeren Ego und größerem Besitz an materiellen Gütern handelt.) Es muß die Unzufriedenheit mit der Lebensqualität und den selbstgesteckten persönlichen Zielen sein, die einen Ausdruck der «göttlichen Unzufriedenheit» darstellt, welche aus dem Verlangen geboren wurde, «mehr» als ein Mensch zu sein. Das ist die uranische Unzufriedenheit, die einen Menschen dazu veranlassen kann, das Gewohnte und Traditionelle zu überwinden und nach dem «Dahinter», einem umfassenderen Bereich des Seins und Bewußtseins zu streben. Gibt ein Mensch seiner uranischen Unzufriedenheit nach, stellt sich zwangsläufig eine Krise ein, weil sich die saturnischen Strukturen einer Veränderung widersetzen. Da Uranus auf das Bedürfnis verweist, sich aufgrund der persönlichen Vision einer transzendenten Erfahrung zu verändern, «beeinflußt» er einen Menschen insbesondere auf geistigen Ebenen durch radikal neue und herausfordernde Gedanken.

Neptun hingegen leitet Transformationsprozesse ein, die die grundlegenden Gefühle eines Individuums betreffen und mit der Bewertung seines Denkens und Handelns einhergehen. Ein Mensch kann für die uranische Vision offen sein, sie aber aufgrund von Angst und Unsicherheit nicht umsetzen können. In einem solchen Fall werden neptunische Vorstellungen von bezaubernden Träumen und Visionen einer wie auch immer gearteten Umwandlung die saturnischen Ängste und Begrenzungen auflösen müssen. Man muß nicht nur *glauben*, daß der neue uranische Weg der richtige ist, sondern man muß auch dessen Notwendigkeit *spüren*. Man muß den neuen Zustand herbeisehnen und vollständig in die eigene Fähigkeit vertrauen, ihn realisieren zu können. Wenn es dazu gekommen ist, wird Pluto den dritten Schritt offenbaren: die Notwendigkeit, auf der Basis der uranischen Vision und dem neptunischen Vertrauen *aktiv* zu werden. Wenn man sich als Individuum und nicht als angepaßtes Mitglied einer Gruppe versteht, wird man am Leben seiner Gesellschaft vollständig teilnehmen oder, in religiöser Betrachtung, mit dem «Willen Gottes» übereinstimmen.

Derart individualisiert wirken sich die universellen Planeten aber nur aus, wenn sich das saturnische Ego der größeren, alles umfassenden Realität öffnet. Bei den meisten Menschen stehen diese Planeten in erster Linie für das kollektive Schicksal; ihre Stellung im Horoskop zeigt die Reaktionen des Betreffenden auf dieses. Nur wenige Menschen *agieren* tatsächlich bezüglich der äußeren Planeten; die meisten *reagieren* auf sie. Das kollektive Schicksal muß nicht unbedingt nur spektakuläre Ereignisse wie z.B. Kriege, Revolutionen, politische Gewalt, Epidemien, Erdbeben oder dergleichen bedeuten — es verkörpert, allgemein gesprochen, die weltlichen Bedingungen der sozialen Umgebung. Sowohl die Gefährdung durch Autoverkehr wie durch eine Sturmflut ist ein kollektives Phänomen. Die Verschmutzung der Gewässer, die Vergiftung unserer Nahrungsmittel, die Luftverschmutzung, die ständige Bedrohung durch radioaktive Verseuchung sind die Lebensbedingungen, in die jeder von uns hineingeboren wurde. Die in den unterentwickelten Ländern herrschenden Hungersnöte sind wie die Lebensbedingungen in den Slums der großen Städte der Länder der Überflußgesellschaft ebenfalls ein Ausdruck des kollektiven Schicksals. Überall übt die Gesellschaft heute durch soziale, religiöse oder politische Faktoren auf die ihr angehörenden Menschen eine Art «höhere Gewalt» aus. Das diesbezüglich vielleicht krasseste Beispiel sind psychische oder körperliche Folterungen, die Menschen wegen ihrer Überzeugung und ihres Glaubens zugefügt werden.

Diese Ausdrucksformen des kollektiven Schicksals der Menschheit beeinflussen jeden Menschen, selbst wenn er offensichtlich nicht unter ihnen leidet. Sie stellen eine kollektive Herausforderung dar, wobei es die Verantwortung jedes Menschen ist, soviel wie irgend möglich zu ihrer Lösung beizutragen. Die Probleme der Menschheit resultieren aus der Weltsicht, die wir uns — bewußt oder unbewußt — angeeignet haben. Neptun zeigt, wie das Individuum die Macht des kollektiven Schicksals empfindet. Gemäß der Worte von Marc Edmund Jones ist Neptun der Planet der sozialen Verpflichtung. Daher wird bei einem markanten Neptun im Horoskop die Erfüllung der individuellen Bestimmung davon abhängen, wie der Mensch auf den Druck des kollektiven Schicksals in physischer oder psychischer Hinsicht reagiert. Diese Reaktion muß keine negativen Erfahrungen nach sich ziehen. Der betreffende Mensch kann zum Opfer oder Märtyrer oder auch zum Helden oder Anführer werden.

Entsprechend der Zeichenposition im Geburtshoroskop und der beteiligten Planeten tendiert Neptun zur Unklarheit bezüglich der körperlichen und psychischen Funktionen. Neptun verschleiert, weil es seine Aufgabe ist, die von Jupiter und Saturn errichteten und exakt definierten Grenzen aufzulösen. Daher behält nichts, was von Neptun berührt wird, seinen alten Wert.

Sicherheit und Selbstbewußtsein werden untergraben, und irrationale und unbewußte Elemente überfluten das bewußte Ego und lösen auf, was der Betroffene vormals als stabil, verläßlich und gültig angesehen hatte. Das Ergebnis dieses Auflösungsprozesses wird von den unbewußten, universellen oder kollektiven Elementen abhängen, die das bewußte Ego durchdringen. Wie diese Elemente aussehen, kann mit astrologischen Mitteln nicht vorhergesehen werden. Von großer Wichtigkeit ist, auf welcher Bewußtseinsebene die Persönlichkeit sich befindet.

In psychologischer Hinsicht ersetzt Neptun das Gewohnte, Gesicherte und Begrenzte durch ungewohnte und umfassendere Wertbegriffe. Die Gefühlswelt wird von einer tiefen Sehnsucht nach dem jenseits des Gewohnten liegenden aufgewühlt, und man hat wundervolle Träume von einer perfekten Welt mit auf Mitgefühl und universeller Liebe basierender Freude an zwischenmenschlichen Beziehungen. In negativer Weise wird die neptunische Antwort auf die langweilige und begrenzte saturnische Welt in Drogenkonsum, Alkoholmißbrauch, sexuellen Ausschweifungen oder dem Bauen von Traumschlössern bestehen. Vielleicht steht Neptun auch mit der Flucht vor Verantwortung oder der Selbstaufgabe zugunsten einer kollektiven Bewegung oder religiösen Gruppe in Beziehung, die dem Individuum alle Entscheidungen abnimmt. Viele zeitgenössische politische und religiöse Bewegungen, die bei der jüngeren Generation zur Zeit in Mode sind — wie z.B. der Marxismus-Leninismus, der Maoismus, die Vielzahl terroristischer Gruppen, religiöse Gemeinschaften wie die Vereinigungskirche des Sun Yung Moon und die Hare-Krishna-Bewegung — stellen vornehmlich eine negative Reaktion auf Neptun dar: Sie streben eine Egalisierung sozialer Unterschiede an, fördern den Verlust von Individualität zugunsten von Gruppeninteressen oder billigen den Einsatz von Gewalt oder Betrug, um ihre Ziele zu erreichen. Passivität und Medialität sind negative Neptun-Phänomene: Statt ein bewußter Vermittler zu sein, liefert sich das Medium an eine unbewußte Macht aus.

Die Neptun-Generationen

Jede Altersgruppe geht auf ihre eigene Art und Weise mit persönlichen und gesellschaftlichen Problemen um. Die jeweilige Herangehensweise wird vornehmlich durch kulturelle und soziale Einflüsse der Umwelt zur Zeit der Geburt bestimmt; sie spiegelt sich im Verhalten der Eltern und im sozioökonomischen und politischen Druck wider, die das Leben des Menschen in seinen frühen Lebensjahren formen. Die Art des Umgangs der verschiedenen

Generationen mit ihren Problemen steht mit dem Umlauf von Neptun und Pluto durch die Tierkreiszeichen in Verbindung. Das, was wir im allgemeinen den Generationsaspekt nennen, ist astrologisch mit dem Durchgang Plutos durch ein und Neptuns durch zwei — aufeinanderfolgend positive und negative — Zeichen verbunden.[21] Die bewußte Herangehensweise einer Generation an Probleme wird durch die Zeichenposition des umlaufenden Neptuns und Plutos bestimmt. Die Zeichenpositionen von Neptun und Pluto im Horoskop deuten auf die Qualität der irrationalen Energien des kollektiven Unbewußten hin, die aktiviert werden. Ein Problem oder eine Krise werden eine dem Zeichen des aktuellen Neptun-Transits entsprechende Färbung annehmen; deren Wurzel aber wird mit der Bedeutung des Zeichens in Verbindung stehen, in dem sich Neptun zur Zeit der Geburt aufhielt.

Neptun in den Zwillingen (1888/89 bis 1901/02). Die kollektive Tendenz dieses Transits bildet auch das Fundament des gegenwärtigen, 500 Jahre dauernden Neptun/Pluto-Zyklus, der mit der Konjunktion im Jahre 1891/92 bei 9° Zwillingen begann. In diesem Zeichen wirkte der auflösende Einfluß des Neptuns innerhalb des menschlichen Geistes. Hier fand eine allmähliche Zersetzung der allgemein anerkannten Grundlagen des 19. Jahrhunderts bezüglich des Universums und der Natur statt. Die geistigen Konzepte, die das 20. Jahrhundert formen und beherrschen sollten, wurden in erster Linie von jenen Menschen entwickelt, die während dieser Phase geboren wurden. Unsere heutige elektronische Gesellschaft gründet sich auf eine Vielzahl von Entdeckungen und Erfindungen jener Zeit, z.B. auf die Formulierung der Quantentheorie durch Max Planck und die Theorie Einsteins, die Voraussetzungen für die Kernspaltung und die spätere Kernverschmelzung darstellten. Die Freudsche Psychoanalyse eröffnete ein neues Verständnis der menschlichen Persönlichkeit. Neptun in den Zwillingen ging auch mit der Überbewertung des Intellekts einher, mit der Tendenz, wissenschaftlichen Erkenntnissen wie einem Kult zu huldigen und sich an die «Vernunft» zu versklaven in der Ansicht, alle Probleme lösen und das «Wahre» vom «Falschen» trennen zu können. Dieser Transit stimulierte die leidenschaftliche und rastlose Suche nach Detailwissen und den Trend, Ordnungssysteme als Wirklichkeit anzusehen und Statistiken einzuführen.

Neptun im Krebs (1902 bis 1914/15). In diesem Zeichen bewirkte Neptun die Auflösung aller menschlichen und gesellschaftlichen Mauern und Schutzschilde. Alte Lebensstrukturen, Familienstolz und die Überbetonung nationaler, gesellschaftlicher und persönlicher Unterschiede mußten überwunden werden. Grenzen und imperialistische Bestrebungen wurden in Frage gestellt. Traditionelle Wertbegriffe mußten in einem neuen Licht und im

Zusammenhang mit einer größeren, umfassenden Wirklichkeit betrachtet werden.

Neptun im Löwen (1914/15 bis 1928/29). Als Neptuns Nordknoten[22] im Oktober 1919 bei 12° Löwe stand, begann ein neuer Zyklus dieses Planeten. Hier löste Neptun den Willen und den National- oder Ego-Stolz auf, um Menschen und Nationen zu der Erkenntnis zu verhelfen, daß sie etwas Größerem angehören. Autokratische Lebensweisen wichen dem Gefühl gegenseitiger Abhängigkeit. Der Individuationsprozeß, wie C. G. Jung ihn verstanden hat (die Öffnung des bewußten Egos gegenüber dem kollektiven Unbewußten), kann als Neptun/Löwe-Entsprechung aufgefaßt werden. Im Verlaufe dieses Transits beeinflußten Jungs Gedanken — wie die von Freud und Adler — die kollektive Mentalität in zunehmendem Maße. Neptunische Eskapaden traten in all den Exzessen des «Jazz Age» zutage. Alle anerkannten Wertvorstellungen wurden in Frage gestellt — das Leben schien Sinn und Richtung verloren zu haben. Der Erste Weltkrieg führte zu einer fast vollständigen Zerstörung mancher Nationen und der gesellschaftlichen Klassenstrukturen. Europa verlor seine führende Rolle in der Weltwirtschaft, und andere Kontinente waren daraufhin gezwungen, ihre Ökonomie umzustellen. Sozialistische, kommunistische und anarchistische Gruppierungen und die Arbeiterbewegung gewannen an Macht. Die Veteranen des Weltkriegs trauten, nachdem sich ihr Horizont erweitert hatte, den gesellschaftlichen und politischen Bonzen nicht mehr und weigerten sich, zu den ausbeuterischen Bedingungen der Vorkriegszeit weiterzuarbeiten. Die traditionellen Verhaltensformen des viktorianischen Zeitalters brachen zusammen, und das neue — sexuelle, politische und künstlerische — moralische Motto hieß: «Alles ist erlaubt». Die Frauen forderten und erhielten schließlich das Wahlrecht. Die Prohibition in den Vereinigten Staaten begründete die Macht des organisierten Verbrechens, die heutzutage bis in jeden Winkel der nichtkommunistischen Welt reicht.

Neptun in der Jungfrau (1929 bis 1942). Der beispiellose Wohlstand der 20er Jahre endete 1929 mit dem Börsenkrach an der Wall Street, auf den die Zeit der großen Depression folgte. Der Transit von Neptun durch die Jungfrau wurde durch diese gefärbt; er ging während des Zweiten Weltkriegs zu Ende. Die während des Transits durch den Löwen eingeleitete Auflösung der individuellen und nationalen Macht erfuhr hier ihre Fortsetzung. Das Zeichen der Jungfrau steht für die menschliche Fähigkeit der Analyse. Durch Neptun in diesem Zeichen wurde der allgemeinen Fähigkeit der Analyse eine spirituelle und universelle Richtung verliehen und der Geist für umfassendere Wahrheiten in allen Bereichen geöffnet. Aus diesem Grunde kam es zu einer kritischen Einstellung gegenüber dem Rationalismus und zur Neigung, Begrenztes in ein größeres Ganzes zu integrieren. Die negativen Manifestationen dieses Transits bestanden — insbesondere in Deutschland — in Massenpropaganda und großangelegten Täuschungen. Argumente für eine vermeintliche Überlegenheit der Rasse vergifteten den Geist der Nation, die sich immer ihres Rationalismus gerühmt hatte. Die Technik hatte nur noch ein Ziel: die Zerstörung. Mit größtmöglicher Perfektion wurden Millionen von Menschen im Namen der rassischen Reinheit getötet. Unter diesem Transit kam es zum Aufstieg der Diktaturen faschistischer und kommunistischer Prägung und zum Erstarken des fanatischen Nationalismus.

Neptun in der Waage (1942 bis 1956/57). Dies war ein bedeutender Transit für die Bemühungen der Menschen, sich in neuer und umfassenderer Hinsicht auf ihre Mitmenschen zu beziehen. Die aus den Trümmern des Zweiten Weltkriegs geborene Organisation der Vereinten Nationen versinnbildlicht ausgezeichnet das Phänomen des Waage-Neptuns; sie zeigt, wie sehr die Menschheit bei der Verwirklichung ihres neptunischen Ideals einer globalen Gesellschaft vorangekommen ist. Die Waage-Betonung von Zusammenarbeit und vollständiger und bewußter Teilhabe von Individuen und Nationen an einem größeren Ganzen ist — noch immer — ein neptunischer Traum. Die Vision, Nationen und Kontinente, Völker und Kulturen, zum Zwecke des friedlichen Zusammenwirkens zu vereinen, ist bislang noch keine Realität geworden. Während dieser Phase kam es über Hiroshima zum ersten Atombombenabwurf, zur Herstellung von Nuklearwaffen in großem Maßstab und zur Festigung der Macht der internationalen Kartelle. Die Welt zerfiel in zwei bewaffnete Lager — die NATO und SEATO auf der einen, der kommunistische Block auf der anderen Seite. Es kam zur Gründung der Europäischen Gemeinschaft — vorgeblich zur Einigung des Kontinents und zur Verhinderung weiterer Kriege, tatsächlich aber, um in Konkurrenz zur amerikanischen Wirtschaft die nach dem Ersten Weltkrieg verlorene führende Position wiederzugewinnen. Aber auch positive Entwicklungen, was die menschlichen Verkehrsformen angeht, sind noch anzuführen: herausragender z.B die Bürgerrechtsbewegung oder die insbesondere in den Vereinigten Staaten praktizierte Gruppenpsychologie als eine wichtige Methode zur Erfüllung der persönlichen Bestimmung. Die Gründung des Weltkirchenrates im Jahre 1948 legte den Grundstein für die später folgende ökumenische Bewegung.

Neptun im Skorpion (1957 bis 1970). Dieser Transit betonte das emotionale Verlangen, sich in speziellen — spirituellen oder geschäftlichen — Gruppen zu vereinigen. Die menschliche Humanität wurde bis in ihre Wurzeln erschüttert, und allgemeine Vorlieben nahmen mystische oder vermeintlich religiöse Züge an. Der Transit begann mit Sit-ins und friedlichen Demonstrationen; er endete mit Rassenunruhen (allerdings gab es zu dieser Zeit bezüglich der Rassengleichheit auch viele Errungenschaften). Aufruhr, Gewalt, Attentate, terroristische Bombenanschläge und Flugzeugentführungen wurden zu einer üblichen Methode, politische Veränderungen herbeizuführen. Viele junge Leute wurden zu Aussteigern und gerieten in die Welt der Drogen. Die Pornographie erfuhr eine immer weitere Verbreitung, und wahlloses Sexualverhalten wurde zur Norm . Schwarze Magie und «okkulte Wissenschaften» wurden ebenfalls populär. Der Protest gegen den Krieg (in erster Linie gegen die amerikanische Beteiligung am Vietnamkrieg) nahm zu, wurde aber selbst immer gewalttätiger. Parallell dazu kam es — insbesondere in Verbindung mit Drogen — zu einem sprunghaften Anstieg der Straßenkriminalität. Tausende junger Männer gingen freiwillig ins Exil, um nicht in Vietnam dienen zu müssen; in den Vereinigten Staaten verbarrikadierten sich die Menschen in ihren Häusern und ignorierten die Gewalt vor ihrer Haustür.

Neptun im Schützen (1970 bis 1984). Der Transit von Neptun durch das Zeichen, das für die Ausweitung von Beziehungen, weitreichende Planungen und den größtmöglichen Einsatz geistiger und gesellschaftlicher Macht steht, kündigt viele Veränderungen auf diesen Gebieten an. Auf der Ebene von Jupiter und Saturn benutzt der spirituelle Geist die Schütze-Energien, um den Horizont des persönlichen Egos oder der Nation zu erweitern; Neptun legt hier dem Menschen nahe, daß die Zeit gekommen ist, Probleme jetzt weltweit zu lösen. Der Bezugsrahmen für alle neuen gesellschaftlichen, kulturellen, ethischen oder politischen Vorhaben muß in der Menschheit als Ganzem gesehen werden. Ein persönliches oder nationales Macht- oder Besitzstreben muß dem Ideal eines allgemeinen Wohlstandes weichen. Die ausschließlich auf die Steigerung der Produktion gerichtete Betrachtungsweise und die damit einhergehende Verschwendung von Energie und natürlichen Ressourcen müssen jetzt unter Kontrolle gebracht werden. Lebensqualität muß Vorrang vor Quantität haben. Es müssen Organisationsformen entwickelt werden, in denen jeder Standpunkt und jedes ethnische oder sozialökonomische System Platz finden kann. Die Gefahr besteht, daß utopische Träume von Sozialreformern und unrealistische Allheilmittel für gesellschaftliche und wirtschaftliche Probleme praktische Überlegungen überschatten. Man muß sich vor dem Selbstbetrug und der Überidealisierung — gewissermaßen einer Art Verzauberung — in spirituellen bzw. religiösen Bereichen hüten. Viele religiöse Bewegungen sind bereits entstanden und haben — insbesondere unter jungen Menschen — scharenweise Anhänger gefunden. Solche Bewegungen können sich, obwohl sie eine positive Alternative zu den drogenorientierten Fluchtversuchen des Neptun-Transits durch den Skorpion darstellen, als ebenso gefährlich erweisen.

Neptun im Steinbock (1984 bis 1998). Während dieses Transits werden die seit Neptuns Eintritt in das Zeichen des Widders im Jahre 1861 und insbesondere seit dessen Eintritt in die Waage im Jahre 1942 begonnenen Bewegungen und Tendenzen einen konkreteren und organisierteren Zustand erreichen. Vielleicht kommt es zu politischen Bestrebungen, eine Weltregierung zu errichten. In gewisser Weise wird Neptun den verschiedenen Formen gesellschaftlicher, nationaler oder internationaler Organisationen eine mystische Färbung verleihen. Im Jahre 1992 werden Uranus und Neptun bei 16° Steinbock in Konjunktion zueinander stehen. 171 Jahre zuvor standen sie ebenfalls in Konjunktion im Steinbock, und zwar bei 3°. Seit der Phase des abnehmenden Quadrats im Uranus/Neptun-Zyklus (exakt im Juni 1955) sollten die Menschen und Nationen zunehmend den wahren Wert ihrer Art zu leben erkannt haben und bereit für die notwendigen Veränderungen sein, die eine freiere und kreativere Beziehung zwischen dem Individuum und der Gesellschaft ermöglichen. Die Resultate des neuen Zyklus (vom Jahre 1992 bis 2163) werden davon abhängen, was zur Verwirklichung der angeführten Ziele zwischen 1955 und 1992 unternommen wurde. Neptun im Steinbock bezieht sich auf die Versuche, Materie und Materialismus zu spiritualisieren bzw. den spirituellen Geist zu materialisieren. Rudhyar brachte einmal zum Ausdruck, daß der Steinbock zwei Gesichter hat: Christus und Caesar. Vieles wird davon abhängen, wie die Menschen die neptunische Herausforderung annehmen: als den Aufruf zu einer neuen Geburt Christi oder aber zur Errichtung eines autoritären Staates.

Der persönliche Neptunzyklus

Bei jeder Betrachtung Neptuns, die sich auf ein Individuum bezieht, ist zu beachten, daß seine Umlaufzeit etwa doppelt so lang wie die des Uranus ist. Das heißt, daß die meisten Menschen in ihrem Leben allenfalls einen halben Neptunzyklus erleben werden. Weil es im Leben oft nicht zu einer Berührung des Aszendenten kommt, kann eine Konjunktion des Neptuns mit dem Aszendenten als Ausgangspunkt des Neptunzyklus nicht in Frage kommen Die Hausposition des Neptuns im Geburtshoroskop zeigt die Art von Erfahrungen und Konfrontationen, durch die es potentiell zu einer Befreiung von den persönlichen Ego-Begrenzungen und zu einer Veränderung der Persönlichkeit kommen kann. Mittels dieser neptunischen Erfahrungen oder Konfrontationen werden die vom Standpunkt saturnischer Logik aus festen, gesicherten und objektiven Werte aufgelöst. Man wird sich danach sehnen, das «jenseits» des Gewohnten im Bereich des Radixhauses liegende zu erfahren; man ist aufgefordert, eine breitere, unfassendere und universellere Form für die typischen Erfahrungen des entsprechenden Hauses zu entwickeln. Der Quadrant des Radix-Neptuns zeigt die Art von Wachstum, das die Gesellschaft mit großer Beharrlichkeit von dem Individuum verlangen wird. Sekundäre Akzente werden durch den Quadrantenwechsel des laufenden Neptuns angezeigt.

Wenn Neptun den Aszendenten überquert und das 1. Haus durchläuft, wird man entweder dabei helfen, ein kollektives Ziel zu formulieren, oder aber vor dem gesellschaftlichen Druck in ein künstliches Paradies zu fliehen versuchen. Dieser Transit wird die Entwicklung eines sozialen Bewußtseins fordern. Der Betroffene wird jetzt für die von seiner Gemeinschaft, Religion oder Kultur akzeptierten Normen und Werte empfänglicher sein als zuvor. Dies birgt die Gefahr in sich, das Selbst an falsch aufgefaßte kollektive Themen zu verlieren. Alles weit Entfernte erregt Aufmerksamkeit. Es kann sich jetzt eine mystische oder humanitäre Herangehensweise an das Leben und seine Probleme entwickeln. Man sollte mit Idealismus handeln, ohne jedoch den persönlichen Sinn für die objektive Wirklichkeit und für praktische Überlegungen zu verlieren. Während dieses Transits wird ein neues Bewußtsein verlangt. Möglicherweise entsteht Unklarheit darüber, wer und was man wirklich ist. Dies kann einen allmählichen Umwandlungsprozeß des persönlichen Egos einleiten. Wie dieser Prozeß auch immer aussehen mag — das Wesen des Selbst bzw. die Geschlossenheit des eigenen Persönlichkeitsgefühls wird vollständig in Frage gestellt.

In negativer Hinsicht kann dieser Neptun-Transit Ängste aufsteigen lassen, deren Wurzeln schwer zu erkennen sind. Es wird die Neigung bestehen, in Phantasien oder Träumen zu leben oder sich in einen unauflöslichen Nebel zu verlieren. Vielleicht zwingen besondere Umstände — die auf einer falschen Einstellung bzw. einer falschen Auffassung des eigenen Lebens beruhen können — das Individuum zu Verschwiegenheit bei persönlichen Angelegenheiten. Eine strahlende Illusion kann die allgemeinen und sich selbst betreffenden Wertbegriffe einer Person vollständig verzerren, was zu Minderwertigkeits- oder Überlegenheitskomplexen, Unsicherheit und Mißtrauen führen kann. Das Gefühl, nicht zu wissen, was richtig oder falsch ist, kann die Unzufriedenheit mit der Welt und mit sich selbst noch verschlimmern. Dieser Transit kann eine Zeit umfassender Unentschlossenheit und Unzufriedenheit mit sich bringen. Auftretende Gelegenheiten werden vielleicht mangels Perspektive falsch eingeschätzt oder nicht genutzt. Die wichtigste Aufgabe besteht darin, die «Verzauberungen» und Illusionen dieser Zeit zu durchbrechen und so selbstkritisch wie möglich zu sein.

Wenn Neptun das 2. Haus durchläuft, ist es — insbesondere in finanzieller oder materieller Hinsicht — notwendig, mit beiden Füßen fest auf dem Boden der Realität zu stehen. Überempfindlichkeit in bezug auf den eigenen Besitz kann während dieser Zeit leicht zu übertriebener Gewissenhaftigkeit führen; vielleicht weigert man sich aber auch, materiellen Dingen überhaupt einen Wert oder eine Bedeutung zuzuschreiben. Menschen können jetzt zu einer Last werden, wenn sie glauben, die Gesellschaft schulde ihnen ihren Lebensunterhalt. Andererseits kann auch der Drang entstehen, möglichst leicht und schnell viel Geld zu verdienen — jedoch ohne sich um die Ethik der angewandten Mittel Gedanken zu machen. Soziale Verpflichtungen können nun materielle Grundlagen aufzehren. Daher ist es wichtig, sorgfältig zu überprüfen, ob man aus Gründen der Konfirmität Geld ausgibt. Häufig besteht während dieses Transits Unklarheit über die finanzielle Lage eines Menschen. Unklarheiten führen möglicherweise zu der Notwendigkeit, seine materiellen Angelegenheiten besser zu organisieren. Betrug, Täuschung und die Überschätzung des eigenen Potentials können zu Verlusten führen. Das Fehlen eines eindeutigen Zieles kann ebenfalls dem optimalen Einsatz des Vermögens im Wege stehen. Die jetzigen Geschehnisse sind eine Reaktion auf den Neptun-Transit durch das 1. Haus. Wenn bei der Konjunktion des Neptuns mit dem Aszendenten ein neues gesellschaftliches Ziel ins Auge gefaßt wurde, wird während des jetzigen Transits der bestmögliche Einsatz der — materiellen und psychischen — Ressourcen zu dessen Realisierung verlangt.

Wenn Neptun das 3. Haus durchläuft, können soziale, humanitäre oder mystische Wertvorstellungen starken Einfluß auf das intellektuelle Leben nehmen, wobei man vielleicht zum Sprachrohr kollektiver Werte wird. An sich ist dieser Kontakt mit sozialen Themen positiv zu bewerten; er kann aber auch zu intellektueller Verblendung führen und die Alltagsangelegenheiten in den Hintergrund treten lassen. Das Denken erfährt Inspiration oder Verwirrung — vielleicht wird man von ungewohnten geistigen Zuständen wie Furcht, Ängsten oder beunruhigenden Träumen oder Halluzinationen heimgesucht. Dieser Transit verlangt, in Beziehung zu den eher unwesentlicheren Problemen der weltlichen Existenz seine Perspektive auszuweiten. Da Neptun der Planet der sozialen Verpflichtung ist, kann dieser Transit mit neuen Aufgaben und Verantwortungen in den Alltagsbeziehungen einhergehen. Vielleicht sollte man zwischen Verpflichtung und Aufbürdung unterscheiden, denn es kann geschehen, daß Verwandte, Nachbarn oder Kollegen der betreffenden Person ihre Forderungen aufladen und dennoch keine Dankbarkeit für die ihnen zuteil gewordene Hilfe zeigen. Während des Transits ist es wichtig, sein tägliches Leben gut zu organisieren, weil Gegenstände des täglichen Gebrauchs auf mysteriöse Art verschwinden können. Briefe oder andere Papiere können verlegt werden, verlorengehen oder inhaltlich zu Mißverständnissen führen, Botschaften vergessen oder falsch interpretiert werden. Reisen in der unmittelbaren Umgebung erfahren möglicherweise durch Umleitungen oder falsche Hinweise Behinderungen, und vielleicht wird man übervorteilt oder erhält beim Einkaufen die falsche Ware. In solchen Fällen sollte man nach den größeren Bedeutungen dieser doch belanglosen Ärgernisse des Alltags suchen und sich bemühen, genau und geordnet zu denken und in den Alltagskontakten so tolerant wie möglich sein.

Wenn Neptun den Nadir überquert und das 4. Haus durchläuft, kann es durch kollektive oder gesellschaftliche Kräfte zu einer Verwischung bzw. Auflösung der Grenzen des Heims oder der Persönlichkeit kommen. Während dieser Zeit kommt es vielleicht — unter dem Einfluß einer faszinierenden Vorstellung oder Person — zur Suche nach dem universellen Zentrum. Dies kann sich als das Verlangen äußern, eine umfassendere Bedeutung für die eigene Existenz finden zu wollen. Vielerlei Einflüsse können auf die Gefühlswelt oder das Zuhause einwirken; möglicherweise muß der Betreffende gegen eine beständige innere Unsicherheit, verschiedene Furchtvorstellungen und schleichende Ängste ankämpfen. Auf der psychischen Ebene können gewohnte Gefühle nun durch Bilder oder Träume, die aus dem kollektiven Unbewußten stammen, verändert werden. Während dieses Transits sollte man sich selbst und sein Zuhause für Gedanken und Menschen öffnen, die neptunische Werte verkörpern — Werte, die sich auf eine umfassendere und menschlichere Art zu leben beziehen. Astrologie, Spiritualismus, mystische Erfahrungen bzw. Vertreter dieser Bereiche können dem einzelnen helfen, ungesundes Grübeln und seine Isolierung zu beenden. Manchmal wird eine «Leiche im Keller» auftauchen — etwas wird offenkundig werden, was man lieber vor der Öffentlichkeit verborgen gehalten hätte. Jetzt ist die Zeit, eine größere und umfassendere Grundlage für die Persönlichkeit und für das Zuhause zu errichten. Die subtile Wirkung dieses Transits besteht darin, daß die Wurzeln des Selbstvertrauens (welche auf einem begrenzten Verständnis des Selbst beruhen) langsam untergraben werden und man erkennen muß, daß die vermeintlich sicheren Grundlagen des Lebens auf Sand gebaut sind.

Wenn Neptun das 5. Haus durchläuft, kann es zu übertriebenen emotionalen Leidenschaften und romantischen Erfahrungen kommen. Auf eine schwer faßbare Art ist man gezwungen, seine Einstellung zu Träumen, Liebesaffären und dem persönlichen Selbstausdruck zu überdenken. Alles, was in irgendeiner Beziehung zu Neptun steht — z.B. Musik, Theater, Film, Astrologie, Mystik, Tiefenpsychologie, Alkohol oder Drogen — kann während dieser Zeit eine starke Anziehungskraft ausüben. Liebesaffären und sexuelle Abenteuer können von eigenartigen Umständen begleitet sein. Neptun löst zu starr gewordene persönliche Einstellungen auf und macht die Emotionen für überpersönliche spirituelle Werte zugänglich, die als Quelle für einen neuen Selbstausdruck dienen können. Ein Element der Harmlosigkeit muß das Handeln durchdringen. Wahre Liebe muß an die Stelle des emotionalen Besitzanspruchs treten, der ein begrenzter Ausdruck des persönlichen Egos ist. Während dieses Transits kann eine unbestimmte Ruhelosigkeit und emotionale Unzufriedenheit in Beziehungen sowie ein verwirrter Gefühlszustand herrschen. Das persönliche Leben scheint jetzt oft zutiefst unbefriedigend, und eine tiefe Sehnsucht nach etwas Unerreichbarem — von dem man selbst keine klare Vorstellung hat — kann die Person ergreifen. Man sehnt sich nach Liebe, wo man keine finden wird; man fühlt mit denen, die kein Mitgefühl verdienen und versagt es denjenigen, die es wert wären. Während dieses Transits besteht ein großes Bedürfnis nach Liebe; man gibt jedoch nicht alles, bevor man nicht sicher ist, ob die Liebe auch angenommen wird. Steht Neptun im 5. Haus, kann man wirkliches Glück nur dann erfahren, wenn man sich bedingungslos und vollständig hingibt. Nur selbstlose, an den höchsten Idealen ausgerichtete und keinesfalls fordernde Liebe kann die Erfüllung der unbestimmten Sehnsucht bringen; Liebe, die diesen Ansprüchen nicht genügt, wird wahrscheinlich für das persönliche Ego Leiden bringen.

Wenn Neptun das 6. Haus durchläuft, tragen die Bemühungen des vorangehenden Transits Früchte, die höchsten persönlichen Ideale auszudrücken. Der persönliche Stolz muß überwunden werden, damit es jetzt zu einer weitreichenden emotionalen Transformation kommen kann. Neptun, der Planet der sozialen Verpflichtung, im Haus der Arbeit und des Dienens verlangt, daß man sich seiner Verpflichtungen anderen gegenüber bewußt ist. Eigene gesundheitliche Probleme (die aufgrund eines unklugen Selbstausdrucks während des Transits durch das 5. Haus entstanden sein können), ein möglicher Krankendienst an anderen oder undankbare Tätigkeiten im Haus oder bei der Arbeit stellen die persönliche Fähigkeit zu dienen auf die Probe. Glück wird man durch unbedingte Hilfsbereitschaft finden, indem man sich bereitwillig ins Zeug legt und sich für seine Aufgabe abmüht, in dem Wissen, daß die Zukunft diese Anstrengungen lohnen wird. Auf diese Art kann eine wahrhaft mitfühlende und humanitäre neptunische Einstellung entfaltet werden.

Wenn Neptun den Deszendenten überquert und das 7. Haus durchläuft, wird die Metamorphose des persönlichen Egos sich in einem umfassenden Bewußtsein über die Realität in zwischenmenschlichen Beziehungen bewähren müssen. Der positive Aspekt des Neptuns ist Einbeziehung und Mitgefühl; diese Fähigkeit ist jetzt unter Beweis zu stellen. Nicht das Bewußtsein allein ist wichtig, sondern auch die Liebe für die verschiedensten Menschen: Freunde wie potentielle Feinde und Vertraute wie Peiniger (wobei in manchen Fällen die unkluge Begeisterung von «Jüngern» größere Probleme aufwirft als der Haß von «offenen Feinden»). Da Neptuns Tun unpersönlich ist, kommt es vielleicht zu der Tendenz, sich von den Freunden abzusondern, anstatt sie aus der Nähe und persönlich zu erleben. Neptun im 7. Haus erachtet die Qualität und den Wert von Beziehungen, die man gewissen Idealen gemäß aufzubauen versucht, für wichtiger als die Bedürfnisse einer bestimmten Person. Hier kann es zu Rückschlägen kommen, wenn man nicht wirklich in der Lage ist, universelle Liebe zu verströmen. Auf anderen Ebenen ist das Individuum außerordentlich verwundbar durch Freunde. Man verfällt nun leicht der Faszination verschiedener Menschen. Vielleicht treten Betrug und Täuschung auf; dies wird auf jeden Fall zutreffen, wenn Geschenke, Versprechungen oder Ansprüche einen neptunischen Nebel über die Beziehung gelegt haben. Wer in diesen Nebel geraten ist, wird in psychischer oder sozialer Hinsicht darunter zu leiden haben. Prinzipiell aber ist es möglich, den falschen Glanz dieser Phase rechtzeitig zu durchschauen, wodurch das Ausmaß der Unannehmlichkeiten gering gehalten werden kann.

Man sollte sich aber auch vor einem falschen und unerwünschten Altruismus hüten. Ein solches Verhalten kann gefährlich sein, weil man damit die Verantwortung für die Taten anderer übernimmt und ihr Karma auf die eigenen Schultern lädt. Auf Mitleid beruhende Beziehungen können zur Ausbeutung eines Partners führen. Wenn die individuelle Einstellung gegenüber Beziehungen zu persönlich bzw. auf das bewußte Ego beschränkt ist, kann dieser Transit das Gefühl mit sich bringen, daß man in einer Welt der Verwirrung lebt. Da die Wahrnehmung der anderen und ihrer Beweggründe und Absichten aufgrund persönlicher Projektionen im Widerspruch zu den Gegebenheiten stehen kann, stellt sich vielleicht das Gefühl ein, nicht verstanden zu werden. Man begegnet der Außenwelt mit Unbehagen oder gar Mißtrauen; durch die eigene Unsicherheit kommt es dann bei anderen zu

Mißverständnissen bezüglich der persönlichen Beweggründe. Während dieser Zeit spürt man, daß sich in den Beziehungen zu anderen und der Außenwelt etwas verändert oder verändern sollte. Dennoch kann, wenn sich die Gelegenheit zur Veränderung bietet, Unentschlossenheit herrschen, weil der Betreffende nicht genau weiß, was er eigentlich will. Deshalb muß man sich über die eigenen Ziele klarwerden und erkennen, ob dieses Verlangen aus egoistischen Beweggründen resultiert oder ob es im Einklang mit dem Ideal des selbstlosen neptunischen Dienens steht. Solange man zu viel von anderen Menschen übernimmt oder sich mit ihnen zwecks Intrigen verbindet, wird dieser Transit Mißtrauen, Schwindel, Qual oder Betrug mit sich bringen. Nur eine Einstellung, die das Geben und das Dienen höher schätzt als das Nehmen und Selbstsucht, wird das Individuum Befriedigung in persönlichen und gesellschaftlichen Beziehungen empfinden lassen.

Wenn Neptun das 8. Haus durchläuft, sollte es zu einem klarer umrissenen emotionalen Streben nach einer «mystischen» Vereinigung mit dem geliebten Partner kommen. Die humanitäre bzw. überpersönliche Aufgabe sollte nun Resultate bringen, selbst wenn diese soziale Probleme aufwerfen. Man muß, was die potentiellen Ergebnisse der persönlichen Beziehungen angeht, sich vor Selbsttäuschung hüten. Durch Wunschdenken und Passivität können Probleme entstehen. Man darf sich nicht in künstlichen Paradiesen verlieren oder zu allem «ja und amen» sagen, was die Partner vorschlagen. Auf ein ordnungsgemäß ablaufendes Geschäftsleben ist nun große Aufmerksamkeit zu richten, um vor Täuschungen und Verlusten geschützt zu sein. Bei Gerichtsfällen — insbesondere in Erbschaftsangelegenheiten — kann es während dieser zu Zeit zu unliebsamen Überraschungen, z.B. einem Verrat, kommen. Oft geht mit Neptun Verwirrung einher, die den Menschen zwingt, seine Vorstellungen und Werte zu klären; während dieser Phase gilt dies in erster Linie für den geschäftlichen Bereich und für die Produktivität der Partnerschaften. Man muß einen klaren Kopf bewahren und darf nicht Extremen verfallen, indem man einmal naiv und leichtgläubig und ein anderes Mal übertrieben mißtrauisch reagiert.

Wenn Neptun das 9. Haus durchläuft, wird sich die aufkommende Unklarheit auf das Denkvermögen beziehen und zu Zweifeln bezüglich der eigenen Sicht von Erfolg, Moral, Religion, Philosophie, dem Gesetz und allgemeinen abstrakten Themen führen. Neptun erweitert die Grenzen des Geistes, indem er durch unbestimmte Sorgen, Gewissensbisse und verwirrende Träume eine vage Unzufriedenheit mit dem gegenwärtigen Zustand erzeugt. Das Individuum kann sich nun über die Bedeutung und den Wert der Lebensbeziehungen — allgemeinmenschliche oder sexuelle — völig im unklaren sein. Ursache hierfür ist vielleicht ein extremer Idealismus oder die Überzeugung, daß abstrakte Prinzipien wichtiger sind als wirkliche Menschen. Möglicherweise ist jetzt das Urteilsvermögen gelähmt oder ausschließlich auf religiöse oder spirituelle Erwägungen ausgerichtet. Aberglaube, Fanatismus, religiöse oder wissenschaftliche Vorurteile können seltsame Blüten treiben. Im 9. Haus öffnet Neptun den Geist für weitgefächerte Theorien, psychische Phänomene und exotische Vorstellungen. Machtvolle Bilder des kollektiven Unbewußten können mit Hilfe eindrucksvoller Träume an die Oberfläche gelangen. Eine Erweiterung des Bewußtseins kann auch durch Reisen in fremde Länder oder durch Kontakte mit fremden Menschen und Gedanken entstehen. Aber auch hier besteht wieder die Möglichkeit, trügerischen Umständen und Konfusion zu begegnen.

Wenn Neptun die Himmelsmitte überquert und das 10. Haus durchläuft, kann der wachsende Einfluß, der mit der Bedeutung des vierten Quadranten zusammenhängt, mit öffentlichen oder beruflichen Tätigkeit in Verbindung stehen, die im Interesse einer Gemeinschaft liegen. Wenn der Mensch die Reife aufbringt, kann er nun öffentlich für internationale, humanitäre oder transzendente Werte und Aktivitäten in Erscheinung treten und die Ideale seiner Gemeinschaft verkünden. Wenn aber der Neptun-Transit des dritten Quadranten Illusionen bezüglich des eigenen Wertes erzeugt hat, kann es nun zu einer entscheidenden Kraftprobe kommen. Viele Menschen kennen nicht den wirklichen Wert ihres Beitrags zur Gesellschaft und wähnen sich im Besitz mancherlei Fähigkeiten und Kenntnisse, die ihnen tatsächlich abgehen; manchmal hingegen mag der Mensch sich selbst unterschätzen. Nun kommt es mit großer Wahrscheinlichkeit zu realistischeren Einschätzungen. Um vor Verleumdungen und Skandalen geschützt zu sein, sollte man sich vor Unbesonnenheiten hüten. Man darf sich jetzt keinen illusorischen Zielen hingeben, sondern muß seine Anstrengungen darauf richten, vor den Augen der Öffentlichkeit seine Fähigkeiten zu demonstrieren. Man muß über jeden Verdacht erhaben sein und die übernommenen Aufgaben kompetent und vollständig erfüllen — ein einziger Fehltritt kann alles in Frage stellen.

Wenn Neptun das 11. Haus durchläuft, wird der Mensch vom gesellschaftlichen Leben, von Parties, von Vereins- oder Gruppenaktivitäten, die vielleicht idealistisch geprägt sind, und Modeerscheinungen aller Art in den Bann gezogen. Auch hier besteht die Gefahr unrealistischer Erwartungen — während dieser Zeit muß der Mensch versuchen, der Faszination falscher «Meister» oder Propheten oder der Beteiligung an gesellschaftlichen Intrigen zu widerstehen. Er muß selbst der Meister seines Schicksals sein und sich nicht von anderen Menschen abhängig machen. In den Kontakten zu Freunden und Gruppen kann Unklarheit und Ungewißheit auftreten, was zu Zweifeln bezüglich der persönlichen sozialen Fähigkeiten und dem Wert der eigenen Zielvorstellungen führen könnte. Vielleicht vernachlässigt man Kontakte in dem Glauben, von den Freunden nicht mehr erwünscht zu sein. Anstatt jetzt übermäßig ins Grübeln zu geraten, sollte sich der Betreffende darüber klar werden, daß ein neptunischer Prozeß seine bisherige Art der gesellschaftlichen Teilnahme transformiert für etwas von größerem Wert und größerer spiritueller Qualität. Insofern ist dem Bruch mit Menschen und selbstsüchtigen oder einschränkenden gesellschaftlichen Aktivitäten nicht nachzutrauern — im Gegenteil: er geschieht zu seinem Besten. Die Welt braucht den ungestümen Pionier, der durch seinen Geist und seine Aktivitäten einen visionären Schritt zur Erfüllung gesellschaftlicher Bedürfnisse macht. Wenn man selbst nicht imstande ist, derartige Verantwortung zu übernehmen, sollte man nun zumindest Freunde und Begleiter unter denjenigen suchen, die von einer ähnlichen Vision gesellschaftlicher und religiöser Veränderung beseelt sind.

Wenn Neptun das 12. Haus durchläuft, ist er in seinem Element, denn sowohl dieses Haus als auch der Planet stehen für eine Beseitigung des «Mülls» der Vergangenheit. Jetzt können unterbewußte Beschränkungen und Schatten aufgelöst und die großen, mit dem Transit durch das 11. Haus einhergehenden Träume verwirklicht werden. Je weniger der Mensch den überkommenen Idealen und sozialen Aktivitäten verhaftet ist, desto weniger wird ihm dieser Transit psychisch zu schaffen machen. Im 12. Haus muß aufkommenden Zweifeln und Ängsten bezüglich des persönlichen und gesellschaftlichen Wertes entgegengearbeitet werden. Man muß falsche Vorstellungen ausmerzen und der Realität ohne Selbstmitleid ins Gesicht sehen; man darf jetzt nicht dem Wunsch nachgeben, sich aus dem sozialen Leben zurückzuziehen und sich in Träumen und Verblendung zu ergehen. Die Person kann jetzt zur Zielscheibe von Klatsch und hinterhältigen Angriffen werden; wenn sie jedoch Selbstachtung bewahrt, werden Verleumdungen sie nicht verletzen. Für Menschen mit psychischen Gaben kann der Transit die Wahrnehmung der subtileren Bereiche der Wirklichkeit schärfen und Erleuchtung bringen, denn jetzt sind tiefe mystische Erfahrungen möglich.

Gesellschaftliche und zwischenmenschliche Erfahrungen der Vergangenheit und die aus ihnen entstandenen psychischen Muster stürzen das Individuum jetzt vielleicht in eine Krise. Mißerfolg oder Frustration, Müßiggang oder Anpassung führen nun möglicherweise zu Schuldgefühlen und Gewissensbissen und scheinen dem Schritt zur größeren Bestimmung im

Wege zu stehen. Die Herausforderung besteht hier darin, sein Scheitern zu akzeptieren und den Mut zu haben, aus der aktuellen Situation seinen Weg weiterzugehen. Es besteht kein Anlaß zur Grübelei über die Vergangenheit oder zu der Befürchtung, daß es zu weiteren Mißerfolgen kommen könnte. Bevor man vollkommen ist, bleiben — unausweichlich — aus jedem Zyklus einige «unerledigte Angelegenheiten» zurück, die den neuen Abschnitt bestimmen werden. Wichtig ist die Bereitschaft, das, was noch nicht vollendet wurde, zu akzeptieren, um es in dem neuen Zyklus besser zu machen. Alles, was während dieses Transits unternommen oder unterlassen wird, wird auf die Zukunft einwirken. Insofern verleiht Neptun die «Gnade des Vergessens»; die Erinnerung an all das Unerledigte darf verschwinden, damit aus all dem, was ein Individuum erreicht hat, die neue Saat entstehen kann. Diese Saat wird zu keimen beginnen, wenn Neptun mit einer neuen Herausforderung an das spirituelle Leben den Aszendenten erreicht.

Individuelle Neptun-Krisen

Neben den allgemeinen Tendenzen können individuelle Krisen — wie bei Uranus — mit Aspekten des transitierenden Neptuns einhergehen. Wie sich eine solche Krise äußern wird, hängt von vielerlei Faktoren ab, so daß eine genaue Vorhersage unmöglich ist. Auch ist der Zeitpunkt solcher Krisen wegen der langsamen Neptunbewegung nur sehr schwer zu bestimmen. Insofern wird ein Transit-Aspekt zum Beispiel mit der Radix-Sonne eher einen Lebensabschnitt als ein einzelnes, zeitlich genau zu fixierendes Ereignis markieren. Dem humanistischen Astrologen geht es auch weder um eine solche zeitliche Fixierung noch um die im Voraus erfolgte Bestimmung der Intensität einer Krise, welche von sozialen Faktoren abhängt. Nichts und niemand — insbesondere nicht der humanistische Astrologe — hat das Recht zu mutmaßen, ob die zu erwartenden Ergebnisse der Krise positiv oder negativ ausfallen werden. Woher soll der Astrologe wissen, ob sich die Krise in innerlicher oder äußerlicher oder beiderlei Hinsicht auswirken wird? Bei einer inneren Krise treten die äußeren Ergebnisse vielleicht auch erst einige Zeit nach einem exakten Transit-Aspekt Neptuns auf. Mit Neptun einhergehende Krisen unterscheiden sich von denen des Uranus insofern, als daß eine langsame, nicht recht faßbare Veränderung der Beziehung zu anderen Menschen und Ereignissen einsetzt und sich die Erkenntnisse bezüglich der Form, den Zusammenhängen oder der Bedeutung des Lebens sich nicht plötzlich oder auf drastische Weise neu gestalten. Irrationale Gedanken überziehen das bewußte Verhalten und insbesondere die emotionalen Erwiderungen und Gefühlsreaktionen. Vielleicht identifiziert man sich jetzt mit

Außenseitern und Unterdrückten. In negativer Hinsicht besteht jedoch die Gefahr, sich Drogen auszuliefern oder sich in Scheinwelten zu flüchten, was die Unfähigkeit widerspiegelt, äußerem gesellschaftlichen oder innerem psychischen Druck zu widerstehen.

Der Uranus/Neptun-Zyklus

Der Uranus/Neptun-Zyklus hat eine Dauer von 171 Jahren, womit er die menschliche Lebenserwartung übertrifft. Der augenblickliche Zyklus der beiden Planeten begann mit ihrer Konjunktion bei 3° Steinbock im Frühjahr 1821. Das zunehmende Quadrat wiederholte sich mehrfach zwischen den Jahren 1867 und 1871. Die Oppositionsphase dauerte vom 28. Februar 1906 bis zum 2. Dezember 1909 und wiederholte sich insgesamt neun Mal. Das abnehmende Quadrat war zum ersten Mal am 15. Juli 1954 exakt und wiederholte sich am 2. Dezember 1954, am 11. Juni 1955 und am 19. Januar und am 5. Mai des Jahres 1956. Zwischen dem September 1953 und dem März 1957 — also 3½ Jahre lang — verblieb es innerhalb eines Orbis von einem Grad. Die nächste Konjunktion wird im Jahre 1992 stattfinden, und zwar bei fast 16° Steinbock. Die verschiedenen Abschnitte des Uranus/Neptun-Zyklus stehen in Verbindung mit historischen Ereignissen, die unsere heutige Gesellschaft geprägt haben. Für gewöhnlich übersehen die Astrologen die Tatsache, daß viele der Probleme, mit denen ein Individuum im Laufe seines Lebens konfrontiert wird, aus wichtigen nationalen und internationalen Ereignissen resultieren. Der augenblickliche Uranus/Neptun-Zyklus begann kurz vor dem Tode Napoleons, dessen Erbe heute noch fortlebt — die Napoleonischen Gesetze finden nicht nur in Frankreich, sondern in vielen anderen Ländern auf der Welt auch heute noch Anwendung. Europas Astrologen verdanken ihm die Eintragung der Geburtszeit in die Geburtsurkunden. Das Napoleonische Leitbild beeinflußte zweifellos Mussolini und Hitler und viele Diktatoren Afrikas und Lateinamerikas. Die Zielstrebigkeit, mit der Napoleon Macht suchte und benutzte, findet heute ihre Entsprechung in den wirtschaftlichen Führungskreisen mit ihrer rücksichtslosen Ausnutzung der wissenschaftlichen Erfindungen und Entdeckungen und der Gründung internationaler Kartelle. Die persönliche und gesellschaftliche Machtposition, über die die Wirtschaftskräfte heute verfügen, übersteigt sogar noch die Napoleons.

Die enorme Macht des militärisch-industriellen Komplexes ist der Ausdruck der Machtkonzentration der technisch-industriellen und sozialpolitischen Revolution des frühen 19. Jahrhunderts. Ob man es positiv oder negativ bewertet: Das wirtschaftliche, politische und gesellschaftliche Leben von mehr als der Hälfte der Weltbevölkerung liegt in den Händen einiger weniger Menschen. Der augenblickliche Uranus/Neptun-Zyklus, der mit der Konjunktion im Steinbock begann, ist eine augenfällige astrologische Entsprechung für den Einsatz gesellschaftlicher Macht zum Zwecke der Selbstverherrlichung. Der Steinbock verkörpert die Beherrschung jeder sozialen Aktivität — durch den Staat, durch Wirtschaftsunternehmen oder Banken oder durch eine herausragende Persönlichkeit: den Diktator oder politischen «Führer», den Industriebaron oder den Chef eines Unterweltsyndikats. Da die beiden nächsten Uranus/Neptun-Konjunktionen (1992 und 2163) wiederum im Steinbock stattfinden werden, kann man davon ausgehen, daß der Umgang mit der gesellschaftlichen Macht weiterhin im Brennpunkt stehen wird. Die Aufgabe dieses Zyklus besteht darin zu lernen, wie sich die aus uranischen Veränderungen und Erfindungen gewonnene Macht nicht nur zum individuellen, sondern zum Wohle aller Menschen einsetzen läßt. Verschiedene, durchaus lohnenswerte Versuche wurden — bemerkenswerterweise von einigen der größten «Raubritter» wie Henry Ford, John D. Rockefeller und Andrew Carnegie selbst — unternommen, humanitäre Organisationen aufzubauen. Im großen und ganzen aber haben die Industriebosse nur Interesse an ihrem persönlichen Wohlergehen, und den Politikern geht es jeweils um ihre eigenen nationalen Interessen. Der Drang nach Geld und Macht, auf Kosten moralischer Werte, bleibt die Regel und nicht die Ausnahme.

Die Opposition zwischen den beiden Planeten zu Beginn unseres Jahrhunderts führte alle Versuche, die die Menschheit seit dem Jahre 1821 zur Verwirklichung einer weltweiten Metamorphose unternommen hatte, zu einem Höhepunkt. Weil es der Menschheit nicht gelungen war, eine kluge, ethische und spirituelle Kontrolle der seit der Konjunktion verfügbaren, überaus mächtigen neuen Energien zu bewerkstelligen, lenkte die Uranus/Neptun-Opposition zu der weltweiten Spaltung und Zerstörung hin, die wir alle erleben mußten und müssen — zu den Weltkriegen, der Anhäufung von Nuklearwaffen, der globalen Umweltverschmutzung, zur Ausrottung vieler Tierarten und zu einem weltweiten Klima der Angst und Feindschaft. Uranus und Neptun ist es bislang nicht gelungen, Saturn, das Symbol des Imperialismus und isolierender nationaler Bestrebungen, zu überwinden. Veraltete saturnische Bräuche und Ideologien der Gesellschaft und Religion veränderten sich nicht. Das abnehmende Quadrat der fünfziger Jahre war eine letzte Aufforderung an die Menschheit, besser mit der politischen Macht und den internationalen Konflikten umzugehen. Zu dieser Zeit wäre es notwendig gewesen, alle seit dem Beginn des Jahrhunderts (der Opposition) unternommenen Bemühungen (und Versäumnisse) umfassend und nüchtern zu analysieren.

Diejenigen, die um das Jahr 1956 mit dem Uranus/Neptun-Quadrat geboren wurden, könnten über die Mittel verfügen, mit denen die zuvor während dieses Zyklus begangenen Fehler wieder zu korrigieren sind. Dieser Aspekt stellt sowohl Selbstkritik als auch Kritik an der Gesellschaft, an etablierten Lebensweisen und dem religiösen Erbe in den Vordergrund, wenn diese einen freien Selbstausdruck zu behindern scheinen. Uranus steht für das Individuum, Neptun für die Gemeinschaft. Das Quadrat konfrontiert das Einmalige und Unverfälschte mit dem, was allen Menschen gemeinsam ist und vermittelt die Erkenntnis, daß das Individuum nur in der Beziehung zum Kollektiv wachsen und sich verwirklichen kann. Im Lauf der Zeit wird das Kollektiv immer von seinen führenden Individuen geprägt. Diejenigen, die zur Zeit des abnehmenden Quadrats im Jahre 1956 geboren wurden, haben ein spezielles Problem, sich als Individuen in Beziehung zur Gesellschaft zu setzen. Dieses Problem wird durch die Hausposition des Uranus/Neptun-Quadrats im Geburtshoroskop bzw. — wenn die Geburtszeit unbekannt ist — im Solarhoroskop angezeigt. Die Hausposition des Uranus wird zeigen, wo man seine Individualität unbedingt zum Ausdruck bringen will. Die Hausstellung Neptuns dagegen symbolisiert, wo die Gesellschaft, die Tradition, die Vergangenheit und die eigenen unterbewußten Erinnerungen diesen Prozeß aufhalten oder verzögern können.

Das abnehmende Uranus/Neptun-Quadrat in den Häusern

Das abnehmende Quadrat steht für die Möglichkeit, angemessener auf gesellschaftliche Zwänge und Konfrontationen zu reagieren. Seine Bedeutung erschließt sich im Einzelfall aus dem Geburtshoroskop. Die unten aufgeführten Entsprechungen sind somit nur als allgemeine Tendenz aufzufassen. Bei der Interpretation des Aspektes gehe ich von gleichgroßen Häusern aus, da die möglichen Abweichungen den Rahmen dieses Buches sprengen würden.

1954:	15. Juli	23°19'	Krebs/Waage
1954:	2. Dezember	27°20'	Krebs/Waage
1955:	11. Juni	25°39'	Krebs/Waage
1956:	19. Januar	0°23'	Löwe/Skorpion
1956:	5. Mai	28°37'	Krebs/Waage

Uranus im 1., Neptun im 4. Haus. Die Herausforderung besteht hier darin, ein echtes, würdevolles Individuum zu sein. Eine Krise kann dazu auffordern, die Eltern, die ererbten Grundlagen oder die grundsätzlichen Werte und Gefühle, auf die man sich verläßt, in Frage zu stellen. Man sollte nun Entscheidungen über das persönliche Leben und dessen wichtigste Ziele treffen, was zum Bruch mit bisher tiefverwurzelt geglaubten Bedingungen führen kann.

Uranus im 2., Neptun im 5. Haus. Hier kann die Herausforderung aus dem Wunsch nach finanzieller Unabhängigkeit oder der Notwendigkeit, Geld zu beschaffen, resultieren. Vielleicht entwickelt der Betroffene seine ererbten Fähigkeiten oder sein persönliches Vermögen, um gemäß dem Verständnis des persönlichen Schicksals der Gesellschaft seinen Wert zu beweisen. Zu große Abenteuer und Risiken gilt es zu vermeiden. Von zentraler Bedeutung ist jetzt, sich selbst treu zu bleiben und nicht kollektiven Trends des Selbstausdrucks zu folgen. Theater, Musik oder romantische Erlebnisse können auf den Menschen während dieser Zeit starke Faszination ausüben.

Uranus im 3., Neptun im 6. Haus. Nun wird ein rastloser Geist das Individuum zu neuen Erfahrungen mit Gedanken und Menschen führen. Man ist jetzt aufgefordert, mehr zu lernen und seine Arbeitsmethode sowie seinen Selbstausdruck zu verbessern. Vielleicht treten gesundheitliche Probleme auf, die das Individuum zwingen, gewisse Veränderungen in seinem Alltag oder seiner Umgebung vorzunehmen. Wenn man seinen Stolz überwindet und wahres Mitgefühl entwickelt, kann man die Fähigkeit des Heilens entwickeln.

Uranus im 4., Neptun im 7. Haus. Hier besteht die Aufforderung, erstarrte häusliche Lebensumstände zu überwinden. Psychologisch gesehen muß der Wunsch des Egos nach Sicherheit und Stabilität in Frage gestellt werden, damit man zu einer vollständigeren Persönlichkeit werden kann. Neue Ideale von zwischenmenschlichen Beziehungen können emotional stimulierend wirken; vor Selbstbetrug auf diesen Gebieten muß man auf der Hut sein.

Uranus im 5., Neptun im 8. Haus. Die Herausforderung dieser Zeit besteht darin, kreativ zu sein und seinen persönlichen Wert im Selbstausdruck zu beweisen. Man muß zu Risiken bereit sein, sollte sich aber nicht überraschen lassen, wenn die Partner aus Furcht vor den Konsequenzen ihre Unterstützung versagen. Während dieser Zeit sollte man sich im Umgang mit anderen Menschen größerer Rücksichtnahme befleißigen. Spekulationen gilt es aufmerksam zu beobachten, und vor zweideutigen Klauseln in Verträgen oder Vereinbarungen ist Vorsicht anzuraten.

Uranus im 6., Neptun im 9. Haus. In diesem Falle sind Veränderungen im Alltagsleben unumgänglich. Der Dienst für eine neue Sache oder Institution kann es notwendig machen, sich neue Methoden anzueignen, die gleichzeitig die gesellschaftliche oder spirituelle Entwicklung vorantreiben. Vielleicht gibt es Schwierigkeiten mit Arbeitgebern oder Beschäftigten. Eine zu traditionelle Herangehensweise an Probleme kann verhindern, einen neuen eigenen Weg der Verwirklichung zu finden. Es ist anzuraten, sich von Menschen fernzuhalten, die durch mystische oder drogenbezogene Erfahrungen Aufmerksamkeit erregen. Auf weiten Reisen — insbesondere mit dem Schiff oder Flugzeug — ist der Gesundheit Aufmerksamkeit zu widmen.

Uranus im 7., Neptun im 10. Haus. Veränderungen in den zwischenmenschlichen — privaten oder geschäftlichen — Beziehungen könnten sich als notwendig herausstellen. Allerdings können selbst lohnenswerte Veränderungen zu unerwarteten gesellschaftlichen oder beruflichen Konsequenzen führen. Es kann zu Skandalen und häuslichen Konflikten kommen, denen man sich offen und mit einer festen inneren Überzeugung stellen sollte.

Uranus im 8., Neptun im 11. Haus. Die Auswirkungen zwischenmenschlicher Beziehungen können Probleme beispielsweise in Form von Feindschaft oder Konkurrenz verursachen. Dem Rat von Freunden oder Anwälten sollte nicht blindlings Vertrauen geschenkt werden. Gesellschaftlicher Prunk oder der Wunsch nach öffentlichem Ansehen kann den Untergang des Menschen bedeuten, der stattdessen seine geschäftlichen und gesellschaftlichen Ideale erweitern und ohne Angst vor Veränderungen neuen Strömungen folgen sollte.

Uranus im 9., Neptun im 12. Haus. Hier fordert Uranus zu unkonventionellem Denken und zur Entwicklung einer neuen und umfassenderen Lebensphilosophie bzw. einer Erweiterung des psychischen oder spirituellen Horizonts auf. Nur eine neue Sichtweise des persönlichen Lebenszweck kann die im Wege stehenden Hindernisse ausräumen, die im allgemeinen aus den Kräften der Vergangenheit resultieren.

Uranus im 10., Neptun im 1. Haus. Öffentliche oder berufliche Vorfälle können den Menschen zwingen, sein Selbstgefühl zu überprüfen. Hier sollte nicht die persönliche Einzigartigkeit hervorgehoben werden, man sollte vielmehr versuchen, sich in einen größeren Bezugsrahmen einzupassen, um somit zu einer überpersönlichen Bedeutung zu gelangen. Es muß versucht werden, jene inneren Umstände zu überwinden, die es einem unmöglich machen, sich als Teil einer größeren Realität zu sehen. Spiritistische Einflüsse, Drogen und Wunschdenken sollten vermieden werden. Dies ist die Zeit, wo man seinen höchsten Idealen in sich selbst gerecht werden kann

Uranus im 11., Neptun im 2. Haus. Dies ist die Zeit, neue Freundschaften zu schließen und die persönlichen Ideale den eigenen Fähigkeiten und finanziellen Mitteln anzugleichen. Man sollte sich selbst ohne jedes Wunschdenken nüchtern betrachten, um sein materielles Vermögen und seine psychischen Fähigkeiten weder unter- noch überzubewerten. Träume dürfen keinen zu großen Raum einnehmen.

Uranus im 12., Neptun im 3. Haus. Hier besteht die Herausforderung, sich der Vergangenheit, dem persönlichen Schatten und unerledigten Angelegenheiten, zu stellen und so ein Kapitel des eigenen Lebens abzuschließen. Ist dies geschehen, wird der Mensch in der Lage sein, seiner Umwelt und seinem täglichen Wirken eine größere Bedeutung zu verleihen, wodurch sich sein Leben einer größeren Zukunft öffnet. Die Früchte der persönlichen Anstrengungen in Beziehungen, im Geschäftsleben und in öffentlichen Tätigkeiten können das Individuum nun befähigen, viele auf Gewohnheiten beruhende Verhaltensmuster zu verändern.

Die mit diesem abnehmenden Uranus/Neptun-Quadrat einhergehenden Bewährungsproben haben sich in den Jahren 1953 bis 1957 in den Vordergrund geschoben und die inneren Strukturen der während dieser Zeit geborenen Menschen geprägt. Dieser Zeitabschnitt führt zum Zusammenbruch all jener alten Strukturen, die für das persönliche oder gesellschaftliche Leben unbrauchbar geworden sind. Der Zeitraum zwischen den 50er Jahren und 1992 birgt für uns alle die Herausforderung, den Problemen ethnischer, kultureller und religiöser Traditionen gegenüberzutreten. Die während dieser Phase geborenen Menschen werden für die — oft unbewußt wirkenden — Einflüsse dieser Traditionen besonders empfänglich sein und sie zu überwinden versuchen. Hierbei kann es — insbesondere für junge Menschen — zu Frustrationen und durch die sozialen oder psychischen Zwänge zu Schuldgefühlen oder zu subtiler «Schwarzseherei» kommen; diese Entwicklungen sind zu bekämpfen. Ob die Anstrengungen der jungen, jetzt vor dem Eintritt ins Erwachsenenalter stehenden Menschen positive Folgen haben werden oder selbstzerstörerisch wirken, läßt sich nicht voraussagen. Diejenigen, die sich der Krise stellen, werden die Saat formen, die als Grundlage des 1992 beginnenden neuen Uranus/Neptun-Zyklus dienen wird. Diese Saat wird während der Phase keimen, die das abnehmende Quadrat von 1957 von der Uranus/Neptun-Konjunktion 1992 trennt.

Der Saturn/Neptun-Zyklus

Auf der persönlichen Ebene symbolisiert Saturn das Ego und den Platz des Menschen in der Gesellschaft. Ganz allgemein verkörpert dieser Planet das Prinzip von Form, Struktur und Konzentration — alles, was die menschliche Erfahrung auf eine präzise, klar umrissene und begrenzte Kernaussage bringt. Neptun hingegen symbolisiert den Druck des Kollektivs — der Gruppe, Nation oder Religion —, dem das Individuum ausgesetzt ist und das menschliche Element, das allumfassende Einflüsse aufnehmen will, um den begrenzten persönlichen Standpunkt zur Allgemeingültigkeit zu überführen. Eine politische Entsprechung hierfür ist der Föderalismus, der auf dem Gedanken basiert, alle Menschen auf der Ebene von Gleichheit und Idealismus zusammenzubringen. Neptun ist die Mystik und die Faszination dessen, was groß, geheimnisumwoben, jenseitig und letztlich unerreichbar ist. Was Saturn formt, will Neptun — langsam und auf subtile Art — auflösen. Dies gilt für Grenzen, Klassen und Kasten, für schlechthin alle schützenden saturnischen Wände. Saturn ist der konkreten Realität, dem Hier und Jetzt, verhaftet, während Neptun zu den zeitlosen Reichen des Universellen gehört. Saturn grenzt fortwährend aus, was traditionellen gesellschaftlichen Normen widerspricht; Neptun ist bemüht, alles — auch um den Preis der Nivellierung — einzubeziehen, selbst wenn dies bedeuten würde, alles und jeden auf einen gemeinsamen Nenner herabzudrücken und alle Unterschiede zu vereinheitlichen oder auszugleichen. Saturn und Neptun wirken also — im Individuum wie in der Gesellschaft — in entgegengesetzte Richtungen. Ihr Zyklus dauert etwa 35 Jahre.

Saturn und Neptun standen in Konjunktion im August 1917 bei 5° Löwe. Darauf folgten zwischen November 1952 und Juli 1953 drei Konjunktionen bei 22° und 23° Waage. Die nächste Konjunktion wird im Jahre 1989 bei 9° Steinbock stattfinden.

Der gegenwärtige Zyklus begann im Jahre 1952, erreichte die Phase des zunehmenden Quadrats im Februar 1963, als Saturn bei 16° Wassermann und Neptun bei 16° Skorpion stand.

Dreimal — 1971/72 bei 1°, 3° und 5° Zwillinge bzw. Schütze — kam es als Höhepunkt des Zyklus zur Opposition.

Das abnehmende Quadrat wird zwischen 1979 und 1980 bei etwa 16° bis 20° Jungfrau bzw. Schütze stattfinden.

In diesem Zyklus ist es wichtig, alle Geschehnisse dieses 35 Jahre währenden Abschnitts zu begreifen. Basierend auf einer solchen historischen Betrachtung kann der Astrologe dann abschätzen, welche neuen Herangehensweisen von der Verbindung saturnischer und neptunischer Elemente im neuen Zyklus zu erwarten sind. Während der auf die Konjunktion folgenden 35 Jahre müssen neue Lösungen für die Verbinung von saturnischen Prinzipien (traditionelle Formen, Abgrenzung) mit neptunischen Prinzipien (Universalität, Einbeziehung) gefunden werden. Der neue Zyklus wird jeden Menschen — entsprechend dem Haus, in das die Konjunktion fällt — herausfordern, eine neue Synthese zu finden für das Konkrete und das Transzendente, das Praktische und das Ideale. Es gilt, das Bedürfnis, auszuwählen und das Ideal des alles umfassenden Mitgefühls in Einklang zu bringen, elitäre Werte und die Lehre der Gleichheit aller Menschen zu verbinden und egozentrischen Individualismus und humanitären Sozialismus miteinander abzustimmen. Ein neues Gleichgewicht zwischen diesen Gegensätzen ist ein zwingendes Ergebnis des vorangegangenen 35-Jahres-Zyklus.

Somit müssen die Menschen zwischen den Jahren 1952/53 und 1971/72 (der zunehmenden Hälfte des Zyklus) sowohl in gesellschaftlicher als auch individueller Hinsicht neue Prinzipien entdecken, mit denen sich ein konstruktives Gleichgewicht von Saturn und Neptun herstellen läßt. Dies ist um so notwendiger, weil es während des vorangegangenen Zyklus, der 1917 anfing, nicht zu einem konstruktiven Ausgleich dieser beiden Energien gekommen ist. Jener Zyklus begann mit der kommunistischen Revolution in Rußland und endete damit, daß der eiserne Vorhang die Welt in zwei bewaffnete Lager trennte. Das Gleichgewicht zwischen Saturn und Neptun ist nicht nur auf der globalen Ebene anzustreben, sondern auch in bezug auf Nationen und Menschen. Vom psychologisch-humanistischen Standpunkt aus, der diesem Buch zugrunde liegt, werden die kritischen Phasen dieses Zyklus den Menschen anleiten, auf neue Art offen, idealistisch und universal (Neptun) und zugleich zielstrebig, bestimmt und wirkungsvoll zu sein (Saturn). Der Mensch muß lernen, warm und liebevoll Mitgefühl zu zeigen und dabei seine Stärke als individuelles Ego bewahren. Das Problem besteht darin, diese Gegensätze zu vereinen, ohne daß es zu innerlichen psychischen und äußeren gesellschaftlichen Konflikten kommt. Grundsätzlich ist es möglich, überzeugende und dynamische Lösungen zu finden, um die Gesellschaft und ihre einzelnen Mitglieder zu transformieren.

Die Saturn/Neptun-Konjunktion in den Häusern

Das Problem, diese verschiedenen Energien in eine Synthese zu bringen, wird sich entsprechend dem Geburtshoroskop für jeden Menschen anders stellen. Eine allgemeine Deutung jedoch ist im Hinblick auf die Radix- oder Sonnenhäuser möglich, in die die Konjunktion und die dann folgenden kritischen Phasen des Zyklus fallen. Die Hausposition der Konjunktion zeigt den Erfahrungsbereich, in dem der Betroffene in besonderem Maße darauf angewiesen ist, ein Gleichgewicht zwischen Saturn und Neptun zu entwickeln.

Im 1. Haus macht es diese Konjunktion notwendig, die Beziehung des Menschen zwischen seiner individuellen Einzigartigkeit und dem sozialen oder spirituellen Ganzen neu zu definieren. Man kann zum konkreten und persönlichen Brennpunkt für gewisse universelle Werte werden. Dies setzt allerdings die Bereitschaft voraus, Überliefertes und vormals als gegeben Betrachtetes — bezüglich des Selbst und der Gesellschaft — in Frage zu stellen. Das eigentliche Thema dieses Uranus/Neptun-Zyklus ist die individuelle Fähigkeit, schöpferisch und mit Freude auf die bestehende Notwendigkeit zur Integration des Konkreten und des Universellen zu reagieren.

Im 2. Haus ist der Mensch aufgefordert, seinen möglicherweise auf erstarrten Gewohnheiten basierenden Einsatz der materiellen und psychischen Mittel zu überwinden und dem Leben und der Gesellschaft mit Offenheit und Vertrauen entgegenzutreten. Ein Mensch mit einem starken Ego kann den Bedürfnissen und den unterbewußten Impulsen der Gesellschaft, mit denen er sich in der Vergangenheit identifiziert hat, konkreten Ausdruck verleihen. Persönliche Ressourcen sind so einzusetzen, daß sie soziale und wirtschaftliche Bedürfnisse erfüllen; steht dem eine konservative Weltanschauung im Weg, muß sie überwunden werden.

Im 3. Haus kann die Uranus/Neptun-Konjunktion auf stark wirkende soziale Einflüsse innerhalb der persönlichen Umgebung hinweisen. Vielleicht stehen Nachbarn oder Verwandte mit seltsamen Geschehnissen in Verbindung. Den geistigen Energien ist während dieser Zeit erhöhte Aufmerksamkeit zu widmen, denn es besteht die Gefahr, in den Wogen des eigenen Unterbewußtseins zu ertrinken. Jetzt besteht die Gelegenheit, eine neue, potentiell erleuchtende Beziehung zwischen dem eigenen Bewußtsein und kollektiven oder mystischen Kräften zu entwickeln, wenn man sich nicht in seinen eigenen vier Wänden verkriecht.

Im 4. Haus kommt es zu der Herausforderung, das Vertrauen, das man bislang in Traditionen oder Familienstrukturen gesetzt hat, zu überwinden, um ein größeres persönliches Fundament zu errichten. Ein Gefühl von Unzufriedenheit kann das Individuum zu der Erkenntnis führen, daß es als Persönlichkeit wachsen und eine größere Ausstrahlung entwickeln muß. Dies ist die Zeit, Gewohnheiten zu verändern, die eigene Weltanschauung umfassender zu gestalten und auf Routine basierende Lebensmuster zu überwinden. Vielleicht versucht man, zu Hause geselliger zu sein. Die Lösung von Problemen findet der Betroffene zu dieser Zeit jedoch in sich selbst.

Im 5. Haus bietet die Konjunktion große Möglichkeiten für Musiker, Künstler, Lehrer oder Psychologen, sofern sie die Aufforderung zu überpersönlicher Kreativität akzeptieren. Schüchternheit und zurückgezogenes Verhalten sind nun zu überwinden; jetzt gilt es, einen speziellen Bereich zu finden, in dem man seine persönliche kreative Fähigkeit mit einem kollektiven Bedürfnis verbinden kann. In manchen Fällen — insbesondere was romantische Verwicklungen angeht — kann es zu einem Zwiespalt zwischen der angeborenen Angst vor den Konsequenzen und der Faszination des Abenteuers kommen. Man darf seine Hemmungen nicht mit einem Schlag ablegen.

Im 6. Haus können Probleme bei der Arbeit oder mit der Gesundheit auftreten. Eine jetzt auftretende Krise hat wahrscheinlich die Infragestellung des Ego-Stolzes zum Inhalt, wodurch der Betroffene auf einen uneigennützigen Dienst an einer sozialen oder spirituellen Sache vorbereitet werden soll. In der Beziehung zu Vorgesetzten und Untergebenen ist nun Aufrichtigkeit dringend geboten. Erforderlich ist weiterhin ein Höchstmaß an Selbstdisziplin, eine effektive Arbeitstechnik und eine Ausrichtung des Handelns auf die wahren Bedürfnisse der Gemeinschaft.

Im 7. Haus verlangt der neue Saturn/Neptun-Zyklus einen tiefgreifenden Wandel der persönlichen Einstellung zu zwischenmenschlichen Beziehungen. Man ist nun aufgefordert, ein umfassenderes und überpersönlicheres Leben zu führen und Mitgefühl und Idealismus in allen persönlichen Kontakten auszudrücken. Angst, Schüchternheit oder Aggressionen sind zu vermeiden. Man muß mit dem Ziel zweckgerichtet und wirkungsvoll handeln, seine Beziehungen zu einzelnen oder Gruppen zum Bestandteil einer idealistischen Sache zu machen.

Im 8. Haus kommt es zu einem Wendepunkt bezüglich der geschäftlichen Aktivitäten, bei denen alte Strukturen zu überwinden und neue Tatkraft zu entwickeln sind. Von zentraler Wichtigkeit ist nun ein gutes Urteilsvermögen, da gesellschaftliche oder kollektive Umstände die Situation außerordentlich komplex erscheinen lassen können. Vielleicht stellt sich eine enge Zusammenarbeit mit großen Organisationen als unumgänglich heraus, bei der aber das eigene Ziel immer im Auge zu behalten ist. Die Angst um die persönliche und soziale Sicherheit sollte den Menschen nicht davon abhalten, sein Schicksal mit dem eines größeren Unternehmens zu verbinden.

Im 9. Haus kann die Konjunktion Reisen oder Auslandsaufenthalte andeuten. Bei der jetzt bestehenden Empfänglichkeit für spirituelle, mystische oder auch nur umfassendere Werte ist es wichtig, sich nicht von Themen überwältigen zu lassen, die das eigene Verständnis oder die eigene Aufnahmefähigkeit übersteigen. Man darf durchaus seiner Vorstellungskraft erlauben, der Realität des Altags eine neue Dimension hinzuzufügen, doch sollte man die Alltagsrealität niemals vollständig außer Acht lassen. Übertriebene Entsagung oder Fanatismus sind zu vermeiden. Metaphysische, religiöse oder philosophische Gedanken nehmen während dieser Lebensphase vielleicht eine konkrete Form an — auch wiederholt auftretende Träume können nun tief beeindrucken. Fällt die Saturn/Neptun-Konjunktion in das 9. Haus, steht insbesondere das Gleichgewicht zwischen dem Konkreten und dem Transzendenten, zwischen dem persönlichen saturnischen Streben und dem neptunischen Ideal des Teilens im Brennpunkt.

Im 10. Haus ergeht der Aufruf, individuelle und kollektive Faktoren im Leben gleichrangig gegenüberzustellen — das Streben nach sozialer oder öffentlicher Macht ist mit den Interessen der Gemeinschaft in Übereinstimmung zu bringen. Möglicherweise macht sich während dieses Transits in irgendeiner Form das kollektive Schicksal bemerkbar, das den Menschen herausfordert, eine symbolträchtige Rolle für die Öffentlichkeit zu übernehmen. Das Schicksal des Individuums ist jetzt vielleicht mit dem seiner Gemeinschaft unlösbar verknüpft.

Im 11. Haus sollte der Mensch sich einer sozialen oder spirituellen Sache widmen, die seinen persönlichen Aktivitäten eine umfassendere Bedeutung verleihen würde. Beharrt man jedoch auf alten Idealen und Traditionen, kann der neue Trend einen Zustand äußerster Verwirrung hervorbringen. Man darf es nicht dazu kommen lassen, daß Konventionen oder moralische Tabus die Teilnahme an idealistischen oder sozial bewußten Gruppen oder ungewöhnliche Freundschaften verhindern. Neue soziale oder spirituelle Trends darf man nicht pessimistisch oder egozentrisch beurteilen, obwohl der praktische Menschenverstand durchaus nützlich ist, um utopische Ideale vom gesellschaftlich Machbaren zu unterscheiden.

Im 12. Haus kann es durch seltsame und unbewußte psychische Reaktionen zu Verwirrung und Zweifeln über den eingeschlagenen Weg kommen. Alte Komplexe und Mechanismen der Unterdrückung sind wahrscheinlich sehr aktiv, und vielleicht verliert sich der Betreffende in seinen Träumen, Phantasien und seiner Zurückgezogenheit. Die Ergebnisse vergangener beruflicher oder gesellschaftlicher Aktivitäten können zu Depressionen führen; wenn dies geschieht, sollte man nicht übermäßig ins Grübeln geraten, sondern Ursachenforschung betreiben und die notwendigen Vorbereitungen für einen

Neuanfang treffen. Vielleicht wird jetzt ein größerer Bezugsrahmen bzw. ein überpersönliches Ideal notwendig, welche die wahre Bedeutung vormals unwichtig scheinender Erlebnisse und Erfahrungen enthüllen.

Die Saturn/Neptun-Opposition in den Häusern

Während der abnehmenden Hälfte des Zyklus, die im Jahre 1972 mit der Opposition begann, ist eine Integration dieser beiden Energien von besonderer Bedeutung. Die Opposition signalisierte den Höhepunkt des Trends, der bei der Konjunktion begonnen hat. Sie wird nun für viele Jahre den Hintergrund für die individuellen und kollektiven Aspekte im Leben des Individuums bilden.

Saturn im 1., Neptun im 7. Haus. Der Trübsinn scheint sich nun bei dem betroffenen Menschen eingenistet zu haben, und vielleicht hat man das Gefühl, den Deckel zum eigenen Sarg zu tragen. Man sollte nun erkennen — was aber durchaus schwierig ist —, daß es sich hier um den eminent wichtigen Test handelt, seine Lebensumstände zu meistern. Während man beharrlich an seinem persönlichen Standpunkt oder seinen selbstsüchtigen Ego-Bedürfnissen festhält, glaubt man, daß das Problem in der Ehe oder einer engen Partnerschaft liegt, die sich jetzt in Nebel aufzulösen scheint. Es ist jetzt wichtig, den Standpunkt des anderen zu verstehen und flexibel und offen zu bleiben. Man muß loslassen und sich entspannen können und empfänglicher sein. Gefühlen der Hoffnungslosigkeit und Wertlosigkeit aller Liebe sollte man sich nicht hingeben — stattdessen sollte man sich darüber klar werden, daß mit der eigenen Herangehensweise an die Welt und an andere Menschen etwas nicht stimmt.

Saturn im 2., Neptun im 8. Haus. Geschäftliche und finanzielle Angelegenheiten scheinen zu dieser Zeit dringend einer Lösung zu bedürfen; es handelt sich hierbei jedoch nicht um neue Probleme, sondern vielmehr um das Ergebnis früherer Kontakte zu anderen Menschen und vielleicht zur eigenen Familientradition. Vielleicht ist es notwendig, ein Opfer zu bringen, um sein Geschäft auf einer weniger personalisierten und mehr auf die Gemeinschaft bezogenen Ebene fortzuführen (vielleicht durch den Zusammenschluß zu einem größeren Konzern). Man sollte dem Zeitgeist folgen und persönlichen Vorurteilen, ausgeprägtem Konservatismus oder seiner Selbstsucht nicht nachgeben. Es ist nicht anzuraten, dem eigenen Besitz zu verhaftet zu sein, weil jetzt gemeinsame Unternehmungen wichtiger sind. Während dieser Zeit besteht die Gefahr, durch Geschäftspartner in unerfreuliche und vielleicht auch ungesetzliche Transaktionen verwickelt zu werden. Niederschmetternde Ergebnisse können jetzt eintreten; die Schuld für diese liegt zumindest zum Großteil im persönlichen Eigensinn oder an der angeborenen konservativen Weltsicht, die ein den augenblicklichen wirtschaftlichen und gesellschaftlichen Realitäten angemessenes Handeln verhindert hat.

Saturn im 3., Neptun im 9. Haus. Fällt die Opposition in diese Häuser, kann der Mensch das Gefühl haben, daß ihn seine Umgebung behindert, und vielleicht sehnt er sich nach einer Flucht und fährt zu einem entlegenen Ort. Allerdings ist auch hier äußerste Vorsicht anzuraten, denn die Situation ist verwirrend. Die beste Strategie besteht darin, gelassen und wachsam zugleich zu sein. Man sollte sich nicht in banale Angelegenheiten verstricken oder über diese seinen Mut verlieren, sondern die größeren — gesellschaftlichen oder nationalen Themen — in den Blick nehmen. Möglicherweise bringt die Post jetzt merkwürdige Nachrichten — vielleicht falsche oder skandalöse Berichte —, die das Individuum in Trübsinn stürzen können. Stellen sich Probleme als unlösbar heraus, ist das Vernünftigste, gar nicht über sie nachzugrübeln. Mutlosigkeit oder nervöse Verwirrung führen zu nichts, höchstens dazu, daß Freunde und Verwandte sich Sorgen zu machen beginnen.

Saturn im 4., Neptun im 10. Haus. Unsicherheit und Hindernisse mögen jetzt im häuslichen Bereich entstehen. Ein nicht überwundener Minderwertigkeitskomplex oder Angst kann sich den gesellschaftlichen Aktivitäten in den Weg stellen. Zu deren Überwindung mag eine starke Entwicklung des sozialen Bewußtseins nötig sein — was der betreffenden Person möglicherweise gerade jetzt zu fehlen scheint. Insofern zögert sie vielleicht, an einem großem gemeinschaftlichen Unternehmen mitzuwirken oder eine soziale oder mystische Philosophie zu übernehmen, weil sie dabei ihr Ego preisgeben müßte. Man sollte nun aber nicht sein Heim der Karriere opfern oder seine Karriere wegen der häuslichen Einschränkungen aufgeben. Ein Höhepunkt an Unzufriedenheit über alles und jeden kann den Menschen zu der Erkenntnis führen, daß das grundsätzliche Problem in ihm selbst begründet ist: in seinem Unvermögen, Autorität und Stärke zu zeigen.

Saturn im 5., Neptun im 11. Haus. Fragestellungen, die Freunde, Gruppen oder gesellschaftliche Ideale betreffen, können nun zu Orientierungsschwierigkeiten führen. Das Loyalitätsgefühl gegenüber einer Gruppe, die bis dahin die persönlichen Ideale verkörperte, wird auf die Probe gestellt. Bezüglich der eigenen Kreativität und des persönlichen Selbstausdrucks kann es zu Entmutigung kommen. Auf äußerlicher Ebene mag sich eine Spekulation als fehlerhaft herausstellen oder der Verlust des Besitzes durch betrügerische Machenschaften eintreten. Die Krise des Selbstausdrucks kann aus verlorenen Idealen oder den Konsequenzen eines romantischen Abenteuers resultieren. Eine seltsame Form von Disziplin mag jetzt dem Individuum abverlangt werden, die ihre Ursache wahrscheinlich in der starken Unzufriedenheit mit sich selbst und der auf einem Minderwertigkeitsgefühl beruhenden Unfähigkeit zu kraftvollem Handeln hat.

Saturn im 6., Neptun im 12. Haus. Dies ist eine Zeit des Konflikts und der Anspannung, insbesondere was das Innenleben betrifft. Es besteht die Gefahr, von seinen subjektiven Problemen so sehr in Anspruch genommen zu werden, daß die gesamte Außenwelt durch diesbezügliche Überlegungen gefärbt wird. Durch Unterscheidungsvermögen und Meditation kann sich das Individuum sammeln und vermeiden, daß es durch die in verschiedene Richtungen wirkende Kräfte zerrissen wird. Während dieser Zeit mögen gesundheitliche Probleme in Erscheinung treten. Ruhepausen — auch unfreiwillige — können eine große Hilfe sein und darüber hinaus die Lösung der Probleme bereithalten. Was auch immer geschieht — nun werden auf die eine oder andere Weise die eigenen Impulse überprüft. Leidenschaftliche Beweggründe und Ideale werden jetzt bei der tiefgehenden Beschäftigung mit dem Selbst Kraft und Bedeutung verlieren. Die starke Unzufriedenheit mit sich selbst führt zu einer Bewußtseinsveränderung. Vielleicht erlebt man nun versteckte Feindschaft; vielleicht verändert sich jetzt aber auch der persönliche soziale Hintergrund völlig, was zu einem Gefühl der Leere führen kann. Untätigkeit oder müßige Träume widersprechen dem Geist dieser Phase; nun sollte man hart und ernsthaft arbeiten.

Saturn im 7., Neptun im 1. Haus. Ein lange währender neptunischer Zustand bemächtigt sich nun des Menschen, und alles hängt davon ab, wie er auf diesen reagiert. Für einige Menschen kann dies der Beginn von tiefgehenden mystischen Erfahrungen sein, für andere nimmt vieleicht eine gesellschaftliche Karriere ihren Anfang. Auf jeden Fall wird der Mensch von etwas in Anspruch genommen, was sein Ego übersteigt. Er kann zum Kanal für Energien werden, die jenseits seines normalen Bewußtseins liegen. Jedoch werden Schwierigkeiten und Prüfungen auftreten, die insbesondere den Lebenspartner betreffen. Daneben mögen sich auch Probleme beim Kontakt mit der Außenwelt und ihren Verhaltensnormen ergeben. Man sollte jetzt durchaus dem Rat von Freunden Gehör schenken, weil diese ihren gesunden Menschenverstand auf die diversen eigenen idealistischen Einstellungen einwirken lassen können. Auf Drogen und Rauschmittel sollte verzichtet werden. Man kann sich während dieser Zeit fühlen wie die Nußschale auf hoher See. Die Lösung läßt sich nicht in der Flasche finden. Die Gefühle der Unsicherheit und Unbestimmtheit werden überwunden, indem man dem eigenen Selbst eine positive und feste Seinsgrundlage gibt. Ausgedehnte gesellschaftliche Aktivitäten sollten nun zugunsten des Partners eingeschränkt werden, auch wenn dieser gleichgültig erscheint. Der Partner wird ganz anders als gewohnt reagieren, wenn man selbst positiver, strahlender und verständiger wird.

Saturn im 8., Neptun im 2. Haus. Finanzielle Probleme verlangen nun Aufmerksamkeit. Vielleicht findet man bei einem Geldmangel bei Freunden oder Geschäftspartnern keine leichte Hilfe. Die Wurzeln dieser Probleme könnten in der persönlichen Haltung zum materiellen Vermögen und im Umgang mit diesem liegen. Vielleicht ist der Betreffende großzügig und verständnisvoll und bereit, für seine Freunde alles herzugeben, was er besitzt — womit er sich selbst enteignen und seinen Partnern letztendlich auch keinen Gefallen erweisen würde. Vielleicht verschwendet man aber auch sein Geld und schwelgt in Genußsucht. Mit Festigkeit und Weisheit — auch von Freunden — ist die Freigiebigkeit im Zaume zu halten.

Saturn im 9., Neptun im 3. Haus. Der Mensch mag nun beträchtlichen Schwierigkeiten seines Denkvermögens begegnen. Ernsthafte Zweifel oder geistige Komplexe können einer Expansion im Wege stehen. Vielleicht fühlt man sich gezwungen innezuhalten. Gespräche oder Briefe scheinen — zumindest zum Teil — Verwirrung in der persönlichen Umgebung bzw. die Vermischung von Realität und Wunschdenken zu verursachen. An allem, was in der unmittelbaren Umgebung passiert, hat man etwas auszusetzen Aber auch vom Entfernten und Visionären geht keine Befriedigung aus. Ideale oder die persönliche Vision können sogar zu der Ansicht führen, daß die früheren Bemühungen und Bestrebungen von Mißerfolg begleitet sind. Man sollte — auch wenn die Schwierigkeiten von außen kommen — nicht ins Grübeln verfallen. Es nützt auch nichts, Nachbarn mit der Vielzahl der persönlichen Probleme zu behelligen. Was jetzt erforderlich ist, ist eine genaue Sicht für das Notwendige und die Realität. Abgeschiedenheit kann zu dieser Zeit sinnvoll sein.

Saturn im 10., Neptun im 4. Haus. Jetzt kann es zur entschiedenen Auflehnung kommen gegen die gesellschaftlichen Bedingungen oder gegen die karmischen Umstände, die den Betreffenden an eine seltsame psychische Situation binden. Irgend etwas, was die eigene Seele oder auch die äußere Umgebung betrifft, mag Probleme bereiten, gegen die der Mensch revoltiert. Er sieht sich während dieser Zeit möglicherweise als Feind der traditionellen und etablierten Ordnung. Seine — von Mitgefühl oder starken Strömungen bewegte — Seele scheint durch den Einfluß einer Gruppe gebannt zu sein.

Deswegen ist es ratsam, Vorsicht bei extrovertierten, öffentlichen Aktionen walten zu lassen. Möglich ist aber auch, daß berufliche Anforderungen dem häuslichen Leben die Energie und vielleicht auch die finanzielle Substanz entziehen. Die betreffende Person mag jetzt zu der Erkenntnis gelangen, daß sie ihr Heim der Karriere opfern muß. Das ist auch in Ordnung so, vorausgesetzt, man ist bereit, die Gelegenheiten mit Mut und Bestimmtheit wahrzunehmen.

Saturn im 11., Neptun im 5. Haus. Eine besitzergreifende persönliche Haltung kann, wenn sie im Charakter angelegt ist, zu dieser Zeit in herausragender Weise in Erscheinung treten. Das Leben versucht, den Wert eines überpersönlichen Ausdrucks zu lehren, bei dem egozentrische Kreativität den Weg für überpersönliche Bedürfnisse und Schöpfungskraft frei machen muß. Ideale oder Wünsche können durch Freunde auf zweierlei Arten repräsentiert werden, wovon die eine Art entmutigend sein und dem persönlichen Selbstausdruck zuwider laufen kann. Wenn es einem Menschen gelingt, seine Impulse und Wünsche in Liebe und Aufmerksamkeit umzuwandeln, statt sich in Selbstbetrachtung zu verlieren, wird er eine äußerst wertvolle Perspektive für sein Leben gewinnen. In anderen Fällen wird es sich hier um die Zeit handeln, seine Ideale in eine konkrete Form des Selbstausdrucks zu integrieren. Man stellt womöglich erstaunt fest, daß man über ein großes Potential an spiritueller Kraft verfügt. Wer jedoch an überkommenen Idealen festhält, erfährt nun Verwirrung und wird in die Irre geleitet.

Saturn im 12., Neptun im 6. Haus. Während dieser Zeit mögen Gefühle der Unsicherheit und Resignation vorherrschen — vielleicht ist man arbeitslos oder gesundheitlich nicht auf der Höhe. Dem Mangel an Selbstvertrauen bezüglich der persönlichen Einstellung gilt es nun entschieden entgegenzutreten. Diese Phase, die von einer tiefen psychischen Krise begleitet sein kann, beinhaltet schwere Tage der Prüfung. Ein Entwicklungsabschnitt geht zu Ende; Angelegenheiten, die früher das persönliche Leben oder den beruflichen Werdegang beeinflußt haben, erreichen ihren Höhepunkt — sie erfahren ihre Vollendung oder münden in eine Sackgasse. Es kann zu Konfusion kommen — man darf sich keinesfalls einem Gefühl der Hoffnungslosigkeit oder Frustration unterwerfen. Was auch geschieht — die Wurzel der Probleme besteht darin, daß man die Möglichkeiten dieses Lebensabschnittes ausgeschöpft hat und sich an der Schwelle zu einem neuen Abschnitt befindet. Man rekapituliert seine Vergangenheit und gleicht seine Konten aus. Machen Sie die Rechnung auf — und gehen Sie dann weiter!

Der Jupiter/Neptun-Zyklus

Sowohl Jupiter als auch Neptun sind — wenn auch auf unterschiedliche Art — Symbole des kollektiven Handelns. Die Konjunktionen dieser beiden Planeten finden in Abständen von 13 Jahren statt, und jede 19. Konjunktion ereignet sich ungefähr an der gleichen Position im Tierkreis. Da die siderische Umlaufszeit Neptuns durchschnittlich etwa 165 Jahre dauert, unterteilen die Jupiter/Neptun-Konjunktionen den Neptunzyklus in 13 Unterabschnitte von jeweils annähernd 13 Jahren Dauer (13 X 13 = 169). Daher scheint der Jupiter/Neptun-Zyklus mit dem Symbolismus der Zahl 13 in Verbindung zu stehen. Wenn Neptun durch die Zeichen läuft, trifft er in jedem Zeichen nur einmal auf Jupiter. Rudhyar vertritt die Meinung, daß *die Konjunktion der beiden Planeten jeweils der Höhepunkt von Neptuns Aufenthalt in einem Zeichen ist.* Der Höhepunkt von Neptuns gegenwärtigem Transit durch den Schützen war demnach die Jupiter/Neptun-Konjunktion des Jahres 1971, welche auf dem ersten Grad des Zeichens stattfand.

Die Zahl 12, das Symbol der Perfektion in der Philosophie des Pythagoras, ist eine außerordentlich wichtige Zahl in der Astrologie; sie kann auch in Verbindung zum Jupiterzyklus gesehen werden, der annähernd zwölf Jahre dauert. Somit bezieht sie sich auf die soziale Funktion des Jupiters und auf alle Formen von organisierter Religion und Bruderschaft inklusive der zwölf Apostel von Jesus Christus. Die Zahl 13 bezieht sich auf das Christus-Symbol und symbolisiert die Kraft zur Überwindung aller Einschränkungen und des Todes. Sie offenbart das Bedürfnis, über das von organisierten Gruppen, kulturellen Traditionen und Bräuchen verkörperte soziale oder religiöse Bewußtsein hinauszuwachsen. Insofern beinhaltet der Jupiter/Neptun-Zyklus einen grundlegenden Rhythmus der Transzendenz. Neben anfänglich negativen Auswirkungen — der stets expansive Jupiter-Trend kann in Verbindung mit Neptun zu einer Überstimulierung führen — kann dieser Drang positive Ergebnisse zeitigen. Häufig aber bezieht sich der Jupiter/Neptun-Zyklus auf Überproduktion bzw. eine unkontrollierte Wucherung von Waren und Werten auf vielerlei — z.B. psychisch-intellektuellen sowie sozioökonomischen Ebenen. Neptun trägt hier seinen Teil an Verwirrung und Betäubung bei; er kann auch in Verbindung mit Überidealisierung und Selbstbetrug durch die Faszination der verschiedenen jenseitigen Traumparadiese stehen.

Aus Rudhyars humanistischer Sicht wird der normale Jupiter-Drang des Egos nach Wachstum und Expansion «neptunisiert». Neptunische Störungen werden sich auf biologischer Ebene als eine Überreizung des Jupiter-Prozesses des Zellwachstums bzw. als Tumore äußern und sich in sozioökonomischer und politischer Hinsicht als die großen Träume der Sozialreformer auswirken, als Allheilmittel, die angeblich jedes wirtschaftliche und politische Übel aus dem Weg räumen können und das soziale Handeln des Jupiters bei weitem übersteigen. Politischen Plänen für soziale und wirtschaftliche Reformen ist während der Zeit einer Jupiter/Neptun-Konjunktion oft nicht zu trauen. Was bei diesem Zyklus letztlich herauskommt, hängt immer von der Qualität der Jupiter-Funktion ab, die ihrerseits die Auswirkung der Ebene ist, auf der Saturn wirkt. (Siehe hierzu auch: »Der Saturn/Uranus-Zyklus« in Kapitel VIII) Neptun kann nur dann dem mit Jupiter einhergehenden Bewußtsein Allgemeingültigkeit verleihen, wenn das saturnische Ego offen ist für eine umfassende Erkenntnis der menschlichen oder kosmischen Existenz.

Der gegenwärtige Jupiter/Neptun-Zyklus begann im Januar 1971 bei 1° Schütze und erreichte sein zunehmendes Quadrat im Jahre 1974. Die von 1975 bis 1977 herrschende Wirtschaftskrise resultiert aus dem verlorengegangenen Maß; Überproduktion auf allen Ebenen ist nur möglich, wenn individuelle und nationale Jupiter- und Saturn-Funktionen nicht ausreichend ausgebildet sind. Die einzig mögliche Lösung der heutigen Probleme besteht darin, ein globales Bewußtsein zu entwickeln, das zu einer gerechten weltweiten Verteilung von Gütern und Produkten führt. Neptunisches Leiden muß die Welt zu der Einsicht bringen, daß globale Lösungen für die Probleme des Hungers und der Entbehrung gefunden werden müssen, selbst wenn dies eine Einschränkung der nationalen Souveränität bedeuten sollte. Die gegenwärtige Finanz- und Wirtschaftskrise wird nicht gelöst werden können, solange Menschen und Nationen nicht bereit sind, den Wohlstand weltweit neu zu verteilen.

Die Jupiter/Neptun-Konjunktion in den Häusern

Die sich alle 13 Jahre wiederholende Konjunktion bringt neue Tendenzen bezüglich der gesellschaftlichen oder spirituellen Expansion. Es besteht die Gefahr von Inflationen — auf gesellschaftlicher, wirtschaftlicher oder persönlicher Ebene. Vielleicht ist es — der menschlichen Natur entsprechend — sinnvoller, bei den folgenden Interpretationen die Gefahren dieser Konjunktion in den Vordergrund zu stellen. Die Konjunktionen werden *die Erfahrungen* beschreiben, durch welche die Person verleitet werden kann, die Grenzen ihres Lebens und ihrer Persönlichkeit zu überschreiten und Wege der Ungewißheit und Illusion zu betreten.

Im 1. Haus betrifft die Konjunktion das Ego und das Bewußtsein über die persönliche Einzigartigkeit. Sie bringt oft Stolz und eine Berauschung am

Selbst mit sich und läßt den Menschen von sich selbst fasziniert sein. Deshalb muß man danach streben, auf der Grundlage der wirklichen Selbsterfahrung zu handeln und sich nicht auf Äußerlichkeiten verlassen. In einigen Fällen kann es zur Identifizierung mit einem weitverbreiteten gesellschaftlichen oder religiösen Trend kommen, woraus eine innerliche und vielleicht spirituelle Wandlung resultieren wird. Diese Tendenz kann sich aber auch als Rausch äußern. Vor allem ist es wichtig zu lernen, loszulassen zu können und das Bewußtsein für eine Perspektive zu entwickeln.

Im 2. Haus wird die Art und Weise betont, wie ein Mensch seine finanziellen Ressourcen, Besitztümer und ererbten Gaben einsetzt. Es besteht die Gefahr, daß man das Maß bei der finanziellen Expansion verliert oder die physischen oder emotionalen Energien einbüßt. Der Mensch muß nun die kluge und angemessene Handhabung seiner Besitztümer — insbesondere was seine Ersparnisse angeht — lernen. Der Gefahr der Verschwendung durch pompöse Gesten oder idealistische Wagnisse ist energisch entgegenzutreten.

Im 3. Haus dürfte die mit der Jupiter/Neptun-Konjunktion einhergehende Stimulierung in erster Linie Veränderungen in der unmittelbaren persönli chen Umgebung betreffen. Es mag der Wunsch nach gesteigerter Bequemlichkeit und Luxus bestehen. Zu dieser Zeit ist man optimistisch und sollte mit Begeisterung voranschreiten, auch wenn vielleicht gesellschaftliche oder religiöse Gruppen einen gewissen Druck ausüben. Die jetzige Zeit ist gut geeignet, das Denkvermögen zu verbessern und mehr über andere Menschen oder die sozialen und wirtschaftlichen Kräfte zu lernen, die das eigene Leben beeinflussen. Man sollte nun auch bestrebt sein, die engen Kontakte auf ein umfassenderes Fundament zu stellen und sich immer wieder fragen, ob man wirklich alle seine Fähigkeit ausschöpft, um neue Faktoren aufzunehmen und effektiv einzusetzen.

Im 4. Haus macht sich die Wirkung der Konjunktion im häuslichen Bereich und dem Wunsch nach persönlichem Wohlergehen und Sicherheit bemerkbar — oder bei der Macht, die man über einen abhängigen Menschen besitzt. Hier wird eine gelassene und fortwährende Neuanpassung an die sozialen und psychischen Bedingungen gefordert — eine nüchterne Neubewertung der eigenen Person, der Gefühle und des Zuhauses. Mit der Konjunktion können tiefe und bedeutsame Erkenntnisse über die eigene Macht und den eigenen Wert — auch wenn diese aus übertriebenen Gesten resultieren — einhergehen.

Im 5. Haus können Probleme entweder durch eine ungezügelte Vorstel lungskraft oder durch einen unterdrückten Selbstausdruck entstehen. Hemmungen, die eines Tages vielleicht zu gewaltigen Ausbrüchen führen, eine Vorliebe für theatralische Gesten oder ein heftiges Verlangen nach Verewigung durch die Nachkommenschaft können gleichermaßen Probleme erzeugen. Übertriebene Großzügigkeit und Nachsichtigkeit den Kindern gegenüber sind ebenso zu vermeiden wie leichtfertige Spekulationen in der Hoffnung, zu Wohlstand zu kommen. Der persönliche Selbstausdruck entwickelt sich nun in künstlerischer, emotionaler, gesellschaftlicher und spiritueller Hinsicht — allerdings nur unter der Voraussetzung, daß man sich der Begrenzungen der Realität bewußt ist.

Im 6. Haus verweist die Konjunktion auf potentielle geistige oder körperliche Blockaden, auf einen möglichen Verlust des Selbst in die Arbeit oder in eine Hingabe an eine Persönlichkeit, von der man in den Bann gezogen wird. Probleme könnten sich nun auch ergeben, wenn man sich um die eigene Gesundheit oder Selbstverwirklichung übermäßige Sorgen macht. Während der jetzigen Phase sind die Emotionen und das persönliche Selbstverständnis einer tiefgreifenden psychologischen Neuorientierung ausgesetzt. Anzuraten ist nun, den Gesundheitszustand fortwährend zu überprüfen, ein Übermaß an Nahrung zu vermeiden und Ehrgeiz in allen Aktivitätsbereichen unter Kontrolle zu halten.

Im 7. Haus stehen die intimen Beziehungen, die Ehe oder neue soziale Kontakte im Brennpunkt. Es kann zu der Neigung kommen, sich in anderen Menschen zu verlieren. Der Mensch muß sich der Gefahr eines jedes vernünftige Maß übersteigenden Optimismus bewußt sein. Einzelne Menschen mögen dazu neigen, diesbezüglich überempfindlich bzw. mit Furcht auf potentielle neue und ungewöhnliche Partnerschaften zu reagieren. Vielleicht steht man zwar grundsätzlich der gegenwärtigen Situation vertrauensvoll gegenüber, scheut jedoch die Konsequenzen. Vertrauen muß nun sowohl den eigenen Fähigkeiten wie auch anderen Menschen entgegengebracht werden.

Im 8. Haus macht sich der Jupiter/Neptun-Trend in erster Linie im geschäftlichen Bereich sowie bei allem bemerkbar, was die Früchte enger oder vertraglicher Verbindungen betrifft. Hinterlassenschaften und Pläne zur Selbsterneuerung, Spiritualismus oder mystische Erfahrungen können auch eine Rolle spielen. Vielleicht kommt es zur Anbindung des Geschäfts oder Wirkens an eine größere Organisation — aufgrund deren Drucks oder aus eigenem Bestreben. Es ist — insbesondere was das Geld anderer betrifft — wichtig, nicht zu vertrauensvoll oder spekulativ zu sein. Dies ist nicht die Zeit, die Liebe oder das Wohlwollen anderer Menschen aufs Spiel zu setzen. Es ist jetzt zweifellos möglich, aus Verträgen oder Investitionen an der Börse große Gewinne zu ziehen; gleichermaßen vorhanden ist die Gefahr, alles zu verlieren. Bei allen Dinge ist Maßhalten oberstes Gebot.

Im 9. Haus kann es zu einer Art persönlicher Inflation durch unangemessene Verallgemeinerungen und schillernde Träume oder Visionen kommen. Eine Flucht in das Entfernte und Transzendente, insbesondere was Reisen oder Religion angeht, kann ein Übermaß an Eindrücken hervorrufen, die der Mensch letzlich nicht verkraftet. Sorgfältige Prüfungen sind anzuraten, bevor man das Naheliegende und das Konkrete zugunsten des Entfernten, Abstrakten und Transzendenten aufgibt. Während dieser Phase sollte man die Erkenntnis gewinnen, daß Träume, Spekulationen, lange Reisen und auch die Religion keinen Ersatz für ein wirkungsvolles Leben im Hier und Jetzt bieten.

Im 10. Haus betrifft die Jupiter/Neptun-Konjunktion vornehmlich das Berufsleben und das öffentliche Ansehen. Es ist wichtig, daß man nicht nach mehr gesellschaftlicher Macht strebt, als man tatsächlich ausüben kann. Die Gefahr liegt hier darin, durch den schillernden Glanz der Gelegenheiten den Boden unter den Füßen zu verlieren.

Im 11. Haus sollte man sich vor unangemessenen Plänen für soziale Reformen, müßigen Wünschen, utopischen Idealen und fruchtlosen Tagträumen hüten. Es ist nichts dagegen einzuwenden, sich eine Veränderung der Dinge zu wünschen und sich an neue soziale und wirtschaftliche Bedingungen anzupassen; es besteht aber die Gefahr, daß man die umstürzlerischen Gesten übertreibt oder Freunden, seiner Partei oder den Gemeindegruppen zu viel Vertrauen schenkt.

Im 12. Haus kann der Jupiter/Neptun-Zyklus soziale Erfahrungen oder psychische Zwänge hervorbringen, die zu einer falschen Einschätzung von gesellschaftlichen oder spirituellen Sachverhalten und darüber hinaus zu einem falschen Verständnis vom Vollbrachtem führen können. Aller Wahrscheinlichkeit nach wird es zu einem großen Aufruhr unbewußter Kräfte im Wesen des Individuums kommen. Auch wenn dies zu einer Hinwendung zu sozialer Arbeit oder dem Dienst an der Gemeinschaft führt, sind diese Aktivitäten sorgfältig zu beurteilen. Die Bedürfnisse der Gesellschaft sind mit dem eigenen Bedürfnis nach Selbstverwirklichung abzustimmen. Kommt es nun zum innerlichen Umbruch, sollte man bemüht sein, dessen Gründe ans Licht zu bringen. Dies kann eine günstige Zeit für Psychoanalyse sein

Die Jupiter/Neptun-Opposition in den Häusern

Die Opposition beschreibt den Höhepunkt des Jupiter/Neptun-Zyklus. Beim gegenwärtigen Zyklus, der im Jahre 1971 begann, fand die Opposition im Juni 1977 bei 14° Zwillinge bzw. Schütze statt. Um zu einer individualisierten Bedeutung dieses Zyklus der Transzendenz zu gelangen, sollte die Opposition von den Radix- (oder Sonnen-) Häusern ausgehend untersucht werden.

Jupiter im 1., Neptun im 7. Haus. Die Jupiter-Energie wird nun das persönliche Leben beherrschen. Deshalb ist es jetzt Zeit, eine neue Beziehung zu den Aktivitäten zu entwickeln, die das persönliche Ansehen und den eigenen Wert für die Gesellschaft bestimmen. Die Situation trägt eindeutig das Versprechen der persönlichen Expansion in sich — wenn man seit der Jupiter/Neptun-Konjunktion angemessen und konstruktiv gearbeitet hat. In diesem Falle wird es zu verstärkten gesellschaftlichen Aktivitäten kommen. Eine Tendenz der Ungewißheit könnte aber, was das Eheleben oder die Kontakte zur Außenwelt im allgemeinen angeht, nun in Erscheinung treten. Daraus könnten sich Behinderungen der persönlichen Expansion ergeben — beispielsweise, wenn der Betreffende mehr ausgeben muß als er sich leisten kann, um den Ansprüchen des Partners oder der Gesellschaft zu genügen.

Jupiter im 2., Neptun im 8. Haus. Die scheinbar günstige finanzielle Lage und hohe Kreditwürdigkeit stehen möglicherweise einem finanziellen Dilemma in Partnerschaften gegenüber. Vielleicht war es in den letzten Jahren notwendig, viel Geld, Zeit und Energie aufzuwenden, um eine unsichere Geschäftslage zu konsolidieren. Daher ist es jetzt an der Zeit, sich über die finanziellen Vereinbarungen genau klarzuwerden, was insbesondere für die Einzelheiten großer Verträge gilt, die man zu dieser Zeit abschließt. Vielleicht stellt es sich nun auch als unumgänglich heraus, selbstsüchtige Vorteile persönlicher Privilegien und Besitztümer zu überwinden und seine Ressourcen kooperativer und humanitärer einzusetzen.

Jupiter im 3., Neptun im 9. Haus. Das Denkvermögen ist während dieser Zeit auf merkwürdige Art hellwach für die inneren individuellen Realitäten, wodurch der Mensch sich in bezug auf eine außergewöhnliche Auffassungsgabe hervortun kann. Andererseits ist es auch möglich, daß geistige Probleme auftreten, die aus den eigenen expansiven Aktivitäten der letzten Jahre resultieren. Manchmal fühlt sich der Mensch jetzt zu entfernten Bereichen und Zielvorstellungen hingezogen, manchmal ist seine Aufmerksamkeit auf die unmittelbare Umgebung und die konkreten Probleme des Alltags gerichtet. Die sozialen, moralischen oder religiösen Vorstellungen, die man zur Expansion innerhalb seiner Gemeinschaft benutzt hat, sind während dieser

Phase auf ein breiteres Fundament zu stellen.

Jupiter im 4., Neptun im 10. Haus. Ereignisse erweitern und stimulieren die häusliche Gefühlswelt und häusliche Existenz; sie lassen den Menschen sich seines individuellen Wertes bewußt werden. Neptun verlangt nun, die Bedeutung des Lebens für unpersönlichere gesellschaftliche und spirituelle Ideale zu erkennen. Unklarheiten in bezug auf die beruflichen Verpflichtungen müssen überwunden, mögliche Skandale vermieden werden. Wenn ein Mensch an einem aufgeblasenen Ego leidet, kann der Transit die Luft herauslassen.

Jupiter im 5., Neptun im 11. Haus. Zu dieser Zeit können Probleme auftreten, die das soziale Bewußtsein und die kreativen Energien eines Individuums zutiefst beeinflussen. Der Betroffene sieht sich möglicherweise in einem Dilemma: Einerseits möchte er gerne — Angeberei oder dramatische Selbstdarstellung — ein größeres Ego entwickeln, andererseits ist ihm die Notwendigkeit sozialer und spiritueller Überlegungen so wie der auf ihm lastende Druck von Gruppenaktivitäten und kollektiven Normen deutlich bewußt. Wie bei jeder Opposition besteht auch hier die Aufgabe, zwei gegensätzliche Faktoren miteinander zu verbinden. Es handelt sich um ein Problem der psychologischen und sozialen Integration. Wenn man dieses Dilemma erfolgreich auflöst, wird man seine Individualität umfassender verwirklichen und seine Freunde besser würdigen können.

Jupiter im 6., Neptun im 12. Haus. Exzessive psychische Anspannung kann nun leicht zu Krankheit führen. Die Ursache hierfür könnte eine tiefe innere Verwirrung sein, die ihren Schatten auf die alltägliche Arbeit oder irgendeine Form von Dienst wirft, den man der Gesellschaft zu erweisen versucht. Es könnten nun in der persönlichen Umgebung seltsame Geschehnisse auftreten. Aus neuen Umständen resultierender Druck scheint den persönlichen Konservatismus bezüglich der Arbeit oder des Dienstes an der Gemeinschaft tiefgehend in Frage zu stellen oder die eigene Position unter wohlhabenden Menschen oder die Gunst einflußreicher Leute zu gefährden.

Jupiter im 7., Neptun im 1. Haus. Neptunische Elemente beeinflussen nun tiefgreifend das persönliche Leben und bringen Glanz und gesellschaftliche Stimulierung oder eine mystische oder religiöse Entwicklung mit sich. Das rationale Ego scheint sich in einem Meer der Glückseligkeit oder in Fata-Morgana-Bildern aufzulösen. Es kommt nun darauf an, sich nicht vollständig in den weitgesteckten illusionären kollektiven Idealen zu verlieren. Zwischen derartigen neptunischen Tendenzen und den konservativ-orthodoxen religiösen Trends oder dem gesellschaftlichen Wohlergehen und der persönlichen Ehrbarkeit kann es nun zu einem Zwiespalt kommen. Letzteres könnte durch den Ehepartner oder im Rahmen einer intimen Freundschaft geschehen, woraus sich vielleicht psychische oder soziale Spannungen ergeben.

Jupiter im 8., Neptun im 2. Haus. Ein Zustand der Unsicherheit oder vielleicht der Selbsttäuschung könnte sich nun im geschäftlichen und finanziellen Leben äußern. Erworbener Reichtum könnte auf illegalen oder betrügerischen Machenschaften beruhen. Wahrscheinlich werden die persönlichen Aktivitäten weitgehend von sozialen oder kollektiven Interessen kontrolliert und hängen von der Stimmung in der Öffentlichkeit ab. Die persönlichen Anstrengungen, die eigenen Mittel dem Zeitgeist entsprechend einzusetzen, können den Widerstand von Partnern hervorrufen. Vorurteile oder Selbstsucht dürfen dem größeren sozialen Sinn nicht im Wege stehen.

Jupiter im 9., Neptun im 3. Haus. Zu dieser Zeit könnte man gewissermaßen in den Wolken schweben und expansiven Träumen nachgeben, die mit der Realität der persönlichen Umgebung und den äußerlichen Betätigungen nichts mehr zu tun haben. Eine abstrakte oder religiöse Form von geistiger Aktivität erscheint begünstig — die Gefahr von Illusionen ist jedoch offensichtlich. Durch Briefwechsel oder Veröffentlichungen kann es zu Ärger kommen. Zwischen den objektiven Tatsachen und den subjektiven Gefühlen besteht nun möglicherweise — vielleicht verursacht durch Verwandte oder Nachbarn — eine tiefe Kluft. Um offen zu sein für neue Erkenntnisse und neue soziale Konzepte, sind Unbestimmtheit und Ziellosigkeit unbedingt zu vermeiden.

Jupiter im 10., Neptun im 4. Haus. Eine tiefer Graben zwischen dem häuslichen Leben und den öffentlichen oder beruflichen Angelegenheiten tritt während dieser Oppositions-Phase hervor. Vielleicht ist man geneigt, diese Lebensbereiche zu rigoros voneinander zu trennen, womit es zu zwei sich nicht gegenseitig befruchtenden, sondern vollkommen gegeneinander abgeschotteten Lebensbereichen kommt. Auch wenn man bei dieser Trennung ein Gefühl von Stärke und besserer Verwirklichung des eigenen Schicksals haben mag, ist sie doch negativ zu bewerten. Das berufliche Leben und das persönliche Ansehen dürften nun eine günstige Entwicklung erleben. Vielleicht verhindern aber auch gewisse Umstände, daß man aus der Situation konkrete Vorteile zieht. Irgend etwas innerhalb des seelischen oder auch des äußeren — sozialen oder beruflichen — Lebens könnte große Verwirrung bringen.

Jupiter im 11., Neptun im 5. Haus. Zu dieser Zeit scheint im Leben — insbesondere was emotionale Angelegenheiten betrifft — ein Gefühl der Verzauberung vorzuherrschen. Vielleicht wünscht man sich nun, ein gesellschaftlich aktiveres Leben zu führen und fühlt sich zu Reichen und Prominenten hingezogen, wobei man seinen klaren Kopf verlieren könnte. Unter allen Umständen ist es wichtig, im Gleichgewicht zu bleiben. Vielleicht veranschaulicht das Leben dem Individuum nun den Wert des unpersönlichen Dienens, das man in seinem Leben praktiziert, wenn man seinen Emotionen einen neuen Ausdruck verleiht. Es reicht nicht, sich unpersönlich zu verhalten: Man muß auch unpersönlich empfinden und diese Empfindungen dem gewählten Ausdruck des Selbst zugrundelegen. Man sollte nun nicht länger von einem rein individualistischen Standpunkt aus, sondern unter Berücksichtigung sozialer, kollektiver oder universeller Faktoren handeln. Man darf jetzt konservativ eingestellten Freunden nicht erlauben, den eigenen Enthusiasmus zu bremsen, obwohl ihr Rat durchaus wertvoll sein kann.

Jupiter im 12., Neptun im 6. Haus. In dieser Phase könnte es zu gesundheitlichen Auswirkungen oder zu ungewöhnlichen gesellschaftlichen oder mystischen Entwicklungen kommen. Vielleicht ist man nun gezwungen, eine Entscheidung in psychischer oder spiritueller Hinsicht zu treffen. Während dieser Zeit sollte die betreffende Person die Dinge leicht nehmen und mit Optimismus und großer Selbstsicherheit in ihrer eigenen Identität verankert bleiben. Gesundheitliche oder die Arbeit betreffende Probleme haben in Wirklichkeit eine Erprobung der Stärke des Charakters zum Inhalt. Stille Meditation und sogar eine aufgezwungene Ruhe können hilfreich wirken. Da jetzt das Ende eines sozialen Zyklus bevorsteht, wird man nun die — guten wie schlechten — Früchte seiner Beziehung zur Gesellschaft ernten. Was auch immer passiert — jetzt wird sich ein größeres Mitgefühl und eine umfassendere Hingabe an die Arbeit entwickeln, wenn dazu vielleicht auch eine Krise notwendig ist, die den persönlichen Stolz auflöst.

Die abnehmende Hälfte des Jupiter/Neptun-Zyklus in den Häusern

Das abnehmende Quadrat dieser beiden Planeten wird im September 1980 bei 19^0 Jungfrau bzw. Schütze stattfinden. Dieser Aspekt bezieht sich auf eine Krise des Bewußtseins und kann einen Wendepunkt in der allgemeinen Haltung zu Überproduktion, Inflation und Verschwendung markieren. Um die individuelle Wirkung dieses Trends zu untersuchen, sind die betroffenen Radix- oder Sonnenhäuser zu betrachten. Die vorangegangenen Abschnitte über die Konjunktion und die Opposition sollten dem Leser genügend Einblick in die Wechselbeziehung dieser Planeten verschafft haben, um ihn in die Lage zu versetzen, die Manifestationen dieser Phase im individuellen Leben zu verstehen.

Kapitel X

Der Plutozyklus

Pluto ist zu der Zeit, da dieses Buch niedergeschrieben wird, der am weitesten von der Sonne entfernte Planet (obwohl einige Astronomen davon ausgehen, daß er noch nicht der letzte bzw. fernste Planet unseres Sonnensystems ist); analog zu seiner weiten Entfernung beschreibt er die äußersten Grenzen des menschlichen Bewußtseins. Seit seiner Entdeckung im Jahre 1930 haben sich viele astronomische Annahmen über ihn als unzutreffend herausgestellt. Ursprünglich glaubte man, Pluto habe einen Äquatordurchmesser von nur 5800 Kilometern, was weniger als die Hälfte des vergleichbaren Erdwertes darstellen würde. Neuere astronomische Beobachtungen legen jedoch den Schluß nahe, daß der Planet möglicherweise wesentlich größer als die Erde ist. Für sein kleines Erscheinungsbild macht Jeff Mayo heute in gewisser Weise das Phänomen der Spiegelreflektion verantwortlich — Plutos Scheibe ist im Zentrum am hellsten; zum äußeren Rand verdunkelt sie sich beständig. Pluto scheint seine Größe in einem regelmäßigen Abstand von wenigen Tagen zu verändern — die geringe Größe des Planeten war nur eine Illusion.

Pluto verbleibt durchschnittlich 20½ Jahre in einem Tierkreiszeichen, wobei die exakte Dauer zwischen 12 und 32 Jahren schwanken kann. Gemeinsam mit Neptun formt sein Umlauf die aufeinanderfolgenden Wellen, die gemeinhin «Generationen» oder «Altersgruppen» genannt werden und die recht genau voneinander getrennt sind. In etwa läßt sich sagen, daß jede Generation durch den Transit von Pluto durch ein oder durch Neptuns Passage durch zwei — ein positives und ein negatives — Zeichen des Tierkreises zu charakterisieren ist. Rudhyar regte an, als Ausgangspunkt der modernen Generationen die Neptun/Pluto-Konjunktion der Phase von 1891 bis 1893 zu nehmen. Demnach wurde die «erste» Generation geboren, als Neptun von 1890 bis 1915 durch die Zeichen der Zwillinge und des Krebses lief. Die nächste Generation erblickte das Licht der Welt während des Neptun-Transits durch den Löwen und die Jungfrau zwischen 1915 und 1942. Die dritte Generation dieses Zyklus wurde zwischen 1942 und 1970 geboren, während Neptun sich in der Waage und im Skorpion befand, und gegenwärtig befinden wir uns in der vierten Generation dieses auf unsere heutige Zeit bezogenen Zyklus. Das Zeichen, das von Pluto durchlaufen wird, liefert einen allgemeinen Anhaltspunkt für das, was Rudhyar «Lebensstil» nennt und jede Generation oder Altersgruppe kennzeichnet. Das Zeichen des Radix-Pluto symbolisiert die kollektive Mentalität. Im individuellen Horoskop deutet der Planet auf den Bereich, wo sich der konzentrierte Druck der kollektiven Mentalität bemerkbar macht. Seine Aspekte zu anderen Radixplaneten zeigen, wie sich der Mensch dieser kollektiven Mentalität gegenüber verhalten sollte.

Die Qualität des kollektiven Geistes, der alle sozialen, politischen, künstlerischen, literarischen, wissenschaftlichen und wirtschaftlichen Aktivitäten einer Altersgruppe umfaßt, führt zu einer speziellen Herangehensweise jeder Generation bezüglich der irdischen wie auch der universalen Existenz. Solange ein Mensch aber einer kollektiven Lebensweise und Denkungsart verhaftet ist, kann er sich nicht als unabhängiges Wesen entwickeln, und Pluto würde in seinem Geburtshoroskop nicht auf individualisierte Art wirken. Pluto wird dann bedeutungsvoll im Leben in Erscheinung treten, wenn der Mensch die kollektive Herangehensweise an die Existenz in Frage zu stellen und eine eigene Lösung für die von der kollektiven Mentalität seiner Generation hervorgebrachten Probleme zu suchen beginnt. Das Bewußtsein, daß Probleme vorhanden sind, wird sich nicht einstellen, wenn man die kollektive Mentalität nicht in Frage stellt — in diesem Fall wird der Radix-Pluto keine «Wirkung» zeigen. Andererseits «wirkt» Pluto *immer* als transitierender Planet, weil er den sich verändernden Druck und die Anforderungen des Kollektivs zum Ausdruck bringt. Dies gilt auch dann, wenn ein Mensch die Dinge ganz und gar in den Begrenzungen der kollektiven Mentalität wahrnimmt. Insofern beinhaltet der Pluto-Transit das gesellschaftliche Schicksal, den Druck kollektiver Umstände, die unausweichlich erscheinen, weil sie *unpersönlich* sind.

Einer von Rudhyars Schlüsselgedanken ist, daß jedes Individuum geboren wird als Antwort auf ein Problem oder ein Bedürfnis, das einer Lösung bedarf. Das bedeutet beispielsweise, daß es sich bei den mit Pluto in der Jungfrau — ein Transit, der uns die Probleme des kollektiven Vertrauens in die Wissenschaft bewußt machte — Geborenen um die Menschen handelt, die Antworten auf diese Probleme zu finden imstande sind. Dies wird jedoch nur dann zutreffen, wenn es diesen Menschen gelingt, ihren Radix-Pluto auf wahrhaft personalisierte Art einzusetzen. Rudhyar ist zu dem Schluß gekommen, daß die Pluto-Position den potentiellen Beitrag des Individuums zur Lösung der durch die moderne Gesellschaft erzeugten Probleme anzeigt. Die Zeichenposition wird zum Ausdruck bringen, wie diese Probleme beschaffen und wie sie generell zu lösen sind. Plutos Hausposition verdeutlicht den speziellen Erfahrungsbereich, in dem die Lösung gesucht werden sollte. Wenn dem Menschen diese Dinge bekannt sind, kann er *bewußt und zielgerichtet* gesellschaftliche Aktivitäten übernehmen, die mit seinem individuellen Horoskop übereinstimmen. In Rudhyars Worten garantiert Pluto die wahre menschliche Individualität; was soziale Werte angeht, symbolisiert er den größtmöglichen Beitrag zum Leben.

Die Pluto-Generationen

Pluto im Stier (1852 bis 1884). Dieser Transit durch das Zeichen der Erde und Materie entspricht dem «Zeitgeist» bzw. dem Versuch des Menschen, durch die Entdeckung und Nutzung der Energie — die die Essenz der Substanz darstellt — die Materie zu besiegen. Diese Phase ging mit dem Viktorianischen Zeitalter einher, welches in der kollektiven Mentalität Besitzgier, das Verlangen nach Sicherheit und Machtbestrebungen sowie in wissenschaftlicher Hinsicht das Konzept der Evolution und des Materialismus in den Vordergrund stellte. Die Geheimnisse des Aufbaus der Materie wurden gelüftet, was zur technischen Revolution des 20. Jahrhunderts führte. Allgemein bestand die Neigung, Vorstellungen und Dinge aufgrund ihrer praktischen Verwertbarkeit zu beurteilen.

Pluto in den Zwillingen (1884 bis 1913). Mit diesem Transit ging das soziale Bedürfnis nach Erweiterung des geistigen Horizontes einher. Der Transit signalisierte den Aufbau von konkretem Wissen und intellektuellem «Knowhow» und die Überwindung des intellektuell-gesellschaftlichen Materialismus, der die Stier-Phase kennzeichnete. Die Zwillinge-Phase brachte die Entwicklung schneller weltweiter Kommunikationsmittel aller Art mit sich, woraus resultierte, daß die Welt gewissermaßen kleiner wurde. Dieser Transit ging unmittelbar vor dem Ersten Weltkrieg zu Ende.

Pluto im Krebs (1913 bis 1938). Während dieses Transits wandelten sich die traditionellen Fundamente der Nationen und des häuslichen und familiären Lebens grundlegend. Der Einfluß von Planeten im Krebs kann nicht allgemeingültig dargestellt werden, denn dieses Zeichen bezieht sich im wesentlichen auf die Notwendigkeit zur *persönlichen* Integration innerhalb genau definierter Grenzen. Insofern standen während dieser Phase Parteipolitik, Nationalismus und Isolationismus im Vordergrund, und es gelang den Menschen und Nationen trotz der Möglichkeiten der globalen Kommunikation und der Atomenergie nicht, einen universellen Geist zu entwickeln. Stattdessen wurden neue wissenschaftliche Erkenntnisse für persönliche oder nationalistische Zwecke mit Beschlag belegt. Vielleicht war dies sogar zu erwarten, weil die tiefgreifenden kollektiven Umwälzungen dieser Zeit Individuen und Nationen zwangen, sich wieder auf sich selbst zu besinnen und die persönlichen bzw. sozialen Fundamente neu zu organisieren. Dieser Transit erstreckte sich vom Beginn des Ersten bis zum Beginn des Zweiten Weltkrieges.

Pluto im Löwen (1938 bis 1957). Plutos Eintritt in das Löwe-Zeichen kennzeichnet den Beginn des Zweiten Weltkrieges. Während dieser Phase standen im Vordergrund nationaler und persönlicher Stolz sowie das Bestreben, nationale und persönliche Macht auch zum Ausdruck zu bringen. Diktatoren beherrschten die Szenerie, und Industriemagnate errichteten riesige multinationale Konzerne. Rudhyar merkte an, daß es zu dieser Zeit zu einem neuen Feudalismus kam, der nun allerdings die ganze Erde umfaßte und sogar noch über diese hinaus — in den Weltraum — reichte. Rücksichtslosigkeit, Terrorismus und totalitäre Macht wurden allgemein verherrlicht. Schließlich jedoch nahm die unbedingte Hingabe an einen tyrannischen Führer oder eine dementsprechende Ideologie ab, und unterdrückte Völker begannen, sich gegen den Kolonialismus zur Wehr zu setzen. Menschen zeigten während dieses Pluto-Transits die Neigung, wissenschaftliche Technologie oft selbstsüchtig für ihre persönliche Macht zu benutzen. Die Menschen, die unter dieser Pluto-Stellung geboren wurden, haben häufig Probleme, mit ihrer persönlichen Macht umzugehen. Sie müssen ihre Neigung zu Stolz, gewaltsamen Emotionen und den bei Mussolini so deutlich ausgeprägten Charakterzug beherrschen, Überempfindlichkeit in zwischenmenschlichen Beziehungen durch eine Maske von Arroganz und jähzornige Überheblichkeit zu ersetzen.

Pluto in der Jungfrau (1957 bis 1971). Diese Zeit war geprägt von Kritik und psychologischen Krisen, weil die Menschen erkannten, daß sie mehr oder weniger als Sklaven einer maschinisierten Welt lebten, wozu sie nicht länger bereit waren. Das Bewußtsein, daß die herrschende wissenschaftlich-technologische Ideologie die Menschheit ins Verderben stürzen würde, breitete sich aus, und eine Diskussion begann, die mit den Schlagwörtern «Sinnfindung» und «Lebensqualität» zu beschreiben ist. Diese Zeit machte der Öffentlichkeit die Gefahren chemischer Stoffe bewußt, die die Umwelt — Land, See und Luft — zerstören. Die während dieses Transits Geborenen sind zu den größten Kritikern der Vergötterung des Computers geworden.

Pluto in der Waage (1971 bis 1983). Dieser Transit stellt die Zusammenarbeit in den Vordergrund, und zwar in einem Ausmaß, daß alle früheren Beziehungen — zwischen Menschen oder Nationen — davon betroffen sein dürften. Während dieser Phase herrscht die Notwendigkeit, die Beziehung zur Außenwelt neu zu überdenken. Ob nun in psychologischer oder spiritueller Hinsicht oder bei den internationalen Wirtschaftsbeziehungen — allgemein sollte nun bewußt werden, daß eine wirklich globale Sicht der Welt erforderlich ist. Es ist ein Resümee der Vergangenheit zu ziehen, wobei das Wertvolle vom Überholten getrennt werden muß. Der politische Kommunismus bzw. Sozialismus, die bei Plutos Aufenthalt im gegenüberliegenden Widder-Zeichen das Licht der Welt erblickten, sind nun an einem Wendepunkt angelangt. Die Beziehung zur wissenschaftlichen Technologie, was z.B. synthetische Stoffe angeht, hat sich seit Plutos Eintritt in die Waage weiterhin verändert; wegen der steigenden Besorgnis über die Umweltverschmutzung durch die Chemie ist ein neuer Trend entstanden. Der Wert technologischer Errungenschaften, der auf einer quantitativen Analyse beruht, ist zum Gegenstand heftiger Diskussionen geworden; während dieser Phase verkünden Menschen die Notwendigkeit einer *neuen Lebensqualität* — für die die Waage ein Symbol ist. Die Menschen mit der Pluto/Löwe-Stellung im Horoskop sollten in der Lage sein, einen praktischen und wirksamen Beitrag zum Werk der Welt zu leisten, da nun bei ihnen ein Sextil zwischen dem Transit- und dem Radix-Pluto besteht. Die Menschen mit Pluto im Krebs werden ihren möglichen Beitrag in Form einer Krise erleben, die ihr Handeln betrifft. Ihre Parteinahme und separatistischen Einstellungen finden nun keine Anerkennung mehr. Die Menschen mit Pluto in den Zwillingen werden mit dem Waage-Trend wiederum eher im Einklang stehen und vielleicht plötzlich feststellen, daß ihre Vorstellungen, für die sie so lange gekämpft haben, Gehör finden.

Pluto im Skorpion (1984 bis 1995). Während dieses Transits sind die Werte betont, die laut Rudhyar «die allen Menschen gemeinsame Humanität» ausmachen. Es wird ein starkes emotionales Verlangen herrschen, sich mit anderen zu vereinen. Für viele Menschen wird es zu wichtigen mystischen und spirituellen Erfahrungen kommen. Okkultistisch orientierte Individuen oder Gruppen — vielleicht auch sozialistische oder kommunistische Trends — mögen sich nun verstärkt bemerkbar machen. Kollektive Bewegungen werden an Macht gewinnen. Während dieser Zeit wird Pluto die Umlaufbahn des Neptuns kreuzen und somit der Erde näher sein als jener es jemals ist. Dies könnte mit einer neuen revolutionären Kraft bzw. einem daraus resultierenden Impuls einhergehen. Etwa zwölf Jahre lang, während dieses gesamten Transits, wird Pluto innerhalb der neptunischen Umlaufbahn verbleiben und sein Perihel (die größte Sonnenähe) im Jahre 1988 erreichen.

Wenn sich Pluto in der Waage bzw. im Skorpion befindet, ist die Menschheit zur Vereinigung in Brüderschaft und Liebe und in gegenseitigem Verständnis und Toleranz aufgefordert. Stellt sich die Menschheit dazu als unfähig heraus, wird es vielleicht wieder — wie bereits bei den beiden großen Kriegen dieses Jahrhunderts — zu einer Vereinigung im Tode kommen. Durch das Feuer natürlicher oder von Menschenhand gemachter Katastrophen — Vulkanausbrüche oder Atomkrieg — wird Pluto die Menschen zu der geistigen und seelischen Erkenntnis bringen, daß jeder mit allem verbunden ist, was anderen — wo auch immer auf dieser Welt — widerfährt.

Pluto im Schützen (1995 bis 2008). Während dieses Transits verlangsamt sich die Geschwindigkeit Plutos. Der kollektive Geist sollte nun — basierend auf den seit Plutos Eintritt in die Waage entwickelten neuen Werten und Kräften — das soziale Leben neu organisieren und ein neues soziales Bewußtsein entwickeln. Nach der emotionalen Krise des Skorpion-Transits, die insbesondere die Menschen mit Pluto im Löwen betreffen wird, werden neue Ideologien zutage treten. Diese werden darauf zielen, eine umfassendere Form von Gesellschaft zu errichten und die benötigte Art von Beziehungen zu entwickeln, um das während der Skorpion-Phase emotional Ersehnte Realität werden zu lassen. Die zu dieser Zeit Geborenen müssen sich vor Fanatismus hüten, um bei der Etablierung neuer Gesetze, Gedanken und Prinzipien nicht die Rechte des einzelnen zu verletzen. Für Menschen mit dem Radix-Pluto in der Jungfrau könnte diese Phase in bezug für ihren Beitrag zum Werk der Welt kritisch ausfallen.

Pluto im Steinbock (2010 bis 2024). Die neuen — sozialen, nationalen und internationalen — Konzepte der Menschheit sollten nun ihren konkreten Ausdruck erhalten. Während dieser Zeit wird Pluto auf drastische Art jede Form traditioneller Macht — insbesondere alles, was seit dem Widder-Transit konkret geworden ist — in Frage stellen. Dies ist die kritische Phase für Menschen, die mit Pluto in der Waage geboren wurden. Eine Reorganisation der politischen Strukturen sollte stattfinden mit neuen Idealen, die eine weltweite Zivilisation unter freier Mitwirkung aller Nationen und Individuen gemäß der menschlichen Ziele vorsehen.

Der persönliche Plutozyklus

Die Erörterung eines personalisierten «Gebrauchs» von Pluto muß mit der bereits angeführten Einschränkung erfolgen, die die bewußte Loslösung von der kollektiven Mentalität betrifft. Aufgrund der langsamen Bewegung Plutos ist für gewöhnlich ein Quadrant des Geburtshoroskops durch den Pluto-Transit besonders betont. Die Bedeutung des Quadranten entspricht dem, was in den Kapiteln über Saturn, Jupiter und Neptun bereits geschrieben wurde. Der Quadrant wird auf den potentiellen Beitrag eines Individuums zu seiner Zeit hinweisen. Darüber hinaus ergeht bei jeder Überquerung Plutos über eine Achse des Geburts- oder Sonnenhoroskops die Aufforderung, sich über sein Schicksal und seine gesellschaftliche Bestimmung klarer zu werden. Läuft Pluto über einen Radixplaneten, ist der persönliche Gebrauch dieser Planetenfunktion neu zu bestimmen. Diese wird das Individuum mit neuen Idealen und neuen Formen des sozialen Verhaltens in Berührung bringen und es vom früheren Gehorsam gegenüber kollektiven oder traditionellen Werten befreien. Pluto verkörpert stets Forderungen. Uranus bringt äußere Inspirationen, Neptun löst auf und absorbiert — Pluto verlangt nach neuer Integration entsprechend einer neuen Richtung, nach bewußtem Selbst-Opfer bzw. nach Wiedergeburt.

Das Radix- (oder Sonnen-) Haus, in dem Pluto während der Geburt stand, wird darlegen, wie das Individuum der kollektiven Mentalität gegenüber eingestellt ist und der Herausforderung der kollektiven Bedürfnisse seiner Zeit begegnet. Die Hausposition wird nicht die Reaktionen eines jeden Menschen auf solche Herausforderungen anzeigen, sondern vielmehr die allgemein mögliche Art von Reaktion. Im astrologischen «Kochbuch-Stil» wird bei der Beschreibung der Bedeutung von Planeten in Zeichen und Häusern diese Unterscheidung nie getroffen. Die Analyse der Radixposition von Pluto in bezug auf die Hausstellung zeigt den Beitrag, den ein Individuum potentiell zu seiner Gesellschaft leisten kann. Die Hausposition im Transit verweist dagegen darauf, wie ein Mensch sich den Anforderungen des Augenblicks am besten stellen kann.

Wenn Pluto den Aszendenten überquert und das 1. Haus durchläuft, ist eine tiefere und vollständigere Art der persönlichen Integration zu entwickeln. Vielleicht identifiziert man sich jetzt mit fest etablierten politischen Trends oder spirituellen Kräften oder demonstriert diese auf einer individuellen Basis. Während dieser Zeit sollte der Mensch seine persönlichen Qualitäten und Fähigkeiten beibehalten und zum Ausdruck bringen, die ihn aus der Masse herausheben. Kompromißlos und furchtlos sollte er bemüht sein, traditionelle Gedankenmuster zu überwinden und — entsprechend dem Radix-Zeichen der Geburt — ein Vorbild für andere zu sein. Eine positive Ausprägung dieses Transits besteht in dem Wunsch, Verantwortung zu übernehmen; in negativer Hinsicht könnte der Mensch versucht sein, unbarmherzig und engstirnig bei sozialen Kontakten zu verfahren, andere Menschen zu beherrschen und sich immer und ohne Rücksicht auf Kosten oder Hindernisse durchsetzen zu wollen. Politische Ereignisse und straff organisierte Gruppen, die Gehorsam fordern, könnten den Menschen nun tiefgehend beeinflussen — die Entwicklungen können weitreichende Folgen haben und bestürzende Züge annehmen. Man sollte nun mit Engagement neue — spirituelle, soziale oder politische — Werte erforschen. Selbstherrlichkeit und anmaßender Stolz sind zu vermeiden; auch sollte man sich nicht auf seine Kraft verlassen, um über Streitigkeiten zu entscheiden oder eigene Wünsche durchzusetzen. Pluto im 1. Haus bedeutet in erster Linie Kraft — die schwer mit etwas anderem zu verbinden ist. Zusammenarbeit, Verständnis und Mitgefühl sind Tugenden, die insbesondere jetzt der Entfaltung bedürfen.

Wenn Pluto das 2. Haus durchläuft, wird der beste Beitrag zu den augenblicklichen Erfordernissen in der Nutzung des inneren und äußeren Reichtums bestehen, den man bei der Geburt geerbt oder sich durch sein Streben angeeignet hat. Erforderlich ist eine wirkungsvolle und zielgerichtete Handhabung all dessen, was man besitzt: die Energien und Kräfte seines Körpers, das Verständnis der Tatsachen, Gedanken und persönlichen Wertbegriffe, die man sich durch die Erziehung und das Beispiel der Eltern angeeignet hat; das Geld, das man verdient und alles, was man erzeugt hat. Man muß sich jetzt mit Mut vor der Welt beweisen. In manchen Fällen zwingt dieser Transit, Besitz oder Energien nicht länger in gesellschaftlich üblicher Weise, sondern zur Erreichung eines spirituellen Ideals zu verwenden — vielleicht gibt man seinen Reichtum, seine Zeit oder Energie hin, um eine gute Sache oder herausragende Persönlichkeit zu unterstützen. Außergewöhnliche spirituelle oder kreative Gaben können dazu eingesetzt werden, der Menschheit neue Werte nahezubringen. Um dem umfassenderen ethnischen, nationalen oder sozialen Zweck zu entsprechen, kann es auch dazu kommen, daß die Fähigkeiten des Menschen auf ihm zuvor unbekannte Art benutzt werden.

Wenn Pluto das 3. Haus durchläuft, kann die persönliche intellektuelle und psychologische Lebensart für die Lösung relevanter Probleme eine beispielhafte Funktion haben. Durch die Entwicklung der Intelligenz und eines «Know-how's» wird der Mensch in der Lage sein, auf bedeutende Art mit seiner Umwelt umzugehen. Vielleicht muß er, in Wort oder Schrift, die neuen Methoden seines Lebens erklären, die er sich für eine angemessenere Anpassung an die moderne Welt zugelegt hat. Man sollte nun ohne Angst oberflächliche und veraltete Gedanken- und Verhaltensmuster in Frage stellen, auch wenn man damit die Menschen vor den Kopf stößt, mit denen man in täglichem Kontakt steht. Während man sich stets bewußt sein sollte, daß Pluto immer die «nackte Wahrheit» bloßlegt, ist der persönliche Hang zur Rachsucht unter Kontrolle zu halten. In manchen Fällen wird der Mensch nun — durch kollektive Kräfte oder durch «höhere Gewalt» — den Boden unter den Füßen verlieren. Der Tod eines Verwandten oder Nachbarn kann der Anlaß sein, aus den Begrenzungen der Umgebung auszubrechen. Man sollte während dieser Zeit radikale Gedanken oder Theorien und Modeerscheinungen bezüglich der Alltagsroutine vermeiden. Man muß auch darauf achten, im Umgang mit Nachbarn und Verwandten und insbesondere mit Geschwistern nicht zum Tyrann zu werden. Durch die Mitarbeit in einer lokalen politischen Gruppierung könnte sich die Möglichkeit ergeben, die kollektive Meinung zukunftsweisend zu beeinflussen. Ein übertrieben radikaler Ausdruck der eigenen Gedanken oder Wertvorstellungen kann jedoch zu gesellschaftlicher Ächtung führen.

Wenn Pluto den IC erreicht und das 4. Haus durchläuft, ergeht die Aufforderung, die eigene Wahrheit standhaft zu vertreten. Man muß mit Selbstbewußtsein handeln und bestrebt sein, eine neue Seinsgrundlage für das persönliche Leben und, wenn möglich, auch für die sozialen und politischen Aktivitäten der Nation zu errichten. Der Betroffene sollte mit Überzeugung an dem Konzept einer globalen, nationalen oder sozialen Ordnung mitzuarbeiten versuchen. So könnte sein Standpunkt dazu beitragen, den Zaghaften Mut zu machen. Bei der Errichtung eines neuen Lebensfundaments ist es unumgänglich, sowohl im Einklang mit der Zeit wie auch für Veränderungen — wie weitreichend diese auch sein mögen — offen zu bleiben. Während dieser Phase ist es notwendig, neue Vorstellungen in das häusliche Leben zu integrieren, die Tiefe seiner Seele zu ergründen und die Leidenschaft nach Macht zu überprüfen — um eine größtmögliche Geschlossenheit seiner Persönlichkeit zu erreichen, ist dies eine günstige Zeit. Das Bemühen, die materiellen wie psychischen Besitztümer in einer neuen Dimension des Lebens zu konkretisieren, wird von *innerlicher Stabilität* gekrönt sein.

Wenn Pluto das 5. Haus durchläuft, wird vom Menschen eine überpersönliche Kreativität verlangt — das, was *durch* einen Menschen spricht, wird auf einer universelleren Ebene bedeutsamer als diese Person an sich. Man soll nun nicht zu einem Medium werden, sondern vielmehr zu einem bewußten Vermittler. Der Betreffende sollte nicht vor Risiken oder dem Überschreiten etablierter Grenzen und Verhaltensweisen zurückschrecken, weil er hier die Gelegenheit hat, in kultureller, wissenschaftlicher oder künstlerischer Hinsicht zum Pionier zu werden. Während dieser Zeit sollte man seine Emotionen im Zaum halten und seinen Selbstausdruck — ob in der Liebe, im gesellschaftlichen Leben oder beim beruflichen Werdegang — nicht zu Lasten anderer zu betreiben. Ebensogut könnte es dazu kommen, daß man das Opfer der Unbarmherzigkeit der anderen wird. Solch tiefgehende emotionale Erfahrungen öffnen jedoch potentiell das Bewußtsein für das, was sich jenseits der Ebene der persönlichen Begierden befindet. Durch moderne Entwicklungen notwendig gewordene neue Werte, Zwecke, Formen und Erzeugnisse sind jetzt zum Ausdruck zu bringen.

Wenn Pluto das 6. Haus durchläuft, sollte man die Fähigkeit kultivieren, sich selbstlos in den Dienst eines edlen Zweckes oder einer großen Persönlichkeit zu stellen. Dazu wird es notwendig sein, Schmerzen, Entmutigung, Überempfindlichkeit und persönliches Scheitern überwinden zu können. Da Pluto hier in Kontakt mit dem Prinzip der übereifrigen Gründlichkeit kommt, darf man jetzt nicht Intoleranz oder Fanatismus an den Tag legen oder sich in sinnlosen Selbst-Opfern ergehen. Das Ziel sollte die uneingeschränkte Hingabe an eine Aufgabe sein, durch die der Mensch seine Interessen und Gefühle nicht mehr am Selbst, sondern am umfassenderen Leben der zwischenmenschlichen Beziehungen und der globalen Menschlichkeit ausrichtet. Man muß bereit sein, sich zu verbessern; man muß das Verlangen nach Veränderung und Wachstum in sich tragen. Der Mensch muß weiterhin Dienst und Gehorsam akzeptieren mit dem bewußten Ziel, über seine persönliche Egozentrik und Selbstsucht hinauszuwachsen, um zu einer in sich geschlosseneren Persönlichkeit zu werden. Die Bereitschaft des Individuums, sich persönlichen Krisen zu stellen, kann ein inspirierendes Beispiel für andere Menschen geben. Auf einer weltlicheren Ebene können Probleme zwischen Arbeitgebern und Arbeitnehmern unter besonderer Beteiligung der Gewerkschaften entstehen. Vielleicht wird man das Opfer reaktionärer oder radikaler Theorien oder verhält sich bei Angelegenheiten, die den Arbeitsplatz betreffen, starrsinnig oder tyrannisch. In bezug auf die Gesundheit sollte man sich vor Modeerscheinungen sowie vor der Versteifung auf diese oder jene Heilmethode in Acht nehmen; hier wie aber auch in beruflicher Hinsicht sind die neuesten Erkenntnisse aber sehr wohl zu berücksichtigen.

Wenn Pluto den Deszendenten überquert und das 7. Haus durchläuft, wird der individuelle Beitrag zu den aktuellen Bedürfnissen eher vom sozialen Bewußtsein des einzelnen und weniger vom persönlichen Beispiel auf einem bestimmten Gebiet abhängen. Dieser Transit geht einher mit der Entfaltung der persönlichen Fähigkeit, auf einer Ebene von Gleichheit zu teilen und zu kooperieren und der Zusammenarbeit für gemeinsame gesellschaftliche Zielvorstellungen. Enge Kontakte zu anderen Personen werden weniger auf deren Individualität als auf der gemeinsamen Arbeit an den gleichen spirituellen oder gesellschaftlichen Zielen beruhen. Persönliche und emotionale Werte nehmen nun einen untergeordneten Platz ein. In manchen Fällen muß man vor Fanatismus und Unbarmherzigkeit auf der Hut sein. Es mag durchaus sinnvoll sein, Menschen aus ihrer Selbstzufriedenheit aufzuschrecken und das zu zerstören, was man für Illusionen oder falsche Vorstellungen hält; mit Pluto besteht allerdings immer die Gefahr, das Maß zu verlieren, wodurch man möglicherweise — auch bei besten Absichten — die persönliche Integrität anderer untergräbt. Man muß akzeptieren, daß nicht jeder zur vollständigen plutonischen Hingabe bereit ist. Heirat und Partnerschaft können während dieses Transits zu weitreichenden Veränderungen führen. Das Schicksal mag dazu zwingen, sich von früheren Loyalitäten zu befreien und das äußere Leben und die persönlichen Beziehungen auf völlig neue Art und Weise anzugehen. Die persönlichen Verbindungen zu sozialen, politischen oder okkulten Gruppen können im übertragenen Sinne die Herausforderung zu einer Wiedergeburt bzw. einer Neugestaltung und zu einer tieferen Zusammenarbeit bei einer gemeinsamen Sache darstellen.

Wenn Pluto das 8. Haus durchläuft, kann der wichtigste persönliche Beitrag zur Gesellschaft darin liegen, daß man seine Beziehungen wertvoll für die daran Beteiligten gestaltet. Was Begegnungen in Gruppen sowie im Geschäftsleben betrifft, sollten die bisher angewendeten Methoden neu strukturiert werden. Durch das, was die globale Verantwortlichkeit erfordert, kann der Mensch sich bzw. seine Aktivitäten neu ausrichten und somit die Gefahr umgehen, andere auszunutzen. Zur persönlichen Transformation kann es während dieser Phase durch eine tiefe emotionale Identifikation mit den Erfahrungen einer Gruppe kommen. Verschiedene Formen von «ritueller Magie» können die Aufmerksamkeit des Individuums nun auf sich lenken. Der Pluto-Transit durch das 8. Haus ermutigt den Menschen dazu, einen eigenen Weg zu gehen und Vorbilder in den Wind zu schlagen. Daraus resultiert die Möglichkeit, von aktuellen Trends im Geschäftsleben zu profitieren. Allerdings wird man für die Resultate die volle Verantwortung zu übernehmen haben. Pluto kann eine drastische Kraftprobe mit sich bringen. Während dieser Zeit ist es anzuraten, sich vor dubiosen Finanzierungsplänen in acht zu nehmen. Maßnahmen der Regierung oder starker wirtschaftlicher oder politischer Gruppen können gemeinsame finanzielle Mittel beeinflussen. Auch in partnerschaftlichen Beziehungen kann Geld zum Problem werden, was vielleicht neue Abmachungen notwendig macht. Dieser Transit kann, wenn er mit kollektiven Katastrophen oder Todesfällen einhergeht, eine Bewährungsprobe für den Willen oder den Mut werden. Möglicherweise erleiden etablierte Lebensstrukturen einen völligen Zusammenbruch und zwingen den Betreffenden in eine neue Richtung. Im allgemeinen dürfte sich Plutos Einfluß aber eher in geringem Maß im äußeren Leben bemerkbar machen.

Wichtige Veränderungen in der gesamten Lebenseinstellung könnten nun dadurch eintreten, daß der Mensch religiöse oder okkulter Vorstellungen akzeptiert bzw. sich mit einer Gruppe verbindet, die die unsichtbare Seite des Lebens erforscht.

Wenn Pluto das 9. Haus durchläuft, sollte der wichtigste persönliche Beitrag aus dem Verständnis der neuen Ziele oder Prinzipien resultieren, die für ein globales Bewußtsein und eine neue Qualität in zwischenmenschlichen Beziehungen notwendig sind. Potentiell kann man in bezug auf einen neuen Lebensstil für andere zum Vorbild werden; ebenfalls denkbar wäre, daß man ein aktiver Kämpfer gegen überholte Vorstellungen und ein streitbarer Verfechter eines Idealismus wird, der sich aus einer neuen klaren Vision ergeben hat. Politische Entwicklungen auf internationaler Ebene oder Auslandsreisen können Gefahren in sich bergen, und der Kontakt zu Ausländern kann wichtige Auswirkungen auf das persönliche Schicksal haben. Im allgemeinen steht Pluto im 9. Haus für die Forderung, der Welt etwas Neues beizusteuern — sei es auf wissenschaftlichem, religiösem, philosophischem, okkultem oder das Recht betreffendem Gebiet. Astrologie, Spiritualismus und Tiefenpsychologie sind in diesem Zusammenhang gleichfalls zu erwähnen.

Wenn Pluto den MC überquert und das 10. Haus durchläuft, sollte man sich bemühen, durch die gesellschaftliche oder berufliche Position einen bedeutungsvollen Beitrag zu leisten. Die Bewährungsprobe, der man sich stellen muß, liegt in dem richtigen Gebrauch der Macht. Dies ist die Zeit, bewußte soziale Verantwortung bzw. eine Führungsrolle in einer fortschrittlichen humanitären Bewegung zu übernehmen. Die persönliche Überzeugung wird nun durch Taten zu demonstrieren sein, und wie immer besteht mit Pluto die Gefahr, mit sich selbst oder mit Gefährten rücksichtslos und fanatisch zu verfahren. Während des Transits kann es zu weitreichenden Veränderungen kommen, die das persönliche Ansehen, den Beruf oder den sozialen Status betreffen. Will man eine öffentliche Rolle spielen, muß man seine Qualifikation durch Taten nachweisen. Das eigentliche Wesen dieser Rolle ist dabei nur von zweitrangiger Bedeutung und hängt von den ererbten Möglichkeiten des Menschen ab. Wichtig ist die *Qualität* dessen, was man leistet. Was den spirituellen Status einer Person angeht, so ist von Wichtigkeit, wie sie mit der ihr verfügbaren gesellschaftlichen Macht und Autorität umgeht. Werden diese für eigene Ziele und persönliche Ambitionen oder zur Förderung des Ideals eingesetzt, für das man während Plutos Aufenthalt im dritten Quadranten gearbeitet hat? Ereignisse, die sich der Kontrolle des Individuums entziehen, können während dieser Zeit zum Verlust der Position bzw. des Status oder zu Ärger mit Behörden führen.

Wenn Pluto das 11. Haus durchläuft, kann der beste Beitrag in dem natürlichen Wunsch liegen, sich mit allen Menschen oder Gruppen zu identifizieren, die auf eine größere menschliche Integration hinarbeiten. Der Betroffene sollte dieses Ideal jetzt zum Ausdruck bringen und an zukunftsweisenden humanitären Vorhaben und Bewegungen mitarbeiten. Wenn man Entscheidungen trifft, sollte man gesellschaftliche Prozesse hinterfragen und bereit sein, Veränderungen — bei sich selbst wie in sozialer Hinsicht — vorzunehmen. Radikale Wechsel der persönlichen Zielvorstellungen können eine gänzlich neue Richtung des Lebens und möglicherweise ein völlig anderes soziales Umfeld mit sich bringen. Was neue Bekanntschaften oder ungewöhnliche Angebote von vermeintlichen Freunden oder Gruppen betrifft, sollte der Mensch Vorsicht walten lassen. Was während dieses Transits zählt, ist die Hingabe an das Ideal, das man sich zu eigen gemacht hat. Am wichtigsten sind die Bereitschaft und die Entschlossenheit, dem Ideal alles zu opfern und bedeutsame humanitäre Ziele zu fördern.

Wenn Pluto das 12. Haus durchläuft, werden in dem nun fast vollendeten Plutozyklus die guten oder schlechten Früchte geerntet. Aus diesen Früchten entsteht die Saat für den nächsten Zyklus. Daher muß der Betroffene sich ohne Vorbehalte jenen Prüfungen stellen, die die ständigen Begleiter der «Wiedergeburt» sind. Der Mensch kann seiner Gesellschaft nur dann etwas Neues geben, wenn er die Vergangenheit und alle überkommenen Ausrichtungen oder sentimentalen Bindungen hinter sich läßt. Vielleicht führen Erfahrungen und Erlebnisse zu einer tiefen Unruhe im Unterbewußtsein und machen eine Anpassung an die modernen Konzepte des individuellen und gesellschaftlichen Fortschritts notwendig. Die Zeit mag nun reif sein, wenig bekannte Gedankengänge oder okkulte Theorien zu erforschen, deren Resultate vielleicht im Widerspruch zum traditionellen Schulwissen stehen und machtvolle neue Ideen in Reichweite bringen. Möglicherweise findet sich der Mensch nun aber auch in einem Ozean metaphysischer Verwirrung wieder — ein leichtgläubiges Opfer gewissenloser Scharlatane. Trotz dieser Gefahr: Der Mensch kann sehr wohl vom dem psychischen Bedürfnis profitieren, unbekannte Bereiche des Universums oder des Geistes zu erkunden. Vielleicht kommt er so in die Lage, überlieferte Wahrheiten und Symbole an das moderne Bewußtsein anzupassen. Mehr praktisch orientierte Menschen können den Transit positiv nutzen, wenn sie innerhalb der eigenen Gemeinschaft oder im größeren Rahmen für die Benachteiligten arbeiten.

Individuelle Pluto-Krisen

Aspekte des transitierenden Plutos zur Radix-Sonne sind wichtig — insbesondere wenn im Geburtshoroskop bereits ein Sonne/Pluto-Aspekt zu finden ist. Da Pluto den wesentlichen, auf das soziale Schicksal bezogenen Lebenszweck eines Individuums symbolisiert und die Sonne die kreative spirituelle Macht verkörpert, kann dieser Aspekt im Transit von einem machtvollen und bedeutsamen Wandel begleitet sein (wobei jeder Aspekt zur Radix-Sonne, vor allem aber die Konjunktion, von Bedeutung ist). Die Herausforderungen dieser Zeit können das persönliche und soziale Schicksal einem vollständigen Wandel unterwerfen. Dies kann durch den Tod eines Menschen geschehen oder durch den Beginn einer wichtigen persönlichen Beziehung. Ein weiterer wichtiger Kontakt, der sich aber nicht in dem Leben eines jeden Menschen ereignet, ist der Übergang des Uranus über den Radix-Pluto. Uranus ist Symbol der sozialen Transformation und der spirituellen Metamorphose. Er zeigt, wie ein Mensch die Begrenzungen seines Saturn-Egos hinter sich lassen kann; aus diesem Grunde verkörpert sein Kontakt mit Pluto eine wichtige Gelegenheit, die Gesellschaft zu transformieren.

Aspektiert der laufende Pluto seine eigene Radixposition, können Krisen eintreten, die sich mehr auf allgemeine menschliche (generische) Erfahrungen als auf individuelle Belange beziehen. Das Individuum wird ihnen im durch die Hausposition im Radix angezeigten Erfahrungsbereich entgegentreten. Dieses Haus zeigt die beste und natürlichste Art, mit plutonischen Krisen umzugehen. Zu *wirklichen* plutonischen Krisen kommt es allerdings erst, wenn Uranus und Neptun den Weg bereitet haben. In allen anderen Fällen verweist Pluto lediglich auf den kollektiven Druck, dem man in sozialer Passivität ausgeliefert ist.

Kapitel XI

Die Rückläufigkeit der äußeren Planeten

Die Rückläufigkeit ist ein geozentrisches Phänomen. Zu manchen Zeiten scheint sich ein Planet — von der Erde aus betrachtet — am Himmel rückwärts zu bewegen. Diese Situation ist vergleichbar mit zwei mit unterschiedlichen Geschwindigkeiten in die gleiche Richtung fahrenden Zügen. Befindet man sich in dem schnelleren der beiden und schaut auf den anderen, so scheint dieser immer langsamer zu werden, dann einen Augenblick stillzustehen und schließlich, wenn es zum Überholvorgang kommt, rückwärts zu fahren. Die Umlaufbahnen der Erde und der anderen Planeten verlaufen nicht parallel zueinander, sondern sind nahezu kreisförmig — insofern ist die Illusion der Rückläufigkeit ein zeitlich begrenztes Phänomen. Die traditionellen Interpretationen der Rückläufigkeit sind mehr von den Assoziationen der Astrologen zu den Worten «rückläufig» oder «rückwärts» als von astronomischen Daten und Fakten geprägt. Vieles, was für die psychologische Bedeutung der Rückläufigkeit bedeutungsvoll sein könnte, wird ignoriert.

Es kommt zur Rückläufigkeit, wenn ein Planet und die Erde auf der gleichen Sonnenseite stehen und eine gerade Achse zur Sonne bilden. Daher sind die Planeten, wenn sie rückläufig sind, der Erde am nächsten. Sie erscheinen dann auch am hellsten, und wenn man sie durch ein Teleskop betrachtet, werden sie größer sein als zu irgendeinem anderen Zeitpunkt. Die Zunahme an Helligkeit und Größe ist am augenfälligsten bei Merkur und Venus. Was sich geozentrisch tatsächlich bei der Rückläufigkeit abspielt, ist nicht so sehr eine rückwärtige Bewegung als vielmehr eine Schleife, die der Planet bei der Erdannäherung beschreibt, je mehr er sich der Erde annähert. Der Planet scheint seine normale Umlaufbahn zu verlassen und eine erdwärts gerichtete Schleife am Himmel zu ziehen, als würde er von der Erde angezogen. Was die Beziehung eines Planeten zur Sonne während der Rückläufigkeit angeht, bestehen zwei Möglichkeiten. Alle Planeten jenseits des Erdorbits — Mars bis Pluto — stehen in der Mitte ihrer rückläufigen Phase in Opposition zur Sonne. Venus und Merkur, deren Umlaufbahnen sich innerhalb der Erdumlaufbahnen befinden, sind in der Mitte ihrer rückläufigen

Phase in der *unteren* Konjunktion zur Sonne. Weil ihre Umlaufbahnen innerhalb derer der Erde verlaufen, erscheinen Merkur und Venus — von der Erde aus betrachtet — immer in Sonnennähe. Aus irdischer (geozentrischer) Sicht können sie niemals in Opposition zur Sonne stehen. Eine tiefgehende Interpretation der Rückläufigkeit muß zumindest diese fundamentalen Gesichtspunkte berücksichtigen. Durch sie kann der Astrologe die mit den rückläufigen Phasen verbundene tiefere Bedeutung erkennen; gleichzeitig erlauben sie, zwischen den Bewegungen der inneren und der äußeren Planeten zu differenzieren. Rudhyar war der erste Astrologe, der die Logik dieser Bedeutung erfaßte und die Bewegungen differenziert beurteilte; er traf die grundlegende Feststellung, daß es in erster Linie die Rückläufigkeit ist, die den astrologischen Unterschied zwischen dem geozentrischen und dem heliozentrischen Standpunkt zum Ausdruck bringt. Aus heliozentrischer Sicht (von der Sonne aus gesehen) kommt es *zu keiner Zeit* zu rückläufigen Planetenbewegungen. Rudhyar vertrat die Ansicht, daß die Erforschung der Rückläufigkeit zu einem Wechsel von der ptolemäischen und geozentrischen Sicht des Universums zur heliozentrischen, modernen Weltsicht führen würde.

Die Entdeckung des heliozentrischen Systems brachte laut Rudhyar dem Menschen das Bewußtsein, daß es zwei Arten gibt, das Leben zu sehen — zwei verschiedene Arten, sich auf das Universum zu beziehen. Aus astrologischer Sicht kann das geozentrische System nicht verworfen werden, weil es die unmittelbare menschliche Wahrnehmung des Universums verkörpert. Der heliozentrische Standpunkt fügt dem menschlichen Bewußtsein vom Universum eine neue Dimension zu. Er symbolisiert die heutige Fähigkeit des Menschen, die universellen Gesetze des Lebens auf losgelöste, objektive und unpersönliche Art zu begreifen. Obwohl die Astrologie auch vom heliozentrischen Ansatz ausgehen kann, benutzt sie für gewöhnlich den geozentrischen Standpunkt, weil er sich unmittelbar und konkret auf die menschliche Erfahrung bezieht. Die Astrologie versucht, die Entfaltung der menschlichen Persönlichkeit — in bezug auf die individuelle und die soziale Entwicklung — zu verstehen. Moderne naturwissenschaftliche und psychologische Erkenntnisse wirkten sich in der Astrologie dahingehend aus, daß die individuelle Persönlichkeit als Energiefeld aufgefaßt werden kann, das — ob man sich dessen bewußt ist oder nicht — von anderen unabhängig ist und einem eigenen Entwicklungsrhythmus gehorcht. Dieses Energiefeld entsteht innerhalb einer besonderen organischen Struktur. Insofern ist die menschliche Persönlichkeit als organisches Ganzes aufzufassen, in dem eine komplexe Harmonie gegensätzlicher und sich ergänzender Kräfte, Impulse und Bedürfnisse wirksam ist. Auch wenn sich diese in einem vermeintlich beständigen äußerlichen Erscheinungsbild präsentiert, spielen sich innerlich fortwährend Veränderungen ab. In der Astrologie symbolisieren die Planeten die natürlichen Lebensenergien, welche die menschliche Persönlichkeit anregen und lenken. Diese Energien finden ihren Ausdruck in den zyklischen Bewegungen der Planeten sowie durch ihre Wechselwirkung innerhalb des Sonnensystems aufgrund der Aspekte und der zyklischen Phasen, die sie zueinander bilden. Rudhyar ist zu der Schlußfolgerung gelangt, daß die heliozentrische Sicht des Sonnensystems dem Astrologen dann ein wahres Bild der menschlichen Lebensenergien vermitteln könnte, *wenn diese sich gemäß ihrer natürlichen Rhythmen und frei und ohne das Eingreifen des bewußten Willens der Menschen entfaltet.* Heliozentrische Planetenbewegungen sind gleichbleibend und grundsätzlich direktläufig; sie enthüllen den Rhythmus der Lebensenergien in ihrem natürlichen, instinktiven Zustand. Der geozentrische Standpunkt hingegen offenbart das, was innerhalb und außerhalb des Individuums *tatsächlich* geschieht Diese Geschehnisse resultieren nicht etwa aus der ungehinderten Entfaltung der natürlichen Lebensenergien; sie werden im Gegenteil ständig durch den Willen, die Struktur des Denkens und die Emotionen des bewußten Egos verändert. Wegen dieses Unterschiedes hat Rudhyar die These aufgestellt, daß die geozentrischen Bewegungen der Planeten als Auswirkungen der «Persönlichkeit» auf das «Leben» zu verstehen sind; sie bringen die Ergebnisse des bewußten Willens, der Gedanken und Gefühle der Menschen in bezug auf ihre eigenen — körperlichen und psychischen — Energien zum Ausdruck. Die rückläufigen Phasen der Bewegungen der Planeten verkörpern insofern das bewußte Eingreifen des Menschen in den Rhythmus der Lebensenergien innerhalb seiner Persönlichkeitsstruktur. Das geozentrische Phänomen der Planeten-Schleifen stellt eine Art Signatur des menschlichen Eingreifens bzw. der menschlichen Bedürfnisse dar, die aufgrund der einzigartigen Fähigkeit des Menschen entstanden sind, bewußt zu denken und zu fühlen.

Wenn ein Planet rückläufig ist, kommt seine Funktion nicht mehr seinem grundsätzlichen Wesen entsprechend zum Ausdruck. In manchen Fällen scheint dies auf ein «Verfolgen der eigenen Fußspuren» hinzuweisen; dies entspricht jedoch nicht wirklich den Tatsachen. Während der Planet seine erdwärts gerichtete Schleife beschreibt, ist es möglich, symbolisch *einen genauen Blick auf dessen Lebensenergien und Funktionen zu werfen,* wodurch man vielleicht zu einer neuen Perspektive gelangen oder eine Situation neu bewerten kann. Möglicherweise besteht nun die Gelegenheit, persönlich verschuldetes Unrecht zurechtzurücken, die Konsequenzen der zurückliegenden Aktivitäten zu akzeptieren oder sich in überlegter Form auf ein neues Verhaltensmuster vorzubereiten. Wie die einzelnen Umstände auch beschaffen sein mögen — die rückläufige Phase eines Planeten zeigt die Bereitschaft an, auf ein aus der Vergangenheit resultierendes persönliches Bedürfnis zu reagieren; sie sollte genutzt werden, um einen neuen Zyklus des Selbstausdrucks zu beginnen. Niemand ist in der Lage zu sagen, ob ein Mensch die rückläufige Phase eines Planetenzyklus konstruktiv nutzen wird oder nicht. Die Möglichkeit dazu ist immer gegeben. Gelingt es dem Betroffenen jedoch nicht, sich dieser Phase inhaltlich zu stellen, wird die Notwendigkeit hierzu wichtiger werden und sich verstärken. Im diesem Fall kann das Bewußtsein für lange Zeit zum Opfer von Angst und Frustration, von Gefühlen des Mißerfolgs und Grolls werden.

Die Bedeutung und Interpretation der rückläufigen Phasen der drei «persönlichen Planeten» Merkur, Venus und Mars sind bereits ausführlich in dem Kapitel über diese Planeten besprochen worden. Dieses Kapitel beschränkt sich daher auf die rückläufigen Phasen der sogenannten äußeren Planeten Jupiter bis Pluto. Die Zyklen dieser Planeten (zu denen Mars hinzufügt werden kann) beziehen sich im wesentlichen auf das *äußere* Leben eines Individuums. Bei Jupiter und Saturn, den gesellschaftsbezogenen Planeten, geht es um die äußerlichen Manifestationen des gesellschaftlichen Lebens eines Individuums und ihre Auswirkungen auf sein Verhalten. Im Falle von Uranus, Neptun und Pluto — den Planeten, die mit bloßem Auge nicht zu sehen und deshalb für gewöhnlich vom menschlichen Bewußtsein nicht zu erfassen sind — beziehen sich die rückläufigen Phasen auf die Versuche spiritueller Transformation unter dem Druck des gesellschaftlichen, religiösen oder größeren kosmischen Ganzen, in dem sich das Individuum bewegt. Da es während der Mitte der rückläufigen Phasen dieser Planeten zur Opposition mit der Sonne kommt, besteht das wichtigste Problem dieser Abschnitte darin, so objektiv, ehrlich und bewußt wie möglich die Bedeutung der Planetenfunktion für das eigene Leben zu verstehen. Durch das Verständnis der besonderen Rolle, die jede dieser Energien spielt, kann der Betroffene die Verwirrung überwinden, die der Planet möglicherweise bei ihm erzeugt hat.

Daher kommt es bei der Rückläufigkeit dieser Planeten zur Aufforderung, der wahren Bedeutung des eigenen äußeren, gesellschaftlichen Lebens gegenüber objektiver zu werden. Der Mensch muß versuchen, sich effektiver auf die Bedürfnisse seiner Gesellschaft und seiner zwischenmenschlichen Beziehungen einzustellen und sich für die mit ihnen möglicherweise einhergehende Vielzahl fremdartiger Elemente oder ungewöhnlicher Erfahrungen öffnen. Dabei muß man jedoch der vom Geburtshoroskop verkörperten Struktur seines eigentlichen Wesens und Zwecks treu bleiben. Da sich die rückläufigen Planeten auf den Einfluß der Vergangenheit beziehen, werden die von ihnen gebotenen Gelegenheiten stets durch die mehr oder weniger schicksalhaften zurückliegenden Geschehnisse — des individuellen oder äußerlichen Lebens — bestimmt. Die rückläufigen Phasen der äußeren Planeten enthüllen entscheidende kollektive gesellschaftliche Bedürfnisse, die das Individuum bewußt wahrnehmen und erfüllen sollte. Dies wird dann von besonderer Bedeutung sein, wenn die Opposition zur Sonne bzw. der rückläufige Planet eine wichtige Planetenstellungen oder Horoskopachse berührt. Die persönliche Reaktion auf die Erfordernisse des Augenblicks tritt stets zutage durch die Umstände und Erfahrungen des Hauses, in dem sich der transitierende rückläufige Planet befindet.

Das oben Erwähnte ist besonders relevant bei Jupiter und Saturn. Uranus, Neptun und Pluto stellen astronomische Besonderheiten dar, die Rudhyar vor 40 Jahren zu der Aussage veranlaßten, daß sie gemeinsam die Herausforderung unserer Zeit an das menschliche Bewußtsein darstellen. Diese Planeten begründen eine fortwährende Transformation der Sicht des Lebens und veranlassen die Bestrebung, ein überpersönliches Leben zu führen.[23] Es gibt praktisch keinen Unterschied zwischen den geozentrischen und den heliozentrischen Positionen von Uranus, Neptun und Pluto. Ihre besondere Rolle ist durch den Umstand gekennzeichnet, daß ihre Monde nicht der allen anderen Planetenkörpern gemeinsamen West-Ost-Bewegung folgen, sondern von Osten nach Westen laufen und insofern rückläufig sind. Aus diesem Grunde sagte Rudhyar, daß der Gehorsam dieser drei entferntesten Planeten gegenüber dem Gesetz des Sonnensystems — wegen der gleichen Richtung ihrer Bewegung — nur äußerlich ist. Sie sind *in* der Welt, aber nicht *von* ihr. Sie sind nicht nur transzendent in dem Sinne, daß sie sich «jenseits» der vertrauten, saturnischen Grenzen der menschlichen Erfahrung und des menschlichen Wesens befinden; sie stehen *ergänzend* zum Sonnensystem und stellen eine immerwährende Herausforderung für dessen solare Tendenzen dar.

Uranus, Neptun und Pluto repräsentieren — nach dem heutigen Stand des Wissens — keine der menschlichen Natur für gewöhnlich innewohnende Fähigkeit. Sie sind keine Botschafter der Sonne, sondern einer galaktischen — von der normalen sonnenzentrierten Individualität grundsätzlich verschiedenen — Macht und Lebensweise. Seit der Entdeckung dieser Planeten ist es zu dem Versuch der Menschheit gekommen, die Integration ihrer solaren Lebenskraft und Individualität mit den Energien der Galaxie zu verwirklichen. Es handelt sich dabei um den Versuch, das Individuum in ein Ganzes einzugliedern, das größer als das vom Sonnensystem repräsentierte Ganze ist. Wir müssen individuell versuchen, ein universelles Bewußtsein des Geistes oder von Gott zu erlangen; dies ist möglich mit Hilfe des bewußten Einsatzes solcher Kräfte und Funktionen, die uns nicht als Ergebnis menschlicher Anstrengungen gehören, sondern erst seit der Entdeckung von Uranus,

Neptun und Pluto *für unseren Gebrauch zur Verfügung stehen.* Diese Kräfte sind «galaktische», gottgegebene Geschenke des Geistes, die dem Menschen zum weisen Gebrauch und zum Wohle aller anvertraut wurden. Wenn Uranus und Neptun rückläufig sind, bewegen sie sich in die gleiche Richtung wie ihre Monde. Dies bringt ihr «galaktisches» Wesen zum Ausdruck und zeigt, daß sie «Besucher» sind, die dem Gesetz unseres Sonnensystems nicht unterworfen sind (Rudhyar vertrat im übrigen nicht die Meinung, daß diese Planeten in der Phase der Rückläufigkeit besonders machtvoll sein müßten). Vom Standpunkt der «normalen» Persönlichkeit aus kann die Rückläufigkeit von außerordentlich destruktiven Zügen begleitet sein — wenn Planeten direktläufig sind, sind die Resultate ihres Wirkens leichter zu akzeptieren.

Die drei Planeten Uranus, Neptun und Pluto sind etwas weniger als die Hälfte des Jahres rückläufig — daher kann ihre Rückläufigkeit nur eine sehr allgemeine Bedeutung haben. Neben der unterschiedlichen Bedeutung bei direkt- bzw. rückläufiger Bewegung sind die wichtigsten Zeitabschnitte jene, wenn die Richtungsänderung — von direkt- zu rückläufig oder umgekehrt — stattfindet. Es ist allerdings töricht anzunehmen, daß es beim Stillstand eines Planeten jedesmal zu außergewöhnlichen Ereignissen kommen müßte. Da es sich um langsame Planeten handelt, können sie nur einen allgemeinen Trend bei Ereignissen und Massenreaktionen andeuten. Nichtsdestoweniger werden jene Menschen, die eine öffentliche Position anstreben oder bereits in ihrer Gemeinschaft eine führende Rolle einnehmen — weil sie persönlicher auf die Notwendigkeiten und Tendenzen ihrer Zeit reagieren —, häufiger von den Richtungswechseln dieser Planeten berührt. Obwohl daraus keine Regel hergeleitet werden kann, hat die Erfahrung gezeigt, daß die Dinge aufzubrechen pflegen, unmittelbar *bevor* der Planet seine Richtung ändert. Wie bei allem, was sich auf Progressionen, Direktionen und Transite bezieht, muß auch hier das Geburtshoroskop berücksichtigt werden, weil nichts geschehen kann, was nicht in diesem potentiell enthalten ist; allerdings kann eine stationäre Phase in einem Eckhaus oft ebenso markant sein wie eine Transit-Konjunktion oder -Opposition zu einem Radixplaneten.

Während uranische Begleitumstände für gewöhnlich plötzlich und deutlich sind, findet die neptunische Aktivität oft im Verborgenen statt und entzieht sich der Aufmerksamkeit des Augenblicks. Neptuns Transit durch ein Haus oder über einen wichtigen Punkt im Geburtshoroskop dauert lange; mit dieser Langsamkeit einhergehend betrifft er sich allmählich verändernde gesellschaftliche Gedanken und Konzepte. Neue Verantwortungen und Verpflichtungen werden entsprechend den Erfordernissen der Zeit eingeführt. Ein neues soziales Bewußtsein, eine größere Kooperation in den Bestrebungen von Gruppen und eine größere Distanz zu den beschränkenden saturnischen Haltungen sind nun zu entwickeln. Pluto verweilt aufgrund seiner unregelmäßigen Bewegung 12 bis 30 Jahre in einem Zeichen. Dieser Planet hat einen großen Einfluß auf die Massen; er verleiht dem Menschen Fanatismus und Machtbestreben. Bei einem starken Pluto im Geburtshoroskop besteht oft der Hang, persönliche Ziele — ob diese «gut» oder «schlecht» sein mögen — um jeden Preis zu verfolgen und alles, was zur Erreichung dieses Ziels nicht unbedingt notwendig ist — Personen und Dinge —, aus dem Weg zu räumen. Die Herausforderung liegt hier darin, bei allen Handlungen die Integrität der anderen als Individuen zu respektieren. Jupiter und Saturn bringen in ihren Transitzyklen die Art und das Ausmaß der Teilnahme eines Individuums an der es umgebenden Welt zum Ausdruck. Wenn diese vor der Direkt- oder Rückläufigkeit stationär sind, mögen sie Herausforderungen für die persönlichen etablierten sozialen Werte und Aktivitäten darstellen. Probleme der Anpassung werden auftreten bzw. einen Höhepunkt erreichen, wenn es zu Entscheidungen kommt, die sich auf den Spielraum und den Ort der normalen Aktivitäten eines Individuums auswirken.

In all diesen Fällen der Rückläufigkeit der fünf äußersten Planeten sollten die Phasen ihrer Richtungswechsel zusätzlich zu der allgemeinen Bedeutung der Transitzyklen durch die Radixhäuser sowie die tatsächliche Entwicklungsphase des Zyklus eines jeden Planeten im Verhältnis zu seiner Geburtsstellung berücksichtigt werden. Diese beiden zyklischen Situationen werden die grundsätzliche Bedeutung der planetarischen Herausforderungen für das Individuum beinhalten. Die Zeiten, wo ein Planet vor der Rück- bzw. Direktläufigkeit stationär ist, sind — wie auch die Transitkontakte mit Radixplaneten oder sensiblen Punkten — Augenblicke konzentrierter Aktivität im Sinne dieser primären Bedeutung. Es darf nicht vergessen werden, daß die Humanistische Astrologie keine astronomische oder durch die Umstände festgelegte Ereignisse zu bestimmen versucht, sondern diese auf den ganzen Zyklus, von dem sie ein Teil sind, bezieht.

Als Beispiel nehmen wir an, da? der transitierende Saturn in den Jahren 1976/77 das 3. Radixhaus durchläuft. Der Leser wird die grundlegende Bedeutung dieses Transits in dem Kapitel finden, welches dem Saturnzyklus gewidmet ist. Zu Beginn des Jahres 1977 ist der Saturn rückläufig; zur Opposition mit der Sonne kommt es am 2. Februar. Dies bedeutet, daß bei einem etwa zwölf Monate dauernden Sonne/Saturn-Zyklus diese Opposition der Höhepunkt dessen war, was am 29. Juli 1976 begonnen hatte, als Sonne und Saturn in Konjunktion zueinander standen. Wenn der Saturn das 3. Radixhaus am 29. Juli 1976 durchlaufen hätte, wäre es durch die Umstände vor und nach diesem Datum theoretisch zu einer neuen Herausforderung im Sinne der Bedeutung von Saturn im 3. Haus gekommen. Wenn andererseits Saturn zur Zeit der Konjunktion mit der Sonne noch im 2. Haus gewesen wäre, hätte es sich um eine Herausforderung im Sinne der Umstände und Erfahrungen, die dem 2. Haus entsprechen, gehandelt. Wenn der Mensch sich der Herausforderung durch die Konjunktion bewußt gestellt und aktiv an der Lösung der sie begleitenden Probleme gearbeitet hat, können die rückläufige Phase und die Opposition am 2. Februar 1977 zur Lösung und Befreiung von einschränkenden, dem 2. oder 3. Haus — je nachdem wo Saturn sich zur Zeit der Konjunktion aufhielt — entsprechenden, Umständen führen. Die tatsächliche Lösung und Befreiung von Einschränkungen fände jedoch in beiden Fällen im Sinne des 3. Hauses statt. Wenn der Herausforderung nicht konstruktiv begegnet worden wäre, hätte die rückläufige Phase, die am 27. November 1976 begann und bis zum 11. April 1977 dauerte, ein Gefühl von Frustration und Enttäuschung entstehen lassen, welches am deutlichsten gewesen wäre zur Zeit der Opposition am 2. Februar sowie kurz vor dem 27. November und dem 11. April, als Saturn vor der Rück- bzw. Direktläufigkeit stationär war.

Den Lesern, die die Sabischen Symbole für die Tierkreisgrade benutzen, wird das Symbol für den Grad, auf dem sich der Planet bei der Opposition zur Sonne aufhält, den Schlüssel sowohl für die Bedeutung als auch für die potentielle Lösung der erlebten Konfrontation bieten. Natürlich wird die grundsätzliche Bedeutung dieser oder jeder anderen Planetenopposition für alle Menschen gleich sein. Sie verkörpert eine allgemeine Herausforderung an die Menschheit. Sie wird allerdings jedes Individuum in unterschiedlicher Weise berühren, abhängig davon, in welchen Radixhäuser die Planeten zu dieser Zeit stehen. Im obigen Beispiel befand sich Saturn zur Zeit der Opposition zur Sonne bei 14° Löwe. Das Symbol für 14° Löwe heißt: *«Eine menschliche Seele auf der Suche nach Gelegenheiten zur Manifestation in die äußere Welt»;* mit dem Schlüsselsatz: *«die Sehnsucht nach Selbstverwirklichung.»* Dies verkörpert die allgemeine Aufforderung an alle Menschen, durch die Aktivitäten, Gedanken und Gefühle des bewußten Egos in den Alltagserfahrungen des Lebens ihre Seele zum Ausdruck zu bringen. Das saturnische Ego stellt sich am häufigsten dem Ausdruck der Seele in den Weg. Wenn der transitierende Saturn zur Zeit der Opposition bei 14° Löwe im 3. Radixhaus steht, werden die Aktivitäten dieses Hauses der Manifestation der Seele die größten Hindernisse auferlegen.

Schlußwort

Die humanistische Aufgabe besteht in erster Linie darin, so vollständig wie möglich zu dem zu werden, was man potentiell ist. Jeder Mensch wird mit dem Ziel geboren, die in seinem Geburtshoroskop enthaltene Verheißung auf möglichst reine Art und Weise zum Ausdruck zu bringen. Auf dem Wege dahin kommt es natürlich zu Problemen, die es zu lösen gilt, und zu Herausforderungen, denen man sich stellen muß. Rudhyar sagte einmal, daß wir in gewisser Weise sowohl der Ausdruck eines Problems als auch gleichzeitig dessen mögliche Lösung sind. Insofern kann ein Mensch das Problem nur dann lösen, wenn er wirklich *ist*, was ihm sein Horoskop als Potential aufzeigt. Von einem bestimmten Standpunkt aus erscheint das Leben an sich als dieses Problem — wobei dies vielleicht ein vereinfachender Gedankengang ist. Jeder von uns ist ein Beispiel dafür, was ein Mensch sein *kann* — und jedes Individuum besitzt etwas, über das sonst niemand verfügt. Dies gilt nicht nur im Hinblick auf individuelle Gaben und Talente, sondern insbesondere im Hinblick auf den individuellen Teil der Wahrheit, die jeder Mensch zum Ausdruck bringen muß. Die gesamte Wahrheit wird in der Gesamtheit all dieser Teile liegen. Deshalb muß jeder Mensch seine eigene Methode und seine individuelle Art finden, diese Wahrheit auszudrücken.

Es ist nicht leicht, der humanistischen Aufgabe gerecht zu werden; ein bewußtes Leben zu führen setzt voraus, ein echtes Individuum zu sein, und um ein echtes Individuum sein zu können, muß man sich in erster Linie von anderen Menschen bzw. der gedankenlosen Mehrheit abgrenzen. Der Mensch muß durchaus ein Gefühl dafür haben, was die anderen bewegt und was sie glauben und denken. Man muß aber die Dinge für sich selbst ergründen und darf nicht die Meinung der Menschen, die einen umgeben, übernehmen. Daher muß sich der Mensch zunächst von der übrigen Welt psychisch lösen. Diese Loslösung stellt zwangsläufig den ersten Schritt im Prozeß der Individuation dar. Das Individuum muß aus dem psychischen Schoß der Familie und der Gesellschaft geboren werden. Es ist dies im allgemeinen der schwierigste Teil des gesamten Prozesses: die Befreiung von all dem Druck und den Vorurteilen der persönlichen Umgebung wie von all den Gedanken und Wertvorstellungen, die andere Menschen sich zu eigen gemacht haben, und die man nun nicht mehr als selbstverständlich betrachten darf. Die Konsequenz aus diesem muß nicht sein, keine Gefühle bzw. Emotionen mehr zu haben; man muß allerdings lernen, seine Gefühle auf ganz persönliche Art zu erfahren. Insofern ist es notwendig, daß sich der Mensch zunächst Klarheit darüber verschafft, wie seine gewohnheitsmäßigen Gefühle und die Art und Weise seines Denkens durch das Vorbild und die Normen der Menschen der Umgebung geprägt wurden. Wenn es einem Menschen gelungen ist, sich von der etablierten Sicht- und Handlungsweise zu lösen, wird er in der Lage sein, etwas Neues beizusteuern.

Wie kann der Mensch sein Horoskop benutzen, um diese neue Sichtweise zu erlangen? Der erste Schritt besteht darin, entsprechend der Bedeutung zu leben, die man dem jeweiligen Alter beimißt (Vgl. Kapitel II »Der Altersfaktor«). Die individuelle Entwicklung ist unauflösbar mit dem Altersfaktor verbunden, weil dieser die allgemeine (generische) Grundlage für alle individuellen Veränderungen zum Inhalt hat. Vor dem Alter von 28 Jahren versucht jeder Mensch — bewußt oder unbewußt —, dem Zeitgeist zu entsprechen. Hierzu muß der Betreffende zunächst das von seiner ethnischen und kulturellen Vergangenheit Geleistete ergründen, das zum gegenwärtigen Zustand geführt hat. Statt jedoch weiterhin der Vergangenheit verhaftet zu sein — wie es viele Menschen sind —, wird der humanistisch Orientierte versuchen, diese als Ausgangspunkt für etwas Neues zu benutzen. Anders ausgedrückt: Er wird nicht einfach mit kleinen Veränderungen — die in Wahrheit keine sind — das wiederholen, was bereits getan wurde. Stattdessen wird er versuchen, etwas beizutragen, was vorher noch nicht existierte. Insofern sollten die ersten 28 Jahre die Anpassung an die Resultate der Vergangenheit beinhalten. Ein Individuum muß, um seine wahre Identität zu entfalten, Herr werden über alle ihm zur Verfügung stehenden Funktionen, Talente und — innerliche wie äußere — Besitztümer. Der Mensch kann vor dieser Zeit im psychologischen Sinne kein wirkliches Individuum werden. Auch ein Wunderkind ist noch kein wahrhaft kreatives Individuum. Es ist der Ausdruck einer familiären oder seelischen Vergangenheit, und wenn es bei Erreichung der persönlichen Reife mit seinen Gaben nichts anzufangen weiß, wird es vermutlich in Vergessenheit geraten. Das wahrhaft kreative Leben als wirkliches Individuum kann nicht vor dem 28. Lebensjahr beginnen.

Es gibt kein bestimmtes Alter, in dem es zu früh wäre, sich der humanistischen Einstellung zu verschreiben — irgendwann nimmt alles seinen Anfang. Ein Mensch kann sein Studium durchaus vor Erreichung des 28. Lebensjahres beginnen — wie ja beispielsweise auch die Ärzte ihre Studien vor diesem Alter aufnehmen. Hier besteht die Maßgabe, die humanistischen Prinzipien zunächst nur auf das eigene Horoskop zu beziehen, und nicht zu versuchen, die Astrologie nur für andere einzusetzen. *Humanistische Astrologie muß zuallererst eine persönliche Erfahrung sein.* Aus dieser persönlichen Erfahrung kann dann weitere humanistisch-astrologische Arbeit erwachsen. Derjenige, der die humanistische Einstellung übernehmen möchte, sollte sein eigenes Geburtshoroskop als Ausgangspunkt nehmen. Nach dem Versuch, seine Geburtsstruktur zu ergründen, sollte er alle zurückliegenden Progressionen und Transite berechnen, um zu erkennen, wie er deren Einfluß in das eigene Leben integriert hat. Das setzt voraus, den tieferen Bedeutungen der astrologischen Faktoren seine bewußte Aufmerksamkeit zu widmen. Der humanistische Astrologe wird Progressionen und Transite nicht im Hinblick auf Ereignisse bzw. das Auf und Ab persönlicher und gesellschaftlicher Erfolge untersuchen; er wird bemüht sein, deren Potential für den persönlichen und gesellschaftlichen Reifeprozeß zu sehen und zu nutzen.

Wirkliche persönliche Reife zu erlangen ist heutzutage schwieriger denn je, weil unsere Gesellschaft die Menschen in einem fortwährenden Zustand von Unreife hält und sie dazu bringt, alles zu kaufen, was die Industrie produziert. Der moderne Lebensstil ist auf die Befriedigung des persönlichen Stolzes angelegt und regt das Gefühl des Menschen für Gier und Neid an. Er bestärkt die menschliche Trägheit und Selbstgefälligkeit, geht mit einer grundsätzlichen Furcht vor Unsicherheit einher und läßt das Individuum in einer kindlichen Abhängigkeit oder einer rücksichtslosen Ellbogenmentalität verharren. Gesellschaftliche und moralische Verhaltensprinzipien haben ihre Bedeutung verloren, weshalb die persönlichen Kontakte zunehmend von Verantwortungslosigkeit geprägt sind. Tiefenpsychologie oder eine wahrhaft psychologisch ausgerichtete Astrologie kann dem Menschen zu größerer Reife verhelfen. Voraussetzung dafür ist allerdings, nicht vor der persönlichen Verantwortung zu fliehen, indem man — was häufig geschieht — sich in schädlicher Art und Weise auf äußere «Einflüsse» für seine Handlungen, seine Erlebnisse und sein Wesen beruft. Die humanistische, personenzentrierte Astrologie kann den individuellen Reifeprozeß fördern, weil sie ein objektives, aufrichtiges und gelassenes Verständnis aller grundlegenden Facetten der Persönlichkeit ermöglicht. Durch sie kann zu jeder Zeit der wichtigste Kristallisationspunkt der persönlichen Entfaltung ins Bewußtsein gerückt werden.

Der Mensch, der während seines Lebens das Notwendige tut, wird keine Zeit haben, sich wie ein verwöhntes Kind zu gebären. Er wird sich nicht als ein ewiges Opfer des Kosmos sehen und ständig darüber nachsinnen, weshalb ausgerechnet ihm dieses Elend widerfahren muß. Ein Astrologe muß erkennen, daß das grundsätzliche Problem der meisten Menschen heutzutage darin besteht, nicht zu wissen, was sie tun sollen. Wegen der heillosen Unordnung der Werte in der modernen Welt wird das Leben nicht mehr durch wertvolle moralische und spirituelle Verhaltensprinzipien strukturiert. Es ist die Aufgabe des Psychologen bzw. des astrologischen Psychologen, die persönlichen Probleme, Ängste und Konflikte aufzulösen, von denen die Menschen des 20. Jahrhunderts heimgesucht werden. Der humanistische Ansatz kann hier das Wissen beitragen, in welche Richtung die Arbeit des Individuums zielen sollte in Anbetracht der das ganze Leben währenden Aufgabe, zu vollständiger persönlicher Reife zu gelangen. Wenn ein Astrologe Probleme im Zusammenhang mit der Pubertät oder der Menopause auf die zu dieser Zeit stattfindende Saturn-Opposition zur Radixstellung zurückführt und den «Einfluß» dieses Planeten für häufig auftretendes Leid und Konflikte verantwortlich macht, kann er Astrologie niemals psychologisch konstruktiv anwenden. Man sollte Astrologie nicht betreiben, um mit seinem «freien Willen» von den Planetenaspekten angezeigte biologische bzw. individuelle Krisen zu vermeiden. Dem Astrologen sollte bekannt sein, daß Wachstumskrisen in jedem Leben in Erscheinung treten *müssen.* Krisen sind aufgrund ihrer Bedeutung für die Entfaltung der Persönlichkeit notwendig. Die individuelle Freiheit besteht nicht darin, sich für oder gegen eine Krise zu entscheiden, sondern in der *Bedeutung,* die das Individuum einer Krise beimißt.

Die Fähigkeit, den Dingen eine Bedeutung zu geben, ist ein spirituelles Charakteristikum des Menschen. Die Humanistische Astrologie ist in der Lage, diese Fähigkeit zu entwickeln. Für den humanistischen Astrologen beinhaltet der Wert, den der Mensch einer Erfahrung bzw. einem Ereignis zuschreibt, nicht wirklich deren Qualität. Bewertungen — «gut» oder «schlecht», «günstig» oder «ungünstig» — resultieren aus dem Denken und Fühlen einer Person zu einer gegebenen Zeit. Wenn man die seinen Taten, Gefühlen und Gedanken zugrunde liegenden Wertbegriffe verändert, wird sich auch die Bedeutung der Erfahrungen wandeln. Wenn ein Astrologe ein mögliches Geschehnis als «schlecht» etikettiert, weil in der astrologischen Literatur die beteiligten Planeten bzw. ihre Aspekte als «Übeltäter» bzw. «unheilvoll» bezeichnet werden oder weil ein in Verbindung mit Katastrophen stehender Fixstern einen signifikanten Tierkreisgrad besetzt, wird die Interpretation aus naheliegenden Gründen einen negativen Einfluß haben. Die Bedeutung, die der Klient dem Geschehnis dann zuschreibt, wird ebenfalls negativ sein — und das ist in psychologischer Hinsicht von großem Übel. Der Astrologe sollte so früh wie möglich begreifen, daß *jede astrologische Konstellation in einen spirituellen Sieg verwandelt werden kann.* Wenn ein Astrologe dies nicht anerkennt und durch negative — zu Angst, Schuld- und Minderwertigkeitsgefühlen führende — Ratschläge einen solchen Sieg verhindert, ist er eine Bedrohung für die Gesellschaft. Der breiten Öffentlichkeit ist — wenn ereignisorientierte Astrologen dies nicht tun — vor Augen zu halten, daß astrologische Faktoren sich nicht auf außerhalb des Individuums stehende Ereignisse oder Kräfte, sondern auf Wachstumsphasen der Persönlichkeit beziehen.

Nicht wahrgenommene Wachstumsmöglichkeiten werden später unweigerlich zu Konfrontationen mit dem Unerledigtem führen. Das ist die wahre Bedeutung von Karma: unvollendete bzw. nicht abgeschlossene Angelegenheiten der Vergangenheit. Wenn der Mensch sich jedoch allen Erfordernissen des Lebens voll und ganz stellt, werden die Aufgaben nicht unvollendet bleiben. Dieser Weg bedeutet spirituelle Vervollkommnung — allerdings nicht das Ende des spirituellen Wachstums. Wenn man alle individuellen Aufgaben erfüllt hat, kommt der Augenblick, wo man größere Verantwortung zu übernehmen aufgefordert wird: das Karma von Gruppen und schließlich das der gesamten Menschheit. Dies ist das spirituelle Ideal, für das das Leben Jesu Christi beispielhaft ist.

Um sich den Herausforderungen des Lebens stellen und als bewußtes «Ich» wachsen zu können, muß man sich zunächst seines individuellen «Ichs» und dessen Zweck bewußt werden und einen Reifungsprozeß durchmachen. Wenn der Mensch diese Notwendigkeit nicht versteht oder fühlt, kann er nicht bewußt und bedeutungsvoll die — physischen und psychischen, bewußten und unbewußten — Energien und Kräfte nutzen, die ihm durch Erbe und Umwelt als Mittel zum Selbstausdruck zur Verfügung stehen. In diesem Falle werden ihn diese Energien und Kräfte benutzen. Astrologisch gesehen wird das 2. Haus das 1. beherrschen. Der Mensch wird sich — wenn ein Planet nach dem anderen durch Progressionen oder Transite in den Vordergrund rückt — als Ausdruck der verschiedenen Instinkte, Triebkräfte und Bedürfnisse begreifen bzw. sich durch diese beherrscht fühlen. Präsentiert der Astrologe ein Geburtshoroskop lediglich als das Bild verschiedener Triebkräfte und Bedürfnisse, werden weder er noch sein Klient jemals begreifen, wie mit diesen konstruktiv umgegangen werden kann. Die Humanistische Astrologie schreibt dem Selbst einen größeren Wert als dessen Kräften zu. Sie versucht, dem Menschen die Erkenntnis zu vermitteln, daß sein Lebenszweck darin besteht, seine Kräfte im Sinne der vom Horoskop symbolisierten spirituellen Qualität des Seins bzw. deren progressiven Entwicklung *einzusetzen*.

Der Astrologe trägt für die Reaktionen auf und den Umgang des Klienten mit seinen Ratschlägen *persönliche Verantwortung*. Es sollte niemals versucht werden, dem Klienten — ohne Rücksicht auf die Folgen — zukünftige Geschehnisse aus dem Horoskop «lesen» zu wollen. Dies wäre — wie hochentwickelt und «wissenschaftlich» die eingesetzten Mittel auch sein mögen — keine psychologisch-astrologische Beratung, sondern simple Wahrsagerei. Der Astrologe sollte sich stets — *bevor* er etwas sagt oder schreibt — die Frage stellen, was der Klient mit der ihm angebotenen Information *tun* kann. Da alle astrologischen Faktoren eines Geburtshoroskops, inklusive der Progressionen und Transite, sowohl ein positives wie auch negatives Potential beinhalten, besteht keine Notwendigkeit, daß der Astrologe bei seiner Beschäftigung mit gegenwärtigen und zukünftigen Potentialen die negative Bedeutung hervorhebt. Er muß das auf die gesamte Entfaltung und den Zweck des Lebens bezogene Wesen der Herausforderung deutlicher machen. Die Entscheidung, sich positv oder negativ zu verhalten, steht einzig und allein in der Verantwortung des Klienten. Wobei «positiv» oder «negativ» den Weg kennzeichnen, der entweder zu spiritueller Erfüllung oder zum Verlust des Selbst zugunsten materieller Werte führt.

Abschließend möchte ich noch einmal klarstellen, daß, wenn ich sage, daß Progressionen und Transite die Art zeigen, in der ein Mensch seinem «Lebenszweck» entsprechend handeln *sollte*, niemals bestimmte Taten oder Ereignisse gemeint sind. Für kein Individuum ist das Schicksal festgeschrieben. Für jeden Menschen — gleich welchen Alters — bestehen ständig die verschiedensten Möglichkeiten, deren jede latente Energie zu ihrer Verwirklichung enthält. Die astrologischen Faktoren beschreiben die Art der Möglichkeiten, die einem Menschen zur Verfügung stehen — und das ist es, was der Astrologe seinem Klienten aufzeigen kann. Es ist nicht die Aufgabe des Astrologen zu entscheiden, welche Möglichkeit realisiert werden wird. Er kann zwar dem Klienten vor Augen führen, daß sich Möglichkeiten auf vielerlei Arten und Realitätsebenen konkretisieren können — die Entscheidungen müssen aber dem Klienten überlassen bleiben.

Gelingt es dem Menschen nicht, eine Entscheidung zu treffen oder seinen Willen in eine bestimmte Richtung einzusetzen, werden die Impulse aus der Vergangenheit ihre Macht behalten. Die Zukunft wird dann durch unvollendete Aufgaben, durch Ängste und Frustrationen und den Druck familiärer, sozialer oder nationaler Einflüsse bestimmt. Wenn jemand sein Schicksal nicht selbst bestimmt, wird die Vergangenheit dies tun. Dies gilt insbesondere dann, wenn man sich vor der Wiederholung einer schwierigen Erfahrung fürchtet. Die bloße Angst kann es möglich machen, daß potentielle Erfahrungen Wirklichkeit werden. Man darf nicht der Astrologie die Schuld geben, wenn man statt eines bewußt gewählten Weges in Passivität gewartet oder richtungslos auf das Leben reagiert hat.

Deshalb sollten wir lernen, die Astrologie als Hilfsmittel für ein bewußteres Leben einzusetzen: als Mittel, das, was auf dem Spiel steht, wenn die Augenblicke der Entscheidung in unserem Leben kommen, in klarem und wachem Bewußtsein zu erkennen. Die durch Konjunktionen, Halbquadrate,

Quadrate, Eineinhalbquadrate und Oppositionen markierten kritischen Phasen stellen in allen planetarischen und zwischen-planetarischen Zyklen Augenblicke der Entscheidung dar, zu denen wir mit wachem Bewußtsein Begrenzungen unseres Wachstums bzw. Fesseln der Vergangenheit ablegen sollten. Zu jeder Zeit begegnen wir dem Leben auf die uns am angemessensten scheinende Art und Weise. Das Gleichgewicht unseres inneren Wesens veranlaßt uns ständig, eine bestimmte Haltung einzunehmen, von der wir glauben, daß sie uns zum Besten gereicht. Durch Krisen und die zahlreichen Niederlagen im Leben lernen wir langsam, das Gleichgewicht unseres Wesens zu verändern. Und so wachsen wir. Es gibt keinen anderen Weg.

Anmerkungen

1. Im Verlauf dieses Buches bezieht sich der Autor des öfteren auf Dane Rudhyar, einen der bedeutendsten Pioniere der modernen Astrologie, der über zwanzig Bücher zur Astrologie, Philosophie, Musik und Psychologie verfaßt hat. Rudhyar, der heute als eine der kreativsten Persönlichkeiten seiner Generation anerkannt ist, legte den Grundstein zur personenzentrierten Astrologie, wie sie auch in dem vorliegenden Buch von Alexander Ruperti und darüber hinaus von vielen praktizierenden Astrologen auf der ganzen Welt angewendet wird.(Anm. des Herausgebers).

2. Vgl. *»Gesammelte Werke«* Bd. 8, von C. G. Jung: *»Die Dynamik des Unbewußten«*, insbesondere das Kapitel »Die Lebenswende«.

3. *»American Astrology Magazine»*, Januar 1942.

4. Zitate aus C. G. Jung, *»Gesammelte Werke«* Bd. 8, »Die Dynamik des Unbewußten«: »Die Lebenswende«, Seite 432/33.

5. Viele der folgenden Gedanken wurden von Rudhyar in seinen Artikeln im *«American Astrology Magazine«* und in seinen Büchern, insbesondere in *»Occult Preparations for a New Age«* (Quest Books, 1975), formuliert.

6. Vgl. Kapitel VIII *»Der Uranuszyklus«* in diesem Buch. Die Phasen des Uranuszyklus, auf die der Autor sich hier bezieht, wechseln alle sieben Jahre; jede neue Phase beginnt, wenn der transitierende Uranus einen neuen 30°-Aspekt zu dem Radix-Uranus bildet, d.h. Halbsextil, Sextil, Quadrat, Trigon, Quincunx und Opposition.

7. Rudhyars Artikel in der Zeitschrift *«Horoscope»* im November und Dezember 1956.

8. Das 63. Lebensjahr ist auch das Alter der Vollendung der wichtigen 7-Jahres- und 9-Jahresrhythmen des Lebenszyklus: 7 x 9 = 63. Der spirituell-individuelle Rhythmus (7) und der physisch-kollektive (9) Rhythmus können während dieser Zeit innerhalb des Individuums zu vollständiger Harmonie gebracht werden. Danach wird das Leben durch einen neuen Impuls bis in die Tiefen aufgewühlt. Die Zahl 9 — und daher alle 9-Jahres-Phasen — bezieht sich in der Humanistischen Astrologie auf die allmähliche Aufarbeitung des spirituellen und ererbten Karmas. Daher ist im Alter von 63 Jahren die Art und Weise, in der sich die individuelle und die kollektive Bestimmung treffen, ein schicksalhafter Faktor für die Zukunft.

9. Vgl. *«American Astrology Magazine»*, Rudhyars Artikel, »Der 7-Jahreszyklus«, April 1942. Ebenso Rudhyars Buch *»Occult Preparations for a New Age«*, Kapitel 6, Seite 86.

10. Herausgegeben von «CSA Press» 1976, Seite 288/289.

11. Herausgegeben von «Servire», Holland 1968. Heute erhältlich bei »Shambhala Publications«, USA.

12. Vgl. Rudhyar: *»Astrological Study of Psychological Complexes«*, Kapitel 2, «Shambhala Publications».

13. Am 19. September 1983 kam es nur zu einer angenäherten Konjunktion. Der Orbis betrug 3° (Anm. des Herausgebers).

14. Die Sabischen Symbole, die Rudhyar in dem Buch *»Astrologischer Tierkreis und Bewußtsein«*, «Hugendubel Verlag», interpretiert, scheinen in diesem Zusammenhang am besten geeignet.

15. Die Ereignisse im Nahen Osten während der rückläufigen Mars-Phase vom 30. Oktober 1977 bis zum 26. April 1978 sind dafür ein gutes Beispiel.

16. Vgl. Rudhyar: *»An Astrological Study of Psychological Complexes«*, Kapitel 8, «Shambhala Publications», 1976.

17. Die folgenden Abschnitte beschreiben nicht nur die allgemeine Bedeutung der 12 Abschnitte eines vollständigen Jupiterzyklus bezogen auf die Zeichen des Tierkreises, sondern auch die Richtlinien für die Interpretation dieser allgemeinen Prinzipien in zwei speziellen Fällen - Radix-Jupiter im 1. und im 10. Haus. Befindet sich der Radix-Jupiter in einem der übrigen zehn Häuser, sollte der Leser die Qualität des entsprechenden Jahres (oder der Phase des Jupiterzyklus) mit der Bedeutung der entsprechenden Hausposition des transitierenden Jupiters verbinden (Anm. des Herausgebers).

18. Die Zitate stammen aus *»Astrologischer Tierkreis und Bewußtsein«* von Dane Rudhyar, «Hugendubel Verlag», München, Seite 159 bis 161.

19. *»Der Sonne/Mond-Zyklus«* von Dane Rudhyar und Leyla Rael Rudhyar ist erschienen in der «Edition Astrodata», Wettswil (Schweiz).

20. Siehe hierzu Dane Rudhyar *»The Sun Is Also a Star«*, «Dutton», New York, Seite 87.

21. Bis zum Ende des Jahrhunderts — und darüber hinaus — durchläuft Pluto aufgrund seiner relativen Erdnähe die Tierkreiszeichen schneller als hier von A. Ruperti angegeben (Anm. des Herausgebers).

22. Wie an den Schnittpunkten der (scheinbaren) Bahnen von Sonne und Mond Mondknoten «entstehen», so kommt es an den Schnittpunkten der Umlaufbahnen von Sonne und jedem anderen Planeten wie z.B. dem Neptun zu Planetenknoten.

23. Vgl. Rudhyar, *»The Sun Is Also A Star«*.

Tracy Marks

Astrologie der Selbst-Entdeckung

Eine Reise in das Zentrum des Horoskops

»Ein Reiseführer zu einigen vernachlässigten Bereichen in der Astrologie, die jedoch höchst bedeutungsvolle Konsequenzen für diejenigen von uns haben, die versuchen, sich von einschränkenden Mustern der Vergangenheit zu befreien.«

Tracy Marks

Erstmalig erscheint mit diesem Buch eine ausführliche Betrachtung des Mondes, der Mondknoten, -zeichen und -phasen aus weiblicher Sicht, mit der Betonung auf eine psychische und spirituelle Entwicklung.

Tracy Marks bleibt nicht dabei stehen, einzelne Aspektfiguren zu beschreiben, sondern bietet konstruktive, praxisnahe Lösungen auch für problematische astrologische Aspekte an. Sie geht tief in die Arbeit mit den äußeren Planeten hinein. Immer liegt die Betonung auf bewußtem Umgang mit den Energien, die sich uns durch die Astrologie offenbaren. Tracy Marks weist immer wieder auf die verschiedenen Möglichkeiten hin, die es dem einzelnen erlauben, selbstverantwortlich und bewußt mit astrologischen Einflüssen umzugehen. Sie führt den Leser auf ihre sensible und poetische Art und Weise entlang einer Spirale immer tiefer in das Zentrum des eigenen Horoskops.

Tracy Marks verbindet ihre psychotherapeutischen Ausbildungen mit vielen Jahren astrologischer Praxis. Sie gehört in den USA zu den bekanntesten Schriftstellerinnen der modernen Astrologie.

314 Seiten, broschiert
ISBN 3-926925-01-9
32,– DM

Alan Leo

Esoterische Astrologie

Vom Wesen des Menschen

Die »Esoterische Astrologie« von Alan Leo gilt seit ihrem Erscheinen im deutschsprachigen Raum 1927 als Klassiker. Der Autor schuf mit diesem Werk eine Synthese aus hinduistischen und abendländischen Elementen und entwickelte die Perspektive einer wahrhaft esoterischen Astrologie.

Alan Leo vermittelt, neben einer Vielzahl interessanter astrologischer Zusammenhänge, eine bis heute recht unbekannt gebliebene Methode, die eine Unterscheidung zwischen dem Horoskop der Seele und dem Horoskop der Persönlichkeit ermöglicht. In vielen Fallbeispielen zeigt er die praktische Anwendung dieser Methode in der konkreten astrologischen Arbeit.

Alan Leo befreite im ausklingenden viktorianischen Zeitalter die Astrologie aus ihrer Degeneration und Stagnation und gab ihr ein neues Fundament, auf dem die moderne Astrologie heute noch aufbaut.

mit mehr als 50 Zeichnungen,
Tabellen und Horoskopen.

344 Seiten, Hardcover
ISBN 3-926925-02-7
38,- DM

Ekkirala Krishnamacharya

Spirituelle Astrologie

Dr. E. Krishnamacharya begann dieses Buch im August 1965 und vollendete es in 16 Tagen. Er schreibt, daß die Anweisungen, die in diesem Buch übermittelt werden, von jenen sind, denen er folgt, und für jene sind, die ihm folgen.

Das Buch bietet erstaunliche Erkenntnisse über die spirituellen Hintergründe der Astrologie. Dem Autor ist der Brückenschlag zwischen dem alten, fundierten Wissen Indiens und der sich im Westen neu entwickelten esoterischen Astrologie gelungen. Krishnamacharya vermittelt ein Verständnis für die symbolische Bedeutung von Zeitzyklen, z. B. für die Zyklen des Umlaufs der Erde um die Sonne, den Umlauf des Mondes um die Erde etc. Die zwölf Tierkreiszeichen sowie die Planeten werden einzeln thematisiert und in einem dem westlichen Leser bisher unbekannten Licht betrachtet.

Krishnamacharya gibt u.a. Hinweise darauf, wie und wann ein Mensch sich durch spezielle Übungen von den Einflüssen der Planeten befreien kann. Er macht weiter deutlich, daß die Wirkungen der Transite und Progressionen von dem Entwicklungsstand des einzelnen Menschen abhängen und daß Gesetzmäßigkeiten existieren, wann deren Wirkung verstärkt werden, sich abschwächen oder ganz verschwinden.

Es handelt sich bei diesem Titel um weit mehr als »nur« um ein Buch über Astrologie. Der vom Autor beabsichtigte Zweck ist, einige Schlüssel zu dem zu liefern, was Madame Blavatsky in ihrem okkulten Klassiker »Die Geheimlehre« herausgegeben hat und was dann durch die Schriften von Alice A. Bailey weiterentwickelt wurde.

278 Seiten, broschiert.
ISBN 3-9801146-0-0
Edition Kulapati

Dieser Titel kann über den Verlag Hier & Jetzt
oder über den Buchhandel bezogen werden.

Erscheint Mitte 1990

Karen M. Hamaker-Zondag

Elemente und Kreuze als Basis des Horoskops

Eine grundlegende Einführung in die Natur der vier Elemente und der drei Kreuze. Ein Buch über die Zusamenhänge und Energien, die der Astrologie im allgemeinen und jeder Horoskopinterpretation im besonderen zugrundeliegen.

Mit einem ausführlichen Anhang über das Wie und Warum astrologischer Berechnungen. Jeder einzelne Schritt wird so erklärt, daß die Berechnung *wirklich* nachvollziehbar ist.

Dieses Buch ist Band I eines fünfbändigen methodisch aufgebauten astrologischen Lehrwerkes von Karen Hamaker-Zondag. Die weiteren Bände erscheinen voraussichtlich ebenfalls im Verlag Hier & Jetzt.

ca. 200 Seiten, br.
ISBN 3-926925-05-1
ca. 26,- DM

Frühjahr 1990

Tracy Marks

Herausforderungen und Chancen schwieriger Aspekte

Die Autorin bietet wirkungsvolle Methoden zum Verständnis und zur Lösung der Probleme, die durch Quadrate und Oppositionen entstehen. Das Kernthema dieses Buches, das T-Quadrat, das fast in jedem Horoskop, wenn nicht im Geburtshoroskop, dann durch Transite, Progressionen oder Horoskopvergleiche periodisch auftritt, wird hier vollständig behandelt. Tracy Marks zeigt auf, wie *jeder* die von ihr entwickelten Methoden zum Verständnis schwieriger Phasen und Herausforderungen anwenden kann — und nicht nur die Menschen, deren Geburtshoroskop ein T-Quadrat aufweist.

Laut einer landesweiten Umfrage des *Astrology 'book Club* in den USA war »Die Chancen schwieriger Aspekte« das am höchsten bewertete Buch. Die *»New England Astrology Assoc. Newsletter«* schreibt:

»Auch wenn Sie sich schon jahrelang mit Astrologie beschäftigt haben, werden Sie hier neue Ideen finden. Ein Buch, das informiert und zum Nachdenken anregt und das wir besonders empfehlen können.«

ca. 280 Seiten, br.
ISBN 3-926025-04-3
ca. 28,- DM